뿌리 뽑힌 영어

신동윤 저

HadA

초판 1쇄 발행 2017년 1월 14일

글 신동윤
펴낸곳 하다
펴낸이 전미정
책임편집 이동익
디자인 남지현
출판등록 2011년 5월 17일 제300-2011-91호
주소 서울 중구 퇴계로 182 가락회관 6층
전화 070-7090-1177
팩스 02-2275-5327
이메일 go5326@naver.com
홈페이지 www.npplus.co.kr
ISBN 978-89-97170-36-4 03700
정가 22,000원

서문

• 우리가 매일 쓰고 있는 플라스틱(**plastic**)은 〈공간을 떠도는(**pl**) 티끌들이 가깝게 뭉쳐(**st**) 물렁물렁한 상태가 된-소성의〉이라는 뜻으로 분석할 수 있으므로 (**pl**)과 (**st**)는 플라스틱(**plastic**)을 만드는 소리분자(음절)에 해당된다. 영어를 외국어로 쓰는 사람들도 (**pl**)과 (**st**)의 음절이 가지는 일반적인 뜻을 잘 알고 있으므로 (**pl**)을 이용해서 (**play**-놀다)를 만들 수 있고, (**st**)을 이용해서 (**stand**-고정시키다)를 만들 수 있다.

• 그러나 (**pl**)이 〈인간이 봄을 깨끗이 씻고(**p**) 신을 만나기(**l**) 위해 넓은 우주 공간을 떠돌다〉라는 뜻을 가지고 있고, (**st**)가 〈가깝게 접근해(**s**) 거리(**t**)를 좁힌다〉라는 뜻을 가지고 있다는 사실은 잘 모른다. 여기서 (**p**)와 (**l**), (**s**), (**t**)는 플라스틱(**plastic**)을 이루는 소리 원자로 언어학적으로는 음소(**phoneme**)라고 부른다. 결국 〈인간들이 몸을 정화하고(**p**) 신을 만나기(**l**) 위해 넓은 우주 공간을 헤매다 서로 가까이(**s**) 만난다(**s**)〉는 종교적인 뜻이 〈공간을 떠돌던(**pl**) 티끌들이 가깝게 뭉쳐(**st**) 물렁물렁한 상태가 된다〉는 구체적 사실로 변한 것이다. 그래서 현재의 우리는 플라스틱(**plastic**)을 〈원하면 무슨 모양이든 만들 수 있는 물질〉로 잘 이해하고 있다.

• 이처럼 인도-유럽어는 가장 작은 소리의 원자(음소)에 분명한 뜻을 부여하고 있다. 그러나 인도-유럽어는 자음에만 뜻을 주고, 모음은 자음을 연결하는 기능만 주었으므로 인도-유럽어의 어원을 알기 위해서는 자음의 뜻을 알면 된다. 인도-유럽어의 자음들은 다음과 같은 뜻을 가지고 있다.

인도-유럽어족은 자음만 뜻을 가지고 있다

• 인도-유럽어족은 각각의 자음에만 뜻을 부여했으므로 각각의 자음이 갖는 뜻은 바로 인도-유럽어족의 종교와 철학과 세계관이었다. 인도-유럽어족은 무한히 둥근 우주(**K**)는 거의 비어 있었고, 그 우주의 둘레는 커다란 물(**N**) 덩어리가 둘러싸고 있었다고 여겼다. 또 우주의 꼭대기에는 영원히 살고 있는 거대한 신(**D**)이 있고, 그 신은 오직 빛(**D/B**)으로만 우리에게 나타난다고 생각했다. 또 빛은 어느 방향으로든지(**V**) 맘대로 가는 거대한 에너지(**B/V**)를 가지고 있으므로 우주 속에 있는 모든 만물들은 그 빛이 만들었다고 보았다. 또 만물 가운데 인간과 생물은 우주로부터 물(**N**)을 받아 생명을 얻었다고 보았다. 그러나 빛이 만든 생물과 만물은 우주의 부스러기(**M**)에 불과하므로, 끝과 한계(**T**)를 가지고 있어 언젠가는 결국 소멸한다고 생각했다. 그러나 우주 속을 헤매다가 곧 죽음을 맞이할 우주의 생물과 만물들도 스스로 몸을 깨끗이 정화하면(**P**) 신과 우주로 돌아가서 영원히 살 수 있다는 희망을 가졌다. 그래서 불쌍한 인간과 만물은 몸을 정화하기 위해 〈서로 묶이거나 풀어지고(**L**)〉, 〈가까이 밀착하거나 흩어지고(**S**)〉, 〈갑자기

붙거나 돌연 떨어지고(**H**), 〈계속 달려가서 붙잡고(**Y**)〉, 〈온 힘을 다해 밀고 나가고(**G/J**)〉, 〈우주의 질서를 모방해 가지런히 정리하기도 하는(**R**)〉 등 온갖 몸부림을 친다고 생각했다. 이처럼 인도-유럽어족은 우주와 신과 만물과 인간과의 관계를 중시하는 강력한 종교적 세계관을 가지고 있으므로 거의 모든 인도-유럽어의 어원에는 예외 없이 종교적 그림자가 어른거린다. 각 자음들은 다음과 같은 단어를 만들었다.

- **N** – 태초에 우주를 둘러쌌던 물이 만물에게 생명을 주다/**generate**(창조하다-우주에서 온 물에서 탄생하다)/**nature**(자연-물이 계속 낳은 생물들의 집합).

- **M** – 무한한 우주로부터 떨어져 나온 유한하고 곧 죽을 우주의 부스러기/**man**(인간-숨쉬는 우주의 조각)/**animal**(동물-인간을 제외한 숨쉬는 조각들).

- **P** – 생명과 만물은 영원한 우주로 가기 위해 몸을 씻고 정화했다. 만물의 모든 움직임은 몸을 정화하는 몸부림이다/**father**(아버지-몸을 정화해〈**f-p**〉 신에게 가야 할 인간의 지도자)/**play**(놀다-공간에서 장난치다).

- **D** – 우주를 만들고 통제하는 신은 오직 빛으로만 보인다/**day**(날-신의 빛이 오는 시간)/**adieu**(안녕-신에게 너를 맡긴다-프랑스어).

- **L** – 묶거나 묶은 것을 풀어내다/**leave**(떠나다-풀어져 이탈하다)/**religion**(종교-신과 단단히 묶다).

- **T** – 우주의 부스러기들의 작은 크기/**terminal**(끝-관통해서 마지막에 닿은 곳)/**time**(시간-영원히 흐르므로 적당히 잘라서 기억해야 하는 시간의 토막).

- **J** – 강력한 힘으로 밀거나 몰고 가다/**digest**(소화하다-음식을 던져〈**g-j**〉 깨뜨려 분해하다)/**symbol**(상징-나누어 가진 조각을 같이 던져〈**b-j**〉 신원을 확인하는 인식표).

- **S** – 가까이 붙거나 떨어져 헤어지다/**second**(두 번째-처음을 잇다)/**separate**(분리하다).

- **V** – 우주에서 온 빛이 순간적으로 원하는 방향으로 퍼지는 강력한 힘/**violence**(폭력)/**value**(가치).

- **B** – 빛으로부터 오는 강력한 에너지가 모든 존재를 만들었다/**be**(존재-빛이 만든 존재)/**physical**(물리적인-분명히 존재하는 물체가 보여주는 성격의〈**ph-b**〉).

• R – 특별한 목적을 향해 질서정연하게 흘러가다/**art**(예술–정리하는 기술)/**regal**(법적인–사회를 올바르게 정리하는).

• C – 우주는 무한히 둥글게 퍼져 나간다/**circle**(원)/**sugar**(동그란 설탕 입자〈s–c〉).

• G – 강력한 의지를 가지고 정한 방향으로 굳세게 밀고 나아가다/**agent**(대리인)/**gesture**(의지를 실은 손짓).

• K – 둥글고 거의 텅 빈 우주 공간/**know**(알다–우주의 물이 만물에 생명을 줄 때 세상에 대해 알았다)/**aqua**(물–우주〈q–k〉에서 온 수증기).

• Y – 쉬지 않고 계속 걸어서 앞서 가는 것과 이어지다/**young**(젊은–같이 걸어가며 어울리는 존재의)/**joint**(결합〈j–y〉).

• H – 강한 힘을 가해 장소를 억지로 이탈시키거나 갑자기 들러 붙이다/**horror**(떨리는 공포)/**adhere**(∼에 붙이다).

• 기본 자음들은 시대에 따라 또 인도–유럽어족의 각 민족에 따라 특별히 좋아하는 유사한 음으로 변했다. 인도 산스크리트어의 (bh)는 그리스어에서는 (ph)로 변하고, 라틴어에서는 (f)로 변했다/**brahman**(브라만–대우주)/**philosophy**(철학–지혜를 사랑하다)/**filial**(부모에 대한 사랑의). ▷그리스인들이 잘 쓰는 (h)는 라틴어에서는(c–s)로 변했다/**hyper**(위)/**super**(위).

• 기본 자음들은 또 유사한 자음으로 바뀌었다. ▷(p)는 (b–f)로 변했다/**tripod**(삼각대)/**foot**(발)/**caliber**(구두골/총의 구경). ▷(n)과 (m)은 서로 바꿔서 쓴다/**under**(빛이 들어오지 못하는 물의 아래)/**umbrella**(물속과 같이 어두운 그림자를 만드는 양산). ▷(r)과 (l)도 서로 바꿔서 썼다/**circle**(원)/**colony**(구불구불 돌아서 먼 곳에 세운 식민지). ▷(d)는 (th–s–z–j)로 다양하게 호환된다/**deity**(신격)/**Zeus**(제우스 신)/**Jupiter**(주피터 신)/**theology**(신학). ▷반자음 (y/j)는 모음 (i)로 퇴화했다/**young**(젊은)/**juvenile**(청소년의)/**iustice**(정의–라틴어). ▷콧소리(n)는 단어의 발음을 쉽고 부드럽게 하므로 수많은 단어에 첨가됐다/**break**(꺾다)–**bank**(강을 부러뜨리는 강둑)/**rotary**(환상도로)–**round**(둥근).

• 이 책을 통해 같은 단어들이 다른 자음의 어원으로 설명되는 이유는 각각의 자음들이 비슷한 뜻으로 겹쳐 쓰고 있기 때문이다(b/d〈빛〉–k/c〈둥글다〉–i/y/j〈이어가다〉–l/s/h〈붙이거나 떼다〉–r/g/j〈군세게 밀고 가다〉). 사실 인간이 내는 소리는 처음 몇 개 안 되는 소리에서 여러 가지 비슷한 소리로 계속 분화했다.

인도-유럽어족 최후의 챔피언 영어

• 인도-유럽어족(Indo-European language)은 처음 눈이 덮인 중앙 아시아 북쪽에서 살다가 약 5천년경 중앙아시아 코카서스(Caucasus) 산맥 기슭으로 남하해 정착했다. 이후 동남쪽으로 이동한 인도-유럽어족은 인도 대륙으로 들어가 인도의 고대어인 산스크리트(Sanskrit-성스러운〈san〉 글자〈skrit-scribe〉)어를 남겼다. 불교 경전은 산스크리트어로 기록됐다. 또 다른 하나는 서쪽으로 계속 이동해 이란 고원에 이르러 고대 페르시아어(Persian)를 남겼다. 서쪽으로 더 이동한 인도-유럽어족은 차례로 그리스어(Greek), 라틴어(Latin), 이탈리아어(Italian), 스페인어(Spanish), 포르투갈어(Portuguese), 루마니아어(Romanian), 프랑스어(French), 독일어(German), 영어(English)를 낳았다. 이어서 북쪽으로 올라가 덴마크어(Danish), 스웨덴어(Swedish), 노르웨이어(Norwegian) 등 스칸디나비아(Scandinavian)어로 파생됐다. 마지막으로 동진하면서 러시아어(Russian)를 포함한 슬라브어(Slavic)를 남겼다. 이후 오랜 세월이 흐른 뒤 16세기 들어 영어는 북아메리카로, 스페인어와 포르투갈어는 남아메리카로 진출했다. 이는 비교적 아주 최근의 일이다. 결국 인도-유럽어는 아시아에서 인도와 이란에 흔적을 남기고, 핀란드와 헝가리(우랄 알타이어족)를 제외한 유럽 전 지역과 남북 아메리카 전 지역을 동일어족 지역으로 만들었다.

• 인도-유럽어족 가운데 그리스어와 라틴어, 프랑스어, 영어는 차례로 유럽 혹은 세계의 국제언어로 쓰였다. 그리스어는 고대 중동과 지중해에서 오랫동안 국제어로 쓰였다. 다음으로 라틴어는 로마 제국을 포함한 유럽 전 지역에서 절대적인 국제어로 사용됐다. 이어 프랑스어는 서유럽에서 비교적 단기간 외교적 국제어로 쓰였다. 그리고 마지막으로 오늘 현재에 이르기까지 영어는 전 세계에서 국제어로 쓰이면서 인도-유럽어족 최후의 챔피언이 됐다. 민족과 어족이 완전히 다른 사람들까지 쓰는 지구상 최대 언어는 영어고, 하나의 민족만 쓰는 지구상 최대 언어는 중국어다.

인도의 산스크리트/중동의 페르시아어는
오래전에 헤어진 영어의 조상 친척이다

• 현대 인도의 힌디(Hindi)어와 고대 인도의 산스크리트(Sanskrit)가 유럽어와 같은 어족이라는 사실은 인도에 주둔했던 언어학자 출신 영국 식민지 관리들의 노력에 의해 밝혀졌다. 두 언어는 오랫동안 독자적인 진화를 거쳤지만 같은 뿌리의 언어임이 밝혀짐으로써 인도-유럽어족이라는 하나의 이름으로 묶였다. 특히 산스크리트는 가장 오래된 인도-유럽어이자 기록이므로 현대 유럽 언어의 뿌리를 아는 데 빼놓을 수 없는 언어적 박물관이 됐다.

• 인도의 성인으로 추앙 받는 마하트마 간디(**Mahatma Gandhi**)는 위대한(**maha-mag-great**) 간디라는 뜻이다. 간디는 인도 독립운동의 하나로 자신의(**swad-sue-self**) 땅(**eshi-**지역)에서 난 물산을 쓰자는 국산품 애용운동(**swadeshi**)을 벌였다.

• 다섯(**pun-penta-five**) 가지의 재료를 넣어 만드는 인도의 음료수 펀치(**punch**)는 오랜 세월이 흐른 뒤 먼 친척인 영어로 합류해 우리나라 강원도 양구군에까지 그 이름을 남겼다. 6.25 전쟁에서 미군이 북한군과 피비린내 나는 전투를 벌였던 양구군의 펀치볼(**punch bowl**)은 지형이 펀치를 따라 마시는 주발(**bowl**)과 같다고 해서 미군들이 붙인 이름이다. 인도의 펀잡(**Punjab**) 지역도 다섯(**pun**) 개의 강이 합류하는 곳이라는 뜻이다.

• 인도 서부지역의 도시 자이푸르(**Jaipur**)와 중부지역의 도시 나그푸르(**Nagpur**)의 어미(**pur**)는 영국 에든버러(**Edinburg**)와 독일 함부르크(**Hamburg**)의 어미 (**burg**)와 똑같이 성이나 마을을 뜻한다. 이탈리아의 서남부 항구도시 나폴리(**Naples**)도 새로운(**na-new**) 마을(**pl-pur**)이라는 뜻이다.

• 인도의 4계급 가운데 농민을 뜻하는 바이샤(**Vaisya**)는 마을(**village**)에 사는 농사 짓는 계급을 말한다. ▷또 무사이자 지배 계급인 크샤트리아(**kshatriya**)는 페르시아어 왕(**shah**)과 체코어 체코(**Czech**)와 같이 모두 통치자라는 뜻이다.

• 산스크리트어로 불교(**Buddhism**)는 보고(**bud-view**) 깨달아야 할 종교였다. 보살(**Bodhisattva**)은 깨달아야(**bod**) 할 존재(**sat-es-essence**)인 수행자라는 뜻이다. 윤회(**samsara**)는 결국 인간은 처음 출발했던 곳과 같은(**sam-same**) 곳으로 돌아가야(**sar**-흐르다) 한다는 뜻이다.

• 페르시아어의 왕(**shah**)과 체코(**Czech**)는 영어에는 체스게임(**chess**-왕을 잡는 놀이)을 남겼다. 체스게임에서 외통수(**checkmate**)는 페르시아어 〈**shah**(왕) **mat**(**mor-death**-죽음)〉의 영어식 표현이다. 〈왕은 죽었다(**king is dead**)〉다. 장기에서 〈장군!〉이다. 체스에서 침략해 오는 적군을 제지한다(**check**)는 말은 영어에서 은행의 잔고를 체크해야 하는 수표로도 남았다. 페르시아의 왕 크세르크세스(**Xerxes**)도 최고(**Xerx**)의 지도자라는 의미다. ▷독일의 철학자 니체의 저서 〈자라투스트라는 이렇게 말했다〉로 유명해진 자라투스트라(**Zarathustra**)는 페르시아어로 조로아스터〈**Zoroaster**(늙은 낙타의 주인)〉를 독일식으로 읽은 것이다. 페르시아어 (**Zoroaster**)에서 (**zor**)와 영어에서 노인정치(**gerontocracy**)의 (**ger**)는 모두 늙어서 허리가 굽었다는 뜻이다. ▷영어의 낙원(**paradise**)은 페르시아어 정원에서 왔다. 진흙을 옆으로 (**para-side**) 길게 던져서(**dis-disc**-원반) 쌓은 정원이 영어에서는 낙원으로 승격했다. 중동 지역의 고대 유적에서는 진흙으로 둘러싼 거대한 정원들이 실제로 곳곳에서 발굴됐다.

경이로운 상상력으로 영역을 확장해 온 유럽어

• 그리스인들은 우주(**cosmos**)가 광대하기는 하지만 하나의 완전한 질서(**cosmos**)를 가지고 있다고 믿었다. 하늘의 별들이 떨어지지 않고 규칙적으로 돌고 있고 삼라만상이 조화롭게 제자리를 잡고 있었기 때문이다. 그리스인들은 머리를 장식해 질서를 주는 꽃도 코스모스(**cosmos**)라고 불렀다. 후에 얼굴에 장식을 주어 치장하는 것은 화장(**cosmetics**)이 됐다. 프랑스인들도 손(**mun-man-hand**)으로 화장해 얼굴에 질서를 주는 것으로부터 질서가 있는 우주나 속세(**mundane**)라는 단어를 조어했다. 그래서 질서를 가진 세상을 세계(**monde**)라고 불렀다. 프랑스 최대 일간지는 르 몽드(**le Monde-the world**)다.

• 의사들이 환자의 배를 수술하면 언제나 비어 있는 창자를 발견하고 공장(**jejunum**)이라는 이름을 붙였다. 이 단어에 부정 접두사 (**dis**)를 붙여 〈공장을 채운다〉는 라틴어 (**disjejunare**)를 조어했다. 이 단어를 축약한 것이 영어의 정찬(**dinner**)으로 굳어졌다. 정찬은 원래는 하루 중 가장 잘 차려 먹는 식사였지만 대부분 저녁을 가장 잘 차려 먹었으므로 마침내 저녁식사를 의미하게 됐다. 〈정찬을 먹다(**dine**)〉는 (**dinner**)로부터 파생됐다. 밤새 쪼그라들었던(**fast**-단식) 창자에 음식을 넣어 단식을 멈추게(**break**) 한다는 뜻의 아침식사(**breakfast**)와 똑같은 조어법이다. 결국 유럽인의 식사는 단식을 깨는 아침식사(**breakfast**)와 정식으로 차려 먹는 저녁식사(**dinner**)가 전부였다. 점심(**lunch**)은 빵 한 덩이(**lump**)를 먹는 간이식이었다. 만약 **dinner**도 생략하고 저녁(**super**)을 먹는다면 간단히 수프(**soup**)를 한 그릇 먹는다는 의미다.

• 한 개를 둘로 갈라 놓으면 둘은 옆으로 나란히 함께(**with**) 서게 된다. 둘로 나누어진 사이에는 가운데(**middle**)가 있다. 나누어진 둘은 서로 친할 수도 있지만 반목해서 서로 버틸(**withstand**) 수도 있다. 둘로 나뉜 것 중 하나는 원래의 절반이므로 지능이 떨어지는 바보(**idiot**-m/w 탈락)도 될 수 있다. 두 개를 하나로 맞춰 원래의 모양이 된다면 정체성(**identity**)이 확인된다. 미국에 사는 한국인은 자신의 외모와 문화를 백인들과 맞춰 보고 다르다고 느끼면 정체성의 혼란을 겪을 것이다.

위대한 업적이나 생김새/직업/성인을 의미하는 사람의 성과 이름

• 마케도니아(**Macedonia**)왕 알렉산더(**Alexander**)는 동으로는 인도 북부, 남으로는 이집트까지 점령해 헬레니즘 제국을 건설한 고대의 왕이다. 그 이름에는 인간(**andr-man**)의 수호자(**alex**)라는 뜻이 들어 있다. 영어로는 앤드류(**Andrew**), 프랑스어로는 앙드레(**Andre**), 스코틀랜드어로는 샌디(**Sandy**), 헝가리어로는 산도르(**Sandor**)로 변했다.

• 그리스의 철학자 플라톤(**Plato**⟨**n**⟩)은 어깨가 넓은(**pl**-plane) 사람이라는 의미다. 플라톤은 소크라테스의 제자로 이데아(**idea**)론을 주창했으므로 최초의 이상주의자(**idealist**)다 ▷아리스토텔레스(**Aristoteles**)는 먼 과거로부터(**tele**) 세상 이치에 가장 잘 맞는(**ar**-art-정리하다) 귀족이라는 뜻을 가지고 있다.

• 시저(**Caesar**)는 로마의 황제 카이사르다. 어머니의 배를 가르고(**caes**-cid-cut) 태어난 자라는 말이다. 이로부터 제왕절개 수술(**caes**arian section)이라는 말이 생겨났다. 로마의 시저는 너무나 유명해 독일에서는 황제를 카이저(**kaizer**)라고 부르고, 러시아에서도 황제를 차르(**czar**)라고 불렀다.

• 직업을 성이나 이름으로 쓴 경우도 많다. ▷조지(**George**)는 땅(**ge**)에서 일하는(**org**-work) 농부다. 미국의 국세조사에서 미국인들이 가장 많이 쓰는 이름으로 밝혀졌다. ▷스미스(**Smith**)는 금속을 때리는(**smite**) 대장장이다. ▷밀러(**Miller**)는 곡식을 빻는(**mil**) 제분업자, 방앗간 주인이다. ▷슈나이더(**Schneider**)는 천을 자르고(**sch**-cut) 바느질하는 사람이다.

• 성서에서 따온 이름 베드로(**Peter**)는 예수의 제1제자로 아버지(**father**)라는 뜻이다. 고대에 아버지는 몸을 깨끗이(**f-p**) 정화하고 신을 만날 지도자를 뜻했다.

• 북유럽인들의 이름 마틸다(**Matilda**)는 전쟁(**mar**-war)에서 용감하다(**til**)는 뜻이다. ▷군힐다(**Gunhilda**)도 전투(**gun**)에서 용감하다(**hil**)는 뜻이다. 북유럽에서는 석궁(**catapult**)을 여전사(**Gunhilda**)라는 별칭으로 불렀다. 후에 총이 들어오자 그것도 (**Gunhilda**)라고 부르다가 세월이 흐르면서 접두사 총(**gun**)만 남았다.

혼란스러운 영어의 9월부터 12월달 이름

• 로마도 원래는 음력을 쓰고 1년은 10개월이었다. 첫 달은 전쟁의 신 (**Mars**)를 따라 (**March**)로 정했다. 둘째 달은 만물이 솟아난다(**aperie**)는 뜻으로 (**April**)로 했다. 세 번째 달은 풍요의 신 (**Maia**)를 본떠 (**May**)가 됐다. 넷째 달은 젊음의 신 (**Juno**)을 따라 (**June**)이 됐다. 다섯째 달부터는 숫자를 그대로 써서 5월은 5(**quint**-five)를 뜻하는 (**Quintillis**), 6월은 6(**six**)을 뜻하는 (**Sixtillis**), 7월은 7(**sep**-seven)을 의미하는 (**September**), 8월은 8(**oct**-eight)을 뜻하는 (**October**), 9월은 9(**nov**-nine)를 뜻하는 (**November**), 10월은 10(**decem**-ten)을 의미하는 (**December**)였다. 그러나 로마의 10달 음력은 계절과 일치하지 않았으므로 매년 씨 뿌리는 달이 달랐다. 마침내 이집트를 정복했던 시저는 계절이 달과 일치하는 12개월짜리 이집트 양력을 도입했다.

• 그리고 10월 뒤에 추가로 (January)를 두었다. (Janus)는 〈문의 신〉이므로 새로운 달이라
는 뜻이었다. 그리고 일 년 중 마지막에는 몸과 마음을 정화하는(febr-pure) 풍습으로부터
끝 달로 (February)를 놓았다. 그러나 세월이 흐르면서 로마인들은 새롭게 추가된 (January)
와 (February)를 맨 앞에 쓰기 시작했다. (January)가 문의 신이었으므로 시작을 의미했기
때문이다. 이로써 (March) 이후의 달들은 두 달씩 뒤로 밀리는 결과를 낳았다. (March)부
터 (June)까지는 원래부터 순서와 관계없는 이름의 달이어서 문제가 없었지만 숫자로 달 이름
을 정한 5월부터는 달 이름이 차례와 일치하지 않는 혼란이 일어났다. 그러나 7월로 밀린 5월
(Quintillis)은 줄리어스 시저를 기념하기 위해 (July)로 개명하고, 8월로 밀린 6월(Sixtillis)은
아우구스투스 황제를 기념하기 위해 (August)로 개명했으므로 나머지 9월부터 12월까지만 차
례와 월 이름이 일치하지 않게 됐다. 현재 우리가 쓰는 달력은 로마력(율리우스력)이므로 9월부
터 12월까지의 달 이름에 들어 있는 숫자는 두 달씩 밀린 이름이다.

숫자로부터 기원한 단어들

• 계산은 각각 다섯 개씩 달린 손가락 열 개로 시작했으므로 십진법이 생겼다. 십진법의 흔적은
열을 세고 1(e-one)이 남는(lev-leave) 11(eleven)과 열을 세고도 2(twe-two)가 남는(lev)
12(twelve)에 남아 있다.

• 양파(onion)는 1(on-one)의 큰 진주를 의미했다.

• 구약 신명기(Deuteronomy)는 이스라엘 민족을 이끌고 광야를 횡단한 모세가 가나안 땅으
로 들어가기 직전 죽음을 맞이해 이스라엘 민족에게 신과의 언약 내용을 2(deu-two) 번째로
반복해 한 말(nom)이라는 뜻이다. 모세는 죽고 여호수아가 이스라엘 민족을 이끌고 가나안을
들어갔다.

• 부족(tribe)은 로마를 구성한 3(tri)개의 족속을 의미하다가 지금은 그냥 씨족을 의미한다.
• 검역(quarantine)은 중세 항구에서 선원들 중 병든 자가 있으면 공해상에 40(quar-4, tin-
ten)일을 기다리게 한 데서 비롯됐다.

• 주먹(fist)과 싸움(fight)은 손가락이 5(five)개인 손을 쥐었다는 의미다.

• 스페인의 낮잠(siesta)은 아침에 눈을 뜨고 6시간 만에 자는 짧은 잠을 의미한다.

• 70인역 성서(Septuagint)는 70(sept-7, gin-ten)인의 유대인들이 알렉산드리아로 가서 성

서를 그리스어로 번역한 역사적 사실을 말한다. 그리스어로 된 **70**인역 성서는 같은 인도-유럽 어족인 유럽 성서의 기초가 됐다.

- 문어(oct**opus**)는 8(oct-eight)개의 다리(**pus**-foot)를 가진 생선이다.

- 〈새로운(**new**)〉은 **9**(nine)에서 파생됐다. 엄지는 빼고 나머지 8개의 손가락으로 세면 **9**번째는 새로 시작하는 숫자이기 때문이다. 8진법이다.

- 햇빛(**t-d**)이 사방으로 퍼지 나오는 빛의 조각(**n-m**)이 **10**(ten-decem)이다

- 100(hund**red**)은 물(hundr-undr-water)이 넘쳐 흐를 정도로 많은 숫자이고, **1000** (**thous**and)은 부풀어(**thous**-swell) 오른 백(**andr**-undr)이라는 뜻이다.

- 라틴어의 십진법을 기초로 100은 (**hecto**), 1000은 (**kil-mil**), 10^6은 (**mega**), 10^{100}은 구글 (**google**)이다.

과학 이전의 오해로부터 굳어진 단어들

- 고대 그리스의 의사 히포크라테스(**Hippocrates**)는 인체에는 4가지 체액(humor-humid-축축한)이 흐르고 있고 각 체액의 양에 따라 인간의 기질이 결정된다고 주장했다. 혈액의 활동이 많으면 다혈질이 되고, 담즙이 많으면 메마른 성질이 되고, 검은(**mel**) 담즙(**chol**)이 활성화되면 우울질(**melancholy**)이 되고, 점액질이 많으면 무관심한 성격을 가진다고 분류했다. 히포크라테스는 이 4가지 체액이 균형적으로 분비되면 건강한(**humorous**-쾌활한) 신체가 된다고 주장했다. 이 가운데 (**melancholy**)와 (**humorous**)는 지금도 아무 탈없이 잘 쓰는 단어들이다. 그러나 현대 의학에서도 증명되는 사실일지는 의문이다.

- 고대인들은 간과 심장을 받치고 있는 횡경막(**phy-fren**)에서 인간의 정신이 나온다고 믿었으므로 횡경막이 예민한(**so-keen**) 것을 지혜(**sophy**)라고 생각했다. 그러므로 철학 (**philosophy**)은 예민한 횡경막(**sophy**-지혜)을 사랑하는(**phil**) 학문이다. 만약 횡경막이 이상이 생기면 흥분해(**frenetic**) 날뛴다고 생각했다. 또 횡경막이 찢어지면(**schiz-cut**) 정신분열증 (**schizophrenia**)이 온다고 봤다. 횡경막은 간과 심장을 받치는 막으로 정신 기능이 있는지는 밝혀지지 않고 있지만 그 언어들은 지금도 여전히 쓰이고 있다.

- 또 간(**liver**)도 인간의 생명(**live**)을 유지하는 핵심적 장기라는 뜻으로 붙은 이름이다. 그러나

기능이 과장되게 확대 해석되어 붙여진 이름이다. ▷전염병(**plague**)도 악마가 때려서(**pleg-strike**) 걸리는 병이었다. ▷중풍(**apoplexy**)도 악마가 위에서(**apo-upon**) 덮치면(**plex-strike**) 걸리는 병이었다. ▷말라리아(**malaria**)도 늪지대의 더러운(**mal**) 공기(**ari-air**)가 원인이라고 믿었다. 모기가 원인이다. ▷콜레라(**cholera**)는 검은(**chol**) 쓸개즙의 이상으로 생긴 병이라고 봤다. ▷장티푸스(**typhoid**)와 발진티푸스(**typhus**)는 병이 깊어지면 정신을 혼미하게(**typh**-때려서 정신을 잃다) 만드는 형태(**oid**)나 증상(**us**)이다. ▷감기(**influenza**)도 악마가 콧구멍 안으로(**in**) 나쁜 공기를 불어(**flu**) 넣어서 생겼다고 여겨졌다.

• 이 책을 통해 종종 한 단어의 어원이 두 가지로 해석되는 경우가 있으나 둘 다 틀리지 않다. 두 어원 모두 역사적으로 같이 쓰여 왔기 때문이다. 달력(**calendar**)은 로마 관헌이 매월 초승달이 뜨는 날(**dar-day**)을 큰 소리(**cal-call**)로 선포해 매월 첫날을 알리던 데서 비롯한 것이다. 그러나 시민들이 선포된 초승달이 뜨는 날을 돌돌 말은 두루마리(**cal-roll**)에 적어 놓은 것을 시작으로 차례로 약 30일을 다 적으면 달력이 됐으므로, 〈로마 관헌의 선포(**cal**)〉와 〈두루마리(**cal**)〉는 모두 사실이고 두 어원 모두 옳다. 또 이 책에서는 한 어휘가 여러 곳에서 설명되는 경우가 많다. 예를 들면 곡예(**acrobat**)는 〈꼭대기(**acr**) 항목〉과 〈밟고 가다(**base**) 항목〉에서 반복적으로 설명되지만 각 항목에는 다른 단어들도 설명되므로 괘념할 필요는 없다.

접두사나 접미사를 축약해서 만든 단어들

• 최초의 화폐는 희소성이 큰 금전이었지만 경제 규모가 커지면서 금보다 풍부한 은전으로 바뀌었다. 유럽이 신대륙 탐험을 시작한 이유 중 하나도 은을 찾기 위해서였다. 대탐험 이전에 유럽에서 가장 유명한 은광은 보헤미아 지방에 있었던 **Joacimsthal**(요하킴 계곡) 은광이었다. (**thal**)은 계곡(**dale**)이라는 뜻이다. 이로부터 유럽에서는 은전을 (**thaler**)라고 불렀다. 신대륙에 맨 먼저 간 스페인 정복자들도 그대로 돈을 (**thaler**)라고 불렀다. 뒤따라 온 영국인들은 이미 식민지에서 널리 사용되고 있는 (**thaler**)를 자신의 공식 화폐 이름으로 채택함으로써 달러(**dollar**)는 역사상 가장 강력한 통화가 됐다.
• 역사(**history**)는 이미 목격한(**hist-id-vid-view**) 이야기라는 뜻이다. 이야기(**story**)는 역사의 축약이다.

• 카메라(**camera**)는 원래 어두운(**obscura**) 방(**camera**)이라는 라틴어였다. 중세의 귀족 부인들은 천장이 둥근(**cam**) 큰 방의 벽에는 작은 구멍을 통해 들어오는 빛이 상을 맺히는 것을 알았다. 귀족 부인들은 벽에 맺힌 상을 보고 바깥 사정을 염탐했었다. 후에 작은 암실에 놓인 감광판에 빛을 비추면 맺히는 상이 기록되는 기계를 카메라(**camera**)라고 불렀다.

• 탱크(tank)는 1차 대전에서 영국군이 개발한 무한궤도 철갑 자동차의 개발 암호명이었다. 독일군에게 개발 과정을 들키지 않기 위해 물탱크(standing water-stank)라는 암호를 붙였다. 실제로 독일군은 끝까지 물탱크인 줄 알았다.

• 스포츠(sports)는 원래 장난을 친다(disport)에서 접두사가 생략된 말이다.

• 사슴(deer)은 황무지(wilderness)에 사는 짐승을 말한다. (wilderness)에서 (der)을 떼어낸 단어다.

• 테니스(tennis)는 테니스의 서브를 넣는 자가 상대에게 공을 〈받아라(tennez-프랑스어)〉라고 소리치던 데서 유래한 단어다.

• 모래(sand)는 원래 작다(ps-little-그리스 알파벳 ψ)는 뜻에 콧소리(n)를 첨가하고 두음(p)를 탈락시켜 만든 작은 알갱이를 말한다. 암모니아(ammonia)도 작다(ps)는 뜻에 콧소리(mm)을 붙인 뒤 두음(ps)를 모두 탈락시켜 만들어진 단어다. 암모니아는 낙타가 오줌을 싼 아몬(Ammon) 신전의 모래에서 발견됐다고 한다. 아몬 신전에는 기도를 드리는 주인을 기다리던 낙타가 오줌을 계속해서 쌌기 때문이다.

방향을 나타내는 언어들

• 고대의 중동 사람들의 세계는 동쪽으로는 인도까지 서쪽으로는 지중해가 전부였다. 그들은 동쪽을 (Aussi)라고 부르고, 서쪽은 (Ereb)라고 불렀다. 후에 그리스인들은 이 말을 그리스식으로 받아 동쪽을 아시아(Asia)로, 서쪽을 유럽(Europe)으로 불렀다. 원래 유럽어로 동쪽(Orient)은 해가 일어(ri-rise)나는 곳(o-at)이고, 서쪽(Occident)은 해가 떨어지는(cid-fall) 곳(o)이다. 또 전통적인 동서남북에서는 햇빛이 퍼져(au-v) 나오기 시작하는 곳은 동쪽(aust-east)이다. 햇빛이 사라지는 곳(vesper)은 서쪽(west)이다. 남쪽(south)은 해(sun-sol)가 항상 떠 있는 곳이다. 북쪽(north)는 해가 물(n)과 가까운 낮은 고도에서 뜨는 곳이다.

• 한국(Korea)은 아랍인들이 〈고려(高麗)〉를 서구에 전한 뒤 초창기에는 라틴식인 (Corea)로 썼지만 후에 게르만(영어)식인 코리아(Korea)로 정착됐다. ▷중국(China)은 한(漢)족이 아닌 돌궐족이 세운 진(秦)제국을 로마인들이 라틴어로 차이나라고 읽은 데서 비롯됐다. 한족이 세운 최초의 제국은 한나라다. ▷일본(Japan)은 일출국(日出國)을 중국 복건어로 (ji-pen-gu)라고 발음했던 것에서 끝 글자(gu-국)를 떼고 나머지만 유럽어로 읽은 것이다. ▷오스트리아(Austria)는 프랑크 왕국의 동쪽(aust-east) 경계(mark), Austmark였다. 프랑크 왕국의 북

쪽 경계는 데인(**Dane**)인이 사는 경계(**mark**) 덴마크(**Denmark**)였다. ▷호주(**Australia**)는 남쪽에 있으므로 항상 해가 떠 메마른(**austr**) 곳이라는 의미다. 그러나 호주는 실제로는 열대를 지나 남반부에 있으므로 열대 지방만큼 뜨겁지 않다.

참고문헌

이 책은 다양한 문헌들을 참고했지만, 특별히 다음과 같은 문헌들의 논거와 내용을 근거로 썼다.

21세기연구회 저·김향 역(2001), 『지명으로 보는 세계사』, 시공사.

David Sacks(2007), *Letter Perfect: The Marvelous History of Our Alphabet From A to Z*, Crown/Archetype.

Dietrich Schwanitz(2010), *Bildung: Alles, was man wissen muss. Illustrierte Ausgabe*, Eichborn Verlag.

Franco Rendich(2014), *Comparative etymological Dictionary of classical Indo-European languages: Indo-European - Sanskrit - Greek - Latin*, CreateSpace Independent Publishing Platform.

Hendrickson Bibles(2011), *Holy Bible: New Revised Standard Version*, Hendrickson Publishers.

Ian Morris(2010, *Why the West Rules—for Now: The Patterns of History, and What They Reveal About the Future*, Macmillan.

Joseph T. Shipley(2009), *The Origins of English Words: A Discursive Dictionary of Indo-European Roots*, The Johns Hopkins University Press.

Nicholas Ostler(2010), *The Last Lingua Franca: English Until the Return of Babel*, Penguin UK.

Peter Watson(2009), *Ideas: A History of Thought and Invention, from Fire to Freud*, HarperCollins.

Scott Shay(2008), *The History of English: A Linguistic Introduction*, Wardja Press.

Walter W. Skeat(2005), *A Concise Etymological Dictionary of the English Language*, Cosimo, Inc.

Werner Keller(1995), *The Bible as History*, Barnes & Noble Books.

William G. Davey(2009), *INDO EUROPEAN ORIGINS*, Amazon Digital Services LLC.

know

알다

어근 변화 kn▷kin▷can▷cqain▷queen▷gen▷gn▷gyn▷gom▷dom▷n(g/k 탈락)
어원 의미 우주(cq→q→g→d=k)를 둘러싼 물(m=n)이 모든 생명을 낳았고. 물은 자기가 낳은 생명에 대해 잘 알았다.

기본 단어	어원 스토리	고급 단어
know 알다 generate 낳다/창조하다 knowledge 지식/학문	우주로부터 온 물은 모든 생명을 낳고(generate), 생명들도 물로부터 후손을 낳는 법을 배웠다/ 물은 자신이 낳은 생명에 대해 잘 알았고(know), 인간도 온갖 생명에 대한 지식(knowledge)을 통해 세상을 알았으므로 낳는 것과 아는 것은 같은 어원을 가졌다. <아담(Adam)은 이브(Eve)를 알고 곧 후손을 낳았다>는 성서의 기록은 남녀가 정신적으로 알게 되면 곧 육체적으로 결합해 후손을 낳음으로써 가족과 씨족, 인류가 생겼다는 사실을 종교적으로 설명하고 있다.	
general 일반적인 kind 친절한/종류 gentle 부드러운 generous 아량이 넓은	씨족(kin)은 한 쌍의 남녀로부터 태어난 자식들이 계속 후손을 낳음으로써 만들어진 같은 피로 연결된 혈연 집단을 말한다/ 진짜로 <순수하다(genuine)>는 말은 같은 피로만 연결되어 있어 일반적으로(general) 같은 종류(kind)의 혈족에 속한다는 뜻이었다/ 친절하고(kind), 부드럽고(gentle), 아량 있는(generous) 태도는 같은 씨족을 대했던 우호적인 태도를 뜻했으므로 씨족사회는 역사상 가장 평화로운 황금시대(golden age)로 불렸다. 그러나 씨족들도 분화하고 분화한 씨족들은 서로 적대적이었으므로 황금시대는 곧바로 자취를 감추고 씨족 간에는 험악한 전쟁과 정복의 시대가 도래했다.	kin 친척/혈족 genuine 진짜의/순수한
genius 천재	천재(genius)는 태어날 때부터 유전적으로 남다른 재주를 가진 사람이었다/ 재간이 많은(ingenious) 천재의 재능은 결국 종족의 번영을 가져오는(in) 능력이었으므로 천재는 고대의 씨족사회에서도 아주 특별한 기대를 한몸에 받았다.	ingenious 독창적인/재간이 많은
king 왕 general 대장	씨족은 계속 번성해 수천 명, 혹은 수만 명의 집단으로 커지면서 복잡해지고 외부 씨족으로부터도 거센 도전을 받았으므로 전쟁을 이끌어 갈 족장이 필요해졌다. 전쟁을 지휘하던 고대의 씨족장(king)은 현대의 왕(king)으로 여전히 남아 있다/ 후에 씨족을 군사적으로 이끄는 장군(general)이 나타났으므로 왕은 전적으로 문민 지도자로 남았다.	

기본 단어	어원 스토리	고급 단어
nation 나라/국민 generation 세대 nature 자연/물질계	한 씨족의 장래를 짊어지고 갈 아기(kinder)들을 보호하기 위해 높이 쌓은 울타리(garten)는 근세 들어 독일에서 유치원(kindergarten)이라는 공적 기관이 됐다/ 세대(generation)를 알면 한 조상으로부터 몇 번째 단계에 태어났는지를 알 수 있다/ 세대를 거듭한 씨족은 마침내 하나의 나라(nation)를 이뤘으므로 결국 현존하는 나라들은 본질적으로 하나의 혈통으로 이어진 단일민족국가를 의미한다/ 다른 생명들도 계속 번식하면서 거대한 자연(nature)을 만들었다/ 기독교는 신이 지구상의 모든 생명을 단 일주일 만에 만들었다고 보므로 따로 천지창조(Genesis)라고 부른다.	kindergarten 유치원. genesis (성서) 기원/천지창조
queen 여왕/황후	자식을 낳을 수 있는 능력인 성(gender)은 수컷과 암컷으로 나뉘어 있다가 서로 마음이 맞으면 결합해 후손을 낳는 양성 생식으로 진화했다 ▶성(gender)과 같은 뜻인 성(sex)도 나누어진(sect) 남녀의 쪼개진 성을 의미한다 ▶쪼개진 반대의 성이 마음에 들면 <멋있다(sexy)>/임신(pregnancy)은 여성이 아기를 낳기 전(pre-before)에 뱃속에 넣고 있다는 뜻이다/ 아기를 낳는 여성을 치료하는 의학(log)은 부인과(gynecology)다/ 여왕이나 황후(queen)는 남편인 왕(king)과 유사하게 발음하기 위해 (g)가 정반대 음운인 (q)로 바뀌었다.	gender 성/성별 pregnancy 임신 gynecology 부인과
Sodom/Gomorrah (성서) 소돔/고모라	남성과 여성은 각기 다른 모양의 성기(genital)를 갖고 있다가 서로 결합시킴으로써 후손을 낳는다/ 성기에 고름이 흐르는(rrh-flow) 병(ea) 임질(gonorrhea)은 아주 오래된 성병이었다/ 남녀의 성(gon)은 (gom)과 (dom)으로도 변형되어 성서의 <소돔과 고모라(Sodom and Gomorrah)>를 낳았다. 신은 고름이 흐르는 (rrah) 타락한 도시를 불로 태워 없앴다/ 유전자(gene)는 자식에게 전해져 자신과 꼭 닮은 후손을 낳게 하는 생물의 암호 물질이다/ 유전학(genetics)은 후손을 낳으면서 물려 주는 유전자의 역할를 연구하는 학문이다/ 우생학(eugenics)은 생물의 발생 과정에서 좋은(eu) 기질만을 낳게 하는 응용 학문이다/ 항원(antigen)은 병원균과 맞서(anti) 싸우는 항체(antibody)를 만들기 위해 의도적으로 약화시킨 병원균이다. 항체는 같은 종류의 병원균과 싸우는 기능을 가지고 있다.	genital 생식기의/성기 gonorrhea 임질 gene 유전자 genetics 유전자학 eugenics 우생학 antigen 항원
engine 엔진/발동기 engineer 기술자/공학자	엔진(engine)은 기계에 움직임을 낳게 하는(en-to) 원동기다. 바퀴만 달려 스스로는 움직일 수 없는 마차에 움직임을 주는 것이 엔진이었다/ 스스로 움직이지 못하는 기계에 움직임을 낳게 하는 사람이 기술자(engineer)다. 처음에는 강력한 엔진을 가진 탱크 조종사를 엔지니어라고 불렀다.	

기본 단어	어원 스토리	고급 단어
kindle 촛불 genre 문학의 종류	촛불(kindle)은 불빛을 낳아 어둠을 밝힌다/ 기계의 동력을 밖으로 (i-ex-out) 끌어내는 것이 점화(ignition)다/ 자동차에 시동을 걸려면 시동키(ignition key)가 있어야 한다/ 남에게 나쁜(mal) 결과를 낳게 하면 남을 헐뜯는(malign) 태도고, 반대로 남에게 좋은(ben) 결과를 낳게 하면 상냥하고 온화한(benign) 태도다/ 불어 장르 (genre)는 낳을 때부터 다른 것과 구별되는 종류라는 뜻이다.	ignition 점화 malign 헐뜯다/중상의 benign 상냥한
hydrogen 수소 원소 oxygen 산소 원소	고대 전쟁에서 적대적인 씨족을 모두 칼로 베어(cid-cut) 죽이는 고대 종족 살육(genocide)은 현대 사회에서 일반적인 살인 (genocide)으로 남았다/ 가장 단순한 수소(hydrogen)는 산소와 결합해 물(hydr-water)을 낳는 원소다/ 산소(oxygen)는 혀에 닿으면 날카롭게 찌르는(ox-acute) 느낌을 낳는다/ 다른 원소와 결합해 소금(hal-salt-염)을 낳는 할로겐(halogen) 원소도 있다. 2개의 비금속이 결합하면 염과 물을 내놓는다.	genocide 대량 살육/살인 halogen 할로겐 원소
note 기록	잃어버린 기억을 다시 알려 주는 기록이 노트(note)다. 학교에서 한꺼번에 들은 선생님의 강의를 노트해 놓으면 나중에 꺼내서 기억을 되살릴 수 있다/ 통지(notice)를 받으면 새로운 사실을 알게 된다/ 모든 이야기를 자세히 서술해야(narrate) 사건 전체를 알 수 있다.	notice 주의/주목 narrate 이야기하다
Renaissance (프랑스) 고전 문예 부흥	모든(co) 내용을 완전히(re) 알았다고 인정하는 것이 인식이나 승인(recognition)이다. 허락한다는 말이다/ 아무것도 알지 못하면 (i-ex) 무시나 무지, 무식(ignorance)이다/ 진찰(diagnosis)은 환자의 모든(dia-across) 증상을 알아내 병의 원인을 잡아내는 것이다/ 종교가 지배하던 중세가 끝나자 고대 그리스 정신을 다시(re) 알자는 고전주의(Renaissance) 운동이 전 유럽을 휩쓸었다. 중세에는 고대 그리스 학문이 완전히 사라진 암흑의 시대였다.	recognition 인식/승인 ignorance 무지/무학/무시 diagnosis 진단/진찰
can 할 수 있다	남에게(a-at) <알려 준다(acquaint)>에서는 (g)가 (cq)로 더욱 복잡하게 변형됐지만 어근의 골격은 같다/ 지인(acquaintance)은 전에 봤으므로 서로 알아 보는 사이다/ 알 수 있거나 낳을 수 있는 능력은 조동사 <할 수 있다(can)>는 일반적인 능력 개념이 됐다. (g)가 (c)로 변형된 경우다/ 영어에서는 이처럼 조동사가 엉뚱한 어원에서 출발한 경우가 많다 ▶상대방의 의지에 맡기는 허락 조동사(may)와 꼭 해야 하는 의무 조동사(must)도 모두 할 수 있는 힘을 나타내는 (mag)나 (max)에서 나온 말이다.	acquaint 알려 주다/전하다 acquaintance 아는 사이/교우
normal 정상적인	로마에서 돌이나 나무의 치수를 알려 주는 (ㄱ)자형 자를 표준자 (norm<a>)라고 했다/ 치수에 맞으면 정상적(normal)이고, 치수	norm(a) 표준/양식

기본 단어	어원 스토리	고급 단어
abnormal 비정상적인	에 맞지 않으면(ab) 비정상적(abnormal)이다.	

communication
소통

어근 변화 mut▷mig▷mad▷mig▷maim▷mean▷mun
어원 의미 가로지른(t−d−m−n−g) 경계(m)선 안에 있는 사람만 우리 편이다.

기본 단어	어원 스토리	고급 단어
common 공통의/사회 전체의 communication 통신/의사소통	공통적(common)인 것은 같은(co) 경계선 안에 있어 비슷한 것이다/ 영국 하원(the Commons)은 귀족을 제외하고 평민들만 같은 경계 안에 넣은 평민회의다/ 의사소통(communication)은 같은 경계 안에 있는 사람끼리 주고받는 것이므로 소통하지 않는 사람들은 경계선 밖에 존재하는 사람들이다.	
communty 공동사회	공동(com)의 경계선 밖으로(ex) 몰아내는 중세 교회의 추방이나 파문(excommunication)은 성직자에 대한 가장 가혹한 처벌이었다/ 공동사회(community)는 같은 경계선 안에 모여 사는 인간 집단이다/ 경계선 안에 있는 모든 사람이 평등하게 권력을 갖고(cip-take) 스스로 다스리는 자치도시(municipality)는 근대 정치 혁명의 산물이다. <도시는 자유로운 공기를 마시고 산다>는 말은 근대 자치도시의 자유정신을 따르고 있다는 의미다.	excommunication 파문/추방 municipality 자치도시/지방자치
communism 공산주의	같은 경계선 안에 사는 사람들은 쉽게 사귀거나 교제한다(commune)/ 근대의 무산자들은 자신들의 영역에서 유산자를 몰아내려는 혁명을 꿈꿨으므로 프랑스 파리의 하층민들은 파리 코뮌(Paris Commune)을 만들어 잠시 집권했다/ 파리 코뮌은 유럽 공산주의(communism) 운동에 큰 영향을 줬다. 공산주의는 무산자들끼리만 모여서 살자는 정치사상이다.	commune 사귀다/친교
	직장인은 집과 일터의 경계를 서로(co) 바꿔 가며(t-tr) 통근하는(commute) 일상을 반복한다/ 남에게 자신과 같은 영역을 만들어(fic-make) 주는 사람은 인심 좋은(munificient) 사람이다/ 면역(immunuty)은 병원균이 몸의 경계를 통과하여 들어오지 못하게(im) 하는 신체의 방어기제다. 면역 체계가 무너지면 병균이 신체의 경계를 넘어 들어와 병을 일으킨다.	commute 교환하다/통근하다 munificient 인심 좋은 immunity 면역/면제
emigration 출국 immigration 입국	철새는 계절에 따라 경계를 넘어(g-go) 이동(migration)해 가며 산다/ 국가의 경계를 넘어 밖으로 나가면(e) 출국(emigration)이고, 들어(im)오면 입국(immigration)이다/ 국가의 경계를 가로질러(trans-through) 옮기면 해외 이주(transmigration)다.	migration 철새의 이동 transmigration 해외 이주

mad
미친/발광한
mean
품질이 낮은/천한

정신이 정상적인 경계선을 넘어가면 미쳤다(mad)는 뜻이 된다/ 불구가 되면(maim) 신체는 정상적인 기능에 미치지 못한다/ 평범한 기준 범위 아래로 넘어가면 천박하다(mean)는 의미가 된다.

maim
불구로 만들다

animal

동물

어근 변화 an▷asth▷hal

어원 의미 우주에서 물(sth-ㅣ=n)을 받은 생명은 숨(an)을 쉬었다. 숨을 쉬는 동물만 정신과 마음을 얻었다.

기본 단어	어원 스토리	고급 단어
man 인간 animal 동물	성서는 흙으로 만든 인간(man)에게 신이 숨을 불어 넣음으로써 정신을 갖게 됐다고 썼다/ 동물(animal)은 숨을 쉬는 조각(m)이라는 뜻이다/ 동물계(Animal kingdom)는 스웨덴의 생물 분류학자 린네(Linnae)가 식물계(Plantae)와 대립하는 개념으로 썼다/ 동영상(animation)은 움직이지 않는 그림에 생명과 숨을 불어 넣은 것이다.	animation 활기/동영상
unanimous 만장일치의 animosity 적개심	숨을 함께(un-an) 쉬면 의견이 일치한다(unanimous)는 뜻이고, 서로 다르게 숨을 쉬면 대립해서 적대(animosity)적이라는 뜻이다/ 큰(mag) 숨을 쉬는 사람은 남의 잘못도 용서하는 아량 있는(maganimous) 사람이다/ 작게(pusil-little) 숨을 쉬는 속좁은(pusillanimous) 인간도 있다/ 숨을 고르게(equ) 쉬는 사람은 차분한(equanimous) 사람이다.	magnanimous 아량이 있는 pusillanimous 속좁은/째째한 equanimous 냉정한/차분한
	동물은 숨을 들이(in)마셔서(inhale) 산소를 흡입하고, 숨을 내쉬어(exhale) 이산화탄소를 체외(ex)로 내뱉는다/ 천식(asthma)은 숨쉬기 어려운 증상(ma)을 가진 질환이다.	inhale 숨을 들이마시다 exhale 숨을 내뱉다 asthma (병리) 천식/호흡곤란
	심리학에서 남자가 갖고 있는 여성적 기질을 아니마(anima)라고 부르고, 여자가 가진 남성적 성질을 아니무스(animus)라고 부른다. 나이 든 남자는 여성적으로, 여자는 남성적으로 변한다는 이론은 오스트리아 빈에서 활동하던 프로이드와 융의 심리학이다.	anima (심리) 남성의 여성성 animus (심리) 여성의 남성성

memory

기억

어근 변화 man▷mem▷men▷mean▷min▷mon▷memen▷mnen▷mn▷mathem▷mos▷mus▷maz
어원 의미 인간은 숨쉬는(em−en−in−on−ath−os−us−az=an) 조각(m)이고, 기억의 조각이 생각이었다.

기본 단어	어원 스토리	고급 단어
memory 기억/기억력 music 음악 mental 정신의 mosaic 모자이크 man 인간/정신 museum 박물관	그리스인은 인간의 정신과 생각이 기억(memory)으로부터 온다고 믿고 기억을 관장하는 여신 므네모시네(Mnemosyne)를 모셨다/ 므네모시네는 제우스와의 사이에 아름다운 딸들 뮤즈들을 (Muse-Musai) 낳았다/ 이 뮤즈들이 음악(music)과 연극, 문학, 학문과 같은 인간의 정신(mental) 세계를 나누어서 관장했으므로 결국 인간의 정신은 기억의 딸들이었다/ 뮤즈들은 인간 정신에게(a-at) 갖가지 즐거움(amusement)을 주었다/ 그리스인들은 색깔이 있는 질그릇 조각을 벽에 붙여 뮤즈들을 그리고 모자이크 (mosaic)라고 불렀다/ 인간이 오랫동안 기억해야 할 것들을 모아 놓은 장소(um-place)를 박물관(museum)이라고 불렀다/ 신이 숨을 불어 넣어 준 인간(man)과 동물(animal)만이 기억의 일부인 정신(man)을 갖게 됐다.	Mnemosyne (그리스) 기억의 신 Muse 뮤즈 amusement 오락
sentimental 감상적인 mind 마음/생각 mean 의미하다	언급하는(mention) 말 속에는 특정한 생각이 들어 있다/ 느낌 (sen)을 통해서 생각을 표현하면 감상적(sentimental)이다/ 마음(mind)은 생각이 살고 있는 곳이다/ 말은 생각을 의미하는 (mean) 내용을 담고 있다/ 죄를 기억에서 지워 버리면(a-anti) 사면(amnesty)이다/ 중세 귀족 부인들에게 사랑의 마음을 불러일으키기 위해 감미로운 노래(sing)를 불러 주던 음유시인 (minnesinger)들은 귀족 부인들과 격렬한 사랑에 빠지기도 했다. 음유시인은 인간의 본성적인 생각에 빠져 있었으므로 철학적 문예인들이었다.	mention 언급하다 amnesty 사면/면책 minnesinger (중세) 음유시인
mathematics 수학	수학(mathematics)은 깊이 생각한다는 의미로부터 확장되어 정확하게 측정하는 기술(tic-tech)이 되었으므로 대부분의 학생들이 어렵게 생각한다 ▶수학보다 낮은 단계인 산수(arithmetic)는 숫자를 차례로 정리해(ar-arrange) 측정하는(met) 기술(tic)이다.	
mania 열광/~광	인간은 지나치게 하나의 생각에 집착하는 습성이 있으므로 남의 물건을 몰래(klept-close) 훔치려는 생각을 심하게 가지면 도벽 (kleptomania)이라는 정신적 질환이 된다/ 마니아(mania)는 한 가지 생각에 몰두하는 광신자를 말했다/ 손(chir-hand)금을 보고	kleptomania 도벽 chiromancy 수상점술

기본 단어	어원 스토리	고급 단어
	신의 생각을 해석해 주는 수상점술(chiromancy)은 동양과 유럽에 모두 있었다.	
	맨 먼저 동양으로 진출한 포르투갈인들은 중국의 고위 관료들을 깊은 생각을 가진 사람이라는 뜻으로 만다린(mandarin)이라고 불렀다. 중국의 고위 관료는 과거시험을 통과한 자로 성리학에 정통한 학자였기 때문이다/ 이로부터 중국 관료들의 장중한 의례나 노란 색깔의 중국산 귤, 중국 표준어도 모두 만다린(mandarin)이라고 부른다/ 아후라 마즈다(Ahura Mazda)는 지혜로운 늙으 낙타의 주인이라는 페르시아어다. 조로아스터교의 주신이다. 페르시아어는 인도-유럽어족이다.	mandarin 중국 관료 Ahura Mazda (페르시아) 조로아스터교의 신
monster 도깨비/괴물 summon 소환하다	도깨비(monster)는 불길한 생각을 미리 전해 주는 존재다/ 생각을 밖으로(su-sur-up) 불러내는 것이 소환하는(summon) 것이므로 소환을 받으면 정신이 바짝 들게 마련이다/ 로마 지혜의 신 미네르바(Minerva)는 그리스의 아테네(Athen)에 해당된다. 헤겔이 <미네르바의 부엉이는 황혼이 내리면 날아 오른다>고 말해서 유명해졌다. 미네르바의 어깨에는 지혜를 상징하는 부엉이가 앉아 있었는데 해가 진 뒤에야 날아 올랐다. 철학적으로는 깊이 생각한 후에 행동하라는 의미. 헤겔은 철학을 일이 일어난 후에 해석하는 학문이라고 정의했다.	Minerva (로마) 지혜의 신
comment 논평/비평	남의 말에서 느끼는 모든(com) 생각을 말로 표현하는 논평(comment)은 시시비비를 가리는 직업이다/ 옛날 일을 서서히(scent-growing) 다시(re) 추억하면(reminiscent) 잊었던 일이 조금씩 생각난다/ 피비린내 났던 유럽 종교전쟁이 끝난 뒤 인간 정신의 어두운 면에 집착하는 바로코(barroco-찌그러진 진주-포르투갈어) 시대가 도래했다. 바로코 시대의 인간은 특히 죽음에 대해 집착하면서 <그대는 죽어야(mor-death) 할 운명임을 기억하라(memento)>는 죽음의 상기(memento mori) 풍조에 심취했다. 침대 머리맡에 해골을 놓아 두는 것이 유행했다.	reminiscent 생각나게 하는 memento mori 죽음을 기억하라!
admonish 경고하다 money 화폐 monitor 방송 송신의 감시	안일하게 생각하는 자에게(ad-at) 훈계하거나(admonish), 위험이 온다고 미리 환기시키는 경고(monition)를 발하는 로마의 여신 모네타(Moneta)도 있었다/ 모네타 신전에는 동전을 주조하는 조폐소(mint)가 있었다/ 그곳에서 로마의 각종 동전(money)들이 주조됐었다/ 로마의 돈은 위험에 처한 국가를 생각하고 미리 재정을 튼튼히 하라는 경고였다/ 감시(monitor)는 정신을 똑바로 차리고 지켜보는 것이다.	monition 경고/주의 Moneta (로마) 경고의 여신 mint 조폐소

전 세계적으로 IQ가 140 이상 되는 천재들의 모임 멘사(Mensa)가 있다. 약 10만 명 정도의 회원이 있다고 알려져 있다. 멘사는 원래 가톨릭의 미사용 탁자나 원탁을 의미했으므로 신의 생각을 불러오는 곳이기도 하다.

Mensa

(단체) 천재 클럽

adult

어른

어근 변화 al▷ol▷ul▷ha▷hau(l 탈락)
어원 의미 어린이는 무럭무럭 자라(l) 성인이 되고, 성인은 결국 늙고 죽는다.

기본 단어	어원 스토리	고급 단어
adult 어른	나를 길러 준 학교는 어머니(mater-mother)와 같아서 모교(alma mater)라고 부른다/ 같은 선생님이 길러 준 동창생(alumnus)들은 학교를 졸업해도 서로 평생 동안 기억한다/ 독서는 마음을 길러 주는 양식(aliment)이라는 말이 있다/ 어른을 향해(ad) 성장해 가는(scent-growing) 청소년(adolescent) 시기는 인생의 가장 중요한 시기다/ 어른(adult)은 성장이 마무리에(ad) 다다랐다는 뜻이다/ 의기양양하는(exalt) 태도는 지나친 자신감을 밖으로(ex) 보여 주는 태도다.	alma mater 모교 aluminus 동창생 aliment 영양물 adolescent 청소년기의 exalt 의기양양하다
old 늙은/낡은 alto (성악) 기반음	다 자란 인간은 결국 늙는다(old)/ 오래된 물건은 떼어져(ab) 폐기된다(abolish)/ 구식(obsolete) 물건은 쓸모가 늘어날 가망이 없는(obs) 물건이다/ 알토(alto)는 성악의 기반음이다.	obsolete 구식의 abolish 폐기하다
	로마에서 병역과 잡역을 위해서 의도적으로(pro) 육성했던 프롤레타리아(proletariat)를 근대 사회주의자들은 무산자라고 불렀다/ 로마는 무럭무럭(pro) 자라나 번영(proliferation)하는 고대의 대제국이 됐다/ 고도(altitude)는 공중으로 높이 올라간 정도(tude)다/ 높은 자리에 올라갔다고 건방지면(haughty) 결국 인심을 잃게 될 수도 있다/ 시장에서 수요가 많아지면 상인들은 물건 값을 올린다(enhance).	proletariat 프롤레타리아 haughty 건방진 enhance 부추기다 proliferation 번영 altitude 고도

auction

경매

어근 변화 aux▷auc▷aug▷auth▷wax▷wais
어원 의미 작은 나무 씨앗이 싹을 튀우고, 점점 굵게(au−w=v) 자라면(x−th−s−c=g) 마침내 위풍당당한 거목이 된다.

기본 단어	어원 스토리	고급 단어
author 작가 auction 경쟁매매/경매 authority 권위/명령	작가(author)는 완전히 새로운 이야기를 처음 만드는 정신적 창조자다/ 작게 태어난 존재도 계속 크기를 늘여(augment) 나가면서 성장한다/ 여러 사람들을 경쟁시켜 물건 값을 높여 가는 판매 방식이 경매(auction)다/ 보충(auxiliary) 부대는 주력 부대에 힘을 보태 주는 보조 부대다/ 아주 작은 시작도 시간이 지나면 점점 커지면서 누구도 건드릴 수 없는 큰 권위(authority)를 가질 수 있다. 오랜 기간을 통해 만들어진 권위는 쉽게 흔들리지 않는다/ 고대에 관공직에 처음으로 취임(inauguration)하면 신의 은총이 커졌기 때문이라고 봤다/ 점점 힘이 자라나면 누구나 당당한(august) 모습을 보인다/ 로마의 위대한 황제였던 아우구스투스(Augustus)는 말 그대로 엄청나게 큰 위대한 존재라는 뜻이었다.	augment 증가시키다 auxiliary 보조적인 inauguration 공직 취임 august 위풍당당한
waist 허리	초승달로부터 점점 보름달로 커가는 것을 달이 찬다(wax)고 말한다/ 반대로 달이 점점 작아져 그믐달로 변하는 경우는 달이 이운다(wane)고 말한다. 달이 커지고 작아지는 것은 같은 현상의 연속이다/ 나이가 들면 허리(waist)가 점점 굵어진다.	wax 달이 차다 wane 달이 이울다

be

존재하다

어근 변화 phy▷fi▷fu▷ba▷be▷bi▷bou▷bo▷boo▷bu▷b▷ve▷ont(n 첨가)
어원 의미 빛에서 온 에너지(ph→f→v→t→b)가 우주에 존재하는 생물과 무생물을 만들었다.

기본 단어	어원 스토리	고급 단어
be 존재하다/~이다 doubt 의심하다 tribe (로마) 평민/종족	<존재하다(be)>는 주이니 주체가 실제로 자리를 차지하고 있음을 알리는 기본 동사다/ 존재가 둘(dou-two)이면 어느 것을 믿을지 의심한다(doubt)는 말은 불어에서 왔다/ 멀리(s-separate) 위로(uper) 떨어져 존재하면 최고나 최상의(superb) 존재가 된다/ 종족(tribe)은 로마를 세웠던 세 개(tri) 부족 존재를 의미했다. 로마를 구성하는 세 부족은 로마의 기본 인구로 결국 로마의 제3계급인 평민이 됐다/ 로마의 평민들은 왕을 몰아내고 귀족들과도 항쟁을 벌여 평민을 대표하는 호민관(tribune) 제도를 확립했다. 호민관은 오늘날 총리와 비슷했다/ 로마 평민의 권리는 제1계급 사제나 제2계급 귀족의 권리와 정립되면서 법정(tribunal)도 평민의 권익을 옹호하는 곳으로 정착했다/ 그러나 평민들은 국가나 귀족에게 세금이나 진상품을 바치기도(tribute) 하는 계급이었다/ 속국들도 제국이나 대국에 보호 명목으로 조공(tribute)을 바쳤다/ 그러므로 평민들이나 속국들이 바치는 모든(con) 세금과 조공은 로마 제국의 번영에 커다란 기여를 하게 됐다(contribute)/ 오늘날 재산을 사회에 기부하는(contribute) 사람들도 많다.	superb 최고의/최상의 tribune (로마) 호민관 tribunal 법정/소송 tribute 진상품/조공 contribute 기여하다/기부하다
physics 물리학 physical 물리적인 physician 의사/내과 의사	우주에 존재하는 실체적 물질을 연구하는 물리학(physics)은 원래 정신적인(mental) 종교와 대응하는 물리적인(physical) 문제만 다루는 학문이었다/ 인체의 물질적 존재를 연구하거나 치료하는 의사(physician)는 점차 의료행위가 세분화되면서 내과 의사가 됐다/ 체격(physique)은 인간 존재의 외형적 모양이다/ 생리학(physiology)은 인체의 유기적 작용을 연구한다/ 골상이나 관상학(physiognomy)은 사람의 얼굴 존재를 측정해 그 사람이 가지는 성격이나 운명을 알아보는 전통적 지혜(nom)다.	physique 체격 physiology 생리학 physignomy 인상/관상학
	집단에 처음으로 새롭게(neo-new) 들어온 존재는 신출내기(neophyte)다/ (phyte)는 특히 식물 존재를 의미했으므로 동물(zoo)을 잡아 먹는 식물은 식충식물(zoophyte)이다/ 존재를 계속 낳아(gn-bear) 종족을 이어가는 계통 발생(phylogeny)은 하나하나의 존재(ont-be)가 태어나는 개체 발생(ontogeny)을 반복한다는 말은 진화론이다(n 첨가). 기독교 신자들은 신이 모든 생명을	neophyte 신출내기 zoophyte 식충식물 phylogeny 계통 발생

기본 단어	어원 스토리	고급 단어
	일주일 만에 만들었다고 믿으므로 진화론을 불신한다.	ontogeny 개체 발생
future 미래	성서는 태초에 신이 <fiat lux(let there be light-빛이 있으라)>라고 말함으로써 우주가 처음 존재하게 됐다고 쓰고 있다. 존재를 나타내는 이름은 명목이나 형식, 규범(fiat)이라고 부른다/ 미래(future)도 앞으로 존재하게 될 시간적 존재를 의미한다.	fiat 규범/형식/명목
big 큰 build 집을 짓다 booth 오두막/부스 husband 남편 bound 범위	<존재하다(be)>로부터는 여러 가지 단어가 파생됐다/ 크다(big)는 존재의 거대함을 말한다/ <집을 짓다(build)>도 없는 곳에 존재를 일으킨다는 뜻이다/ 부스(booth)는 작은 집의 존재다/ 남편(husband)은 집(hus-house)에 존재하는 남자다/ 범위(bound)는 존재가 사는 테두리를 말한다.	
neighbor 이웃 Bohemia 보헤미아	고대 사회에서 흔히 볼 수 있는 존재가 농민(boor)이었다/ 남아프리카의 네덜란드 출신 농민을 보어(Boer)라고 부른다. 영국과의 식민지 전쟁에서 패배한 네덜란드 출신 농민은 보어족이라는 이름을 남겼다/ 이웃(neighbor)은 가까이(neigh-near) 존재하는 농민들이라는 뜻이었다/ 체코의 옛 이름 보헤미아(Bohemia)는 농민(bo)들이 사는 시골(hem-home)이었다.	boor 농민 Boer (남아프리카) 보어족
prove 증명하다 approve 시인하다 proof 증거	엄밀한 조사(probe)는 존재하는 것을 자세히(pro) 알아보는 것이다/ 입증하려면(prove) 존재를 분명하게(pro) 드러내야 한다/ 이미 드러난 존재와(a) 일치하면 시인할(approve) 수밖에 없다/ 증거(proof)는 확실하게(pro) 드러난 존재이므로 지울 수 없다/그럴 듯한(probable) 것은 분명히(pro) 존재할 것 같지만 존재하지는 않는 것이다.	probe 엄밀한 조사 probable 그럴 듯한

text

교과서

어근 변화 tex▷tec▷tech▷tis▷toil▷tl
어원 의미 인간은 팔의 길이((t)만큼 뻗어, 손이 닿는(x→s→ch→c=ㅋ) 곳에 자신의 지혜와 기술을 적용했다.

기본 단어	어원 스토리	고급 단어

기본 단어

architect
건축가
architecture
건축
text
교과서
technique
기술
technology
공학

tissue
조직/종이
toilet
화장실

어원 스토리

고대 남자의 최고(arch) 기술은 건축(architecture)이었고, 건축가(architect)는 모두 남자였다/ 여자는 섬세한 손으로 정교하게 천(textile)을 짰으므로 정교한 교과서(text)도 원칙과 규정에 맞춘 책의 원전을 말한다/ 문맥(context)은 천을 짜고 난 뒤의 전체적인 (con) 모습을 말했다/ 천을 짜려면 씨줄을 길게 늘어 놓은 다음 날줄을 왕복시키므로 씨줄 아래(sub)의 날줄은 잘 보이지 않았기 때문에 미묘하다(subtle)는 말이 파생됐다/ 인간이 먹을 것은 신이 만들어 줬지만 집과 천을 만드는 기술(techique)은 인간 스스로 발명해야 했다/ 현대의 공학(technology)은 남자가 집을 짓고, 여자가 천을 짜던 기술(log)의 연장이다.

생물의 조직이나 종이(tissue)도 길다란 섬유조직이 교차로 짜여진 것이다/ 화장실(toilet)은 그리스 연극의 분장실에 있던 작은 (et) 보자기 천을 의미했다. 분장실에 딸린 지저분한 변소를 그곳에 있는 천으로 간접 표현한 것이다.

고급 단어

textile
천/옷감
context
문맥/전체 줄거리
subtle
미묘한/흐릿한

flat

평평한

어근 변화 pla▷pel▷ple▷pia▷pol▷pal▷fla▷fiel
어원 의미 인간은 자신의 몸이 미치는(l) 한계 공간(fl-pl)에서 살아남기 위해 온갖 몸짓(fl-pl)을 다해 왔다

기본 단어	어원 스토리	고급 단어
flat 판판한 field 들판. 평지 flag 깃발 Poland 폴란드	넓게 펼쳐진 평평한(flat) 들판(field)을 강이 가로지르는 곳에는 농업이 발달했다/ 평평한 천 위에 자신의 지위나 부대를 표시하는 상징을 그려 넣은 깃발(flag)은 바람에 날리도록 긴 막대기에 매달아 놓는다/ 흩날리는 꽃잎이나 불꽃은 얇은 박편(flake) 모양이다/ 아첨하는(flatter) 신하는 왕의 마음을 평화롭게 하는 데 정성을 쏟을 뿐 백성에 대해서는 무관심했다/ 전 국토가 평평한 폴란드(Poland)는 유럽 세력과 러시아 세력이 충돌하는 지점이므로 역사적으로 양대 세력에 의해서 유린되는 경우가 많았다.	flake 얇은 박편 flatter 아첨하다
plane 비행기	비행기(plane)는 넓은 대기권을 날아 다니고, 행성(planet)은 광대한 우주에서 태양을 중심으로 원운동을 한다 ▶별(star)은 우주를 가로지르는(tr) 천체다/ 달(moon)은 한 달이라는 기간을 측정하는(measure) 기준 천체라는 뜻이었다. 목성에는 10개 이상의 달이 있다.	planet 행성
plan 계획 plain 평평한 piano 피아노	계획(plan)은 앞으로 펼쳐서 실행해야 할 구상이다/ 미국 서부와 동부 사이의 거대한(great) 평야(plains) 지대는 대평원(great plains)이다/ 고대의 배는 두껍고 판판한 널판지(plank)로만 건조됐으므로 폭풍우에 난파되는 경우가 허다했다/ 피아노(piano)는 이탈리아어로 <부드럽고 강하게(piano-forte)>의 축약이다. 피아노 이전의 악기들은 음의 높낮이만 표현할 수 있었지만 피아노는 현을 망치로 때리므로 음의 강약도 표현하는 만능 악기였기 때문에 이같이 명명됐다.	plank 널판지/골자
plaster 회반죽 plastic 플라스틱/합성수지	초고온의 원시 우주는 아주 작은 알갱이(plasma)들이 멋대로 돌아다니는 혼돈 시대였다/ 이 알갱이들이 뭉쳐져 최초의(proto) 물질인 원형질(protoplasm)이 됐다/ 이 원형질이 만든 최초의 물체를 원형질체(protoplast)라고 불렀다/ 회반죽(plaster)도 작은 알갱이들이 뭉친 묽은 덩어리로 굳으면 영구적인 형태로 성형된다./ 합성수지(plastic)도 원하는 대로 굳힐 수 있는 알갱이 덩이다/ 성형수술(plastic surgery)은 신체의 모양을 맘대로 만들 수 있는 수술이고, 신용카드(plastic money)도 합성수지로 만든 돈이다.	plasma 작은 알갱이/혈장 protoplasm 원형질 protoplast 원형질체

기본 단어	어원 스토리	고급 단어
plate 접시 plant 나무 palm 손바닥 plaza 광장	접시(plate)는 편편한 그릇이다/ 고원(plateau)은 꼭대기가 평평한 산지 지형을 말한다/ 나무도 넓은 평지에 심는다(plant)/ 대농원(plantation)은 유럽 식민주의자들이 드넓은 식민지에 농작물을 대량으로 심었으므로 이같이 불렸다. 현지인의 노동력을 이용한 약탈 농업이었다/ 땅속에는 나무를, 잇몸 안(im)에는 치아를 심는다(implant)/ 큰 광장(plaza)도 넓고 평평한 곳을 말한다/ 손바닥(palm)도 펴면 평평하다/ 그리스 앞바다 에게 해는 넓은 바다에 섬들이 점점이 펼쳐진 최고의(arch) 군도(archipelago)라고 불렸다. 중동의 앞선 문명이 이 군도를 징검디리로 삼아 그리스로 들어왔으므로 이같은 영광된 이름을 갖게 됐다.	plateau 고원지대 plantation 대농장/식민지 implant 나무를 심다 archipelago 군도/열도
please 기쁘게 하다	마음을 평화롭게 하려면(please) 마음을 평평하게 해야 한다. 감탄사로는 <제발>이다/ 현실에 안주하면(complacent) 지금에 완전히(com) 만족한 상태다/ 결코 누그러지지 않는(im) 성질을 가진 사람은 완강하고 고집 센(implacable) 사람이다.	complacent 현실에 만족하는 implacable 무자비한
Plato(n) 플라톤 place 장소	고대 그리스 철학자 플라톤(Plato<n>)은 어깨가 넓은 사람이라는 뜻을 가지고 있다/ 장소(place)는 물건을 놓거나 행동할 수 있는 넓은 공간이다/ 강단(platform)은 연사가 설 수 있는 넓은 형태(form)의 단상이다/ 승강장이나 단말기(platform)도 평평한 모양의 끝단을 말한다.	platform 강단/승강장/공약

catch

잡다

어근 변화 cap▷cab▷cas▷cash▷catch▷cep▷ce▷ceit▷ceip▷ceiv▷cip▷cop▷cov▷cup▷chas▷ches▷hav▷heav▷haw

어원 의미 둥그렇게(ch-h=c) 구부려 잡는(b-s-sh-tch-t-v-w=p) 손아귀에서는 아무것도 빠져 나오지 못한다.

기본 단어	어원 스토리	고급 단어
capable 능력 있는	중세에 인신을 구속하는 체포영장(caption)에는 누가, 언제 영장을 발부했는지 간단하게 적혀 있었으므로 현대의 신문이나 잡지의 사진 밑에 붙은 간단한 설명문(caption)으로 변했다/ 역량이 있는 (capable) 자는 잡아서 자기의 소유로 만드는 능력이 있는 사람이었다/ 수용 능력(capacity)은 잡아서 용기 안에 넣을 수 있는 용량이다/ 도량이 넓은(capacious) 사람은 남의 실수나 잘못도 잘 받아 주는 사람이다/ 포로(captive)는 살아 있는 상태로 잡힌 적이다/ 바빌론은 유대인들을 잡아가 포로로 삼았으므로 바빌론의 유수(Captivity)라고 불렸다.	caption (신문) 사진 설명 capacity (바빌론 유수) 수용 능력 capacious 도량이 넓은 captive 포로
catch 잡다 cable 밧줄/전깃줄 cop 잡다/형사	손으로 잡는(catch) 것은 잡는 행위를 강조한 것이다 ▶붙잡는 (hold) 것은 잡고 놓지 않는 것을 말한다/ 잡아 채는(get) 것은 순간적으로 잡는 것으로 장소, 형용사, 부사를 붙여 쓴다/ 케이블 (cable)은 원래 소를 잡아 매는 고삐나 교수형용 밧줄이었다/ 캡스턴(capstan)은 배의 밧줄을 감아 올리는 굴대다/ 범인을 잡는 형사(cop)는 <잡는다(cop)>는 동사에서 온 잡는 자(copper)의 단축이다/ 추격하는(chase)자는 온 힘을 다해 잡기 위해 달리는 자다.	chase 추격하다 capstan (선박) 밧줄 감는 원통
case 상자 capsule 작은 상자/캡슐 chess (게임) 체스 cash 현금	상자(case)는 내부에 물건을 잡아 넣는 통이다 ▶그러나 다양한 경우(case)는 우연히 떨어져(cas-fall)는 생기는 결과로 어원이 다르다/ 작은(le) 상자는 캡슐(capsule)이다. 쓴 약을 넣는 작은 용기다/ 심장은 갈비뼈 안에(en) 감싸여(encase) 있다/ 여닫이 창 (casement)은 창틀에 정확히 맞아야 한다/ 서양 장기(chess)는 상대방의 왕을 잡는 놀이라는 뜻이다/ 차대나 새시(chassis)는 수만 개에 달하는 차의 각종 부속들을 잡아 주는 차의 골격을 말한다/ 현금(cash)은 원래 고대의 화폐인 동전을 잡아 넣을 수 있는 상자를 뜻했다/ 작은(et) 상자(casket)는 보석을 잡아 넣는 보석함이나 시신을 잡아 넣는 관을 의미한다.	encase 둘러 감싸다 casement 여닫이 창 chassis 자동차 차대 casket 관/보석함
discipline 단련/수련	제자(disciple)는 선생님의 말을 넓게(dis) 받아들이는 자로 수련과 단련(discipline)을 통해 스승의 가르침을 빠짐없이 받아들	disciple 제자

기본 단어	어원 스토리	고급 단어
anticipate 예상하다/고대하다 participate 참가하다	인다/ 학수고대하는(anticipate) 마음은 앞으로 올 결과를 미리 (ant) 잡아 보는 태도다/ 참가하는(participate) 자는 자신의 자리 (part)를 잡고 앉는 사람이다/ 로마에서 부권은 절대적이었으므로 자식들은 빨리 커서 독립하기를 고대했다. 그래서 독립이나 해방 (emancipation)은 아버지의 손(man)아귀로부터 벗어(e)나는 것을 의미했다/ 2차 대전 후 수많은 식민지들이 제국으로부터 해방 (emancipation)의 기쁨을 맛보았다.	emancipation 독립/해방
recipe 요리법 receipt 영수증 receive 받다 reception 대접/안내	착상한(conceive) 생각은 마음이 꽉(con) 잡아 놓은 최초의 구상이다/ 임신한(conceive) 여성은 뱃속에 아기를 함께(con) 가지고 있다/ 속이는(deceive) 행동은 상대가 진실과 다른(de) 생각을 갖도록 기만하는 것이다. 뒤늦게 속은 사실을 알므로 사기다. 속은 사실을 알고 당하면 강도다/ 받는(receive) 것은 주는 것을 확실히(re) 잡아서 자신의 것으로 만드는 것이므로 확실한 소유다/ 요리법(recipe)은 의사가 약사에게 <처방 지시를 받아라!>라는 receive의 라틴어 명령형이었다. 요리사는 셰프가 내리는 요리법을 어길 수 없다/ 또 영수증(receipt)은 물건이나 돈을 <분명히 받았다>는 receive의 라틴어 과거분사형이다/ 또 손님을 친절하게 (re) 집으로 데리고 들어가는 대접(reception)은 씨족사회의 관행이다 ▶연예(entertainment)도 손님을 데리고(tain) 안으로(en) 들어가 융숭하게 대접한다는 뜻이다.	conceive 착상하다/임신하다 deceive 속이다/기만하다
recover 회복하다 accept 받아들이다 except 제외한	대학 졸업(inception)은 학문을 끝내고 사회를(in) 처음으로 잡는 시작(inception)이므로 끝과 시작을 동시에 나타내는 말이다/ 병에서 회복하는(recover) 사람은 잃어버린 건강을 다시(re) 잡은 사람이다/ 받아들인(accept) 것은 손으로(a) 잡아들인다는 뜻이므로 허락한다는 의미다/ 제외된(except) 된 것은 손으로 잡지 않는다(ex)는 것이다.	inception 졸업식/시작
purchase 구매하다 prince 왕자 principle 원칙	구매한(purchase) 물건은 돈을 주고 내 손 안에 완전히(pur) 넣은 물건을 의미한다. 동물은 원하는 물건을 힘으로 빼앗는다/ 왕자 (prince)는 무엇이든 먼저(pre) 잡을 무한 권한을 가진자라는 뜻의 라틴어 princeps의 영어 축약이다/ 다른 모든 것을 포기한다 해도 우선적으로(prin) 잡고 지켜야 할 것이 기본 원칙(principle) 이다/ 현대의 도시들은 시민들이 공동으로(mun) 권한을 갖고 통치하는 자치도시(municipal) 형태를 띠고 있다. 투쟁을 통해 왕권으로부터 자유를 획득한 근대 자유도시가 오늘날 도시의 모델이다/ 계속 달려 온 산맥이 갑자기 앞에서(pre) 잡혀 곤두박질치는 곳에 벼랑(precipice)이 생긴다.	municipal 자치도시의 precipice 벼랑

기본 단어	어원 스토리	고급 단어
occupy 점령하다 occupation 직업/천직	장소나 물건에(o) 손을 대서 차지하면(occupy) 배타적인 소유권을 갖는다/ 신분사회였던 고대 사회의 직업(occupation)은 죽는 날까지(o) 잡고 가는 천직이었다.	
have 갖다 heavy 무거운	소유권은 완전히 손에 잡고 가지고(have) 있다는 뜻이다/ 가지고 있는 물건은 중력의 작용으로 무겁다(heavy)/ 매(hawk)는 무거운 사냥물도 발로 움켜잡고 하늘로 날아간다.	hawk (조류) 매

camp

야영

어근 변화 cam▷com▷cham▷chim▷chan

어원 의미 자연 속에 나타나는 선은 거의 모두 구부러진 원(ch=c)을 그린다. 벌판은 변화무쌍하게 굽이치는 땅의 조각(n=m)이다.

기본 단어	어원 스토리	고급 단어
camp 야영장 champion 우승자/대변자 campus 대학의 정원	군대는 굽이치는 들판에서 야영(camp)하고 피나는 훈련을 받는다/ 적이 쳐들어 오면 그 들판에서 목숨을 건 전투(campaign)를 벌였다/ 상대 출마자를 떨어뜨리는 선거운동(political campaign)도 총성 없는 전투다/ 들판에서 싸움을 벌이는 라틴어 전사(cambio)는 영어에서 우승자(champion)가 됐다/ 대학 교정(campus)도 넓은 정원에 세워졌던 고대 그리스의 대학에서 비롯됐다. 학자들은 드넓은 캠퍼스에서 자유롭게 학문적 명상에 잠겼다. 고대로부터 학문은 육체 노동을 하지 않고 자유롭게 사유하는 직업이었다.	campaign 군사작전/사회운동
champagn(e) (프랑스) 샹파뉴/샴페인	프랑스의 샹파뉴(champagne) 지방은 넓은 평지라는 뜻이다/ 이곳에서는 고급 와인 샴페인(champagn)이 생산된다/ 샹피뇽(Champignon)은 넓은 평지 지역에서 나는 송이버섯으로, 프랑스 고급 음식의 재료다.	Champignon (프랑스/버섯) 샹피뇽
camera 사진기 chimney 굴뚝	중세 유럽 귀족 여인들은 천장이 둥근 방(camera)을 어둡게(obscura) 한 뒤 작은 구멍을 통해 들어오는 햇빛이 벽에 만드는 영상을 보는 유희를 즐겼다. 밖에서 일어난 일을 은밀하게 보여 주었기 때문이다. 이 천장이 둥근 캄캄한 방(camera obscura)을 축약한 것이 카메라(camera)다. 카메라는 작은 상자의 구멍을 통해 들어온 광선이 상자 안에 놓은 감광판에 박혀 사진을 찍어냈기 때문이다/ 유럽의 교회나 궁전의 방 천장은 둥글게 만들고 화려하게 장식했다. 이로부터 궁정의 큰 방(chamber)이 파생됐다. 평민들은 감히 둥근 천장을 가질 수 없었다/ 굴뚝(chimney)은 둥근 천장 한가운데를 뚫고 낸 연기통이었다/ 라틴어로 같은 방을 쓰는 사람(comaraderie)이 영어에서 동무(comrade)로 정착됐다. 후에 공산주의자들이 같은 동료를 동무라고 부르면서 유명한 단어가 됐다.	chamber 큰 방/회의실 comrade 동무
change 바꾸다	굽이치는 들판은 변화무쌍하게 모양을 바꾼다(change)/ 서로(ex) 바꾸는 교환(exchange)은 계속 바뀌는 들판의 모양을 의미했다.	exchange 교환하다

course

과정

어근 변화 cur▷cour▷cor▷car▷char
어원 의미 둥그런(ch=c) 바퀴를 계속 돌리면 차는 앞으로 굴러(r) 나아간다

기본 단어	어원 스토리	고급 단어
course 과정/진행	과정(course)은 수많은 역경을 극복하고 달려야 할 길이었다/ 역의 대합실이나 큰 길거리(concourse)는 모든(con) 사람들이 들어 오거나 나가는 길의 중심지다.	concourse 중앙광장/대합실
current 유행하는/현재의	유행하는(current) 물건은 많은 사람들 사이에서 돌아다닌다/ 물건을 살 때마다 꼭 지불해야 하는 돈은 계속 사람 사이를 흘러다니므로 통화(currency)라고 불리고 나라마다 다르다/ 잠시 멈춘 사건이나 사고는 곧 다시(re) 살아나서 달리며 빈발하는(recurrent) 성질을 가지고 있다.	currrency 통화 recurrent 빈발하는
	서로 상대를 향해(dis) 말을 흘려 보내면서 나누는 이야기나 담론(discourse)을 통해 결론에 이르는 대화법은 동양과 서양에서 서로 다르게 발전했다/ 둘 사이에서(inter) 생각을 서로에게 흘려 보내는 교류(intercourse)를 통해 인간은 마침내 지구촌을 만들었다/ 남녀 간의 성적 교류는 성교(intercourse)다/ 힘이나 능력이 부족하면 남에게(re) 몸을 흘려 의지하거나 의뢰할(recourse) 수밖에 없다/ 상환(recourse)은 준 것을 반대로(re) 흘려 보내는 것이다	discourse 이야기/담론 intercourse 교류/성교 recourse 의뢰/상환
curriculum 교과 과정 corridor 복도/주요 도로	게으른 사람은 일이 되는 대로(cursory) 흘러가게 놔 둔다/ 우리보다 앞서(pre) 흘러간 시대를 살아간 선각자(precursor)들이 현재 우리가 사는 세계를 만들었다/ 원래 말이 달리는 전차 경기장(um)이었던 것이 교과 과정(curriculum)으로 변했다. 전차가 한 바퀴 도는 과정이 하나의 교과를 수료하는 것과 같았다/ 사람들은 큰 복도나 주요 도로(corridor)를 거쳐 각 방이나 더 작은 길로 흘러 들어간다.	cursory 되는 대로 precursor 선각자/예고
career 생애/경력 car 자동차 carry	마차가 달리는 험난한 길이 이제까지 달려 온 생애나 경력(career)으로 추상화됐다/ 둥근 바퀴를 빠르게 반복적으로 돌리는 차(car)를 발명한 인간은 분명히 인류 최대의 발명가였을 것이다/ 물건이나 사람을 싣고(carry) 달릴 수 있는 마차가 동력을 가진 기차와 자동차로 진화해 왔다/ 원래 마차를 만드는 사람이었던 사람	courior 급사/택배

기본 단어	어원 스토리	고급 단어

기본 단어

싣다/나르다
carpenter
목수

charge
싣다/부과하다
cargo
화물

어원 스토리

이 목수(carpenter)로 변한 이유는 옛날의 마차가 나무로 만들었기 때문이다. 바퀴의 둘레만 쇠로 둘러졌다/ 편지나 작은 물건은 급사(courier)가 직접 들고 달려 가서 전해줬다.

대놓고 비난할 수 없는 사람을 비꼬거나 웃음거리로 만들기 위해 풍자 만화(caricature)가 등장했다. 풍자를 잔뜩 실었다는 뜻이었다/ 차에 싣는다(charge)는 뜻은 전기를 전기줄에 실어 보내거나, 값을 부과하거나, 범인에게 죄명을 씌우는 모든 행위에 쓴다/ 포르투갈어에서 온 회물(cargo)은 달릴 수 있는 차에 실은 짐을 말한다.

고급 단어

caricuture
풍자화

casual

우연한

어근 변화 cad▷cid▷cas▷cheat▷chut▷chanc▷canc(n 첨가)
어원 의미 빛(t=c=d)은 하늘을 떠나 둥근(ch=c) 우주 공간을 가로질러 땅 위에 떨어진다.

기본 단어	어원 스토리	고급 단어
casual 우연한 case 경우/실정 occasion 행사/기회 chance 기회/운	뜻하지 않게 우연히(casual) 떨어지는 물건은 자신만의 운동법칙에 의해 자유낙하한다/ 우연히 떨어지면서 벌어진 사고로 인한 사상자나 피해자(casualty)에게는 의도적인 가해자가 없으므로 보상을 빋지 못했던 때가 있었지만 지금은 인도적 지원을 받는다/ 우연히 떨어져 벌어지는 수많은 경우(case)의 수는 정확하게 예측할 수 없다/ 특별한 장소나 시간(o-at)에 떨어져 벌어진 행사나 기회(occasion)는 다시 오지 않을 수도 있으니 잘 이용해야 한다/ 우연히 벌어진 기회(chance)라도 준비가 안 된 사람에게는 아무 쓸모가 없다.	casualty 사상자/피해자
accident 사고/재해	지나가는 곳에(a) 하늘에서 혜성 조각이 우연히 떨어지는 사고(accident)가 생길 수도 있다/ 당신이 사는 구역에(in) 복잡한 사건(incident)이 떨어져 시끄러울 수도 있다. 사건은 사고보다 넓은 영역에서 복잡하게 떨어지는 문제다/ 사건에서는 한 사건이 다른 사건을 물고 떨어지는 부수적인(incidental) 일들이 생긴다/ 같은(co) 시간에 몇 개의 사건들이 동시에 발생하기도 한다(coincide).	incident 사건/분쟁 incidental 부수적인 coincide 동시발생하다
Occident 서쪽/서방	가을이 되면 잎을 아래로(de) 떨구고 앙상한 가지만 남기는 낙엽성(deciduous) 식물과는 반대로 가을에도 푸른 잎을 유지하는 늘푸른(evergreen) 식물도 있다/ 해는 동쪽으로부터 떠올라 서쪽(Occident)으로 진다. 서쪽은 해가 떨어지는 곳(o-at)이다/ 떠오르는 나라도 세월이 지나면 내리막길로(de) 쇠퇴(decadence)의 길을 걷는 것이 긴 역사의 교훈이다.	deciduous 낙엽성의 decadence 쇠퇴/퇴락
cheat 속이다/사기 치다 cancel 취소하다	중세 상속자가 없는 귀족의 땅을 떼어 빼앗아(es-ex) 왕에게 반납하는 escheat 제도가 속임수(cheat)로 축약됐다. 그 땅의 소작농은 갑자기 다른 주인(귀족)을 모시므로 속았다고 여겼다/ 왕을 일반인과 떼어 놓기 위한 격자창(chancelli) 앞에서는 고위 궁정관리가 왕명을 격자창 밖으로 하달했으므로 일반인은 왕은 볼 수가 없었다. 이 고관은 후에 대법원장이나 장관, 총리(chancellor)로 변했다/ 아무리 중요한 사안이라도 격자창을 통해서 나온 왕명에	chancellor 총리/장관/대법원장

기본 단어	어원 스토리	고급 단어
	의해서는 간단하게 취소되고(cancel) 말았다.	
parachute 낙하산	로마의 분수에는 물이 연속해서(ade) 떨어지는 작은 인공 폭포 (cascade)가 있다/ 공기에 저항하면서(para-against) 떨어지는 낙하산(parachute)은 조종사의 생명을 최후로 보장한다.	cascade 작은 인공 폭포

circle

원

어근 변화 col▷cul▷cir▷cor▷cr▷cy▷cur▷chur▷sacchar▷sear▷sugar▷rank▷rang▷ranch▷ring(r/g 도치/n 첨가)▷rib▷pal▷tel

어원 의미 긴 줄(r=l)도 구부리면 원(p→t→k→s=c)이 된다. 원래의 긴 줄은 시간적으로는 긴 시간, 공간적으로는 먼 거리다.

기본 단어	어원 스토리	고급 단어
circle 원 circus 광장/사통팔달	긴 줄을 계속 구부리면 원(circle)이 된다/ 많은 구경꾼들이 모이는 곳에는 둥그렇게 만든 원형 광장(circus)이 생겼다/ 로마의 원형 경기장(circus)은 오늘날 각종 경기장의 모델이 되었다/ 영국의 피카딜리 서커스(Piccadilly Circus)는 영국 어디로도 갈 수 있는 런던 도로 중심지다/ 원을 계속 따라가면(fer-carry) 생기는 선이 원둘레(circumference)고, 원을 둘러싸고 서 있는(st-stand) 것이 상황(circumstance)이다/ 중심으로부터 약간 떨어져 있는 것들은 정확한 중심은 아니므로 수학적으로 대략, 약(circa)이라는 뜻으로 쓴다.	circumference 원둘레 circumstance 상황/형편 circa 약/대략
cycle 원/자전거/순환 cyclone 사이클론	원을 따라가면 제자리로 돌아가면서 계속 순환(cycle)한다/ 자전거(cycle)는 두 개의 동그란 바퀴를 가지고 있다/ 그리스 신화에는 크고 동그란 한 개의 눈을 가진 외눈박이 거인 키클롭스(Cyclops)가 등장한다/ 어린이(ped-children)들이 알아야 할 지식 모두를 알파벳 순서로 순환해 넣은(en) 것이 백과사전(encyclopedia)이다/ 인도양에는 둥글게 휘몰아치는 열대성 폭풍 사이클론(cyclone)이 불어온다.	Cyclops (그리스) 외눈박이 거인 encyclopedia 백과사전
crown 왕관	왕은 자신의 권위를 높이기 위해 가능하면 호화롭고 둥근 왕관(crown)을 쓴다/ 고대 로마에서는 큰 공을 세운 병사에게 화려한 꽃으로 장식된 둥근 화관(corona)를 씌워 줬다. 지금은 태양을 둘러싼 거대하고 둥근 불꽃을 코로나라고 부른다.	corona 태양의 광환/코로나
range 산맥/영역/목장 ring 원/반지 ribbon 리본/띠/훈장	산맥(range)은 산의 줄기다(r, g 도치/n 첨가)/ 긴 줄은 구부려서 원이 될 수 있으므로 영역이나 목장(range)을 의미한다. 산맥은 곧게 뻗은 긴 줄이고 목장은 그 줄을 구부린 영역이다/ 군대의 가로 대열(rank)은 구부리면 원을 만들 수 있고, 그 안에 있는 사람들은 같은 신분이나 계급(rank)을 뜻한다/ 반지(ring)는 줄을 구부려 만든 원형 가락지였다/ 목장(ranch)은 둥글게 경계를 친 구역이다/ 배열한다(arrange)는 것은 황무지에(a) 둥근 경계를 표시해 목장으로 정돈하거나 마련한다는 뜻이었다/ 리본(ribbon)은 동물의 목을 묶는(bon-bind) 줄이었다가 띠나 훈장, 줄자를 모두 의미	rank 군대의 가로줄/계급 ranch 목장 arrange 정돈하다

기본 단어	어원 스토리	고급 단어

하게 됐다.

curve 곡선 sugar 설탕 church 교회	활은 둥글게 휘어진 곡선(curve)이다/ 과학자는 계속(re) 반복해서(round and round) 연구한다(research)/ 교회(church)도 지붕이 둥근 큰 집이라는 의미다/ 산스크리트어에서 온 설탕(sugar)도 작지만 동그란 알갱이라는 뜻이다/ 사카린(saccharin)은 설탕과 같은 맛을 내는 물질(in)이다/ 인도의 악어(crocodile)는 동그란 등딱지를 가진 벌레(dil)다.	research 연구/탐구 saccharin 사카린/인조설탕 crocodile (인도) 악어
colon 창자/(문장) 쌍점 collar 목줄/훈장/옷깃	콜론(colon)은 문장에 쓰는 동그란 두 점이고, 큰 창자(colon)도 뱃속에서 구불구불 굽는다/ 유럽인들은 구불구불 먼 길을 돌아 아메리카에 식민지(colony)를 세웠다/ 로마인들도 북쪽으로 구불구불 돌아 라인 강변에 식민도시 쾰른(Cologne)을 세웠다/ 칼라(collar)는 말이나 개의 목줄에서 사람의 옷깃이나 훈장으로 의미가 확장됐다.	colony 식민지/집단 거주 Cologne (독일) 쾰른
culture 농업/문화	쟁기로 밭을 갈아 땅을 둥글게 엎는 농업(culture)은 인류의 가장 오래된 직업이다/ 전기는 출발한 곳으로 되돌아오는 회로(circuit)를 흐르고, 곡마단도 출발한 곳으로 되돌아오는 순회공연(circuit)을 한다.	circuit 회로/순회공연
pole 회전 축/장대/극 television 텔레비전	축(pole)은 줄처럼 긴 대를 말한다/ 극성(polarity)은 긴 축의 양끝 대척점을 말한다/ 멀리서부터 오는 영상(vision)을 보여 주는 텔레비전(television)은 최근에 발명된 기계다/ 구석기(Paleolithic) 시대는 인간이 막돌(lith)을 쓰던 아주 먼 옛날을 말한다.	polarity 양극성 Paleolithic 구석기 시대의

bath

목욕

어근 변화 path▷bac▷bad▷bak▷bath▷bys
어원 의미 뜨거운(p=b) 온천에서는 목욕을 하고, 뜨거운 불에서는 고기를 굽는다. 깊은 물에서는 숨을 쉬지 못한다. 질병은 고통이다.

기본 단어	어원 스토리	고급 단어
bath 목욕	따뜻한 물에 몸을 담그는 목욕(bath)을 특별히 좋아했던 사람들은 로마인들이다/ 독일의 바덴(Baden)과 영국의 바스(Bath)는 로마 시대 때부터 알려진 유서 깊은 온천장이었다.	Baden, Bath (독일) 바덴/ (영국) 바스
bake 빵을 굽다 bacon 베이컨	뜨거운 불에 구워(bake) 음식을 부드럽게 만드는 방법은 원시인들이 발견했다/ 베이컨(bacon)도 효모로 숙성시킨 뒤 불에 살짝 구운 돼지고기다.	
	밑이 없어 끝없이(a) 가라앉는 물속을 심연(abyss)이라고 부른다/ 심연에 빠지면 숨을 쉴 수 없으므로 고통스럽게 죽는다/ 깊은 심연의 고통으로부터 오는 비애(pathos)는 죽음에 이르는 슬픔이다/ 문학은 독자의 마음에 비애(pathos)를 불러일으키는 작업이라는 설도 있다/ 남의 슬픔을 함께(sym)하는 연민(sympathy)은 공동생활을 하는 인간의 큰 미덕이다/ 다른 사람의 아픔에 들어가(em) 공감(empathy)하는 능력이 없으면 고립될 수도 있다/ 그러나 인간은 남의 감정과는 반대의(anti) 감정인 혐오감(antipathy)을 갖기도 한다/ 어떤 사람은 남의 슬픔이나 아픔을 전혀 느끼지 못해(a) 냉담(apathy)한 경우도 있다.	abyss 심연/구렁텅이 pathos (문학) 비애 sympathy 동정/연민 empathy 공감 antipathy 반감/혐오감 apathy 냉담
	고통을 불러오는 질병을 연구하는(log) 분야는 병리학(pathology)이다/ 환자의 증상과 반대로(al-other) 치료하는 역증요법(allopathy)으로는 환자의 고열을 반대로 해열해 준다/ 환자의 증상과 같이(hom) 치료하는 동종요법(homeopathy)으로는 고열의 환자를 오히려 열탕에 집어 넣는 방법이 있다. 증상을 신체의 치료 과정으로 보기 때문이다/ 병원균(pathogen)은 질병을 낳는(gen) 박테리아나 바이러스를 말한다.	pathlogy 병리학 allopathy 역증요법 homeopathy 동종요법 pathogen 병원균

bread

빵

어근 변화 fer▷br▷bour▷bur
어원 의미 햇빛(f=b)에서 오는(r) 열은 에너지다. 햇빛의 결과인 불의 열기로 음식을 굽고, 어미새는 온기를 주어 알을 깬다.

기본 단어	어원 스토리	고급 단어
bread 빵	효모를 넣어 부풀어 오른 밀가루 반죽을 구운 빵(bread)은 유럽인의 주식이다/ 닭도 따뜻한 날개로 품어 알을 깬다(breed)/ 강아지 새끼를 내서 파는 사람은 번식가(breeder)다/ 한 번에 낳은 한 배 새끼(brood)들은 어머니의 젖을 차지하기 위해 치열한 경쟁을 벌인다.	breed 배양하다 brood 한 배 새끼 breeder 동물번식가
breath 호흡	동물은 산소로 영양분을 태우는 호흡(breath)을 통해 에너지를 얻는다/ 유럽인들은 남쪽에서 불어오는 따뜻한 산들바람(breeze)을 좋아한다/ 살아 있는 효모는 곡식에 있는 당분을 먹고 열과 술을 내놓는다(brew)/ 각 민족은 다른 양조(brew) 기술을 가지고 있다/ 이미 만들어진 술을 다시 불로 태워서 알코올의 농도를 높인 술이 브랜디(brandy)와 버번(bourbon)이다/ 프랑스의 부르봉(Bourbon) 왕조는 불같이 강력한 왕조라는 의미다.	breeze 산들바람 brew 양조하다 Bourbon (술) 버번/브르봉가 brandy (술) 브랜디
burn 태우다 brand 낙인/상표	원시인들은 불을 피우는(burn) 기술을 발견하고 잡아 온 물고기나 동물 고기를 불 위에서 그을려(broil) 먹었다/ 분규에 휘말리면(embroil) 회사는 뜨거운 열기 속에(em) 빠져든다/ 중세에는 죄인의 얼굴이나 가슴에 불에 달군 인두로 지지는 낙인(brand)을 찍었다. 후에 상품을 상징하는 상표가 됐다. 온도가 아주 높은 불은 백열(fervor)을 내뿜는다/ 효모(ferment)는 곡식에서 나오는 당분을 분해하고 열과 함께 알코올을 내놓는다.	broil 그을리다 embroil 분규에 휘말리다 ferment 효모 fervor 열기/백열

computer
컴퓨터

어근 변화 pav▷put▷t
어원 의미 완전하게 알려면 철저하게(p) 분쇄해서(t=v) 근본에 이르러야 한다.

기본 단어	어원 스토리	고급 단어
computer 컴퓨터 count 계산하다	철저하게(com) 파고든다는 뜻의 컴퓨터(computer)는 모든 (com) 현상을 숫자로 분해한 뒤 다시 실제 현상으로 바꿔 보여 주는 체제로 발전했다/ 매우 복잡한 현대 세계는 컴퓨터 없이는 작동할 수 없으므로 컴퓨터가 지배하는(cra) 컴퓨터 지배(computercracy) 세계가 되고 말았다/ 프랑스어 꽁쀠따레(computare)가 영어에서 계산(count)으로 정착했다/ 은행의 계좌(account)는 들어가거나 나온 돈이 계산되는 곳(a)이다/ 자세한 설명(account)도 말하고자 하는 내용을 숫자처럼 정확하게(a) 분석하는 진술이다.	computercracy 컴퓨터 지배체제 account 계좌/상세한 설명
dispute 논쟁하다 reputation 세평/명성	멋대로 자란 나뭇가지는 사방을(am-ambi) 전지해야(amputate) 한다/ 자신의 권한을 잘라내서(de) 위임하면(depute) 위임받은 자는 대리인이나 보좌관(deputy)이 된다/ 상대의 헛점을 깊이 (dis) 파고들어 벌이는 논쟁(dispute)은 격렬해질 수밖에 없다/ 엄격하게(re) 파고들어 판단된 명성(reputation)은 어떤 비난에도 흔들리지 않는다.	amputate 전지하다/삭감하다 depute 위임하다 deputy 대리인/보좌관
pave 포장하다 pavement 포장도로	로마는 제국 전체를 튼튼한 도로망으로 얽었다. 길을 낸 다음에 그 위에 잘게 깬 돌을 포장했으므로(pave) 지금도 사용되고 있다/ 현재의 포장도로(pavement)는 로마의 쇄석도로에 석유에서 나온 끈적한 타르를 입힌 형태다.	

flower

꽃

어근 변화 phal▷phyl▷pouch▷pock▷fl▷fol▷foil▷fool▷bal▷bel▷big▷bil▷boil▷bowl▷boul▷bag▷boas▷bud▷bul▷buckl

어원 의미 물체에 열(ph−f=b)을 가하면, 액체로 변해 부피가 늘어(g−s−d−ch−ck−ckl=l) 흐르고, 액체에 열을 가하면 기체로 변해 날아간다.

기본 단어	어원 스토리	고급 단어
bud 꽃봉오리 flower 꽃 Florida (미국) 플로리다	아주 작은 봉오리(bud)가 부풀어 올라 꽃(flower)이 된다/ 스페인 정복자들이 미국 남동부에 도착하자 꽃이 만발했었으므로 플로리다(Florida)라고 불렀다/ B.C 700년경에 세운 로마는 A.D 100년쯤 꽃이 피듯 번영했다(flourish)/ 잎을 푸른색(chlor-color)으로 만드는 엽록소(chlorophyll)는 햇빛 에너지로 물과 이산화탄소를 탄수화물로 바꾼다. 잎(phyl)도 작은 잎눈이 크게 부푼 것이다/ 가을에는 잎을 황색(xanth-yellow)으로 변하게 하는 황록소(xanthophyll)가 생긴다/ 고대에는 부푼 남근(phallus)상을 숭배했다/ 뇌(ce-뇌) 안에 필요 이상의 물(hydr-water)이 생겨 머리가 부푸는 수두증(hydrocephalus)은 뇌수종이라고도 한다.	flourish 번영하다 chlorophyll 엽록소 xanthophyll 황록소 hydrocephalus 뇌수종 phallus 남근상
flour 밀가루 flow 흐르다	알곡을 분쇄하면 가루(flour)로 부풀어 소화하기에 좋다/ 고체에 열을 가하면 액체로 변하면서 부풀어 흘러간다(flow)/ 포트폴리오(portfolio)는 관리들이 들고(por-carry) 다니는, 접었다 폈다 할 수 있는 종이 서류첩이었다. 현재는 손해를 막기 위해 분산 투자한 주식의 명세서나, 지금까지 그린 미술 작품을 일목요연하게 정리해 넣는 미술첩을 모두 포트폴리오라고 부른다/ 물건을 싸는 얇은 금속박인 호일(foil)은 원래 건축물에 새겨 넣는 꽃잎이나 잎사귀를 의미했다.	portfolio 주식 명세서/작품집 foil 호일/금속박
bull 황소/교황 칙서 bill 요금 청구서	황소(bull)는 커다랗게 부푼 생식기가 붙은 동물이라는 뜻이었다/ 교황의 칙서(bull)는 부푼 주머니에 넣어서 전달됐으므로 이같이 불렸다/ 관공서의 게시물(bulletin)도 넓게 펼쳐서 게시판에 붙인다/ 요금 명세서(bill)도 펼쳐 볼 수 있는 요금 청구서다.	bulletin 게시물
ball 볼/공 ballon 풍선 bullet 총알	옛날의 공(ball)은 동물의 오줌 주머니에 바람을 넣어 부풀렸다/ 공보다 더 크게 부풀면 풍선(balloon)이다/ 총알(bullet)도 조금(et) 부풀어 올랐다/ 밥 주발(bowl)도 둥글게 펴졌다/ 산적 화물(bulk)은 부피만 있고 모양은 없는 무더기 화물을 말한다/ 금괴(bullion)도 앞으로 아름다운 모양을 만들 금 덩어리다/ 액체를 데우면 온도가 올라가고 분자들이 활발하게 움직이며 부풀어 올라	bullion 금괴 bulk 산적 화물/큰 규모 bolero (음악) 볼레로

기본 단어	어원 스토리	고급 단어
bowl 밥 주발 boil 끓다 buckle 혁대 blast 폭발하다	끓는다(boil)/ 부풀어 오른 허리를 죄는 혁대(buckle)는 부푼 뺨을 조이는 헬멧 조임줄이었다/ 음악에서 스페인어 볼레로(bolero)는 빠른 리듬과 부풀린 음향을 말한다/ 다이너마이트 심지에 불을 붙이면 잠시 후 폭발하면서 단단한 암석 덩어리도 발파해(blast) 버리고 만다.	
fool 바보 bag 주머니	바보(fool)는 부푼 공기 주머니를 뜻했다. 말 없는 주머니는 멍청하다/ <단순한(foolproof)> 기계는 바보도 쓰도록 기능을 보장(proof)한 기계다/ 양 한 마리의 가죽 주머니(bag)에 파이프를 끼운 백파이프(bagpipe)는 원래 중동지역의 악기였다. 백에 바람을 넣어 부는 이 악기는 스코틀랜드의 상징이 됐다. 특히 부대가 진군할 때 불었다.	foolproof 단순한 bagpipe (악기) 백파이프
fluent 흐르는/유능한/ inflation 인플레이션 deflation 디플레이션	고체가 부풀면 흐르는(fluent) 액체(fluid)로 변한다/ 액체가 불규칙하게 출렁이면(fluctuate) 불안하다/ 막혀 있던 액체는 갑자기 분출할(flush) 수 있다/ 구름의 계속된 흐름(flux)을 보면 날씨를 전망할 수 있다/ 돈이 많이 흐르면 풍요로운(fluent) 사회다/ 그러나 돈을 너무 많이 풀어 넣으면 경제 과열(inflation)이 된다/ 돈을 너무 많이 빼내면(de) 반대로 경기 침체(deflation)가 온다.	fluid 액체 fluctuate 출렁이다 flush 분출하다 flux 액체의 흐름
flavor 향기 flute (악기) 플루트 influence 영향	꽃의 향기(flavor)는 우리의 코로 흘러 들어 자극한다/ 플루트(flute)는 바람을 불어 소리를 내는 관악기다/ 선생님들은 학생들에게 생각을 흘려 넣어(in) 오래 지속될 영향(influence)을 준다/ 악마가 콧속에(in) 나쁜 공기를 불어 넣으면 감기(influenza)에 걸린다고 믿었다. 단어가 길어 그냥 flu라고 쓴다.	influenza 유행성 감기
pocket 호주머니 blow 바람을 불어 넣다 bloom 꽃 blood 혈액	자루(pouch)는 물건을 넣으면 부풀어 오른다/ 작은(et) 자루는 포켓(pocket)이다/ 작은 꽃눈은 점점 부풀어 올라 활짝 핀 꽃(bloom)이 된다/ 특히 과수꽃(blossom)은 열매가 열리는 꽃이다/ 풍선을 부풀리려면 바람을 불어(blow) 넣어야 한다/ 피(blood)는 흐른다는 뜻이다/ 계속 부풀리면 커(big)진다/ 장작에 불을 붙이려면 풀무(bellows)로 바람을 불어 넣어야 한다/ 있지도 않은 사실을 자랑하려면(boast) 조그만 사실도 한껏 부풀려야 한다/ 용감한(bold) 병사는 싸워서 이길 수 있다는 큰 마음을 가진	pouch 자루/우편낭 blossom 과수꽃/활짝 피다 bellows 풀무/고함치다 embolden 용기를 북돋우다

big
큰
boast
자랑하다
bold
용감한

사람이다/ 두려움으로 움추린 병사에게는 용기를 북돋아 주어야 (embolden) 한다/ 남태평양에 가면 어디서 가져 왔는지 모를 거석(boulder) 동상들이 서 있어 고고학자들의 관심을 끌어 모으고 있다.

boulder
거석/암석 바위

balcony

발코니

어근 변화 phalanx▷phalang(n 첨가)▷fulc▷balc▷balk▷bulk▷block▷beam

어원 의미 길게(l) 부풀어(ph-f=b) 오른(x-k-ck-c-m=g) 대들보와 벽돌은 놓는 방법에 따라 여러 모양의 집을 지을 수 있는 건축 재료다.

기본 단어	어원 스토리	고급 단어
bacony 발코니/노대 beam 대들보/빛줄기	건물 창문 밖으로 튀어 나오도록 지은 노대, 발코니(balcony)는 사각진 나무토막으로 만든다. 사각진 나무토막은 필요에 따라 잘라 쓸 수 있는 건축재다/ 사각진 목재가 대표적으로 쓰이는 곳은 지붕의 척추인 대들보(beam)다 ▶기둥은 둥그런(col) 목재를 쓰므로 칼럼(column)이라고 한다. 여러 개의 빛줄기(beam)를 모으면 장방형 나무토막처럼 보인다.	
block 벽돌/구역	사각진 나무토막과 같지만 흙으로 만들고 장방형의 벽돌(block)도 필수적인 건축 재료다/ 돌대가리(blockhead)는 벽돌처럼 딱딱한 멍청이라는 의미다/ 나무토막처럼 부피는 있지만 일정한 모양이 없는 덩어리는 산적 화물(bulk)이라고 한다/ 배나 비행기, 열차의 승객 칸 격벽(bulkhead)은 나무 목재로 덧댄 방의 끝머리(head)라는 뜻이다.	blockhead 돌대가리/멍청이 bulk 덩어리/산적 화물 bulkhead 배나 열차의 격벽
	밀집대형(phalanx)은 장방형으로 정렬한 고대 그리스의 부대 대형을 말한다. 방패와 창으로 무장한 부대가 밀집대형으로 정렬함으로써 적의 공격을 방어할 수 있었다/ 손가락 마디는 작은 나무토막처럼 연결되어 있으므로 자유롭게 굽히도록 진화됐다/ 맘대로 굽혀지는 손가락 지골(phalange)을 이용해 인간은 도구를 다룰 수 있었다/ 지렛대를 받치는 장방형 받침대(fulcrum)는 지렛대 힘의 모멘트가 작용하는 곳이다.	phalanx (그리스) 밀집대형 phalange (손가락) 지골 fulcrum 지렛대의 받침대

atom

원자

어근 변화 tem▷teem▷tim▷tom▷ton▷im

어원 의미 칼로 가로질러(t) 자르면 물체는 토막나고(n=m) 잘린다.

기본 단어	어원 스토리	고급 단어
atom 원자	고대 그리스인들은 더 이싱 자를 수 없는(a) 원자(atom)가 우주의 근본 물질이라는 생각을 가졌다. 이 생각은 현대 물리학에서도 유효하다/ 분석적이었던 유럽인들은 인체를 더 작은(ana-down) 단위로 자르는 해부학(anatomy)을 의학의 기본으로 삼았다.	anatomy 해부
	동양에서는 음과 양, 서양에서는 선과 악, 두 개(dicho-in two)로 나누는 이분법(dichotomy)을 각각 중시했다/ 긴 문장을 더 많은(epi-in addition) 개수로 잘라 중요한 부분을 고르면 발췌(epitome)다/ 도마뱀은 잡히면 꼬리를 스스로(auto) 자르는 자기절단(autotomy) 능력이 있다.	dichotomy 이분법 epitome 발췌/본보기 autotomy (도마뱀) 자기절단
estimate 평가하다/추정 aim 목적 temple 사원	<평가한다(estimate)>는 구리 원석(es-ore)을 잘라내어(ex) 구리가 들어 있는지 알아 보는 것을 의미했다/ <존중한다(esteem)>는 원광석에서 뽑아낸 구리의 가치가 귀중하게 여겨진다는 뜻이었다/ 원광석을 잘게 자르는 목적(aim)은 원광석에서 구리를 찾기 위한 것이었으므로 aim은 estimate의 축약이다/ 고대의 사원(temple)은 우거진 숲과 바위를 쳐낸 넓은 평지 위에 세워졌다/ 머리카락을 잘라 삭발(tonsure)한 성직자들은 수도원에서 구도의 길을 걷는다.	esteem 존중하다 tonsure 삭발

diplomat
외교관

어근 변화 pla▷pli▷plo▷ple▷ply▷fla
어원 의미 공식 문서는 접었다(l) 폈다(f=p) 할 수 있었다.

기본 단어	어원 스토리	고급 단어
diplomat 외교관	두(di-two) 장으로 접힌 문서를 갖고 주재국에 가는 사절이 외교관(diplomat)이다/ 학교를 졸업하는 학생도 두 장으로 접힌 졸업장(diploma)을 받는다.	diploma 졸업장/면허장
simple 간단한	원래 한(sim-same-one) 가지 약초로 만든 약을 간편(simple)약이라고 했다 ▶중병이 많아지면서 여러 가지(com) 약초를 섞어 만든 복합약(compound)이 등장했다/ 딱 한 번만(sim) 접히는 단순한 사람을 바보(simpleton)라고 했다.	simpleton 바보
complex 복합단지/열등감	우리의 얼굴은 모든(com) 감정이 겹쳐서 나타나므로 안색(complexion)이라고 부른다/ 편의시설 등 여러 가지 시설을 함께 접어 놓은 건축 형태는 복합단지(complex)다/ 마음이 너무 복잡하게(com) 접혀 종잡을 수 없는 심리적 상태가 열등감(complex)이다/ 머리카락은 부드러우므로(pliant) 갈라서 엮으면 땋은 머리(plait)가 된다.	complexion 안색/용모 pliant 부드러운/나긋나긋한 plait 땋은 머리
apply 덧대다/응용하다/ 가하다 reply 대답하다 display 보여 주다/진열하다 employ 채용하다	다른 것에(a) 겹쳐 덧대거나(apply), 다른 조건에 응용하거나(apply), 열을 가하는(apply) 것은 모두 접어서 덧붙인 것과 같다/ 답장(reply)은 온 편지에 대해 답을 쓴 뒤 다시(re) 접어서 보낸 것이다/ 응시한 사람의 서류를 접어서 문서에(em) 붙여 놓으면 채용됐다(employ)는 뜻이었다/ 접어서 보이지 않던 것은 펴서(dis) 보여 주거나 진열한다(disply).	
multiple 복수의/배수 double 이중의 flexible 잘 구부러지는	복잡한(complicate) 것은 여러(com) 번 접었다는 의미다/ 접힌 것을 밖으로(ex) 펴서 보여야 의심할 바 없이 명백해(explicit)진다/ 두 사람이 몰래 함께(com) 나쁜 짓에(a) 얽혀 있으면 둘은 공범자(accomplice)로 처벌된다/ 여러(multi) 번 접히면 복수(multiple)가 되고 오직 두 번(dou-two) 접히면 이중(double)이다/ 잘 접히려면 구부러지는(flexible) 성질이 있어야 한다/ 안쪽으	complicate 복잡한 explicit 명백한 accomplice 공범/연루자

기본 단어	어원 스토리	고급 단어
manifold 다양한/많은 flask 플라스크	로(in) 구부러져 휘어진 곳을 만곡(inflextion)이라고 한다/ 실험할 때 쓰는 유리 플라스크(flask)는 원래 목이 굽어진 와인 병이었다/ 여러 가지(mani) 모양으로 구부리면 다양한(manifold) 형태가 나온다/ 옛날 공무원이 접어서 들고(port-carry) 다니던 서류첩이 증권 일람표(portfolio)나 그림의 선집(portfolio)으로 확장됐다.	inflexion 만곡 portfolio 서류철/일람표

coupon
쿠폰

어근 변화 cal▷cul▷cl▷coup▷gl▷garl▷hil▷hol▷til
어원 의미 나무를 날카로운 칼로 내리치면 둥근(g=t=h=c) 조각들이 잘려(l) 나간다.

기본 단어	어원 스토리	고급 단어
coupon 쿠폰/회수권 coup d'etat 쿠데타	둘로 찢어지는 종이의 한쪽을 제시하면 물건이나 서비스를 제공받는 것이 회수권(coupon)이다/ 국가(etat-state)에 일격(coup)을 가하는 쿠데타(coup d'etat)는 주로 소수의 장교들에 의해서 시도된다/ 보통 승용차는 4개의 문과 4개의 의자가 있지만 2개의 문과 2개의 의자로 작게 잘라낸 자동차를 쿠페(coupe)라고 부른다/ 공제(recoup)는 손해 본 양만큼 떼어서 되(re)돌려 보내는 보상이다/투자자는 원금을 빨리 되돌려(re) 회수하길(recoup) 바란다.	coupe (자동차)쿠페형 recoup 공제/회복하다
	유죄(culpable) 판결은 공식적으로 때려 줄 만하다는 의미다/ 공식적으로 때려 줄 사람인지 아직 결정되지 않은 사람은 미결수나 용의자(culprit)다/ 용의자는 재판 결과 죄가 없으면(ex) 혐의를 벗을(exculpate) 수 있다.	culpable 유죄의/잘못이 있는 culprit 미결수/장본인/용의자 exculpate 죄를 벗다
	천년 제국 로마도 갈갈이(cata) 찢어져 파열(cataclasm)의 국면에 접어들었다/ 동로마 제국은 우상(icon)을 부수는 우상파괴(iconoclast) 운동으로 서로마 제국과 대립했다/ 환태평양 지역은 잦은 지진으로 찢어져 큰 재앙(calamity)을 가져오는 경우가 많다.	cataclasm 파열/분열 iconoclast 우상파괴 calamity 큰 재앙
clergy 성직자 clerk 서기/사무원	칼로 자른 나무조각을 던져 떨어지는 모습을 보고 점을 치는 무당은 후에 고등 종교의 사제(clergy)로 진화했다/ 성직자의(cleric) 역할은 본질적으로 무당과 같이 인간의 장래를 돌본다/ 고대의 성직자들은 유일하게 글을 쓰거나 읽고 계산을 할 줄 아는 계급이었으므로 후에 글을 쓰고 계산할 줄 아는 사무원이나 서기(clerk)도 성직자 같은 기능을 가진 자들이라는 뜻이었다/ 사무원의(clerical) 기능은 관료사회의 서기 기능을 의미하게 됐으므로 서기관이 생겼다.	cleric 성직자의 clerical 사무원의
gladiolus	로마의 검투사(gladiator)들은 칼로 상대를 쓰러뜨리면 자유가 주	gladiator

기본 단어	어원 스토리	고급 단어
글라디올러스 garlic 마늘	어지기도 했으므로 목숨을 걸고 싸웠다/ 잎이 칼처럼 날카로운 글라디올러스(gladiolus)는 예쁜 꽃을 피운다/ 칼같은 잎을 가진 마늘(garlic)의 뿌리는 둥글게 맺혔다(lic-lock)/스코틀랜드 고지 전사들은 엄청나게 긴 장검(claymore)을 사용하는 용사들이었다.	검투사 claymore (스코틀랜드) 장검
Holland 네덜란드 gun 총	네덜란드를 홀란드(Holland)라고도 부르는 이유는 낫으로 잘 라서(hol-cl) 쓸 잡목이 우거진 지역이었기 때문이다/ 북유럽 사람 이름에 잘 등장하는 hilda(tilda)는 단단한 나무라는 뜻이다. 전쟁이라는 뜻의 ma와 gun을 붙인 마틸다(Matilda)와 군힐다(Gunnhilda)는 여전사를 말하는 이름이다/ 북유럽에서는 석궁을 gunnhilda라는 별명으로 불렀는데 후에 화약을 쓰는 권총이 들어오자 이 역시 gunnhilda라고 불렀다. 이것이 축약되어 권총(gun)이 됐다.	Matilda (북유럽) 마틸다 Gunnhilda (북유럽) 군힐다

crisis

위기

어근 변화 car▷cer▷cur▷cra▷cre▷cri▷chair▷gra▷scar▷scor▷scru▷scr▷scur▷skir▷shar▷shor
어원 의미 곡식은 가늘게(s−sh−sk−sc−ch−c−g=s) 가루로 빻아야 쉽게 먹을 수 있다. 갈은 곡식은 채로 쳐서 가는 가루만 골라낸다.

기본 단어	어원 스토리	고급 단어
crisis 위기 critical 비판적인	채의 작은 구멍을 통과한 가루만 골라내듯이 환자가 죽음의 상태에 이르렀다고 의사가 골라낸 시점을 위기(crisis)라고 불렀다/ 남이 쓴 글을 채로 치듯이 꼼꼼하게 살펴보는 사람이 비평가(critic)다/ 비평가는 트집을 잡는(critical) 사람이다/ 위선(hypocricy)은 가면 아래(hypo) 감춰진 얼굴을 의미했다. 그리스 연극의 연기자들은 칼로 잘 다듬은 가면을 썼으므로 가면 밑의 얼굴은 알 수 없기 때문이다 ▶그리스의 연기자가 쓰는 가면을 페르소나(persona)라고도 했다. 인간(person)은 적당히 가면을 쓰고 사는 존재다. 가면은 통해서(per) 본다(on-oc)는 뜻이다.	critic 비평가/논평가 hypocrisy 위선
certain 확실한/어떤 concern 관련짓다 concert 음악회 crayon 크레용 crime 범인	채를 통과한 알갱이만 골라 잡아야(tain-ten-hold) 확실히(certain) 먹을 만한 식량이 된다/ 가루를 채의 구멍으로 완전히(con) 통과시키려면 세심해야(concern) 한다/ 채의 작은 구멍과 가루의 크기는 긴밀한(con) 관련이 있다(concern)/ 확실하게 구멍을 통과한 가루만 먹을 수 있는 곡식으로 증명된다(certify)/ 증명서(certificate)는 채의 구멍 크기인 기준에 맞았다는 표시다/ 필요한 음들만 모두(con) 골라 모은 것이 음악회(concert)이다/ 프랑스어 크레용(crayon)은 채로 친 흙(creterra)을 굳힌 미술 재료다/ 범인(crime)은 스스로 죄를 꼭꼭 숨기므로 진범으로 잡거나 판단하기 어려운 자라는 의미다.	certificate 증명서 certify 증명하다/확인하다
carnival 사육제/축제 carnation 카네이션 chair 의자 chairman 의장	사순절 전까지 칼로 자른 붉은 고기를 실컷 먹다가 고기를 끊고 단식에 들어가며 (고기여 안녕(carne vale<val-leave, 음운도치>)이라고 선언하던 것이 사육제(carnival)로 굳었다/ 인간은 칼로 자른 고기를 즐기거나(carnal) 육체를 탐하는 육욕적인(carnal) 본능을 가지고 있다/ 사자는 고기만 먹는(vor) 육식성(carnivorous) 동물이지만 소는 풀 먹는 초식성(herbivorus) 동물이다/ 모양이 없는 추상적인 것을 실제 육체(살)를 가진 것으로(in) 만드는 것이 구체화(incarnation)다/ 카네이션(carnation)은 자른 고기에서 나온 피 색깔이다/ 의자(chair)도 고위사제가 앉는 붉은 색의 등받이 의자였다/ 그런 고귀한 의자에 앉는 사람이 의장(chairman)이 됐다. 의자는 칼로 잘라 만든 목재 가구다.	carnal 즐기는/육욕적인 carnivorous 육식성의 incarnation 구체화/화신

기본 단어	어원 스토리	고급 단어
score 계산/(표시) 20 short 짧은 skirt 치마 shirt 셔츠	꼬리(tail)를 잘라낸(cut) 말(curtal)이 줄이다(curtail)로 변했다/ 옛날에는 20개를 세고 나무에 칼집을 내는 계산(score)법이 있었다/ 고대에는 칼로 베인 상처(scar)를 가진 전사들이 많았다/ 짧게 (short) 자른 천으로 만든 여성의 아래 옷은 치마(skirt)고, 남성의 윗옷은 셔츠(shirt)다/ 비듬(scurf)은 피부에서 잘려 나온 각질이다.	curtail 축소하다 scar 상처 scurf 비듬
carpet 카펫 scorpion 전갈	가위로 자른 양털로 카펫(carpet)을 짠다/ 전갈(scorpion)은 마디가 잘린 긴 꼬리를 등 뒤로 말고 다니다가 사람을 쏘기도 한다/ 책 전체에서 잘라 낸(ex) 일부는 발췌(excerpt)다/ 벽을 긁어서 그렸던 아름다운 벽화는 현대 건물의 벽에 그려진 낙서(graffito)로 변했다. 벽의 낙서는 갱들의 암호이기도 하고 예술적 가치를 갖기도 한다.	excerpt 발췌문 graffito 낙서
	동물은 먹은 것을 소화시키고 나머지는 밖으로(ex) 긁어 내서 배설(excrement)한다/ 고대 로마 선거에서 무효표를 가려내던 것이 면밀한 조사(scrutiny)로 변했다/	excrement 배설 scrutiny 면밀한 조사
scribe 필경사/기자 describe 묘사하다 manuscript 육필/원고	고대의 필경사(scribe)는 나무판을 긁어서 글씨를 썼다/ 이야기를 자세하게 묘사하려면(describe) 글을 아래로(de-down) 길게 긁어 써야 한다/ <원인을 돌린다(ascribe)>는 원인이 되는 곳에(a) 칼로 표시한다는 의미다/ 동그랗게(circum) 선을 그으면 안에 들어 있는 사람은 움직이지 못하고 속박된다(circumscribe)/ 죽은 사람의 공적은 비문(inscription)에 새겨 넣는다(in)/ 국가는 모든(con) 장정들의 이름을 기록함으로써 병사로 징집한다(conscribe)/ 작가는 처음 손으로(man) 직접 쓴 원고 (manuscript)를 출판사로 넘겨서 간행시킨다/ 당국은 미리(pre) 선을 그어 지키도록 법을 규정하고(prescribe), 의사는 진단 결과를 글로 써서 미리(pre) 처방한다(prescribe)	circumscribe 속박하다 ascribe 원인을 돌리다 inscription 비문/명문 conscribe 징병하다 prescribe 규정하다/처방하다

chess

체스

어근 변화 check▷cheq▷chess▷czech▷xerx▷shah▷khsh
어원 의미 체스는 나의 왕(cz-sh-kh-x-ch=k)을 지키고 상대방의 왕을 잡는 고대 왕국의 영토 확장 게임이다.

기본 단어	어원 스토리	고급 단어
chess (게임) 체스 check 제지하다/수표 check-in 호텔의 입실 check-out 퇴실	서양 장기 체스(chess)는 상대의 왕을 잡으면 이기는 게임이다/ 체스에서 전진해 오는 적의 말은 나의 말로 견제해야(check) 한다/ 수표(check)도 은행 잔고를 점검한다는 말이다/ 체스의 말은 네모난 체크 무늬(checker)의 장기판(checkerboard)을 옮겨 다니며 상대의 왕을 잡는다. / 왕을 잡으면 <checkmate(장군!)>이라고 말하며 승리를 선언한다. checkmate는 페르시아어 shah mat(king is dead)의 영어 표현이다/ 부대로 들어가려면 검문소(checkpoint)를 통과해야 하고, 호텔의 손님도 입실(check-in) 절차와 퇴실(check-out) 절차를 거쳐야 한다. 체크 무늬(checker)는 스코틀랜드에서 인기 있는 옷의 문양(check)으로 썼다.	checker 체크 무늬/검색자 checkmate 장군 받아라!/완패 checkpoint 검문소
	중세에 체크 무늬로 덮힌 책상 위에서 왕의 재정 상태를 철저하게 (ex) 점검하던 고위 관리가 현재의 국고나 재무부(exchequer)가 됐다.	exchequer 국고/재무부
Czech (유럽) 체코 Xerxes (페르시아) 크세르크세스 khshatrya (인도) 무사 계급	동유럽의 체코(Czech)도 왕이라는 뜻이다/ 이란에서는 국왕을 샤(Shah)라고 부른다/ 고대 페르시아 왕 크세르크세스(Xerxes)도 왕이라는 뜻이다/ 인도의 4계급 가운데 무사인 크샤트리아(Khshatriya)는 제1계급인 브라만이 승려였으므로 실제 지배 계급이었다. 체코어와 페르시아어, 이란어도 모두 인도-유럽어계다.	Shah (인도) 왕

parabola
포물선

어근 변화 parl▷bal▷bol▷bl▷vil▷disc▷dish▷desk
어원 의미 강력하게(p−v−d=b) 던진 물체는 긴 선(sc−sh−sk=l)을 그리며 다른 장소에 떨어져 다른 상황에 처한다.

기본 단어	어원 스토리	고급 단어
parabola 포물선	공중으로 비스듬히(para) 던진 물체는 포물선(parabola)을 그리며 추락한다. 공중에서 날아오는 전파를 받기 위해서는 포물선형 접시 안테나(parabola antenna)를 하늘을 바라보게 설치해야 한다/ 위로(hyper) 움푹하도록 던져 놓은 곡선은 아래로 움푹하게 놓인 포물선과 함께 쌍곡선(hyperbola)을 이룬다. 쌍곡선은 두 개의 원뿔의 꼭지를 서로 마주보게 놓은 뒤 세로로 자르면 나타나는 단면도를 말한다/ 위로 움푹한 쌍곡선은 포물선을 위로 던졌으므로 문장의 과장법(hyperbole)으로 의미가 확장됐다.	hyperbola 쌍곡선 hyperbole 과장법
	동물과 식물은 에너지의 형태를 반대 방향으로 던져 공존한다. 식물은 물과 이산화탄소를 햇빛으로(photo) 함께(syn) 묶어 놓아(thes-put) 광합성(photosynthesis)을 함으로써 에너지를 높게(ana-up) 던지는 동화작용(anabolism)을 한다/ 반대로 동물은 식물을 먹음으로써 에너지를 낮게(cata-down) 던지는 이화작용(catabolism)으로 소화(digestion)한다. 소화는 고준위 에너지를 낮게(di) 던지는(gest-cast) 영양 분해작용이다/ 식물의 동화작용과 동물의 이화작용은 서로 다른(meta) 방향으로 에너지 모양을 바꾸므로 결국 물질대사(metabolism)가 된다.	anabolism 동화작용 catabolism 이화작용 metabolism 물질대사 photosynthesis 광합성 digestion 소화
symbol 상징 emblem 문장 problem 문제 parliament (영국) 의회	한 개의 신원표를 두 개로 잘라 가진 뒤 후에 함께(sym) 던져 맞춰서 신분을 확인하는 부신을 상징(symbol)이라고 불렀다. 두 개의 신표는 결국 일치해야만 서로의 신분을 알 수 있었다/ 문장(emblem)도 무늬 속에(em) 특별한 의미를 던져 넣었다는 뜻이다/ 그리스에서 토론의 대상으로 공개적(pro)으로 던져 놓은 아주 까다로운 의제를 문제(problem)라고 했다. 격렬한 토론이 뒤따랐다/ 양당이 서로 교대로 격렬한 말을 던지는(parler-talk-프랑스어) 국회가 영국 의회(parliament)다/ 수녀들이 공개적으로 외부인과 말을 주고받도록 허용된 작은 방은 응접실(parlor)이 됐다/ 영국 사람들은 프랑스인을 parley-voo라고 부른다. 프랑스 말을 할 줄 아세요?(Parlez-vous francais?)를 축약한 것이다.	parlor 응접실/휴게실

기본 단어
devil
악마/마귀
disk
원반
dish
접시
desk
탁자

어원 스토리

악마(devil)는 삐뚤어진(de) 액운을 던지는 마귀라는 뜻이다/ 원반(disk)이나 접시(dish), 책상(desk)은 모두 둥근 모양으로 던질 수 있다는 뜻이다. (b)가 정반대 음운인 (d)로 변했다. 입 모양의 변화가 없고 혀의 위치만 변화하는 음이기 때문에 쉽게 호환됐다.

base

기초

어근 변화 bas▷bet▷byt▷ven▷com▷go
어원 의미 인간은 발을 땅에 딛고 걸어서(v−c−b=g) 장소를 이동한다.

기본 단어	어원 스토리	고급 단어
base 본대/토대 baseball 야구 basis 기초 acrobat 곡예사	토대(base)는 이동하기 위해 발로 밟는 지점을 말한다/ 야구(baseball)는 4개의 베이스를 밟고 달려가야 득점을 올릴 수 있는 구기 경기다/ 맨 처음 밟는 곳이 기초(basis)다/ 당뇨병(diabetes)은 너무 많은 당분이 콩팥을 통해(dia) 밟고 나가는 질병이다/ 교회의 장로(presbyter)는 세상에 먼저(pre) 걸어 나온 사람이다/ 세상에 먼저(pre) 나와 나이가 든 노인(presby)의 시력(op)이 나빠지는 증상(ia)은 노안(presbyopia)이다/ 뾰족한(acro) 곳을 걷는 기술은 곡예(acrobat)다.	diabetes 당뇨 presbyter 장로 presbyopia 노안
adventure 모험 convention 집회/습관	역경에 부딪쳐도(ad-againt) 헤쳐 가는 모험(adventure)을 통해 인간은 생존 영역을 넓혔다/ 결과는 알 수 없지만 위험을 무릅쓰고 나가는 투기 사업(venture)은 큰 수익을 남기기도 한다/ 대저택이나 기념비로(a) 통하는 길은 크고 화려한 대로(avenue)다/ 소송의 발생지(venue)는 원래 펜싱 선수가 발을 앞으로 내딛은 범위를 말했다. 범죄가 발생한 공간이다/ 원하는 사람은 모두(con) 오도록 만든 편리한(convenient) 시설이 편의점(convenience store)이다/ 많은 인원이 모두(con) 모이는 집회(convention)를 위해 컨벤션 센터(convention center)가 곳곳에 건설됐다/ 런던에는 누구나 갈 수 있는 코벤트 가든(Covent Garden)이 있다. 꽃시장이다/ 습관과 전통(convention)은 이미 완전히(con) 몸 속에 들어와 정착한 버릇이다.	venture 투기 사업 avenue 대로 venue 소송 관할지 convenient 편리한
event 사건 invent 발명하다 souvenior 기념품	사건(event)은 내부의 사태가 밖으로(e-ex) 걸어 나온 결과를 말한다/ 밖으로(e) 걸어가면 결국 어떤 결과에(e) 귀착하게 된다(eventuate)/ 끈질기게 생각하다 보면 기발한 생각이 머리에 들어(in)오면서 완전히 새로운 것을 발명할(invent) 수도 있다/ 국민으로부터 국가로 다시(re) 들어가는 수입은 세입(revenue)이다/ 관광지에서 느낀 감상이 마음속에(sou-under) 들어온 것이 기념품(souvenior)이다/ 두 사람 사이로(inter) 끼어들어 가면 일을 방해(intervention)하게 된다.	eventuate 귀착하다 revenue 국세/세입 intervention 방해
come	가고(go) 오는(come) 개념은 결국 연결된 행동이다/ 완전히(be-	

62

오다
become
되다
welcome
환영하다

ambi-all) 내게로 와서 더 이상 움직이지 않으면 내 것이 된다 (become)/ 잘(wel-bel-good) 왔다고 환영하면(welcome) 적대감이 없다는 의미였다.

different

다른

어근 변화 phor▷pho▷poul▷fer▷for▷bear▷bor▷br▷bur
어원 의미 빛의 에너지(ph→p→f=b)는 생명을 실어 오고(r), 여성은 아이를 배에 실어 임신하고(br) 낳는다(br).

기본 단어	어원 스토리	고급 단어
different 다른 offer 제공하다 referee 삼판	곡식에서 뉘를 골라내 버리던(di-away) 것으로부터 다르다(different)는 말이 나왔다/ 시간을 뒤로(de) 가지고 가서 연기하면(defer) 할 일을 나중에 해도 된다/ 신에게(of-ob) 바치는(offer) 희생제물은 신의 분노를 잠재웠다/ 좋은 것은 먼저(pre) 들고 들어감으로써 선호한다(prefer)/ 애매한 것은 특별히 가지고 가서 정확하게(re) 일치하는지 조회해야(refer) 명확히 알 수 있다/ 심사원(referee)도 정확히(re) 맞는지 가지고 가서 알아 보는 사람이다.	defer 연기하다 prefer 선호하다 refer 조회하다
suffer 괴로움을 당하다 transfer 옮기다/수송 fertile 생식 능력이 강한 fortune 행운/재산	불확실한 것은 마음속으로 가지고 들어가(in) 곰곰이 생각해 추론해야(infer) 한다/ 털어 버리지 못하고 마음속에(suf-sub) 지니고 다니면 괴롭다(suffer)/ 장소를 바꿔(trans) 물건을 가지고 옮기는(transfer) 수송 기술은 컨테이너의 발명으로 크게 발전했다/ 관련된 모든(con) 사람들을 데려다 놓고 회의(conference)를 열어 의견을 들어야 한다/ 뱃속에 새끼를 싣고 다니는 생식 능력이 강한(fertile) 쥐는 짧은 시간에도 기하급수적으로 증가한다/ 선을 원형으로(circum)으로 들고 가면 원둘레(circumference)가 나온다/ 신이 들고 오는 운명(fortune)을 인간은 받아들일 수밖에 없다/ 재산(fortune)도 신이 가져다 준 것이므로 큰 부자는 신이 만든다는 말도 있다.	infer 추론하다 conference 회의 circumference 원둘레
amphora (그리스) 항아리	손잡이가 양쪽으로(amph-amb) 달려 있어 양손으로 들 수 있는 그리스 항아리(amphora) 표면에는 그리스인들의 생활상이 그려져 있다/ 앰플(ampoule)은 작은(le) 항아리(amphora)라는 뜻으로 주사약병이다/ 좋은(eu) 생각만 가지는 행복감(euphoria)은 결혼과 같은 극도의 즐거움이다/ 다른(meta) 표현법에 실어 표현하는 은유법(metaphor)은 간접적인 비교법이다. 특히 시에서는 많은 은유법이 사용된다/ 반딧불은 빛(phos-phot)을 날라다 주는 발광(phosphorous) 효소인 발광인단백질(phosphoprotein)을 가지고 있다.	ampoule 앰플 euphoria 행복감 metaphor 은유법 phosphorous 발광하는/인의 phosphoprotein 발광인단백질
bear	새끼를 배에 싣고 다니는(bear) 어미는 일정한 시간이 지나면 새	

새끼를 배다/낳다

burden

짐/부담

끼를 출산한다(bear) ▶아기를 낳는 일은 극심한 노동의 결과이므로 분만(labor)이라고 한다. 분만은 뱃속의 아기를 세상에(de) 풀어 놓으므로(lev-leave) 출산(deliver)이라고도 한다/ 배나 화물차도 짐(burden)을 싣고 달린다.

independent

독립적인

어근 변화 pan▷pen▷pin▷pes▷pon▷poun
어원 의미 줄을 팽팽하게(p) 당기면 줄의 길이가 늘어나고, 면적을 늘리면(p) 표면이 넓어진다.

기본 단어	어원 스토리	고급 단어
independence 독립 penthouse 옥상주택	2차 대전 후 식민지들은 남의 나라에(de) 매달려 있지 않겠냐는 (in) 독립(independence)을 실현시키는 데 성공했다/ 여성들은 귀고리처럼 신체에 매달리는 장식(pendant)물을 선호해 왔다/ 건물의 맨 꼭대기에 매달아 지은 옥상주택(penthouse)는 호화 주택이지만 원래는 다락방이었다/ 기능을 상실했지만 대장의 끝에는 (a) 맹장(appendix)이 아직 매달려 있다.	pendant 매달린 장식 appendix 맹장
pane 판유리 panel 나무판/소모임	평평한 판유리(pane)가 발명되어 창밖의 정확한 모습을 볼 수 있게 됐다/ 벽에 붙이는 평평한 나무판(panel)은 그 방에 모인 작은 집단인 패널(panel)로 의미가 확장됐다.	
pension 연금	정부는 각종 법령을 널리(dis) 펼쳐서 시행하고(dispense), 때로는 보유 물자를 필요한 국민에게 널리 분배한다(dispense)/ 연금(pension)은 원래 왕이 충성을 바친 사람에게 베푸는 연간 할당금이었다. 지금은 은퇴자들에게 주는 연간 할당금이다/ 사후에 판단한 결과 손해 본 사람에게는 손해 액수 전체(com)를 펴서 보상하거나 배상한다(compensate).	dispense 분배하다/시행하다 compensate 보상하다/배상하다
suspense 불안 pound (영국 화폐) 파운드 peso (스페인 화폐) 페소	줄이 아래로(sus-sub) 팽팽하게(suspense) 늘어지면 언제 끊어질지 불안(suspense)하다/ 줄에 매달린 추(pendulum)는 중력의 작용에 따라 좌우로 흔들린다/ 옛날의 저울은 물건을 줄에 매달아 무게를 재는 천칭저울이었으므로 영국의 화폐 단위 파운드(pound)도 줄에 매어 단다는 뜻에서 나왔다. 파운드(pound)의 변형 페소(peso)는 스페인의 화폐 단위다 ▶파운드의 약자(£)는 라틴어 천칭(libra-level)의 약자 L이다/ 무게나 규모(scale)는 저울이 무게에 따라 올라간다(scand)는 말에서 나온 말이다/ 깊이 생각한다(ponder)는 말도 천칭저울로 신중하게 무게를 단다는 의미였다/ 프랑스어 명상록(pensee)도 무게를 재듯 깊은 생각에 잠긴다는 뜻이다. 파스칼의 명상록 팡세로 유명해졌다.	pendulum 시계추 ponder 깊이 생각하다 pensee (프랑스) 명상록
spend	소비한다(spend)는 것은 단단하게 묶어 아끼던 것을 넓게 풀어	propensity

기본 단어	어원 스토리	고급 단어
소비하다 expend 확장하다	서(s) 쓴다는 의미다/ 2차 대전 이전까지 각국은 외곽으로(ex) 영토를 늘리는(expend) 것이 최대의 목적이었다/ 계속되는 습관은 몸속에 넓게(pro) 퍼져서 하나의 성향(propensity)으로 굳어지고 그 성향은 밖으로(pro) 나타나게 마련이다.	기질/성향
span 폭/기간 spin 회전하다	엄지와 다른 4개의 손가락을 떼어서(s) 펴면 나오는 폭(span)은 한 뼘이다/ 물건을 매달아 놓은 줄은 뱅글뱅글 돈다(spin)/ 연기자의 의상에는 반짝이는 조각(spangle)을 매달아 화려하다/ 별이 매달려 반짝이는 성조기(star-spangled-banner)는 미국 국가의 가사다.	spangle 매달린 반짝이

infant

아기

어근 변화 them▷phem▷phet▷phon▷fab▷fam▷fan▷fat▷fes▷ban
어원 의미 말은 인간의 간절한 의지(ph–th–f=b)를 담은 소리다.

기본 단어	어원 스토리	고급 단어
infant 아기 fable 우화/꾸민 이야기 fate 운명 fairy 요정	갓난 아기(infant)는 아직 말을 하지 못하는(in) 존재라는 뜻이다/ 군대의 보병(infantry)은 아기처럼 아장아장 걷는 병사라는 뜻이다/ infante는 포르투갈과 스페인에서 왕이 되지 못한 왕자들을 말한다/ 말을 붙이기 쉬운 사람은 상냥한(affable) 사람이다/ 고대의 침략자들은 말로 표현할 수 없이(ineffable) 잔인했다/ 인간은 있지도 않은 이야기를 우화(fable)로 만들어 신분이 높은 자들을 간접적으로 비난했다/ 운명(fate)은 신이 인간에게 전해 주는 숙명적인 말이다/ 요정(fairy) 이야기 중에는 특별히 아기자기한 이야기가 많다/ 요정들의 이야기는 때로 너무나 아름다워서(fabulous) 믿어지지 않는다.	infantry 보병 affable 상냥한 ineffable 표현할 수 없는 fabulous 매우 아름다운
fame 명성 blame 비난하다	명성(fame)은 많은 사람들이 널리 말하는 칭송이다/ 잘못으로 칭송 받지 못하면(in) 수치스러운(infamous) 일이다/ 특별히 잘못이 없는데도 남을 깎아내리는(de) 중상모략적(defamatory) 성격을 가진 사람도 있다/ <악마(blas)가 말한다>는 라틴어 blaspheme가 비난하다(blame)로 축약됐다/ 상스럽게 들리거나 욕으로 들리는 말을 반대로 좋은(eu-good) 말을 사용해 표현하는 것이 완곡어법(euphemism)이다.	infamous 수치스러운 defamatory 중상모략적인 euphemism 완곡어법
telephone 전화기 symphony 화음	멀리서(tel) 오는 말을 듣는 전화기(telephone)로 인간의 소통은 획기적인 전기를 맞았다/ 음성학(phonetics)은 사람의 목소리를 연구한다/ 한 그룹이 노래를 부르고 난 뒤 반대(anti) 그룹이 부르는 노래가 답가(antiphon)다. 이 말이 축약되어 송가(anthem)가 됐다/ 거의 모든 나라들이 국가(national anthem)를 갖고 있다/ 함께(sym) 음을 맞추는 화음(symphony)은 음악의 중요한 일부다.	phonetics 음성학 antiphon 답가 anthem 축가
prophet 예언자/선도자 profess 고백하다 professor	유대인들은 신의 말을 미리(pro) 알려 줄 수 있는 예언자(prophet)를 오랫동안 기다려 왔다/ 교회의 신자는 사제에게 자신의 죄를 직접(pro) 말함으로써 신앙을 고백한다(profess)/ 교수(professor)는 학생들 앞에서(pro) 자신의 지식을 말해 온 전문 지식인이다/ 직업(profession)도 자신이 특별한 기술이 있다고 공	profession 직업 nefarious 극악무도한

기본 단어	어원 스토리	고급 단어
교수 preface 머리말	포한(pro) 것이다/ 극악무도한(nefarious) 자는 신의 말과 어긋나는(ne) 말을 하는 자라는 뜻이다/ 책의 앞에(pre) 써놓은 이야기는 서문(preface)이다.	
ban 금제선언/금지 abandon 포기하다	교회는 신을 모독하는 행위에 대해 금제선언(ban)을 내렸다/ 금제선언을 당한 신자는 신앙을 포기하고(abandon), 교회로부터 추방될(banish) 수도 있다/ 산적이나 강도(bandit)도 교회가 금지하는 범법자라는 뜻이다/ 마약 같은 물건은 교역이 금지된(contra) 밀수품(contraband)이다.	banish 추방하다 bandit 노상강도 contraband 밀수품

capital
수도

어근 변화 cat▷cap▷ca▷ceph▷cip▷chap▷chief▷chiev▷chef▷pat▷pet▷pier▷fath▷head
어원 의미 몸을 정화하고(p) 신을 모시는 아버지는 국가와 가정의 우두머리(cat–ceph–chief–p–f–h=cap)가 됐다.

기본 단어	어원 스토리	고급 단어
capital 수도 capitalism 자본주의	모든 나라는 머리에 해당하는 수도(capital)를 정해 놓고 있다/ 사업의 첫머리에서 시설이나 인원, 재료 등에 큰 자금이 들어가는 경제체제는 자본주의(capitalism)다/ 머리를 칠 수 있는 중형(capital punishment)은 극악 범죄를 저지른 자에게 선고된다/ 목을 잘라 머리를 떼어내는(de) 참수(decapitation)는 고대 국가의 일반적인 처형법이었다/ 로마 문자는 대문자(capital letter)만 있었고 띄어쓰기도 불분명했다.	decapitation 참수
	배의 윗부분이 아래로 전복하면(capsize) 희생자가 많아진다/ 땅의 머리 부분이(pre) 갑자기 들고 일어난 곳이 벼랑(precipice)이다/ 아직 일이 능숙하지 않았는데도 머리를 앞으로(pre) 내밀면 느닷없고, 성급한(precipitate) 태도다.	capsize 전복하다 precipice 벼랑 precipitate 촉발시키다/느닷없는
cape 망토 cap 모자 escape 피해서 도망하다 cattle 가축/소	망토(cape)는 머리에 쓰는 모자가 달린 긴 옷이다/ 한때 학생들도 차양이 달린 모자(cap)를 썼다/ 피하려면(escape) 우선 머리부터 빠져(es-ex) 나와야 한다/ 가축(cattle)은 우리에 가둘 때 머리수를 세던 습관으로부터 파생된 단어다/ 성당 안에 있는 예배소, 채플(chapel)은 원래 성 마틴의 망토(cape)를 보관하던 성스러운 장소였다/ 아카펠라(a cappella)는 <성당으로부터>라는 뜻으로 반주 없이 목소리로만 부르는 교회 성가를 의미했다.	chapel 작은 성당/예배 a cappella (교회) 반주 없는 노래
chief 우두머리 chef 주방장 chapter 책의 장 achieve 성취하다	큰 모임에는 우두머리(chief)가 있다/ 셰프(chef)도 주방에서 제일 높은 주방장을 의미한다/ 긴 글을 작은 단위로 나눈 머리는 장(chapter)이다/ 프랑스어 venir a chef(come to head-최종 머리에 이르다)가 영어에서 성취하다(achieve)로 축약됐다/ 중세 귀족 여인을 보호하는 샤프롱(chaperon)은 화려한 모자(chaperon)를 쓰고 있었다/ 천(muffler)을 머리에 두르고 다른 사람처럼 보이게 하는 것이 변장(camouflage)이다.	chaperon 샤프롱/보호자 camouflage 변장/속임수

70

기본 단어	어원 스토리	고급 단어
	머릿속에 척수(hydr-water)가 과도하게 축적되는 병은 뇌수종 (hydrocephalus)이다/ 알렉산더는 소(bu-ox)의 머리 모양을 한 거친 말(bucephalus)을 타고 다녔다고 한다.	hydrocephalus 뇌수종 bucephalus 알렉산더의 말
heading (신문) 제목	곡예사는 머리를 땅에 대고 거꾸로 서는(stand) 물구나무 (headstand)를 맘대로 할 수 있다/ 신문의 제목(heading)은 기사의 머리에 해당한다/ 곶(headland)은 바다의 끝으로 뻗은 땅의 머리를 말한다/ 사람과 말의 머리에는 다양한 머리장식 (headgear)을 올려 지위를 표현했다.	headstand 물구나무 서기 headland 곶/갑 headgear 머리장식
petroleum 석유 father 아버지/(교회) 사제 patriot 애국자 Pierre (프랑스) 피에르	석유(petroleum)는 돌에서 나온 기름(ol-oil)이라는 의미다. 돌은 딱딱한 머리라는 뜻이다/ 아버지(father)는 우두머리다/ 성서에서 예수는 베드로(Peter)에게 <반석 위에 교회를 세우겠다>고 말함으로써 베드로와 아버지, 반석을 같은 뜻으로 쓰고 있다. 베드로는 아버지를 뜻하고 아버지는 우두머리를 의미하고, 머리는 딱딱한 돌을 뜻하기 때문이다/ 애국자(patriot)는 몸을 정화해 국가와 가정을 돌보는 아버지(지도자)를 존경하는 자였다/ 프랑스어 아버지 피에르(Pierre)는 어릿광대(pierrot)로 변했다.	Peter (성서) 베드로 pierrot (프랑스) 어릿광대

fact

사실

어근 변화 tiqu▷the▷fac▷fash▷fair▷fec▷fic▷feat▷fit▷fy▷f▷do
어원 의미 만물은 빛(th–f–t=d)이 땅에 도착함으로써 만들어졌다. 인간도 빛처럼 작은 조각들을 정확히 놓아서 물건을 만들었다.

기본 단어	어원 스토리	고급 단어
fact 사실 fiction 소설/허구 difficult 어려운 factor 요인 face 얼굴 factory 공장 fashion 옷/유행	실제로 만들어진 것은 사실(fact)이고 사실처럼 만들어진 것은 허구(fiction)다/ 소수집단(faction)은 큰 집단 안에 작게 만들어진다/ 어려운(difficult) 문제는 답을 잘 만들 수 없는(di) 문제를 말한다/ 교수진(faculty)은 학생들을 가르칠 수 있는 능력을 가진 교육 진용이다/ 원인이나 요인(factor)은 결과를 만드는 최초의 요소를 말한다/ 여러 가지 재료를 놓아 물건을 만드는 곳을 공장(factory)이라고 한다/ 얼굴(face)은 오랜 세월의 인생을 거쳐 만들어진다/ 표면(surface)은 만들어진 모습이 겉으로(sur) 나타난 것이다/ 옷 모양(fashion)은 일시적으로 만들어진 유행(fashion)에 따른다/ 사건(affair)은 특정 시간에(a) 특정한 곳에서(a) 만들어진다/ 라틴어 de facto는 <사실로부터(de-from)>이므로 <사실상>이라는 의미다. 반대는 법적으로(de jure)다.	faction 분파 faculty 교수단/능력 de facto (라틴) 사실상의 surface 표면
office 사무실 officer 장교 effect 효과 profit 이윤 perfect 완전한	일해서(of-operate) 만드는 곳이 사무실(office)이다/ 장교나 관리(officer)는 왕을 대신해 현장에서 일한다/ 다른 사람의 마음에(a) 무언가 만들어 주면 영향을 미친다(affect)/ 영향을 주어 만들어진 성질이나 특성(affection)은 좋을 수도 있고 나쁠 수도 있다/ 좋은 영향을 주면 애정(affection)이지만 병원균의 영향을 받으면 질병(affection)이 올 수도 있다/ 만들어진 효과나 결과(effect)는 밖으로(e) 드러나기 마련이다/ 원래 들인 원가보다 더(pro) 많이 만드는 이윤(profit)을 추구하기 위하여 끊임없이 혁신을 해야 한다/ 분업이 없었던 고대 대장장이는 혼자 처음부터 끝까지(per) 완전한 (perfect) 물건을 만들어 내는 장인이었다/ 신문이나 잡지에 눈에 띄게 만든 특집(feature)은 독자를 끄는 특징(feature)이 있어야 한다/ 능력이 출중한 사람이 만들어 낸 위대한 업적(feat)은 평범한 사람에게 기여한다/ 전쟁과 경쟁에서는 상대방이 아무것도 만들어 내지 못하게(de) 함으로써 패배시킨다(defeat).	affect 영향을 주다 affection 특성/애정/질병 feature 특징/특집 feat 위업/업적 defeat 패배시키다
pacific 평화로운	전쟁 끊일 날이 없었던 유럽에서 평화(pec-peace)를 만들기 위해 국제연맹을 만들었지만 평화로운(pacific) 세상은 오지 않	counterfeit 위조/모조품

기본 단어	어원 스토리	고급 단어

기본 단어

simplify
단순화하다
manufacture
제조

어원 스토리

고 2차 대전이 터졌다/ 대량 소비시대에는 모든 상품을 똑같이 (sim-same) 만들어 단순화시키는(simplify) 경향이 있다/ 생산 (manufacture)은 고대인들이 손(man)으로 만드는 수공업이 그 시초였다/ 오늘날 진짜와 비슷하지만 내용은 정반대(counter)로 만들어진 위조나 모조품(counterfeit)이 범람한다/ 로마의 고위 성직자나 교황(pontiff)은 다리를(pont) 만드는 사람이라는 뜻이었다. 원래 로마 이전에 있었던 에투루리아인들의 왕을 선출하던 위원회(pontiff) 풍습을 로마가 이어 받았다. 선출된 왕은 다리를 건너 왕궁으로 들어갔으므로 교황도 천국으로 들어가는 다리를 만드는 사람이라는 의미가 추가됐다.

고급 단어

pontiff
고위 성직자/교황

기본 단어

cathedral
성당/주교좌

어원 스토리

만들기 위해서는 원리에 따라 재료를 가지런히 배치하듯이 토론하기 위해서 모든 사람 앞에는 논제(theme)가 놓인다/ 가설 (hypothesis)은 아직 만들어지지 않아 아래(hypo)에 내려놓은 논제를 말한다/ 토론이나 사고에서 맨 먼저 놓이는 주제를 명제(thesis)라고 한다/ 명제는 곧 반대로(anti) 놓이는 반명제 (antithesis)에 의해서 검증을 받게 된다/ 마지막으로 명제와 반명제를 통합(syn)하는 종합 명제(synthesis)로 귀결된다 ▶이같은 토론이나 사고 방법은 독일의 철학자 헤겔이 완성한 변증법 (dialectic)이다. 헤겔은 종합 명제는 다음 사고에서 다시 새 명제로 변하므로 변증 과정은 반복되고, 인간의 사고와 역사도 이같이 진화한다고 말했다/ 성당(cathedral)은 대주교의 붉은 의자를 내려(cat-cata-down)놓은 장소를 뜻하므로 주교좌라고 부른다.

고급 단어

theme
논제/주제/테마
hypothesis
가설/추측
thesis
명제/논문
antithesis
반명제
synthesis
종합 명제/통합/합성

기본 단어

do
행하다
kingdom
왕국
freedom
자유
boutique
부티크/특선점

어원 스토리

인간은 무엇인가를 만들기 위해 행동한다(do)/ 왕(king)이 만든 나라는 왕국(kingdom)이다/ 자기 마음대로(free) 만드는 것이 자유(freedom)다/ 고대 그리스인들은 집 앞(apo)에 작은 창고 (apotheke)를 만들어 놓고 그곳에서 작업을 하거나 물건을 보관했었다. 이것이 현대의 부티크(boutique)로 진화했다. 현대의 부티크에서는 특별한 고급 상품을 취급한다.

sponsor

후원자

어근 변화 spon▷spous
어원 의미 제사에서 술을 따르는 것은 몸을 정화해(p) 신에게 다가가는(s) 것이었다.

기본 단어	어원 스토리	고급 단어
sponsor 후원자 respond 대답하다/응대하다 responsible 책임감 있는	남자들은 술을 주고받으면 진실을 말하는 경향이 있으므로 술로 맹세하게 됐다. 재능은 있지만 돈이 없던 예술가는 부유한 귀족 후원자(sponsor)의 도움으로 위대한 작품을 남겼다. 귀족은 술을 따라주듯 예술가에게 돈을 대주었다/ 대답하는(respond) 것은 술을 받고 되(re)따라주는 것과 같다/ 방송의 특파원(correspondent)은 본사와(co) 소식을 서로 주고받기 위해 현지로 파견된 기고가다/ 술을 받고 되(re)따라주면 약속을 지키고 책임지겠다(responsible)는 의미다.	correspondent 특파원/통신원
	신하는 군주에게 술을 따르면서 끝까지 받들겠다(espouse)고 맹세한다/ 배우자(spouse)도 서로 술을 따라주면서 죽을 때까지 혼인의 약속을 지키겠다고 다짐한 사이를 말한다.	espouse 모시다/옹호하다 spouse 배우자

mission

사명

어근 변화 mit▷mac▷mas▷mes▷mis
어원 의미 고등 종교는 교리를 자신의 좁은 경계(m)로부터 벗어나 멀리 다른 사람에게도 보내는(t=c=s) 선교를 중요한 사명으로 여긴다.

기본 단어	어원 스토리	고급 단어
mission 사명/선교사 missile 미사일 committee 위원회 message 소식 messenger 전달자	사명(mission)은 사제가 자신이 믿는 신의 말을 멀리 보내는 신성한 임무를 의미했다/ 미사일(missile)은 하늘로 쏘아 보낸 강력한 폭발물로 가장 현대적인 무기가 됐다/ 위임받으면(commit) 주인을 떠나 알아서 모든(com) 것을 처리해야 한다/ 그러나 범법자는 제 멋대로(co) 범죄를 저지른다(commit)/ 특정한 일을 스스로 알아서 처리하라고 보내진 집단이 위원회(committee)다/ 집행부(commission)는 위임받은 일을 실행하라고 보내진 부서를 말한다/ 심부름꾼(messenger)은 멀리 떠나 있는 사람에게 수행해야 할 메시지(message)를 전하는 사람이다.	commit 위임하다/저지르다 commission 집행부/위원회/임관
permission 허락 promise 약속하다 submit 복종하다/제출하다	더 이상 간섭 없이 완전히(per) 내보낸다는 것이 허락(permission)이다/ 약속(promise)은 꼭 지키겠다고 입 밖으로(pro) 내보낸 말이다/ 쌍방이 함께(com) 입 밖으로(pro) 내놓은 말이 일치하면 타협(compromise)이다/ 아래에(sub) 있는 하급자는 윗사람에게 온몸을 던져 복종하고(submit), 민원인도 관공서에 필요한 서류를 보내 제출한다(submit)/ 필요없는 것은 떼어서(o-off) 내던져 탈락시킨다(omit)/ 몸은 배설물을 체외로(e) 보내 배출한다(emit).	compromise 타협 omit 탈락시키다 emit 방출하다
mass 덩어리/대중 mess 뒤죽박죽/많은 massage 안마	고대인들은 진흙을 세게 던져 때리는(smite) 방식으로 담을 쌓았다/ 진흙을 던지면 더러운 반점(maculation)이 생긴다/ 깔끔하다(immacuate)는 것은 진흙같은 반점이 없다(im)는 뜻이다/ 마구 던진 진흙 덩어리(mass)는 일정한 모양이 없고 뒤죽박죽(mess)이다/ 진흙을 이기듯이 몸을 부드럽게 만지는 안마(massage)는 몸의 긴장감을 풀어준다/ 망치로 힘차게 때리는 대장장이(smith)는 사람 이름(Smith)으로 정착했다.	smite 세게 때리다/벌하다 maculation 반점/오점 immaculate 청결한
Mass 미사 dismiss 해산하다/묵살하다	로마 법정에서 재판이 끝나면 판사가 <Ite missa est(go, dismissed-재판이 끝났으니 해산하세요, 가세요)>라고 선언했다. 후에 사제들도 예배가 끝나면 해산하라고 했으므로 신도들은 예배 자체를 미사(Misa)라고 불렀다. 영어로는 Mass라고 한다/ 흩어져(dis) 각자 해산하라(dismis)는 뜻이 미사가 되었다.	

chorus

합창

어근 변화 char▷chir▷chor▷choir▷chr▷cour▷sur▷gar▷gir▷yar
어원 의미 담으로 둥글게(ch—s—g—y=c) 둘러싸인 곳은 외부로부터 분리되어 보호된다. 인간은 오므려 잡는 손으로 문명을 만들었다.

기본 단어	어원 스토리	고급 단어
chorus 합창단 choir 성가대	디오니소스(Dionysus) 신전의 비극 무대에서 무희들이 춤을 추는 둥근 연단(chorus)은 후에 교회 합창단(chorus)으로 변했다/ 교회의 성가대(choir)도 둥근 칸막이로 둘러싸여 있다.	
surgeon 외과 의사/군의관	외과 의사나 군의관(surgeon)은 오므리는 손(chir-hand)을 이용해 일하는(urg-erg-work) 육체 노동자라는 뜻이다. 손(chir)이 피부(sur-outer)로 혼동됐다. 옛날 군의관은 부상병의 다리를 잘라내거나 고름을 짜내는 험한 일을 하는 사람이었다. 이들은 제대로 된 교육도 받지 않았고 이발사를 겸직했다. 이발소의 붉고 푸른색은 동맥과 정맥을 의미하고 자신이 의사임을 나타냈다 ▶의사(physician)는 정규교육을 받고 인간의 육체적 존재(phy-be)를 연구하는 학자를 의미했다. 후에 의사의 영역이 분과되면서 내과로 확정됐다. 의사는 병의 원인을 판단하고(med-measure) 치료하는 의학(medical) 전문가를 말한다.	
	오므리는 기능을 가진 손바닥에 생기는 손금을 보고 신의 생각(man-spirit)을 읽는 수상점술(chiromancy)은 동서양에 모두 있었다/ 손을 오므린 단단한 주먹으로 싸우는(mach-fight) 권투(chiromachy)는 고대 그리스 올림픽 종목이다/ 유연하게 움직이는 손으로 척추의 병을 치료하는(prac) 척추교정지압사(chiropractor)는 합법적인 의료업자다.	chiromancy 수상점술 chiromachy 권투 chiropractor 척추지압사
girdle 거들 garden 정원 yard 구내/마당 court 궁정/법정 orchard	여성의 가슴을 둘러싸는 거들(girdle)은 브래지어로 발전했다/ 고대 중동지역에서는 진흙 담으로 둘러친 정원(garden)이 유행이었다/ 대저택의 구내 정원(yard)도 높은 담으로 둘러싸여 있다/ 담으로 둘러친 궁궐(court)에서는 무슨 일이 일어나는지 아무도 알 수 없었다/ 법정(court)도 판사와 검사, 피의자, 변호사들이 함께 모이는 닫힌 공간이다/ 절대적인 왕에게 특별하게 공손한(courteous) 예절(courtesy)을 지키는 것은 동서양이 같았다/ 그러나 궁정에는 왕에게 지나치게 조아리는 아첨꾼(courtier)도 있었고 심지어 몸을 허락하는 고급 매춘부(courtesan)도 드나들었	courteous 예의 바른 courtesy 예의 courtier 아첨꾼 courtesan 매춘부

과수원

다/ 농부들도 과수원(orchard)을 담으로 둘러쳤다.

인간은 끊임없이 흐르는 시간을 일정한 단위로 묶어서 시간별로 (chronical) 기억했다/ 깊이 박힌 병이나 습관은 긴 기간 동안 멈추지 않고 만성적인(chronic) 성향이 있다/ 시간을 거슬러(ana- against) 가는 것이 시대착오(anachronism)다.

chronical
시간적인
chronic
만성적인
anachronism
시대착오

air

공기

어근 변화 fan▷ven▷wing▷weath▷aer▷air▷atm
어원 의미 공기는 퍼지고(f–t–w≒v), 온도에 따라 움직이는 조각(r–g–th–n≒m)이므로 바람을 일으키고, 새는 바람을 이용해 날아 오른다.

기본 단어	어원 스토리	고급 단어
air 공기 aerial 공기의 airplane 비행기	공기(air)의 흐름이 바람(wind)이다/ 공기의(aerial) 흐름을 타고 비행기(airplane)는 날(pl) 수 있다/ 공중에 뜬 줄 위를 걷는(bat-base) 공중곡예(arobatics)는 아슬아슬하다/ 가벼운 공기의 물리적 움직임(dyna)을 연구하는 공기역학(aerodynamics)은 비행술의 기초다/ 공기중에는 단단한(sol) 안개나 스모그같은 작은 연무질(aerosol)이 떠 있다/ 오히려 공기를 싫어하는(an) 생물(be-vi)인 혐기성 미생물(anaerobe)도 있다.	aerobatics 공중곡예 aerodynamics 공기역학 aerosol 연무질/스프레이 anaerobe 혐기성 생물
atmosphere 대기/분위기	둥근(sphere) 지구를 둘러싸고 있는 공기는 대기(atmosphere)라고 부른다/ 대기의 습기가 움직이는 것을 연구하는 증발학(atmology)도 있다/ 인도의 간디를 부를 때는 이름 앞에 위대한(maha-mag) 정신이라는 뜻의 마하트마(mahatma)라는 시호를 붙인다. 인도-유럽어에서 정신은 신이 불어 넣어 준 숨으로부터 나왔다는 개념이 있었다.	atmology 증발학 mahatma (인도) 위대한 정신
wind 바람 weather 날씨 window 창문 wing 날개/계파 fan 부채	공기는 햇빛이 주는 온도의 영향으로 바람(wind)을 일으킨다/ 바람은 지구를 돌아다니며 기후(wheather)를 만든다/ 창문(window)은 바람이 오는 것을 바라보는 눈(ow-eye)이다/ 새는 바람을 이용하는 날개(wing)와 속이 빈 가벼운 뼈를 가지고 있다/ 큰 건물의 내부 공기는 곧 혼탁해질 수 있으므로 통풍구(vent)를 통한 효과적인 환풍(ventilation) 기능을 갖고 있다/ 부채(fan)는 더운 여름에 바람을 일으키는 전통적인 생활도구다.	vent 통풍구 ventilation 환풍

example

보기

어근 변화 am▷em▷om▷um
어원 의미 손에 맞는 크기(m)만 잡을 수 있다. 소유는 분명히 잡았다는 뜻이다.

기본 단어	어원 스토리	고급 단어
example 예 sample 견본 premium 최상품/할증료	여럿 가운데 대표적으로 잡아 골라낸(ex) 것이 하나의 예(example)다/ 예는 대표적이므로 전형적(examplary)이다/ 너무 많으면 하나를 잡아 예시함으로써(exemplify) 전체를 설명한다/ 예(example)의 축약이 견본(sample)이다. 기업은 상품에 대한 소비자들의 이해와 광고를 목적으로 견본을 만든다/ 정부는 경작해 오던 사람에게 우선(pre) 토지 선매권(preempt)을 주는 것이 관례다/ 누구나 맨 먼저(pre) 손에 넣고 싶은 상품이 최상품(premium)이다/ 품질의 단계에 따라 부가되는 요금도 할증료(premium)이고, 더 부가된 가치도 프리미엄(premium)이다.	examplary 전형적인 exemplify 예시하다 preempt 선취권을 갖다
prompt 즉석의	위급한 시기에는 우선(pro) 먼저 잡히는 것으로 신속한(prompt) 조치를 취해야 한다/ 방송 연기자에게 대사를 재빨리 잡아 보여 주는 사람을 프롬프터(prompter)라고 한다/ 정치인들은 미리(pro) 준비하지 않고(im) 잡히는 대로 즉흥적인(impromptu) 연설도 해야 한다.	impromptu 즉흥적인
consume 소비하다 consumption 소비/결핵	소비하다(consume)는 물건을 완전히(con) 자신의 것으로 잡는다는 뜻이다/ 체력소모가 많은 결핵(consumption)은 소비(consumption)와 같은 말을 쓴다/ 정확하게 잡히지 않은(pre) 것은 추정할(presume) 수밖에 없다. 그래서 가정이나 추정(presumption)을 기반으로 결론을 내리는 것은 조심해야 한다/ 그러나 성급한 사람은 이미 잡힌 것으로 보고(as) 옳다고 간주하는(assume) 경우도 많다/ 멈췄던 일을 다시(re) 잡아내어 재개하기도(resume) 한다/ 자신이 단단히(re) 잡았던 경험은 경력(resume)이다/ 해야 할 임무에서 예외적으로(ex) 잡아 빼는 면제(exemption)는 일종의 특혜다/ 예수는 인간의 죄를 대신(red-re) 갖고 처형됐으므로 대속(redemption)했다고 한다/ 잡혀 간 인질을 다시(rans) 잡아 찾아오기 위해서는 몸값(ransom)을 치뤄야 하는 것이 고대 사회의 관습이었다.	presume 미루어 짐작하다 presumption 추정/가정 assume 간주하다/맡다 resume 재개/경력 exemption 면제 redemption 대속 ransom 몸값

contact

접촉하다

어근 변화 tax▷tac▷tas▷tag▷teg▷tang▷tain▷tam
어원 의미 손과 물체 사이의 거리(t)를 좁히면(x-c-s-m-n-g) 물체는 손에 닿는다.

기본 단어	어원 스토리	고급 단어
contact 접촉하다 taste 맛보다	직접(con) 손을 대서 접촉하는(contact) 사이는 가까운 사이다/ 직접 만질 수 있는(tangible) 물질로부터 모든 것이 나왔다는 사상은 유물론이다/ 수학에서 접촉하는 값은 탄젠트(tangent)라고 부른다/ 맛(taste)은 혀에 닿아서 느껴지는 감각이라는 뜻이다.	tangible 접촉하는 tangent (수학) 탄젠트
tax 세금 attain 달성하다	죽음과 세금(tax)은 피할 수 없다는 말은 국가는 누구에게나 세금의 손길을 댄다는 의미다/ 인류는 바라던 달에(a) 손을 댐으로써 우주로 나가려는 최초의 목적을 달성했다(attain)/ 전염(contagious)병은 병원균이 완전히(con) 사람에게 접촉함으로써 발생하는 병이다/ 오염(contamination)은 쓰레기나 폐기물과 (com) 접촉해서 더러워진 상태를 말한다.	contagious 전염하는 contamination 오염
	통합(integration)은 구성원들이 가깝게 접촉해서 밀집도가 높아진 것을 말한다/ 꽉 잡아 빈틈없이 밀착됨으로써(in) 고정된 상태가 완전무결(integrity)한 상태다.	integration 통합 integrity 완전무결/청렴

calendar

달력

어근 변화 cal▷cl▷cil▷sel▷sul
어원 의미 큰 소리는 공중으로(s=c) 길게(l) 뻗어 나가 다른 사람의 고막을 때린다.

기본 단어	어원 스토리	고급 단어
calendar 달력 call 부르다/소환하다	음력을 쓰던 로마에서는 초승달이 뜨는 날을 시민들에게 큰 소리로 알렸다(call). 초승달은 잘 보이지 않기 때문이었다. 시민들은 공포된 초승달 뜨는 날(day)을 각 달의 1일로 정해 날짜를 계산했으므로 결국 열 달이 모이면 1년으로 삼는 음력 달력(calendar)이 됐다. 초기 로마는 1년을 열 달로 하는 음력을 사용했다.	
council 회의/위원회 consult 진찰/조언 counsel 충고	로마는 공화정이었으므로 최고행정관(consul)은 원로원을 모두(con) 소집할(cul) 수 있는 자라는 의미였다/ 구성원을 모두(coun) 소집하는 위원회(council) 제도도 로마의 제도였다/ 의사나 변호사들도 환자나 의뢰인들을 모두(con) 불러 진찰하거나 조언한다(consult)/ 독재자도 불만을 가진 사람을 함께(con) 불러 달래야(conciliate) 불안을 잠재울 수 있다/ 또 고민이 있는 사람을 불러 충고(counsel)하는 카운슬러(counsellor)는 최근에 생겼다	consul 최고행정관/영사 conciliate 달래다/화해하다
class 계급 classic 최고의 classical 표준적인	로마에서 소집된 병사들은 출신별로 분류되어(classify) 등급(class)이 매겨졌다. 병사들은 장비를 스스로 마련해야 했기 때문이다/ 고위 인사의 아들은 최고급(classic) 자원으로 분류됐다/ 르네상스 시대는 그리스나 로마에 속한 것으로 분류된 것은 고전적인(classical) 것으로 보고 따라가야 할 표준적인(classical) 원칙으로 여겼다/ 아주 특별하게 분류한 것은 기밀(classified) 사항에 해당된다/ 깨끗하다(clear)는 말은 분명하게 분류됐다(classify)는 의미였다.	classify 분류하다 classified 극비의
claim 주장하다 proclaim 공포하다	큰 소리로 권리를 주장하는(claim) 것은 원래 큰 소리로 신을 부르던 데서 비롯됐다/ 훌륭한 사람에게는(a) 큰 소리로 갈채를 보냈다(acclaim)/ 후보자들은 유권자에게(de) 열변을 토한다(declaim)/ 정부의 시책은 국민에게 공개적으로(pro) 선언된다(proclaim).	acclaim 갈채를 보내다 declaim 열변을 토하다
	구약에서 솔로몬이 썼던 전도서(Ecclesiates)는 큰 소리로 널리(ec-ex) 알려 줄 만한 소중한 이야기라는 뜻이다/ 신의 말을 널리(ec-ex) 큰 소리로 전하는 사람은 성직(ecclesiastic)자다.	Ecclesiastes (성서) 전도서 ecclesiastic 성직자

cosmos

우주

어근 변화 cens▷cosm▷cis

어원 의미 둥근 우주(c=k)에는 모든 조각들이(m) 빈틈없이(s) 정돈되어 있고, 인간도 우주처럼 정돈된 모습을 보여야 한다고 믿었다.

기본 단어	어원 스토리	고급 단어
cosmos 우주/질서/코스모스 cosmopolitan 세계인	그리스인들은 우주(cosmos)가 질서(cosmos) 있게 정돈된 공간이라는 개념을 가지고 있었다/ 여인들의 머리를 치장하던 꽃에도 코스모스(cosmos)라는 이름을 붙였다/ 화장(cosmetics)도 얼굴을 정리하는 것이다/ 우주의 원리를 연구하는(log) 우주론(cosmology)은 종교적으로는 신이 우주를 만들었다는 창조론과 과학적으로는 진화론이 있다/ 세계 어느 도시(pol)에서나 살 수 있는 사람은 세계동포주의자(cosmopolitan)다. 우주(cosm)는 이어진 전체라는 뜻이다/ 작은(micr) 우주는 실제 우주의 축소판(microcosm)이라는 뜻이다. 집은 국가의 축소판이다.	cosmetics 화장품 cosmology 우주론 microcosm 소우주/축소판
	로마에서는 모든 시민들로부터 세금을 걷기 위해 시민의 숫자와 그들의 재산을 샅샅이 정리해 두는 국세조사(census)를 했다/ 제국을 해치려는 불온한 종교에 대해 검열(censor)도 서슴지 않았다/ 황제를 신으로 믿지 않는 기독교인들을 까다롭게(censorious) 단속함으로써 수많은 순교자가 나왔다/ 쓴 글을 다시 정리하는 교정(recension)을 통해 책은 완벽해진다/ 물품세(excise)는 거래되거나 소비되는 생필품에 모두 부과됐다. 현대의 소비세에 해당된다.	census 국세조사 censor 검열 censorious 까다로운 recension 교정 excise 물품세/소비세

festival

축제

어근 변화 the▷thu▷fa▷fea▷fe
어원 의미 빛과 신을 뜻하는 산스크리트어 (dh)는 그리스어에서는 (th), 라틴어에서는 (f)로 변화됐다.

기본 단어	어원 스토리	고급 단어
festival 축제 fair 박람회 feast 잔치	고대인들은 신을 모시는 제사를 축제(festival)로 여겼다. 신에게 는 희생제물을 올리고 술도 마셨기 때문이다/ 박람회(fair)와 잔치 (feast)도 신을 모시는 축제로부터 확장된 개념이다.	
fan 광신자	신을 열광적(fanatic)으로 모시는 광신자(fan)는 오늘날 연예인 에게 광신자처럼 열광한다/ 신에게(pro) 도전하는 자는 불경스러운(profane) 사람이고, 신을 부정하는(ne) 자는 극악무도한 (nefarious) 사람이었다.	fanatic 열광적인 profane 불경스러운 nefarious 극악무도한
theology 신학 theory 이론 Tiffany (미국/보석상) 티파니	신을 연구하는 신학(theology)으로부터 일반적 학문을 연구하 는 이론(theory)이 나왔다/ 신에 대한 태도는 다양했으므로 신의 존재를 믿는 유신론(theism)도 있고, 신의 존재 자체를 부정하 는(a) 무신론자(atheist)도 있다/ 모든(pan) 신을 모시는 만신전 (pantheon)은 다신교의 풍습이다/ 또 위대한 인간은 신이 나타나 는(phan) 신의 현현(theophany)을 경험한다. 신의 현현은 사람 의 성(Tiffany)으로도 쓰였다. 보석회사 티파니(Tiffany)는 창립자 의 성을 딴 회사로 삼발이 위에 다이아몬드를 올린 결혼 반지로 일 약 유명해졌다.	theism 유신론 atheist 무신론지 pantheon 만신전 theophany 신의 현현

education

교육

어근 변화 team▷tug▷tow▷tie▷dock▷duc▷due▷duk▷dui
어원 의미 빛(t-d)은 에너지를 가지고(ck-g-c-m-w-e=k) 지상에 내려왔다.

기본 단어	어원 스토리	고급 단어
education 교육 subdue 정복하다/진압하다 conductor 차장/지휘자	교육(education)은 숨은 재능을 밖으로(e) 이끌어 내는 행위다/ 사람은 몸을 잘(con) 이끌어 처신해야(conduct) 하고, 사장은 회사를 잘 끌어 경영해야(conduct) 한다/ 차장(conductor)은 열차를 잘 끌고 가야 한다/ 로마는 물(aqua)을 끌고 가는 수로(aqueduct)를 건설했다/ 물은 한 길로(con) 끌어가는 도관(conduit)을 통해 공급된다/ 유괴(abduct)범은 아이를 부모에서(ab) 떼어내 데리고 사라진다/ 부과된 세금은 일부를 떼(de)내어서 공제할(deduct) 수 있다/ 인간은 모든 것을 다 경험할 수 없으므로 비슷한 것으로부터(de) 미루어 생각을 이끌어 내는 추론을 한다(deduce)/ 강자는 약자를 발 아래로(sub) 끌어내려 정복한다(subdue).	conduct 처신하다/지휘하다 aqueduct 수로 conduit 도관 abduct 유괴하다 deduct 공제하다 deduce 추론하다/연역하다
duke 공작 dock 부두/피고석 tie 묶다 team 팀	공작(duke)은 대체로 왕이 되지 못한 왕자들로 백성을 이끄는 고위 귀족이다/ 부두(dock)는 배를 끌어다(tug) 묶어(tie) 놓는 곳이다/ 주차를 위반한 차는 견인(tow)된다/ 원래 가축을 묶어 이끌던 고삐 줄이 여러 사람을 묶은 한쪽 패(team)로 굳어졌다.	tug 세게 끌다 tow 견인하다

vehicle

탈 것

어근 변화 vex▷vec▷vehic▷ven▷vein▷vey▷via▷vio▷vog▷voy▷wag▷wav▷way▷weigh
어원 의미 떨어진(w=v) 두 지점을 옮겨 가기(x=c=n=y=v=gh=g) 위해서는 탈 것와 길이 있어야 한다. 흔들림은 두 지점을 빠르게 이동한다.

기본 단어	어원 스토리	고급 단어
vehicle 운송수단	바퀴가 달린 차(vehicle)는 사람이나 물건을 옮긴다/ 물리에서 백터(vector)량은 크기와 방향을 가진 힘을 말한다/ 열은 공기중의 바람과 함께(con) 대류(convection)함으로써 에너지를 전달한다/ 비난(invective)은 남을 흔들어 짜증(vexation)나게 민드는(in) 것이다.	vector (물리) 방향을 가진 힘 convection 대류 invective 비난 vexation 짜증/화
voyage 여행 convey 전달하다	여행(voyage)은 장소를 이동하는 경험이다/ 하급자는 상관과 함께(con) 움직이며 상관을 호위한다(convoy)/ 외교사절(envoy)은 항상 길 위에서(en) 움직이는 사람이라는 의미였다/ 유행(vogue)은 사람의 마음을 흔들어 끊임없이 변화시킨다/ 대규모 공장에서는 조립용 부속을 모두(con) 자동으로 나르는(convey) 장치를 사용함으로써 작업 효율을 높인다.	convoy 호위하다 envoy 외교사절 vogue 유행
way 길 wagon (자동차) 웨건 wave 파도	길(way)은 오고 가는 공간이고, 웨건(wagon)은 짐을 나르도록 뒷문이 달린 승용차다/ 골프는 손목의 유연성이 중요하므로 손목을 자주 흔들어(waggle) 줘야 한다/ 강아지는 꼬리를 흔들어(waggle) 친근감을 표현한다/ 파도(wave)도 물이 아래 위로 흔들리는 현상이다/ 천칭저울도 오르내리면서 무게를 잰다(weigh).	waggle 흔들다 weigh 무게를 재다
via 거치다 previous 이전의 trivial 하찮은	가장 가까운 길을 거쳐(via) 가려는 본능은 에너지를 아끼려는 자연의 본능이다/ 육교(viaduct)는 도로 위를 가로질러 인도하는(duc-lead) 구조물이다/ 사람도 길을 벗어나(de) 일탈하는(deviate) 경우가 허다하다/ 길에서 만난 사람은 확실한(obvious) 인상을 남겨 오래 기억된다/ 앞서(pre) 간 사람은 이전의(previous) 경험을 후대에 전해 주며 존경 받는다/ 삼(tri)거리에 오가는 사람들이 떠드는 하찮은(trivial) 말은 소문에 불과한 경우가 많다.	viaduct 구름다리/육교 deviate 길을 벗어나다 obvious 분명한

기본 단어	어원 스토리	고급 단어
vein 정맥/광맥	정맥(vein)은 피를 나르는 관이다/ 나뭇잎은 영양분과 물을 나르기 위한 맥상(venation)관을 가지고 있다.	venation 맥상

alien

외계인

어근 변화 al▷ul▷oth
어원 의미 이어진(th=l) 경계선을 넘으면(a) 나오는 다른 사람들이 산다. 다른 사람과 물건을 바꾸면 교환이다.

기본 단어	어원 스토리	고급 단어
alien 외계인/생경한 other 다른 alter 고치다/교체하다 alternate 교대하다 alibi 현장 부재 증명/구실	외계인(alien)은 내가 사는 경계를 넘어 사는 다른(other)사람이다/ 낡은 것은 새 것으로 바꿔야(alter) 한다/ 회사원들은 정기적으로 자리를 바꿔 교대하며(alternate) 근무해야 한다/ 영국 의회는 거친 말을 주고받는 언쟁(altercalion)을 금시한다/ 이기적인 인간은 동시에 이타주의(altruism)적 정서도 갖고 있으므로 사회가 유지된다/ 범죄가 일어난 시간에 다른 장소(ibi-place)에 있었다는 범죄 현장 부재 증명(alibi)은 무죄의 증거가 된다.	altercation 언쟁 altruism 이타주의
ultimate 최후의	소리(son-sound)의 속도를 넘는 초음속(ultrasonic) 비행은 제트 엔진의 개발로 가능해졌다/ 가시광선의 스펙트럼 가운데 파장이 가장 짧은 보라색(violet) 밖에는 자외선(ultraviolet)이 있고, 파장이 가장 긴 빨간색(red) 밖에는 적외선(ultrared)이 있다/ 최후의(ultimate) 경계선을 넘으면 다른 영역으로 들어간다/ 최후통첩(ultimatum)을 보내면 이제까지의 평화 상태에서 전쟁 상태로 넘어간다는 의미다.	ultrasonic 초음속의 ultraviolet 자외선 ultrared 적외선 ultimatum 최후통첩
	약에(ad) 이물질이 섞이면 품질이 떨어지고(adulterate) 불량(adulterate) 제품이 된다/ 부부 가운데 한 사람이 다른 사람에게(ad) 눈을 돌리면 간통(adultery)이 성립된다 ▶클 만큼(ad) 큰(ul-grow) 사람인 성인(adult)은 어원이 다르다.	adulterate 불량품/이물질을 섞다 adultery 간통
allegory 우화/풍자	환자의 증상(path-disease)과 다른 방법으로 치료하는 이종요법(allopathy)은 고열환자에게 해열제를 투여하는 것과 같은 치료다/ 은행나무는 각각 암나무와 수나무가 결혼하는(gam) 타가수정(allogamy)을 한다/ 자서전(autograph)은 스스로(auto) 쓰지만 남이 써 준 전기는 대필전기(allograph)다/ 인간을 곤충이나 동물같은 다른 영역(gor)의 존재로 대체해서 쓰는 풍자, 우화(allegory)는 권력자를 비판하기 위해 고안된 문학이다.	allopathy 이종요법 allogamy 타가수정 allograph 대필전기

parallel
평행선/유사한

숯과 다이아몬드는 똑같이 탄소로 구성됐지만 돌아가며(trop-turn) 붙어 있는 탄소의 방향이 반대이므로 성질이 전혀 다른 동소체(allotrope)다/ 옆에(para) 또 다른 선이 놓여 있으면 평행선(parallel)이다.

로마인들은 알프스를 넘어 사는 독일 사람(man)을 알레마니(Alemmani)라고 불렀다.

allotrope
동소체

Allemmani
알레마니

castle

성체

어근 변화 castl▷castr▷caster▷cast▷cathar▷cazar▷cest▷chateau▷chatel▷chast

어원 의미 거친 땅을 둥글고(ch=c) 평평하게(zar=thar=tl=tel=ter=t=teau=tr) 깎고 성을 지었다. 불순한 것도 제거해야 순수해진다.

기본 단어	어원 스토리	고급 단어
castle 성 Lancaster (영국) 랭커스터	거대한 성(castle)을 건설하기 위해서는 바위를 치우고 나무를 자르는 토목공사가 전제됐다/ 프랑스의 성(chateau)은 특별히 넓은 곳에 지었다/ 스페인의 성(alcazar)에 붙은 al은 아랍어로 영어의 the에 해당한다. 스페인은 아랍인들에 의해 오랫동안 통치를 받았다/ 성의 주인은 성주(chatelain)다/ 영국 랭커스터(Lancaster)는 로마 시대에 만든 성이었다.	chateau (프랑스) 성 alcazar (스페인) 성 chatelain 성주
caste 인도의 카스트/계층 Castherine 캐서린 catharsis 정화	근친상간의 죄(incest)는 깎아 내지 않은(in) 불순한 죄라는 의미다/ 인도에 도착한 포르투갈인들은 인도의 계급제도를, 깨끗하게 다듬은 순수혈통이라는 뜻으로 카스트(caste)라고 불렀다/ 축산가들에겐 많은 숫소가 불필요하므로 대부분 거세해(castrate) 버렸다/ 중세 시대 결혼하지 않은 순수한(chaste) 여인은 결혼까지 순결(chastity)을 지키도록 강요됐다/ 순결을 잃은 여인은 징벌을 받았다(chasten)/ 여성 이름 캐서린(Catherine)은 순결한 여인이라는 의미다/ 그리스의 비극을 보고 자신의 마음을 정화(catharsis)한다는 아리스토텔레스의 이론은 지금도 유효하다.	incest 불순한 죄 castrate 거세하다 chaste 순수한/꾸밈 없는 chastity 순결 chasten 징벌하다/훈계하다

finance

금융

어근 변화 fin

어원 의미 빛(f=d)이 땅에 도착함으로써 지상의 만물은 최종적으로 완성됐다.

기본 단어	어원 스토리	고급 단어
finance 금융 finalize 완성하다	금융(finance)은 거래를 끝내고 청산한다는 의미다/ 작업을 끝내면 일은 완성된다(finalize)/ 모든(con) 방향으로 끝을 표시하고 한정하면(confine) 그 공간 안에 있는 사람은 꼼짝없이 감금(confinement)된다.	confine 한정하다 confinement 감금
define 정의하다 definitive 결정적인 fine 좋아/벌금 finish 끝나다	끝에(de) 경계를 그어 정의한(define) 규정은 최종적인(definitive) 규칙이다/ 끝을 깨끗하게(re) 마무리한 정제(refined) 휘발유는 비행기의 연료로 쓰인다/ 끝까지 마무리가 잘 되면 <좋아(fine)>다/ 벌금(fine)은 최종적으로 부과되는 액수다/ 끝이 없이(infinitive) 펼쳐진 들판도 결국 바다에 이르면 끝이 난다(finish)/ 끝을 맞대고 붙어(a) 있으면 친근한 호감(affinity)을 갖게 된다.	refine 정제하다 infinitive 끝없는 affinity 호감/이웃

royal
국왕의

어근 변화 rack▷raj▷rail▷real▷rank(n 첨가)▷rex▷rec▷reg▷reig▷res▷rg▷rich▷righ▷riyal▷rog▷roy▷ry▷rul

어원 의미 굽지 않고 직선(r)으로 가는(x-ck-k-ch-c-s-j-gh-l-y=g) 것은 옳다고 봤으므로, 통치와 관련된 단어는 바로 세운다는 뜻이다.

기본 단어	어원 스토리	고급 단어
royal 국왕의/당당한 region 지역/지방 ruler 통치자 regal 당당한/제왕의 regulate 통제하다	군사지도자였던 국왕의(royal)의 할 일은 군대가 나아갈 반듯한 길을 가리키는 것이었다/ 왕이 되지 못한 왕자들은 반절의(vice) 힘만 갖는 부왕이나 태수(viceroy)가 됐다/ 라틴어 군주(rex)는 영어에서 그대로 쓰였으며, ER은 현재의 영국 여왕 Elizabeth Regina의 약자다. Regina는 Rex의 여성형이다/ 섭정(regent)은 어린 왕을 대신하는 왕 대리다/ 정복전쟁이 왕성했던 고대의 지역(region)은 왕이 점령한 영역이라는 의미였다/ 통치자(ruler)는 제왕의(regal) 당당함을 갖춰야 집단을 통제할(regulate) 수 있었다/ 군주는 집단을 통제할 수 있는 인적 조직인 정권(regime)을 세운다/ 연대(regiment)는 대대와 사단의 중간 규모로 특수 군사 임무를 수행하는 단독 부대다/ 주권(sovereignty)은 위에서(suv-sub) 지시하는 최고 권한을 뜻한다. 주권은 간섭 받지 않는 배타적 권리다. 주권은 왕으로부터 국민에게 천천히 이동했다.	viceroy 부왕/태수 rex 왕 regent 섭정 regime 정권/체제 regiment 연대 sovereignty 주권
rectangle 직사각형 derection 방향 dress 옷을 입히다 address 연설/가리키다/주소	직사각형(rectangle)은 어느 각(angle)으로도 기울지 않은 90도 직선들로만 이루어져 있다/ 수정하려면(rectify) 굽은 곳을 바르게 펴야(fy) 한다/ 멀리(di) 직선으로 바라보이는 곳이 방향(direction)이다. / 옷을 입는(dress) 것은 몸 위에 옷을 단정하게 펼쳐(d) 놓는 것이다/ 앞으로(d) 반듯하게 가서 도착할 지점(ad)이 주소(address)다/ 사람들을 향해(ad) 직접 바라보며 말하는 연설(address)은 공화국이었던 로마에서 본격적으로 발전했다.	rectify 수정하다
correct 교정하다/정확한 erect 세우다	프랑스 혁명정부는 모든(co) 것을 바로 세우고(correct) 새 공화국을 일으켜(e) 세웠다(erect)/ 반란(insurrection)은 내부로부터(in) 위로(sur) 들고 일어나는 불법적인 집단행동이다/ 성서는 예수가 죽은 뒤 다시(re) 벌떡(sur) 일어나 부활(resurrection)했다고 기록하고 있다/ 물가의 급등(surge)은 생활비가 치솟는(su) 것이므로 가난한 자에겐 더욱 큰 고통이다.	insurrection 반란/모반 resurrection 부활/회복 surge 급등/몰려들다
arrogant 건방진	자기 맘대로 남에게(a) 명령하는 건방진(arrogant) 태도는 남의 권리를 침해하는(arrogate) 행위다/ 남의 평판을 나쁘게(de) 평하	derogate 폄하하다

기본 단어	어원 스토리	고급 단어
arrogate 침해하다/사칭하다	하는(derogate) 것도 좋은 태도가 아니다/ 새로운 정부는 구시대의 악습을 떼어내(ab-off) 폐지하고(abrogate) 민심을 얻는다/ 대리모(surrogate)는 아기를 낳도록 대신(sur) 내세운 여성이다/ 계속 달라고 억지로 요구하는 자가 악당(rogue)으로 변했다.	abrogate 폐지하다/방해하다 surrogate 대리모/대용의 rogue 악당
rail 레일/철도 rank 군대의 가로줄/계급 right 올바른/옳은 rich 부유한 real (포르투갈) 헤알 riyal (아랍) 리알 Riyadh (아랍) 리아드 Henry 헨리	길고 반듯한 담장이 철도나 궤도(rail)로 확장됐다/ 선반(rack)도 벽에 반듯하게 붙인 목재 구조물이나/ 군대의 빈듯한 가로줄온 대오(rank)다/ 줄은 동그랗게 구부러지므로 그 안에 들어 있는 집단은 같은 계급(rank)을 이룬다/ 옳은(right) 일은 반듯하고, 바르게 서면서 굽힘이 없는 일을 말한다/ 무모한(reckless) 사람은 반듯하지 않게(less) 행동하는 사람을 의미한다/ 고대에 권력을 가진 자는 땅을 가진 부유한(rich) 사람을 의미했다/ 왕은 자신의 통치 영역(realm) 안에 있는 사람들에게 전권을 행사할 수 있었다/ 포르투갈어 헤알(real)과 아랍어 리알(riyal)은 모두 왕이 발행한 화폐라는 뜻이다/ 리아드(Riyadh)는 사우디아라비아 왕이 거주하는 도시라는 의미다/ 인도에서 통치자를 라자(raj)라고 부르고, 헨리(Henry)는 집(hen-hous)을 다스리는 자, 통치자라는 뜻의 사람이름이다.	rack 선반 reckless 무모한 realm 영역 raj (인도) 통치자

with

함께

어근 변화 vic▷wid▷with▷mid▷id
어원 의미 빛(c-th=d)은 수많은 갈래로 쪼개진다(v-w=m). 쪼개진 둘은 간격을 두고 함께 서 있고, 쪼개진 절반으로는 불완전하다.

기본 단어	어원 스토리	고급 단어
with 함께 wide 넓은 withstand 견디다 middle 중앙	하나가 쪼개지면 둘은 나란히 함께(with) 있게 된다/ 둘 사이는 일정하게 넓은(wide) 간격이 생긴다/ 간격의 중앙에는 중심(middle)이 생긴다/ 그러나 나뉘어진 둘은 적대적으로 변해 견디지(withstand) 못하고 으르렁거리기도 한다/ 산파(midwife)는 산통을 겪는 아내와 함께 있는 여성이라는 뜻이다.	midwife 산파
idiot 바보 vice-president 부통령/부회장 vice 최악	하나가 쪼개진 절반은 반푼이므로 바보(idiot)다/ 절반(vice)의 권력만 가진 대통령은 부통령(vice-president)이다/ 반쪽 성질만(syn) 지배적으로(cra-rule) 지닌 사람은 특이체질(idiosyncrasy)이다/ 반쪽으로 나뉘어진 둘을 맞추어 일치시켜 딱 들어맞으면 정체성(identity)이 있다고 말한다. 주로 백인이 지배하는 미국에 사는 동양인과 흑인은 피부색이 일치하지 않으므로 정체성의 혼란을 겪었다/ 절반은 불완전하므로 악(vice)이 됐다.	idiosyncrasy 특이체질 identity 정체성/신원

have

소유하다

어근 변화 giv▷hab▷hav▷hib▷ab▷av▷u▷b
어원 의미 주고받는(h=g) 것은 빛이 에너지(v=b)를 주고, 인간이 에너지를 받는 것이었다.

기본 단어	어원 스토리	고급 단어
have 갖고 있다 give 주다 habit 습관 behabior 태도	소유하고(have) 주는(give) 것은 언결된 행동이므로 같은 어원이다/ 몸이 오랫동안 가졌던 습관(habit)은 쉽게 사라지지 않는다/ 주거 공간을 갖는 것이 거주(habitation)다/ 서식지(habitat)는 살기 위해 소유한 공간이다/ 동거(cohabit)는 같은(co) 주거 공간을 갖는 것이다/ 오랫동안 갖고 있으면 완전히(be-ambe-all) 자신의 태도(behabior)로 굳어진다.	habitation 거주 habitat 서식지 cohabit 동거하다
exhibition 전시	갖고 있는 것들을 적극적으로 밖으로(ex) 보여 주는 것이 전시(exhibition)다/ 갖지 못하게 앞에서(pro) 막는 것은 금지(prohibition)다.	prohibition 금지
debt 부채 due 응당히/당연한 ability 능력	소유한 것이 없으면(de) 빚(debt)을 얻을 수밖에 없다/ 차변(debt)은 나에게서(de) 빠져 나가 비어 있는 계좌다/ 지고 있는 빚은 당연히(due) 갚아야 한다. 라틴어 debutus의 축약이다/ 무거운 부채에(en) 빠진 자는 부채로부터(de) 빠져 나오려고 노력하게(endeavor) 된다/ 소유할 수 있다는 의미가 일반적 능력(ability)으로 확장됐다.	debit 차변/인출액 endeavor 애를 쓰다

break

부수다

어근 변화 frag▷frac▷fray▷frai▷frail▷frain▷frang▷fric▷fring(n 첨가)▷brak▷break▷brick▷bris▷broc▷brok▷bruis

어원 의미 강력한(f=b) 빛의 에너지가 흘러(r) 가면(k—c—s=g) 무엇이라도 부술 수 있다.

기본 단어	어원 스토리	고급 단어
break 부수다 broke 무일푼 brick 벽돌	뻗어가는 직선도 꺾으면(break) 방향을 바꾼다/ 자신의 재정 상태가 단단하지 못해 깨지고 허물어지면 무일푼(broke)이 된다/ 단단한 건축물도 허물어지면 벽돌(brick) 조각만 남긴다/ 넘어져 흙과 마찰한 피부는 타박상(bruise)을 입게 된다/ 바위에서 떨어져 나온(de) 부스러기(debris)들은 모여서 흙이 된다.	bruise 타박상/뭉그러지다 debris 부스러기
broker 중개인 brake 제동기 brocoli 브로콜리	중개인(broker)은 원래 포도주 통에 구멍을 내던 사람을 의미했다. 포도주 통에 구멍을 내면 포도주를 사려는 사람들이 모여들었다/ 달리는 자동차의 속도를 꺾는 부속이 제동기(brake)이다/ 채소 브로콜리(brocoli)는 딱딱한 땅을 뚫고 올라오는 순이다.	
fragile 깨지기 쉬운 fragment 조각 friction 마찰 refrain 삼가다	유리는 딱딱하지만 깨지기 쉽다(fragile)/ 허약한(frail) 체질의 소유자는 쉽게 병에 걸리는 약점(frailty)을 가지고 있다/ 유리가 깨지면 작은 조각(fragment)을 남긴다/ 뼈에 충격을 가하면 뼈가 부러지는 골절상(fracture)을 입는다/ 특히 노인의 뼈는 부숴지기 쉬우므로(frangible) 조심해야 한다/ 어떤 품종의 개들은 만나면 서로 물어뜯는 난투극(fray)을 벌인다/ 두 개의 면이 만나면 마찰(friction)을 일으켜 열과 흔적을 남긴다/ 꺾어지지 않으려고 버티는(re) 반항적인(refractory) 아이들도 있다/ 삼가는(refrain) 것은 하고 싶은 욕망을 거슬러(re) 꺾는다는 뜻이다.	frail 허약한 frailty 약점/노쇠한 fracture 골절상/균열 frangible 부서지기 쉬운 fray 난투극 refractory 고집 센/난치의
	한 덩어리를 쪼개서 같은(vulgar-common) 양으로 나누는 분수(vulgar fraction)는 분모(denominator)로 분자(numerator)를 나눈 것이다/ 10(dec-decem)을 단위로 쪼개서 표시하는 소수점(decimal fraction)도 있다.	vulgar fraction 분수 decimal fraction 소수점

eye

눈

어근 변화 opt▷ophth▷ops▷op▷pi▷og▷oc▷scop▷ow▷ey▷y

어원 의미 눈은 동그랗게(p–pt–phth–ps–g–scop–oc–ow–ey–y=c) 생겼다. 동그란 눈은 빛을 감각하는 동그란 기관이다.

기본 단어	어원 스토리	고급 단어
eye 눈 daisy 데이지 꽃 window 창문	동그란 눈으로 곁눈질하다(ogle)가 변형되어 눈(eye)이 됐다/ 낮(day)에만 눈을 뜨는 꽃이 데이지(daisy) 꽃이다/ 북유럽어 창문(window)은 바람(wind)의 눈이라는 뜻이다.	
optical 광학적	안경사(optician)는 시력을 안경으로 교정해 주는 사람이고, 검안사(optometrist)는 시력만 측정해(metr) 주는 사람이다/ 빛의 광학적(optical) 성질을 연구하는 자는 광학자(opticist)다/ 빛은 물질을 통과하면(di-dia) 굽는 굴절광학적(dioptrical) 성질과 물체에 충돌한 뒤 되돌아(cata)오는 반사광학적(catoptric) 성질을 가지고 있다.	optician 안경사/안경점 optometrist 검안사 optiscist 광학자 dioptrical 굴절광학의 catoptric 반사광학의
ophthalmology 안의학	안의학(ophthalmology)은 가까운(my-micr) 거리의 물체를 보지 못하는 근시안(myope)이나 밤(nynt-night)에 보지 못하는 야맹증(nyctalopia), 색(chrom-color)을 구분하지 못하는(a) 색맹(achromatopsia) 같은 안과 질환을 진단한다/ 의사는 죽은 시체를 직접(auto) 봐서 검시(autopsy)함으로써 사인을 판단한다.	myope 근시안 nyctalopia 야맹증 acromatopsia 색맹 autopsy 검시
monocle 외알 안경 binocule 양눈 안경 oculist	화(fer)가 난 눈으로 바라보면 사나운(ferocious) 표정이고, 검은(atr-black) 눈동자로 바라보면 극악한(atrocious) 표정이다/ 초기 안경은 한(mono)쪽 눈에만 쓰는 외알 안경(monocle)이었다/ 양(bi)쪽 눈에 쓰는 양눈 안경(binocule)은 뒤에 발명됐다/ 안과 의사(oculist)는 눈을 치료하는 의사다/ 망원경(telescope)은 멀	ferocious 사나운 atrocious 포악한 inoculate

기본 단어	어원 스토리	고급 단어
안과 의사 telescope 망원경	리(tele) 보는 광학 기계다/ 예방접종(inoculate)은 병원균과 싸울 항체 씨눈을 인체에(in) 주사하는 것이다. 씨눈은 눈알처럼 보인다.	예방접종하다

create
창조하다

어근 변화 cer▷cre▷cru
어원 의미 처음 땅에서 싹이 튼 나무의 둥근(c) 줄기도 점점 굵어지며(r) 크게 자란다.

기본 단어	어원 스토리	고급 단어
create 창조하다 creature 피조물 recreation 휴양 croissant (프랑스) 크로아상	모든 생물은 신이 최초로 만들어 창조한(create) 것들이므로 피조물(creature)이다/ 휴양(recreation)은 다시(re) 창조하기 위해 잠시 쉬는 것이다/ 초승달(crescent)은 점점(scent) 자라난다는 뜻이다/ 프랑스 빵 크로아상(croissant)은 초승달 모양이다/ 음악에서 크레센도(crescendo)는 소리를 점점 크게 하라는 것이다.	crescent 초승달 crescendo (성악) 점점 크게
increase 증가하다 decrease 감소하다 concrete 튼튼한/구체적인	늘어나고(increase) 줄어드는(decrease) 현상은 크기가 커지고(in) 작아지는(de) 현상이다/ 완전히(con) 자라나면 튼튼한(concrete) 성인이 된다/ 관계 없는 두 개(con)의 조직이 점점 자라나 결합하면 조직유착(concrescence)이 된다/ 점점 자라 밖으로(ex) 튀어 나오는 인체의 일부는 이상 생성물(excrescence)로 혹이 된다/ 식량이 증가하면(accrue) 인구가 느는 경향이 있다는 인구론은 멜더스의 이론이다. 그러나 먹을 것이 많은 현대는 오히려 인구가 줄기도 한다.	concrescence 조직유착/합착 excrescence 이상 생성물/추물/혹 accrue 증가하다/누적
crew 승무원/직원 recruit 모집하다 sincere 성실한	직원(crew)은 조직에 힘을 보태주는 사람이다/ 신입사원을 모집하면(recruit) 조직의 힘은 더욱 강해진다/ 하나의(sin-same) 방향으로만 자라면 성실한(sincere) 태도다.	
cereal 곡물	곡식(cereal)은 중요한 영양분을 제공해 인류를 키워 왔다/ 서인도제도에 사는 프랑스와 스페인의 흑인 혼혈 후손들은 자생적이면서 비정상적 언어인 크레올(Creole)을 사용한다.	Creole (아메리카/언어) 크레올

domestic

국내의

어근 변화 tam▷tim▷dam▷de▷dem▷dom▷dan▷don▷dun
어원 의미 집은 생명의 근원인 빛(t=d)을 가둔 공간(n=m)이라는 뜻이었다. 나의 집은 나의 영역이다.

기본 단어	어원 스토리	고급 단어
domain 영역 domestic 국내의 dominate 차지하다	영역(domain)은 집처럼 자신의 안전이 보장되는 공간을 말한다/ 이에 따라 국내(domestic) 영역에서 자국민은 자유롭다/ 그러나 강력한 민족들은 남의 땅을 침입해 차지하기도(dominate) 한다/ 지배 민족은 권세를 부리며(domineer) 피정복 민족에 대해 학대를 가했다/ 한 지역을 압도한(predominate) 민족은 주변의 여러 민족들을 정복해 제국을 건설하기도 했다/ 오랜 세월 길들여진(domesticated) 민족은 아예 제국에 흡수되기도 했다.	domineer 권세를 부리다 predominate 압도하다 domesticated 길들여진
dome 지붕 domino 마스크/모자/도미노	성당이나 궁궐의 지붕은 둥근 돔(dome)이었다/ 사제들은 둥글게 생긴 모자(domino)가 달린 망토를 입었다/ 가장무도회의 마스크도 얼굴을 덮는 지붕과 같았기 때문에 도미노(domoino)라고 불렀다/ 도미노(domino) 패가 망토의 네모난 모자와 닮았다.	
Madonna 마돈나 madam (경칭) 마담 mdemaoiselle 아가씨	마돈나(Madonna)는 나의(ma) 집 주인 마님, 성모 마리아를 의미한다/ 마담(madam)도 나의 주인 마님으로 지체가 높은 여주인을 말했다/ 주인 마님의 딸은 작은(le) 마님으로 처녀의 존칭(mademoiselle)이 됐다/ 아름다운(bella) 여인이라는 뜻의 벨라돈나(belladonna)는 독성풀이다. 여성의 동공을 확대하는 기능이 있어 화장 재료로 쓰였다/ 소설 주인공 돈키호테(Don Quixote)는 키호테 씨(Don)를 말한다. 집의 주인 씨는 존칭으로 정착됐다.	belladonna 벨라돈나 풀
timber 목재 tame 길들이다/재미없는 danger 위험	옛날 성의 지하에는 감옥(dungeon)이 있었다/ 집 짓는 데는 큰 목재(timber)가 필요하다/ 집의 우두머리(pot-항아리 같은 머리)인 dems-pot는 축약되어 폭군(despot)이 됐다. 특히 터키 치하 콘스탄티노플의 동방정교 통치자를 말한다/ 집에 가둔 동물은 길들여(tame)진다/ 노예의 목숨은 항상 위험(danger)에 빠져 있다. 주인의 집을 벗어나지 못하는 노예의 목숨은 주인의 마음에 달렸기 때문이다.	dungeon (성) 지하 감옥 despot 폭군

lotion

로션

어근 변화 lav▷lau▷lut▷lug▷luv▷lot▷los▷loos▷lys▷lyz
어원 의미 중성인 물은 대부분의 물질을 분해하므로(l) 옷이나 몸에 붙을 때는 물로 씻어낸다(t–s–z=v).

기본 단어	어원 스토리	고급 단어
lotion 로션 lavatory 변소 lavender (허브) 라벤더 launder 세탁하다	로션(lotion)은 얼굴을 씻는 나무의 즙이었다/ 얼굴을 씻고 배설물을 씻어내는 변소(lavatory)는 화장실이라는 간접 표현으로 바뀌었다. 지저분한 것을 연상시키므로 미국에서는 잘 쓰지 않고 화장실(toilet)이라는 단어를 대신 쓴다 ▶이 단어도 원래 화장실에 있는 작은 천(toil-textile)을 의미하는 간접 표현법이다/ 헤프거나 아낌 없이 쓰는(lavish) 행동은 물을 맘대로 쓰는 행동에서 유래했다/ 허브 라벤더(lavender)는 신경안정제나 목욕제로 쓰였다/ 세탁물(laundry)을 비눗물에 넣으면 때가 분리되고 옷은 깨끗하게 세탁된다(launder).	lavish 아낌 없이 쓰다
Deluge 대홍수/폭주	홍수로 씻겨 나온 각종 미네랄은 하류에(a) 쌓여 충적(alluvial) 토양을 만들었다. 하류의 충적 평야는 대부분 농경 지역으로 4대 고대 문명도 이곳에서 일어났다/ 충적토가 만들어지기 이전의 홍수는 자갈을 강 상류에(di) 쌓아 홍적토(diluvial)를 이뤘다. 홍적토는 거칠어서 뒤늦게 과수원으로 개발됐다/ 성서의 대홍수(Deluge)는 타락한 인간들을 말끔히(de) 씻어내기 위해 신이 내린 징벌이었다.	alluvial 충적토의 dilluvial 홍적토의
loose 느슨한 lose 잃어 버리다 solve 해결하다 absolute 완전한/절대적인	단단한 고체도 세월이 가면 액체로 풀어지고(loose) 원래의 형체를 잃어 버린고(lose) 만다/ 문제를 해결하려면(solve) 풀어서 얽힌 가닥을 떼어내야(so-separate) 한다/ 완전한(absolute) 상태는 붙어 있던 곳으로부터(ab-from) 풀어서 다 떼어낸(so) 상태다/ 용해제(solvent)는 미끌거리는 기름도 풀어서(so) 씻어낸다/ 결심한(resolve) 마음은 꺼림칙한 것을 완전히(re) 씻어낸 마음이다/ 의회의 결의안(resolution)도 서로 간의 이견을 완전히(re) 떼어(so)내고 하나로 모은 의견이다.	solvent 용해제 resolve 결심하다 resolution 결의안
analyze 분석하다 hopeless 절망적인	물질은 낮은(ana-down) 단계로 분석해야(analyze) 그 성질을 알 수 있다/ 신체의 기능이 잘못(para-beside) 풀어지면 중풍이나 마비(paralysis)가 온다/ 열등 비교 어미(less)는 씻겨 나가 적어졌다는 의미다. 절망적인(hopeless) 상태는 희망(hope)이 씻겨 나갔다는 의미다.	paralysis 반신불수

dimension

차원

어근 변화 met▷mes▷meal▷meas▷men▷mon▷moon
어원 의미 인간은 무한한 우주를 측정할 수 없었으므로, 작게 떼어서(s→t→n=ㅁ) 측정했다(m).

기본 단어	어원 스토리	고급 단어
dimension 차원/크기 measurable 측정 가능한 immense 광대한 meal 식사/한 끼	차원(dimension)은 점점 더 넓게(de) 측정한다는 뜻이다. 점과 선, 면, 공간은 측정 단위를 하나씩 늘여가는 공간 개념이다. 근대 물리학에서는 물리적 공간에 시간 차원을 추가함으로써 시공간(time-space)의 4차원도 만들었다/ 인간이 측정할 수 있는(measurable) 공간은 매우 작은 부분이다/ 우주는 측정이 불가능할 정도로 거대하기(immense) 때문이다/ 양쪽이 똑같은(com) 치수로 측정되면 서로 대응한다(commensurate)/ 여성은 한 달이라는 시간 단위로 월경한다(menstruate)/ 나이 든 여성은 월경이 멈추고(pause) 폐경기(menopause)를 맞는다/ 식사(meal)는 한 끼로 측정된 음식의 양이다.	commensurate 균형이 잡힌/상응하는 menstruate 월경하다 menopause 폐경/갱년기
moon 달 geometry 기하학 diameter 직경	달(moon)은 한 달(month)을 측정하는 천체였다. 그래서 honeymoon은 꿀 같은 달이 아니라, 꿀 같은 기간이다/ 한 학기(semester)는 6(se-six)개월을 한 단위로 삼는다는 뜻이다/ 나일 강의 홍수로 경계가 없어진 땅(ge)을 다시 측량하면서 기하학(geometry)이 탄생했다/ 가로지르는(dia) 길이가 폭이나 직경(diameter)이다/ 아주 작은 단위로 나눈 조각들을 하나씩 하나씩 합해서 전체의 양을 구하는 구적법(mensuration)은 미적분의 기본 개념이다.	semester 학기 mensuration 구적법/측정

young
젊은

어근 변화 ju▷you▷yeo▷he

어원 의미 젊은이는 계속 걸어서(j–h=y) 앞선 사람과 이어 합해진다는 뜻이므로 서로 어울려 사는 사람들이다.

기본 단어	어원 스토리	고급 단어
young 젊은 Jungfrau (스위스) 융프라우	프러시아의 젊은(young) 귀족 융커(Junker)들은 녹일 통일의 주역으로 통일 후 고위 관리나 장교가 됐다/ 영국의 젊은 귀족은 요맨(Yeoman)이다/ 알프스 산의 최고봉 융프라우(Jungfrau)는 제1의(frau-first) 젊은 처녀봉이라는 뜻이다. 청소년기의(juvenile) 젊은이가 일으키는 청소년 범죄(juvenile delinquency)는 특별하게 청소년 법정(junenile court)에서 따로 다룬다.	Junker (독일) 융커 Yeoman (영국) 요맨 juvenile 청소년의/유치한
Juno (로마) 유노 June 6월 Evan 이반	유노(Juno)는 로마 신 주피터의 젊은 아내다/ 6월(June)이나 사람 이름 이반(Evan)은 모두 유노(Juno)에서 비롯됐다/ 헤베(Hebe)는 청춘과 봄의 그리스 여신이다/ 사춘기의(hebetic) 젊은이는 너무 빨리 성장하므로 때때로 무기력증(hebetude)에 빠질 수 있다.	Hebe 헤베 hebetic 사춘기의 hebetude 무기력증

salt

소금

어근 변화 xyl▷sal▷syl▷sag▷sav▷sau▷sea▷s▷hal
어원 의미 바닷물은 이어서(g–v=l) 계속(x–h=s) 흐르고, 수분을 증발시키면 소금을 얻을 수 있다. 소금은 몸에 필수이므로 건강을 의미했다.

기본 단어	어원 스토리	고급 단어
salt 소금 sea 바다 island 섬	소금(salt)은 신체의 건강에 없어서는 안 될 물질로 알려져 왔다/ 소금의 원천은 바다(sea)다/ 바닷새의 똥이 하얀 돌(peter)로 굳으면 소금같은 초석(saltpeter)이 된다/ 섬(island)은 바다(s-sea) 안의(in) 땅(land)을 말한다/ 콩팥에 있는 랑게르한스 섬(insul)에서 나오는 물질(in)은 인슐린(insulin)으로 명명됐다. 혈액 속의 혈당을 조절하는 기능이 있다. 독일 의사 랑게르한스가 발견했다.	saltpeter 초석 insulin 인슐린
salami 살라미 sausage 소시지 salad 샐러드 sauce 소스 salary 봉급	우리는 음식을 통해서 소금을 섭취한다. 살라미(salami)는 소금에 절인 이탈리아 소시지다/ 소시지(sausage)와 샐러드(salad), 소스(sauce)도 모두 소금으로 조리한 음식을 뜻한다/ 로마 병사들은 음식의 부패를 막기 위해 매월 소금을 지급 받았다. 매월 지급되는 소금이 월급(salary)이 됐다.	
salute 경례	상관에게 붙이는 인사(salute)는 건강을 기원한다는 의미였다/ 소금은 건강에 필수적이므로 몸에 좋은(salutary) 것은 곧 소금과 같다는 의미였다/ 국왕에게 붙이는 거포 경례(salvo)도 국왕의 만수무강을 비는 것이다/ 위스키 이름 로얄 샬루트(royal salute)는 국왕에 대한 경례다.	salutary 몸에 좋은/유익한 salvo 거포경례/기습공격
savior 구세주/구조자 sage (허브) 세이지 Sylvia 실비아 savage 미개인/맹렬한	인간은 생명을 구해 주는 구세주(savior)를 기다렸다/ 세상을 구하는 구세(salvation) 개념은 기독교의 논리다/ 인양과 구조(salvage)는 바다에 빠진 사람이나 물건을 구하는(save) 일이다/ 허브 세이지(sage)는 건강에 좋은 풀이라는 의미다/ 고대부터 울창한 숲속에서 살아 온 유럽인들은 숲속에 살면(sylvan) 건강해진다고 믿고 스스로 숲의 아들로 여겼다/ 사람 이름 실비아(Sylvia)도 숲속에 사는 건강하고 용감한 자라는 의미다/ 그러나 숲속에는 힘만 센 미개인(savage)도 살고 있었다/ 실로폰(xylophone)은	salvation 구세 salvage 구조 sylvan 숲속에 사는

xylophone
실로폰

나무판을 때려 소리(phone)를 내는 악기다.

화합해서 소금, 염(sal-hal)을 만드는(gen) 원소들을 할로겐 (halogen) 원소라고 한다.

halogen
할로겐

serve

모시다

어근 변화 guar▷gar▷per▷ver▷ser▷war▷or
어원 의미 노예는 시선을 주인에게 계속 연결해(o-v-w-g-p=s) 주위를 자세히 살펴보며 주인을 지키는 자였다.

기본 단어	어원 스토리	고급 단어
serve 모시다/서비스하다 servant 하인 serf 농노	사방을 둘러보며 양을 지키던(serve) 것이 웃어른을 모시는 (serve) 개념으로 확장되고 상업적으로 고객을 모신다(serve)는 뜻이 됐다/ 하인(servant)은 주인을 모시는 종이지만 인격이 없는 노예(slave)와는 다르다/ 대농장의 영주를 위해 농업 노동력을 제공하는 자는 농노(serf)다. 러시아의 농노는 공산주의 혁명의 주체 세력으로 변했다/ 원래 사방을 둘러보고 양을 지키던 목동의 태도 가 서브(serve)였다.	
conserve 보존하다 observe 관찰하다/복종하다 preserve 보호하다	따로(de) 떼놓고 지킬 만한 가치가 있는(deserve) 것은 철저히 (con) 보존되어야 한다(conserve)/ 사냥개는 주인의 지시에(ob) 눈을 떼지 않고(observe) 명령에 복종하도록(observe) 육종됐다/ 영국은 맨 먼저 혁명을 겪었지만 아직도 군주제를 앞장(pre)서서 고수하고(preserve) 있다. 영국 왕은 직접 통치하지 않지만 국민정서의 균형추 역을 하고 있기 때문이다.	deserve 가치가 있다
guard 방어하다 guarantee/ warrantee 보증	각국은 국경을 지키는(guard) 수비대(garrison)를 유지하고 있다/ 특별한 보호가 필요한 환자는 특수병동(ward)에 수용된다/ 회사들은 자사 제품의 품질을 일정 기간 돌봐 주는 보증 (guarantee-warrantee) 제도를 두고 있다.	garrison 수비대/주둔시키다 ward 특수병동
aware 알다 beware 조심하다 warn 경고하다 award 상을 주다/보수 reward 보상하다	상품이나 물건(ware)은 소중하게 살펴보고 지켜야 할 대상이라는 의미다/ 알 수 있다(aware)는 것은 그 대상을(a) 이미 봤다는 뜻이다/ 조심해야(beware) 한다는 것은 샅샅이(be-ambe-all) 뒤져보고 경계한다는 뜻이다/ 경고한다(warn)는 것도 잘 보라는 뜻이다/ 상(award)은 훌륭한 일로 인해 모두가 바라보는 사람에게(a) 주어진다. 상은 자랑스럽다/ 손해를 보거나 공을 세운 사람을 다시 (re) 한 번 돌아보는 것이 보상(reward)이다.	ware 상품

기본 단어	어원 스토리	고급 단어
war 전쟁 cover 덮다 panorama 파노라마	지붕으로 보호하는 차고(garage)에는 자동차를 정비하기 위한 장비가 비치되어 있다/ 전쟁(war)은 원래 왕을 보호하기 위해 지켜본다는 프랑스어 guerre의 변형이었다/ 낙엽에 완전히(co) 덮여 있어(cover) 눈에 보이지 않는(covert) 뱀은 위험하기 짝이 없다/ 공인의 이력은 덮여 있지 않아(o) 명백하게(overt) 공개된다/ 음악의 첫 뚜껑을 여는(o) 전주곡(overture)은 대체로 서정적이다/ 광학 기계의 구경(aperture)은 닫혀 있지 않아(a) 빛을 받아들이는 구멍이므로 광학 기계의 용량를 의미한다/ 사방을 모두(pan) 보여주는 파노라마(panorama) 광학 기계는 여러 개의 렌즈를 사용한다.	garage 차고 covert 은폐된 overt 명백한 overture 전주곡 aperture 구경/조리개

resident

거주자

어근 변화 xod▷ced▷ceed▷ceas▷ces▷sac▷sed▷see▷ses▷seat▷sit▷sid▷sieg▷host▷soil▷shad▷st▷hed▷ hod▷od

어원 의미 걷고, 앉고, 놓는 것은 발이나 엉덩이나 물건을 땅에 연결해(x—c—sh—h—o—s) 닿도록 하는 것이다. 빛(d)은 땅에 닿는다(s).

기본 단어	어원 스토리	고급 단어
resident 거주자/수련의 president 대통령	한 장소에 계속해서(re) 몸을 놓는 자들은 영구 거주자(resident)다/ 수련의(resident)는 한 병원에 몸을 놓아 머물면서 의학적 훈련을 받는다/ 대통령(president)은 맨 앞에(pre) 앉아 부족 전체를 통솔하던 고대 관습의 흔적이다/ 떨어져(dis) 앉는 반체제(dissident) 인사는 기존 체제를 부인하고 새 체제를 추구한다.	dissident 반체제 인사
Alsace (프랑스) 알자스 soil 흙 subsidy 보조금	금속은 무거우므로 아래로(sub) 가라앉고 침전된다(subside)/ 잔류물(residue)은 불순물이 흘러가고 그대로(re) 제자리에 남은 것이다/ 보조금(subsidy)은 가난한 사람들에 대한 기초적인(sub) 금전적 지원이다/ 통치자는 기존 인물 대신(super) 다른 인물을 앉히는 인물 경질(supersede)을 통해 변화를 꾀한다/ 흙(soil)은 지구의 표면에 앉아 있는 토대다/ 알사스(Alsace)는 라인 강의 반대(al-other)편에 앉아 있는 땅이다. 역사적으로 독일과 프랑스가 각각 영유권을 주장했다.	subside 침전하다/진정되다 residue 잔류물 supersede 폐지하다/경질하다
possession 소유/점령 assess 평가하다 nest 새 둥지	강박과 집념(obsession)은 마음 위에(ob) 짓누르고 앉아 있으므로 사람을 초조하게 한다/ 물건 위에 단단하게(pot-power) 누르고 앉아 있는 것이 소유(possession)하는 것이다/ 끈질긴(sedulous) 저항은 어떤 힘에도 앉은 자리에서 물러나지 않는 자세를 말한다/ 영국 궁정은 주민 옆에(a) 앉아 곡물 수확량을 계산하고 평가해서(assess) 세금을 매겼다/ 교활한(insidious) 사람은 마음속에(in) 다른 생각을 앉혀 놓고 있는 사람이다/ 어미새는 새 둥지(nest)의 아래로(ne-under) 움푹 내려앉은 공간에 새끼들을 숨겨 놓는다.	obssession 집념/강박 sedulous 끈질긴/정성을 다하는 insidious 교활한/은밀한
sedan (자동차) 세단형 cathedral 주교좌/성당	조용한(sedate) 진정 상태(sedation)는 움직이지 않고 앉아 있는 상태다/ 토지에 앉아 일하는 농민은 정착성(sedentary) 성향을 가진다/ 앉는 의자(chair)가 달린 가마(sedan chair)는 고급 승용차인 세단(sedan)에 이름을 남겼다/ 가톨릭의 주교는 붉은 의자(see)에 앉는다/ 주교의 권위를 상징하는 주교좌를 내려(cat-cata-down) 놓은 장소가 대성당(cathedral)이다.	sedate 조용한 sedation 진정 상태 sedentary 정착성의 see

기본 단어	어원 스토리	고급 단어
		주교좌
session 회기/개회	의자에 앉아 일이나 회의를 하는 시간이 회기(session)다/ 수많은 사람이 사는 도시에서는 매일 엄청난 양의 가라앉는 생활 찌꺼기(sediment)를 하수구(sewer)로 배출한다.	sediment 찌꺼기 sewer 하수구
siege 포위 hostage 인질	고대 전쟁은 성을 포위하고(siege) 앉아 공격하는 공성전이었다/ 모든(be-ambi-all) 연합군의 선력이 한꺼빈에 퍼부이지자(beseige) 나치는 결국 굴복했다/ 인질(hostage)은 움직이지 못하게 묶어 앉혀 놓는다/ 먹기 위해 식탁 앞에 앉는 것으로부터 식품영양학(sitology)이 파생됐다.	besiege 쇄도하다/퍼붓다 sitology 식품영양학
Upanishad (인도/철학) 우파니샤드 exodus 대탈출 method 방법 period 주기/주기율표 episode 삽화/에피소드	우파니샤드(Upanishad)는 학생을 옆에(upan) 앉혀 놓고 비기를 가르치던 인도의 철학을 의미했다/ 유대인은 이집트로부터 발을 밖으로(ex) 내놓는 대탈출(exodus)을 감행했다/ 방법(method)은 고대 의사들이 증상에 따라(meta-down) 내놓는 고유 치료법이었다/ 기간(period)도 처음 발생한 질병이 계속(per) 앉아 사라지지 않고 지속되는 동안을 의미했다/ 주기율표(period)에는 주기적으로 일정한 성질을 가진 원소가 놓이고, 여성은 일정 주기마다 생리(period)를 한다/ 모든(syn) 사제가 앉아 있는 종교회의(synod)는 중요한 신학적 결정을 내렸다/ 주로 합창이었던 그리스 연극에서는 합창 사이에(epi-upon) 짧은 대사를 놓았으므로 에피소드(episode)라고 불렸다/ 전자가 올라(ana-up) 앉는 양극(anode)과 전자가 내려(cat-down) 앉는 음극(cathode)을 합해서 전극(electrode)이라고 부른다 ▶전기(electronics)는 송진이 굳은 호박(electr)을 마찰할 때 생기는 것을 보고 알았다.	synod 종교회의/총회 anode (전기) 양극 cathod (전기) 음극 electrode (전기) 전극
proceed 진행하다 access 접근하다 exceed 초과하다 suceed 성공하다 sucessful 성공적인	앞으로(pro) 걸어 나아가면(proceed) 목표에(a) 접근하고(access), 목표를 지나쳐(ex) 걸으면 한계를 초과하게(exceed)된다/ 성공하는(suceed) 것은 한 왕자가 왕좌에 가장 가까이(suc) 접근해 앉았다는 의미였다/ 학생들은 계속(pro) 걸어서 모든 과정(process)을 마치면 영광의 졸업장을 받는다/ 군대의 행렬(procession)은 계속 이어서(pro) 걸어가는 부대의 행진 대형이다/ 목표에 거의(suc) 다가서면 성공적(successful)이고, 뒤따라(suc) 계속 이어져 가면 연속적(successive)이다/ 또 삶으로부터 멀리(de) 걸어 나간 사람은 고인(decedent)이 된다.	process 과정 procession 행렬/행진 successive 연속된 decedent 고인/사망자
second	첫째(first)를 이어(se-sub) 가는 것은 둘째(second)고, 사람과 사	recess

기본 단어	어원 스토리	고급 단어
둘째 social 사회적인	람을 이어(so-sub) 가면 사회적(social)이다/ 경제가 뒤로 돌아(re)가면(recess) 경기 침체(recession)가 온다/ 구정물이 나가기 위해 모여 앉은 연못(pool)이 정화조(cesspool)다.	돌아가다/휴회 recession 경기 침체 cesspool 정화조/시궁창
cease 멈추다 necessary 필요한	더 이상 발을 내딛지 않고 멈추는(cease) 것은 더 이상 항거하지 않고 항복한다는 뜻이었다/ 당신도 나와 같은(con) 목적지에 도착했다고 인정하면(concede) 양보한 것이다/ 먼 곳으로(de) 떠나가서 보이지 않으면 사멸된(decease) 것이다/ 결코 떠나 보낼 수 없는(ne) 것은 꼭 필요한(necessary) 것이다.	concede 양보하다/인정하다 decease 사멸하다
sit 앉다 seat 의자	엉덩이를 놓아 앉는(sit) 의자(seat)는 푹신해야 한다.	

bank

은행

어근 변화 break▷bank▷bench▷banq(n 첨가)
어원 의미 강력한(b) 힘을 가하면 방향이 틀어지면서(q−ch=k) 부러지거나 구부러진다.

기본 단어	어원 스토리	고급 단어
break 부러지다 bench 긴 의자(벤치) bank 은행 bankrupt 파산	강물을 잘라(break) 물을 막는 상둑(bank)은 옆으로 길므로 긴 의자도 벤치(bench)다/ 예루살렘과 베니스의 광장 벤치에서는 환전상들이 각종 동전들을 바꾸어 주며 구전을 뜯었다. 예수는 예루살렘 성전 앞 벤치에 앉아 있는 환전상들의 책상을 뒤집어 엎었다. 이 벤치로부터 은행(bank)이 파생됐다/ 은행에 있는 자신의 계좌가 깨지면(rupt) 파산(bankrupt)한다/ 공원의 벤치에 올라가(mount) 떠드는 사람은 약장사나 야바위꾼(mountebank)이다/ 큰 잔치에서 음식을 다 먹은 손님들은 긴 의자가 있는 방으로 옮겨 연회(banquet)를 즐겼다.	banquet 연회/잔치 mountebank 돌팔이

ambition

야망

어근 변화 it▷t▷ce▷er▷su▷le▷ul▷lieu▷lo▷u▷ie▷i
어원 의미 인간은 두 발로 계속 걸어서(l–r–c–s–t–i–u=y) 주변으로 삶의 영역을 넓혔다.

기본 단어	어원 스토리	고급 단어
ambition 야망 ambulence 앰뷸런스 alley 골목 location 위치 lieutenant 부관/위관 장교	야망(ambition)은 로마 시대 공직 출마자가 사방으로(amb-all) 걸어 다니며 한 표를 호소한다는 말이었다/ 주변(ambient) 환경은 인간의 발이 닿는 공간이다/ 앰뷸런스(ambulance)는 어디라도(amb) 가는 구급차 / 몽유병 환자(somnambulist)는 잠(somn)을 자면서도 어디라도 돌아다니는(amble) 질환자다/ 머리말(preamble)은 책의 맨 앞에 온다/ 골목길(alley)은 좁고 구부러져 주로 걸어서 가는 곳(a)이다/ 계속(pur) 걸어서 닿는 곳이 변두리(purlieu)다/ 장소(location)는 걸어서 도착한 지점이다/ 현지로 가서 상관의 권한을 대신 장악하는(ten-hold) 사람이 부관이나 차석(lieutenant)이 됐다.	ambient 환경의/잔잔한 somnambulist 몽유병 환자 amble 느긋하게 걷다 preamble 머리말 purlieu 변두리/산림 경계지
exit 출구 circuit 순회/순환로 initial 최초의 issue 발행하다/공포하다	위급할 때 밖으로(ex) 뛰어 나가려면 출구(exit)를 찾아라/ 동그랗게(circu) 돌아 다시 오는 순회(circuit) 재판도 있다. 왕권 시대에는 지방에 재판소가 없었으므로 판사가 지방을 순회했다/ 최초(initial)라는 말은 걷기 시작(in-to)한다는 말이다/ 책이나 법령은 밖으로(is-ex) 내보내 발행하거나 공포해야(issue) 효력이 발생한다/ 연극에서 역할이 끝난 배우는 밖으로(ex) 나가 퇴장(exeunt)해야 한다/ 선동(sedition)은 분리시켜(sed) 데리고 나가는 행동이다.	exeunt 퇴장 sedition 선동하다/소동
itinerary 여행 일정	중세의 기사들은 곳곳을 순회하면서(itinerant) 무력을 단련했다/ 여행자들은 출발하기 전에 찾아 가야 할 곳과 일정(itinerary)을 결정해야 잠자리와 먹을 것을 확보한다/ 직장인은 아침에 출발한 집으로 다시(re) 돌아오는 동선을 반복한다(reiterate)/ 마음이 맞는 남녀가 함께(co) 몰래 가면 결국 성적 결합(coitus)에 이른다.	itinerant 순회하는 reiterate 반복하다 coitus 성교
errand 심부름 error 실수 commence	심부름(errand)은 원래 걸어서 전해 주는 것이었다/ 중세 편력 기사(knight errant)는 세상을 돌아다니며 임무를 수행했다/ 아무 데나 돌아다니다 보면 실수(error)를 하기 마련이다/ 죽음으로(ob) 영원히 걸어간 사람에 대한 소식은 신문의 부고란(obituary)에 실린다/ 대학 졸업생들은 학업을 끝내고 모든(com) 것을 다시 걸어	obituary (신문) 부고란 ion (화학) 이온

시작하다/졸업하다
commencement
졸업식
count
백작

시작하는(commence) 사회생활을 앞두고 있다/ 그래서 대학 졸업식(commecement)은 시작을 의미한다/ 화학이나 물리학에서 이온(ion)은 전기적 상황에 따라 끝없이 움직인다. 라틴어 go의 진행형 going이다/ 귀족 백작(count)은 왕이나 백성과 함께(cou-co) 가는 지위 높은 사람이라는 뜻이다.

analog
아날로그

어근 변화 lex▷lec▷leg▷leag▷les▷log▷loy▷l

어원 의미 인간은 필요한 생각을 선택하고(x–c–s–y=g) 묶어서(l) 언어와 학문, 법의 체계를 만들고, 정확한 논리를 추구했다.

기본 단어	어원 스토리	고급 단어
analog 아날로그	직접(ana) 연결되는 말(log)을 아날로그(analog)라고 한다. 그러므로 아날로그 방식은 직접 손을 대서 일하는 방식이 됐다 ▶반대로 디지털(digital) 방식은 추상적인 숫자를 통해 생각한다. 과거의 농부는 직접 손을 써서 봄에 씨를 뿌리고 여름에 풀을 메고 물을 대서 가을에 거뒀다. 오늘날 발전된 농부일수록 컴퓨터에 입력시킨 숫자에 따라 기계를 움직여 농사를 짓는다.	
catalog 목록 apology 사과 dialog 대화	인간은 모든 경험을 할 수 없으므로 비슷한 상황을 만나면 연결되는 유사(analogy)한 경험을 통해 유추한다(analogize)/ 같은 종류의 말을 죽(cata) 늘어 놓은 목록(catalog)은 분류 방법이다/ 두 사람 사이에서(dia) 주고받는 대화(dialog)는 가장 기본적인 의사소통 방법이다/ 죽은 사람에게 주는 좋은(eu) 말은 송덕문(eulogy)에 적힌다/ 이미 한 말에 대해 뒤늦게(apo) 잘못을 인정하는 건 사과(apology)다.	analogy 유사 analogize 유추하다 eulogy 송덕문/찬사
logotype 합자활자 logo 로고/상표 prologue 서막 epilogue 마지막 말 logos 언어/진리	무기를 전투태세에 맞게 정리하는 병참(logistics)은 기업에서 물품을 생산하고 유통(logistics)하는 과정을 의미하게 됐다/ (ing)처럼 자주 쓰이는 활자(type)는 묶어 놓으므로 합자활자(logotype)라고 부른다. 줄여서 로고(logo)라고 한다. 상표도 처음부터 하나로 묶인 글자이므로 로고라고 부른다/ 수학에서 대수학(logarithm)은 수를 논리적으로 정리(art)한다는 의미다/ 연극에서 사건을 처음(pro) 여는 말은 서막(prologue)이다/ 사건의 끝(epi)을 맺는 말은 에필로그(epilogue)다/ 서로(dia) 말을 주고받으면서 더 높은 단계로 올라가는 변증법(dialectic)은 그리스에서 시작됐다/ 진리(logos)는 진정한 인간의 생각을 묶은 것이다.	logistics 병참/물품 관리 logarithm 대수학 dialectic (철학) 변증법/대화법
election 선거 collect 모으다 coil 코일	한 사람을 선택해 골라내는(e) 선거(election)는 그리스와 로마의 전통이었다/ 상대의 말을 선택하지 않으면(ne) 무시하는(neglect) 것이다/ 모든(co) 것을 다 모으는(collect) 것이 축약되어 둘둘 만 코일(coil)이 됐다/ 선택하는(select) 것은 필요한 것만 따로(se) 떼어 정리하는 것이다.	neglect 무시하다

기본 단어	어원 스토리	고급 단어
select 선택하다		
legend 전설 lecture 강의/잔소리 illegible 읽기 어려운 privilege 특혜 lesson 학과/일과	후손에게 필요한 것만 선택해 남겨준 전설(legend)은 귀중한 정신적 유산이다/ 로마는 장정들을 선발해 3천 명에서 6천 명 사이의 보병군단(legion)을 조직했다/ 교수는 학생들에게 필요한 지식만 강의(lecture)한다/ 학생들은 필수적으로 선택된 학과(lesson)를 이수해야 한다/ 모든 말들을 써(graph) 놓는 사전 편찬(lexicography)은 계몽기에 유행했다/ 교회에 들어가 값 나가는 성스러운(sacr) 물건을 골라 훔쳐가는 교회 도둑(sacrilegy)이 신성모독(sacrilegy)으로 변했다/ 고대 유물에는 판독하기 어려운(illegible) 글씨가 쓰여 있다/ 특별한 개인(private)에게만 유효하도록 선택된 특권(privilege)은 점점 적어지고 있다.	legion (로마) 군단 lexicography 사전 편찬 sacrilegy 신성모독
intellect 지식 college 대학 colleague 동료 legacy 전통/유산/유증	옳고 그른 것 가운데(intel-inter) 옳은 것만 골라내는 능력이 지적 능력(intellect)이다. 대학(college)은 교수진과 학생이 함께(co) 뭉친 중세의 조합이었으며, 아주 배타적이었다/ 같은(co) 사무실에 묶여 있는 동료(colleague)는 때때로 가족과 같다/ 신중하게 선발해서 멀리(de) 보내는 교환 사절은 일반적으로 사절이나 특사(delegate)로 확대됐다/ 다른(re) 사람을 선발해 보내면 기존 사람은 좌천된다(relegate)/ 특별히 선택해서 물려 주는 유증(legacy)은 사망자가 특별한 사람을 지정해서 물려 주는 유산(legacy)이다.	delegate 사절/대표를 뽑다 relegate 좌천하다/격하하다
legislature 입법/입법부	의회는 법을 일으키는(la-raise) 입법(legislature) 활동을 한다/ 합법적인(legitimate) 활동만 법의 보호를 받는다/ 의견을 주장하면(allege) 자신의 말이 진실과(a) 연결됐다고 증명해야 한다/ 그러나 각자의 주장이 꼭 옳은 것은 아니므로, <이른바, 주장된(alleged)> 말은 증명을 기다리는 가정의 의미를 갖는다/ <전하는 바에 따르면(allegedly)>은 말하는 사람이 책임지지 않고 말만 전한다는 의미다.	legitimate 합법적인/합당한 allege 주장하다
legal 법의 loyal 충성스러운 dialect 방언	법률적(legal) 지식이 없는 일반인은 변호사의 조력을 받아야 한다/ 왕의 말과 일치하는 자는 충성스러운(loyal) 자다/ 공자의 말 가운데(ana) 특별한 것만 고른 선집(analects)이 논어다/ 지방 곳곳에서(dia) 쓰이는 말이 사투리(dialect)다/ 실독증(alexia)은 언어 중추의 이상으로 글을 읽지 못하는(a) 증상이다/ 말의 최소 단위인 음소를 구분하지 못해(dys) 문자를 해독하지 못하는 난독증(dyslexia)도 있다.	analects 어록/논어 alexia 실독증 dyslexia 난독증

biology
생물학
geology
지학

살아 있는 생물(bio)을 연구하는 생물학(biology)과 지구(geo)를 연구하는 지학(geology)은 근대 제국들이 정복한 식민지의 식생과 지리를 연구하면서 급격히 발전했다.

cause

원인

어근 변화 queue▷caus▷cod▷cus▷cue▷hew
어원 의미 칼로 나무를 치면 결과적으로 나무조각이 공중으로(q→h=c) 떨어져(d=s) 나온다.

기본 단어	어원 스토리	고급 단어
cause 유발하다/원인	결과를 유발하는(cause) 것은 원인이다/ 사회석 운동이나 주의 주장(cause)은 행동을 유발하는 원인 및 동기라는 의미다/ 원인이 되는(causal) 동기가 있으면 분명히 어떤 결과를 유발시킨다.	causal 원인이 되는
accuse 고소하다/비난하다 excuse 용서하다/변명	고소하면(accuse) 혐의가 있는 사람은 법정으로(a) 불려 나온다/ 범죄가 없음이 증명되면 법정으로 불러내지 않고(ex) 용서한다(excuse)/ 혐의자 중에는 법정에 나오기를 거절하는 완강한(recusant) 사람도 있다.	recusant 완강한
code 법령/부호/암호 cue 당구의 큐대 queue 대기하는 줄	법전이나 법 조항, 부호(code)는 잘라낸(hew) 나무조각(code)에 새겨 넣었던 종교 율법에서 비롯됐다/ 당초 구전으로만 전해 오던 율법들이 나무조각에 새겨지면서 성문화(codify)됐다/ 긴 나무조각으로 만든 큐(cue)대로 당구를 친다 ▶그러나 연기의 시작을 알리는 큐(cue)는 라틴어 quando(when)의 첫 글자 Q를 의미한다/ 오래 기다려 타는 버스의 대기줄(queue)은 긴 막대기와 같다.	codify 성문화하다 hew 잘라내다

ancient

고대의

어근 변화 ant▷anc▷and▷end▷un▷an▷a
어원 의미 나와 마주보는 빛(t=c=d)은 나의 앞에 있다. 마주보는 것은 나와 반대 방향을 보므로 부정 의미가 됐다.

기본 단어	어원 스토리	고급 단어
ancient 고대의 antique 골동품	현재보다 훨씬 앞선 시대인 고대의(ancient) 유물들은 가장 아래에 있는 지층에 묻혀 있다/ 시기적으로 앞선 시대에 썼던 골동품(antique)은 보통 찾는 사람이 많고 수량은 적으므로 비싸다.	
advance 전진하다/선불금 advantage 유리/이점	원래 앞장선다는 뜻의 라틴어 abante가 영어에서 전진하다(advance)로 착각되어 굳어졌다/ 이로부터 다른 사람보다 앞서서 가지는 이점(advantage)이 파생됐다/ 또 앞서서 적을 막아내는 (guard) 첨병이나 선발대(vanguard)도 파생됐다.	vanguard 첨병/선발대
anterior 앞면의/앞서서 ancestor 조상 answer 대답	<앞선다>는 라틴어 비교급 anterior는 <앞서>로 굳어졌다/ 하루의 중간(merid)에서 앞 부분은 오전(antemeridian)이다. 약자로 a.m.이다/ 우리보다 앞서 간(ces) 사람은 조상(ancestor)이다/ 상대방의 맹세(swer-swear)에 대한 새로운 맹세가 대답(answer)이다.	antemeridian(a.m.) 오전
and 그리고 until 까지 along 죽 따라서 end 끝	<계속해서 앞으로>를 표현하는 접속사는 그리고(and)다/ <가장 앞선 곳에 이르는>의 전치사는 까지(until)다/ <길게(long) 앞으로>는 죽 따라서(along)다/ 끝(end)은 가장 앞선 마지막 부분을 의미한다.	
	원상으로 되돌리려면(undo) 이미 한 행동을 앞선(un) 상태로 돌릴 수밖에 없다/ 불가지론(agnostic)은 신이 있다고 믿지만 알(gn-know) 수 없다는 의미다/ 그러나 무신론자(atheist)는 신(the) 자체가 없다고 믿는 사람이다.	undo 원상복구하다 agnostic 불가지론/문외한 atheist 무신론자

minus

뺄셈

어근 변화 mim▷men▷min▷mis▷mign▷mys
어원 의미 전체에서 떨어져(gn−n=s) 나온 일부(m)는 전체보다 작기 때문에 언젠가는 없어지므로 부정으로 확장됐다.

기본 단어	어원 스토리	고급 단어
minus 뺄셈/없이/부정적인 minute (시간) 분 second 초	더 작게 만드는 뺄셈(minus)을 계속하면 아무것도 남지 않는다/ 한 시간을 60개로 나눈 분(minute)은 한 시간을 <처음 나눈 부분(first minute part)>에서 minute만 남긴 것이다/ 1분을 60으로 <두 번째 나눈 부분(second minute part)>에서 초(second)가 파생됐다.	
minor 더 작은/사소한 mime 무언극 pantomime 판토마임	<약한(minor)>은 작다(min)의 비교급이다/ 가장 작은 최소량(minimal)은 없어지기 직전이다/ 무언극(mime)은 소리를 없앤 작은 연극이다/ 모든(pan) 행동을 실제보다 축소한 판토마임(pantomime)은 일인 연극이다/ 어린이는 어른의 행동을 작게 모방하므로(mimic) 어른은 모범적이어야 한다/ 미모사(mimosa)는 동물의 행동을 작게 모방하는 식물이다/ 권력자의 추종자(minion)는 프랑스어 작고 귀여운 소년(mignon)과 쌍둥이 단어다.	minimal 최소량 mimic 모방하다 mimosa 미모사/함수초 minion 추종자
mince 저미다 menu 차림표/메뉴 diminish 축소하다	고기나 채소는 소화하기 쉽도록 잘게 썰어(mince) 요리한다/ 귀족의 정찬 음식을 작은 단위로 나눠 미리 알려 주던 메뉴(menu)가 식당의 차림표가 됐다/ 축소하면(diminsh) 점점(di) 작아진다/ 출산 감소(diminution)는 젊은이의 감소로 이어지고 산업 생산의 감소로 이어진다.	diminution 감소
minister 장관/성직자	궁정에서 잔일을 보던 하급 신하가 내각제 장관(minister)이 됐다 ▶로마에서 거대한 지역을 다스리던 대행정관(magistrate)은 그 지역의 행정과 사법권을 갖진 큰(mag) 직함이었다. 지금은 지사나 치안판사로 굳었다. 대행정관은 현지로 부임할 때 나뭇가지 묶음(fasc)을 앞세워 막강한 권한을 과시했으므로 후에 독재자 무솔리니의 국수적 민족주의는 파시즘(fascism)이라고 불렸다. 작은 나뭇가지도 묶으면 큰 힘이 된다는 의미다.	

mystery
신비
miss
놓치다/그리워하다
mistrust
불신

고대 비밀스러운 단체에서는 신입 회원을 받아들일 때 작은 속삭임으로 비기를 전하던 신비(mystery)로운 의식을 치렀다/ 빗나가거나(miss) 놓치면(miss) 목표물을 손 안에 넣지 못했다는 의미다. 손 안에 넣지 못한 것은 항상 그립기(miss) 마련이다/ 믿지(trust) 못하는 관계는 불신하는(mistrust) 관계다.

city
도시

어근 변화 ci▷ce▷co▷ha▷he▷ho
어원 의미 고대의 도시는 짐승이나 적으로부터 습격받지 않고 안전하게 누워 잘 수 있는 굽은 공간(h=c)을 의미했다.

기본 단어	어원 스토리	고급 단어
city 도시 citizen 시민 civil 시민의 civic (명예) 시민의 civility 예의 civilization 문명	로마인은 가장 안전한 도시(city) 로마를 사랑하고 자신이 로마 시민(citizen)임을 자랑스럽게 여겼다/ 로마 시민들은 시민의(civil) 자유를 누리면서 시민으로서(civic)의 예의(civility)를 지켜야 한다고 여겼다/ 로마 문명(civilization)은 그 후에도 서양 문명의 모델이 됐다.	
	죽은 자는 공동묘지(cemetery)에 누워서 잠든다/ 충격을 주면 의식을 잃고 누워 혼수상태(coma)에 빠질 수 있다.	cemetery 공동묘지 coma 혼수상태
home 가정 Birmingham (영국) 버밍검 Hamburg (독일) 함부르크 Henry 헨리	가장 편안히 누워 쉴 수 있는 가정(home)은 인간의 진정한 보금자리다/ 헨리(Henry)는 집(home)을 다스리는(ry-rule) 자라는 뜻으로 통치자를 말한다/ 영국 버밍검(Birmingham)과 독일 함부르크(Hamburg)에서 (ham)은 home의 확장 개념으로 마을을 뜻한다.	

self

자신의

어근 변화 sel▷se▷sib▷sip▷sui▷swad▷eth▷id▷us▷s
어원 의미 전체에서 자른(st–eth–d–b–l=s) 반쪽은 독립적인 일부이므로 자기 자신이나 스스로의 개념이 됐다.

기본 단어	어원 스토리	고급 단어
self 자신의 secret 비밀 secure 안전한 sure 확실한 suicide 자살	완전한 하나를 쪼개서 나누면 한쪽 성질만 갖는 독립적인 자신 (self)이 된다/ 또 혼자만 믿으면(cr-credit) 비밀(secret)이다/ 걱정(cure)을 따로 떼어내면 안전한(secure) 상태가 된다/ secure가 축약되어 확실한(sure)이 됐다/ 자신의 몸을 자르면(cid-cut) 자살(suicide)이다.	
identity 정체성/신분 idiot 바보	두 개로 쪼개진 것을 다시 맞춰 일치하면 정체성(identity)이 있다고 본다/ 쪼개진 반절은 불완전한 바보(idiot)가 된다/ 반쪽의 성질만(syn) 지배적이면(cra-cracy) 그 신체는 특이체질 (idiosyncrasy)이다.	idiosyncracy 특이체질
ethics 윤리 custom 습관 customs 관세	쪼개져 순수해진 혈연만으로 구성된 민족(ethnic) 집단은 민족 국가를 만들었다/ 그러므로 윤리(ethics)는 혈연 집단 내에서만 준수해야 할 도덕을 말한다/ 완전히(con) 자신의 것이 되면 습관 (custom)으로 굳는다/ 남의 물건이 자신의 영역으로 오면 관세 (customs)를 부과한다/ 모르는 것에(a) 자신을 맞추면 익숙해 (accustom)진다.	ethnic 민족의 accustom 익숙하게 하다
gossip 추문	같은 피의 족속(ling)인 피붙이(sibling)는 부모 형제 자매를 말한다/ 신(god)으로 맺어진 혈족인 대모와 대녀는 매우 가까이 지내며 남을 헐뜯는 추문(gossip)을 만들어 내기도 했다.	sibling 피붙이/형제 자매
swadeshi (인도) 국산품 애용운동	인도어 국산품 애용(swadeshi)은 간디가 제창한 자신의(swad) 지방(eshi)에서 생산되는 물산만을 쓰자는 독립운동이었다.	

conceal

감추다

어근 변화 esquir▷cal▷cel▷ceal▷col▷coil▷cil▷cul▷cust▷cl▷skim▷sham▷shoe▷hal▷hid▷hol▷hous▷
hul▷hut▷hos▷wil

어원 의미 뚫린 공간(sq-sk-sh-h-w=c)을 이어서(t-s-st-m-r=l) 메꾸면 안에 있는 것은 보이지 않는다.

기본 단어	어원 스토리	고급 단어
Calypso (그리스) 칼립소 conceal 감추다	님프 칼립소(Calypso)는 트로이 전쟁을 끝내고 고향으로 가던 오디세우스를 사랑해 자신의 집 안에 완전히(con) 감추었다(conceal)/ 호주 코알라가 주로 먹는 유칼립투스(eucalyptus)는 꽃이 피기 전 꽃받침이 꽃을 잘(eu) 감싸고 있어 이같은 이름이 붙었다.	eucalyptus (수목) 유칼립투스
colour 색깔 cell 세포 sans-culottes (프랑스) 혁명파	우리는 모든 물건의 표면을 덮고 있는 색깔(colour)을 본다/ 햇빛을 피해 만들어진 지하 포도주 저장실(cellar)에서 세포(cell)가 파생됐다/ 신비롭다(occult)는 뜻은 위를(o-over) 덮어 남의 눈에 띄지 않는다는 뜻이다/ 눈을 덮는 눈썹을 위로(super) 치켜들고 거드름을 피우는(supercilious) 자는 대중의 미움을 살 수 있다/ 범법자들은 범행을 모의하는 비밀(clandestine) 장소를 유지한다/ 유럽 귀족의 반바지(culottes)는 엉덩이를 가리는 용도였다. 그 아래 다리는 스타킹으로 덮었다/ 그러나 돈이 없는 가난한 사람들은 반바지가 아닌(sans), 다리까지 덮는 긴 바지(sans-culottes)를 입었으므로 프랑스 혁명당원들을 상퀼로트(긴 바지파)라고 불렀다/ 같은 프랑스 말에서 온 자루(sac)의 끝 엉덩이(cul)는 막다른 골목(cul-de-sac)이라는 뜻이다/ 추위가 찾아 오면 우리 몸은 옷 속으로(re) 움츠러(recoil) 들어서 온기를 보존한다.	cellar 포도주 저장고 occult 신비로운 supercilious 거드름 피우는 clandestine 비밀의 recoil 움츠리다
esquire (미국 변호사) ~님 hall 큰 방 hell 지옥 hole 구멍 William 윌리엄 helmet 헬멧	중세에는 공격을 막는 방패를 든 종자(esquire)가 기사를 호위했다. 이 호위무사가 후에 변호사의 경칭으로 변해서 미국에서 변호사 이름 뒤에 님(esquire)를 붙인다/ 중세에는 또 귀족 자제나 귀족 여성을 호위(custody)하는 후견인(custodian)이 있었다/ 씨족 사회에서 모든 구성원이 모일 수 있는 지붕으로 덮인 큰 방이 바로 홀(hall)이었다/ 지옥(hell)은 깊은 곳에 숨겨져 있어 사람들이 두려워한다/ 동물들은 움푹 팬(hollow) 구멍(hole)에서 자신을 보호한다/ 윌리엄(William)은 머리에 투구(helmet)를 쓴 용감한 전사라는 의미다.	custody 호위/양육권/관리 custodian 후견인/관리인 hollow 움푹 팬

house
집/수용하다
hut
오두막
hose
양말
hide
숨다
shame
부끄러움
shoe
신발

과일의 껍질(hull)이나 곡식의 껍질(husk) 속에는 과육이나 알곡이 숨어 있다/ 지붕으로 덮은 집(house)과 오두막(hut)은 크기만 다르다/ 긴 양말(hose)은 다리를 숨겨 준다(hide)/ 부끄러운(shame) 곳은 감춰야 할 부분이다/ 신발(shoe)은 발을 덮고, 거품(skim)은 물을 덮는다.

hull
과일 껍질
husk
곡식의 껍질
skim
거품 더껑이

curator

박물관장

어근 변화 car▷cur▷ur▷c
어원 의미 주변 공간(c)을 자세히 둘러보며(r) 살피는 자는 감시자다.

기본 단어	어원 스토리	고급 단어
curator 박물관장 procure 돌보다/구하다	로마의 행정장관(procurator)은 앞장서서(pro) 시민을 돌보는 (procure) 관리였다/ 이로부터 박물관과 미술관을 돌보는 큐레이터(curator)가 파생됐다/ 학생감(proctor)은 대학의 기숙사를 돌보는(care) 사람이다.	procurator (로마) 행정장관 proctor 기숙사 학생감
curiosity 호기심/진귀한 물건 curious 호기심 있는/특이한 care 돌보다 accurate 정확한/정밀한 manicure 매니큐어	호기심(curiosity)은 잘못 될까봐 걱정되어 꼬치꼬치(curious) 묻는 태도였다/ 아무리 돌봐도(care) 고쳐지지 않아(in) 불치의 (incurable) 병이 됐다/ 걱정하는 병에(a) 꼭 들어맞는 정확한 (accurate) 치료법은 없다/ 몸 안의 아픈 부분을 돌보는 작은(et) 외과용 기구 가운데는 임신 중절용 도구 큐레트(curette)도 있다/ 손(man)톱을 돌보는 것은 매니큐어(manicure)다.	incurable 불치의 curette (의학) 임신 중절용 기구
secure 안전한/안심하는 sure 확실한 security 안전보장	안전한(secure) 상태는 걱정(cure)이 떨어져(se-separte) 나간 상태다/ secure가 축약되어 <확실한(sure)>이 됐다/ 걱정이 없는 상태로 만들어(en-to) 주면 보증하는(ensure) 것이다/ 보험 (insurance)은 미래의 걱정거리를 없애주는(in) 제도다/ 안전보장 (security)은 국가의 걱정거리를 없애는 것이다.	ensure 반드시 하게 하다 insurance 보험/대비책

dogma
교리

어근 변화 dox▷dex▷dec▷dig▷dog▷doc▷disc▷dain
어원 의미 모든 생물은 빛(d)이 가져다 주는(x-sc-c-n=g) 에너지를 받아들인다.

기본 단어	어원 스토리	고급 단어
dogma 교리/독단 doctrine 정책 document 문서 doctor 의사/박사 documentary 기록영화	교리(dogma)는 대중에게 잘 받아들여지도록 만들어진 종교상 신조였지만 심하게 당시 강요됐으므로 독단(dogma)으로 변했다/ 역설(paradox)은 반대로(para) 받아들여야 진실을 알 수 있는 말이다/ 현대 지도자들도 국민들이 잘 받아들일 것으로 기대하는 각종 정책(doctrine)을 내놓는다/ 문서(document)는 받아 볼 수 있게 써놓은 기록이다/ 기록영화(documentary)는 나중에 볼 수 있게 영상으로 보관된 자료다/ 박사나 의사(doctor)는 많은 지식을 받아들인 자다/ 누구에게나 올바르게(orth-right) 받아들여질 수 있는 교리를 정통(orthodox)이라고 한다.	paradox 역설 orthodox 정통
decorate 치장하다	치장하는(decorate) 목적은 남에게이 기분 좋게 받아들여는 것이다/ 잘 받아들이는 사람은 유순한(docile) 사람이다/ 품위 있는(decent) 사람은 누구에게나 잘 받아들여진다/ 꼴사나운(indecorous) 버릇은 남에게 잘 받아들여지지 않는(in) 버릇이다.	docile 유순한 decent 품위 있는/적절한 indecorous 꼴사나운
dignity 존엄	존엄(dignity)은 깍듯하게 받아들여지는 것을 말한다/ 품위 없는(in) 사람은 무례(indignity)를 저지르므로 남에게 잘 받아들여지지 않고 경멸당하기(disdain) 쉽다.	indignity 무례 disdain 경멸하다/무시하다
disciple 제자/신봉자 discipline 규율/단련법	12제자(discilpe)들은 예수의 진리를 받아들여 사람들에게 전도했다/ 지혜를 받아들이는 데는 끊임없이 수련(discipline)해야 한다/ 대부분의 사람들은 오른손으로 받기 때문에 수완이 좋은(dextrous) 사람은 오른손잡이라는 의미. 서양에는 왼손잡이도 많다.	dextrous 오른손잡이의

celebrity

유명인사

어근 변화 cel▷hal▷hol
어원 의미 넓은(h=c) 초지로 빨리 몰고 간 양떼는 좋은 풀을 먹을 수 있었다.

기본 단어	어원 스토리	고급 단어
celebration 축하 celebrity 유명인사	사람들이 양떼처럼 끊임없이 찾아가 축하(celebration)하는 사람은 유명인사(celebrity)다/ 목동은 이미 달리고 있는 양을(a) 더 몰아 가속시켜(accelerate) 좋은 초지로 데리고 간다/ 초지에 도착한 양떼는 천천히(de) 걸어 속도를 낮춘다(decelerate)/ 자동차의 속도를 높이는 장치는 가속장치(accelerator)다/ 질량(mass)에 빛의 속도(celerity)의 제곱을 곱하면 에너지의 양이 나오는 아인슈타인의 공식(e=mc²)은 물리학 사상 가장 아름다운 공식으로 알려졌다.	accelerate 가속하다 decelerate 감속하다 celerity 속도
hold 잡다	양떼는 빠르게 몰고 가다가도 좋은 초지를 만나면 잡아서(hold) 정지(halt)시켜야 한다. 달려가는 것과 멈추는 것은 연결된 행동이다.	halt 정지

dynamic
역동적인

어근 변화 beau▷bea▷bel▷ben▷bon▷dyn(n 첨가)
어원 의미 빛(b=d)은 강력한 에너지를 갖고 온다. 빛이 세상의 모든 아름다움을 만들었다.

기본 단어	어원 스토리	고급 단어
dynamic 역동적인 dynasty 왕조/명문가 dynamite 다이너마이트	온갖 역경을 극복하고 역동적인(dynamic) 힘으로 만든 것이 왕조(dynasty)다/ 힘의 물리적 작용을 연구하는 학문은 동력학(dynamics)이다/ 발전기(dynamo)는 힘을 제공하는 기계이고, 정력가(dynamo)는 끝없이 힘을 내는 자다/ 열(therm)이 내는 힘의 성질을 연구하는 학문은 열역학(thermodynamics)이다/ 스웨덴의 노벨은 강력한 폭발력의 다이너마이트(dynamite)를 발명했지만, 무기로 사용되는 것에 충격을 받고 평화를 위해 애쓴 자에게 수여하는 노벨상을 만들었다.	dynamics 동력학/원동력 dynamo 발전기/정력가 thermodynamics 열역학
beautiful 아름다운	신은 세상을 만든 후 보기에 아름답다(beautiful)고 말했다/ 좋은 일을 만드는(fac) 사람이 독지가(benefactor)다/ 가톨릭에서는 최고의 성인이 있고, 아직 성인에 이르지는 않았지만 신의 축복을 받은 아름다운 복자(beatific)가 있다/ 단테는 아름다운 여인 베아트리체(Beatrice)를 이상화했다.	benefactor 후원자/복지가 beatific 복자의/기쁨이 넘치는
bonus 보너스 bonanza 노다지	의도적으로 아름답게 장식한(embellish) 이야기는 믿기 어렵다/ 상여금(bonus)은 일을 잘한 사람에게 주어진다/ 뜻밖의 운수대통(bonanza)은 bonus에서 파생됐다.	embellish 장식하다

same

같은

어근 변화 sam▷sem▷seem▷sim▷som▷sym▷syn▷sin▷sov▷hap▷half▷hom▷a(s/m 탈락)
어원 의미 우주를 떠도는 조각(p-f-v-n=m)들은 원래 하나의 우주에서 나왔으므로 서로 연결되는(h=s) 유사성을 가지고 있다.

기본 단어	어원 스토리	고급 단어
same 같은 some 일부의/몸체 handsome 잘생긴	한 몸에서 나누어진 일부(some)는 같은 근원에서 나왔으므로 같다(same)/ 윤회(samsara)는 원래 왔던 하나로 흘러간다(ra)는 산스크리트어다/ 시각적 관찰을 위해 색깔(chrom-colour)을 입혔던 몸체(some)가 염색체(chromosome)다/ 잘생긴 (handsome) 얼굴은 손(hand)의 일부처럼 잘 맞는다는 의미였다/ 이빨(tooth)에 어울리면 맛있다(toothsome)는 뜻이다/ 둘 (two)이 하나처럼 어울리면 2인조(twosome)다.	samsara (산스크리트) 윤회 chromosome 염색체 toothsome 맛있는 twosome 2인조
assembly 의회/모임 resemble 닮다	여러 사람들의 대표가 한곳에(a) 모인 것이 국회(assembly)다/ 조화(ensemble)는 여럿이 하나로 모여(en) 잘 어울린다는 뜻이다/ 나뉜 여러(re) 개가 하나처럼 보이면 닮은 꼴(resemble)이다.	ensemble 조화
similar 유사한	하나의 몸체로부터 나누어진 것들은 비슷하다(similar)/ 서로 같은 것처럼 흉내 내면(simulate) 원래 같은 것이 아니다/ 조금씩 다른 사람들도 서로(a) 동질화해(assimilate) 같이 살 수도 있다/ 그러나 계속 같지 않으면(de) 이질적(dissimilar)으로 변하므로 헤어질 수밖에 없다.	simulate 흉내 내다 assimilate 동질화하다 dissimilate 이질화하다
simple 단순한 single 유일한	같은 약초만 섞어(pl-fold) 만든 약은 단순(simple) 조제약이다 ▶ 여러 가지 약초를 섞어 넣은 복합약(compound)의 대응어다/ 아직 나누어지기 전의 유일한(single) 존재는 하나이므로 단순하다 (simple)/ 나누어진 두 개는 약간의 차이가 있으므로 같게 보인다 (seem)/ 품위 있는(seemly) 자세는 다른 것과 하나같이 어울리는 자세를 의미한다/ 그러나 겉으로 보기에만(seemingly) 어울리는 경우도 있다.	seem ~인 것 같다 seemly 품위 있는 seemingly 겉으로는
symbol 상징/보호 amoeba	두 개로 쪼개진 신원표를 서로 던져(bol-cast) 일치하는 것이 상징(symbol)이 됐다/ 여러 사람들이 시간(chron-time)을 맞춰 동작을 일치시키는(synchronize) 수영도 있다/ 원생동물(amoeba)	synchronize 동작을 일치시키다

기본 단어	어원 스토리	고급 단어
원생동물 Philadelphia (미국) 필라델피아	은 한 몸처럼 움직이기(moeb-move) 때문에 붙여진 이름이다/ 하나의 자궁(delph-womb)에서 나온 형제처럼 사랑한다(phil)는 뜻의 필라델피아(Philadelphia)도 있다.	
half 절반	하나를 똑같이 나눈 반절(half)은 똑같은 두 개다/ 같은 발음의 알 파벳을 생략하는 음운탈락(haplology) 현상도 있다.	haplology 동음탈락
homo 인간/같은 Homer 호머 homosapiens (분류) 현생인류 Homer (그리스) 호머 Soviet (러시아) 소비에트	인간(homo)은 같은(same) 우주에서 나온 서로 같은(homo) 존 재다/ 호모(homo)는 같은 성끼리 사랑하는 동성연애자다/ 동음 이의어(homonym)는 발음은 같지만 뜻은 다른 말(nym)들이다/ 그리스의 위대한 시인 호머(Homer)는 <친구와 함께 가는 자>라 는 의미다/ 생물분류학상 지혜(sapiens)를 가진 몸체가 현생인류 (homo-sapiens)다/ 옛 소련의 국회인 소비에트(Soviet)는 함께 모이는 평의회라는 뜻으로 민주국가의 의회에 해당한다.	homonym 동음이의어

foot

발

어근 변화 paj▷ped▷pied▷pod▷pud▷peach▷pil▷pus▷paw▷pion▷foot▷ber
어원 의미 발은 신(t–j–ch–l–r–n–s–w=d)에게 다가가기 위해 가장 먼저 깨끗이 정화해야(f–b=p) 할 신체 부위였다.

기본 단어	어원 스토리	고급 단어
foot 발 tripod 삼발이 pajamas (페르시아) 파자마	사람은 두 발(foot)로 걷는다/ 세 갈래로 뻗은 황새(gru)의 발(pede gru)가락은 가계나 혈통(pedigree)으로 굳어졌다/ 카메라를 세우는 다리가 셋(tri) 달린 삼발이(tripod)도 있다/ 지네나 노래기(millipede)는 과장해서 천(mil) 개의 다리가 달려 있다/ 페르시아어로 발과 다리를 끼워 넣는 헐렁한 옷(ama-clothing)이 파자마(pajamas)다.	pedigree 가계/혈통 millipede 지네
caliber 구경 pioneer 개척자 pilot 파일럿/도선사	불(cal-burn)에 타는 나무 소재의 발인 구두골(caliber)이 총의 구경(caliber)이 됐다. 구두골은 발(ber)과 일치해야 하고, 총구도 총알과 일치해야 한다/ 개척자(pioneer)는 원래 험난한 길을 헤치고 걷는 보병을 의미했다/ 체스의 졸병(pawn)은 한 번에 한 발짝씩 가야 한다 ./ 동물의 발톱(paw)에 찔리면 죽을 수도 있다/ 조종사(pilot)는 원래 배의 노를 의미했다.	pawn 졸병 paw 발톱
pedal 페달 Oedipus (그리스) 오이디푸스	자전거는 페달(pedal)을 밟아야 넘어지지 않는다/ 나자마자 아버지 왕으로부터 발이 묶인 오이디푸스(Oedipus)의 발은 퉁퉁 부었다(oed-swell)/ 지휘대(podium)는 딛고 서는 곳이다.	podium 지휘대
Piedmont (이탈리아) 피에몬테	북서부 이탈리아는 알프스 산(mont)의 발에 해당하므로 피에몬테(Piedmont)라고 부른다/ 남의 일에 발을 걸면(im) 일을 방해하게(impede) 된다/ 부패 공무원의 발을 끼워 넣는(im) 족쇄(impeach)는 탄핵한다(impeach)는 의미로 추상화됐다.	impede 방해하다/지연시키다 impeach 탄핵하다/고발하다
	발을 되돌려(re) 거부하고(repudiate), 발을 앞으로 내딛어(ex) 일을 진척시킨다(expedite)/ 시기적절하게(expedient) 내딛는 발은 일에 큰 도움이 된다.	repudiate 거절하다 expedite 신속하게 처리하다 expedient 시기적절한/방편

butter

버터

어근 변화 ter▷tom▷tum▷tub▷tot▷tout▷thum▷thigh▷thous▷som
어원 의미 크기(th—s—ㅌ)가 커지면 부풀어 오른 모양(r—t—s—gh—b=m)을 하게 된다.

기본 단어	어원 스토리	고급 단어
butter 버터 tomb 묘	소(bu) 젖에서 나온 지방을 효모가 발효시켜 부풀어 오르게 한 것이 버터(butter)다/ 지하 납골당(catacomb)은 원래 땅 밑에(cata) 만든 둥근 묘(tomb)인 cata-tumba였던 것이 눕다(cumbere)의 영향을 받아 결국 catacomb으로 굳어졌다. 유대인들의 매장 풍습이다.	
tuba (악기) 튜바	감자는 뿌리가 부풀어 생긴 덩이뿌리(tuber)다/ 몸에 나는 작은(cle) 덩어리는 결절(tubercle)이라고 부른다/ 폐 안에 작은 결절들이 나는 증상(sis)은 폐결핵(tuberculosis)이다/ 구경이 넓게 부푼 튜바(tuba)는 크고 낮은 소리를 내는 금관악기다.	tuber 덩이뿌리/도관 tubercle 결절 tuberculosis (병리) 폐결핵
total 총량 thumb 엄지 thigh 허벅지 thousand 천	수용 공간을 꽉 채운 양이 총량(total)이고, 프랑스어로는 tout다/ 다른 손가락에 비해서 크게 부푼 손가락이 엄지(thumb)다/ 허벅지(thigh)도 부풀어 오른 다리 부위다/ 백(and-hundr)을 부풀린 수가 천(thousand)이다.	
	정신(psych-숨쉬다)이 몸체(som)에 영향은 주는 것은 심신의학적(psychosomatic) 영향이다. 몸은 일정한 부피를 갖는 존재다/ 관찰을 쉽게 하기 위해 색(chrom-colour)을 입혔기 때문에 염색체(chromosome)라는 이름이 붙었다.	psychosomatic (의학) 심신의학의/ chromosome 염색체

canal

운하

어근 변화 can▷chan
어원 의미 나일 강의 갈대는 동그랗고(ch=c) 긴 관 모형이지만 펴서 이으면 종이가 됐다.

기본 단어	어원 스토리	고급 단어
canal 운하 channel 채널/경로	갈대의 대궁이 비어 있듯이 운하(canal)도 길게 뚫린 큰 개울이나/ 프랑스어 채널(channel)은 추상적으로 정보가 흐르는 경로나 주 파수대를 말한다/ 깊이 팬 협곡(canyon)도 지각의 단층운동으로 깊게 파인 지형이다.	canyon 협곡
cannon 대포	갈대의 대궁을 펴서 만든 종이에는 교회법이 기록됐으므로 후에 기본 법전(canon)이 됐다/ 정통적(canonical)이라는 뜻은 법전에 근거를 뒀다는 뜻이다/ 시성식(canonization)은 교회법에 의해 성 인의 자격을 주는 것이다/ 대포(cannon)의 포신도 갈대의 대궁처 럼 비었다.	canon 법전 canonical 정통적인/정본의 canonization (가톨릭) 시성식
canvas 매트/화포/천막	갈대의 대궁에서 나온 긴 섬유로 천을 짰으므로 권투 경기가 벌어 지는 링 매트(canvas)나 화포(canvas), 천막(canvas)으로 쓰였 다/ 후보자들은 곳곳에서 유세하고(canvass) 다니고, 유권자들은 후보자의 말을 천에 거르듯 샅샅이 검증한다(canvass).	canvass 유세하다/검증하다

crab

게

어근 변화 kar▷ker▷can▷cra▷craw▷gar▷ther▷har▷ar
어원 의미 우주(c−g−h−th=k)의 중심에는 딱딱한(n=r) 핵이 있다고 봤다.

기본 단어	어원 스토리	고급 단어
crab 게 crawl 기어가다	껍데기가 단단한 게(crab)는 강력한 정치체제를 뜻하게 됐다/ 게는 기어(crawl) 다닌다/ 아무렇게나(s) 게가 걷듯이 휘갈겨 쓴 글(scrawl)은 텔레비전 화면 하단에 기어가는 스크롤로 의미가 확장됐다.	scrawl 휘갈겨 쓰다
democracy 민주주의 aristocracy 귀족주의	사회를 단단하게 묶는 정치체제는 다양한 형태로 변해 왔다. 평범한 민중(dem)들이 통치하는 민주주의(democracy), 많은 돈(plu-flow-땅속에 흐르는 귀금속)을 뿌리는 금권정치(plutocracy), 귀족(arist)이 다스리는 귀족정치(aristocracy), 소수의(oli) 권력자가 다스리는 과두정치(oligarchy)는 모두 고대 그리스에서 실험된 정치체제다/ 고대 그리스 올림픽에서는 권투와 씨름이 모두(pan) 혼합된 격투기(pancratium)가 포함됐다.	plutocracy 금권정치 oligarchy 과두정치 pancratium 격투기
	과일은 과육 속에 딱딱한 인핵(kernel)에 해당하는 씨앗을 감추고 있다/ 핵을 연구하는(log) 핵학(karyology)도 있다/ 핵분열보다 훨씬 큰 에너지를 얻기 위해서는 핵을 결합시키는(gam-marry) 핵융합(karyogamy) 기술을 개발해야 한다.	kernel 인핵/알맹이 karyology 핵학 karyogamy 핵융합
cancer 암 hard 어려운	암(cancer)은 죽지 않는 이상세포가 계속 자라나 딱딱해진 것을 말한다/ 천체의 12궁에는 게자리(Cancer)도 있다/ 딱딱한 암을 만드는(gen) 물질은 발암물질(carcinogen)이다/ 딱딱한(hard) 문제는 풀기 어렵다.	carcinogen 발암물질
Leonard 레오나르드 Bernard 버나드 Gerard 제라드 Gunther	사자(leon)처럼 용감한 레오나르드(Leonard)와 곰(ber-bear)처럼 용감한 버나드(Bernard), 창(ger-spear)처럼 강력한 제라드(Gerard), 전쟁(gun) 속에서 용감한 군터(Gunther)는 모두 사람 이름이다.	

(북유럽) 군터

battery

축전지

어근 변화 bat
어원 의미 강력한(b) 힘을 순간적으로 가해서 때리면 쇠도 모양이 변한다. 전투는 적을 때려 죽이는 행위였다.

기본 단어	어원 스토리	고급 단어
battery 배터리/타자/포병	쇠를 때려 만든 기계무기를 쓰는 부대는 포병이나 기계화 부대 (battery)다/ 야구에는 공을 때리는 타자(battery)진이 있다/ 옛날 프랑스에서는 망치로 때려 뽑은 철사를 얽어 만든 닭장을 배터리 (battery)라고 불렀다. 후에 발명된 축전상자가 이 닭장을 닮아서 배터리라고 명명됐다.	
combat 실전 battle 전투	적대하는 병사들이 서로(com) 때리는 개별 전투(combat)를 통칭해서 전투(battle)라고 부른다 ▶전쟁(war)은 장기간 여러 개의 전투들이 모여서 이루어진다.	
	상대방을(de) 말로써 강하게 타격하는 격론(debate)은 격렬해질 수 있다/ 들어온 돈의 일부를 되(re)돌려 주는 리베이트(rebate)는 값을 깎아 주거나 수고비를 지불하는 방법이다.	debate 격론 rebate 리베이트/환불

judge
판사

어근 변화 tak▷teach▷tok▷dit▷dic▷dig▷dg▷dex▷desk▷disk▷disc▷dit▷ge
어원 의미 빛(t=d)은 강력한 에너지를 던진다(x−sc−sk−k−ch−t=g).

기본 단어	어원 스토리	고급 단어
judge 판사 condition 조건/상황/신분 dictator 독재자 dictionary 사전 dedicate 봉헌하다/헌신하다	판사(judge)는 옳은(jud-justice) 말을 던지는 사람이다/ 성급하게(pre) 옳은(ju) 말이라고 던지는 편견(prejudice)은 피해야 한다/ 모든(con) 요소들을 다 던져 놓은 것이 상황이나 조건, 처지(condition)다/ 공동(syn)이익을 위해 돈을 함께 던져 설립한 공동판매(syndicate)는 공급 독점을 목표로 하므로 소비자들이 손해를 볼 수 있다/ 독재자(dictator)들은 자신이 가리키는 방향으로만 따라오라고 지시하는 사람이다/ 사람들이 던지는 말들을 모아 놓은 것이 사전(dictionary)이다/ 지적하면(indicate) 가리키는 방향으로(in) 눈을 돌려 보라는 의미다/ 평결(verdict)은 배심원이 던지는 진실한(ver-very) 말이다/ 검사가 유죄라고(in) 가리키는 자는 기소된다(indict)/ 종교인은 신에게(de) 모든 것을 던져 봉헌한다(dedicate)/ 왕좌에서(de) 내던져진 왕은 결국 퇴위하게 된다(abdicate).	prejudice 편견 syndicate 공동판매 indicate 지적하다 verdict 평결하다 indict 기소하다 abdicate 퇴위하다
avenge 보복하다 revenge 복수	결백을 주장하려면(vindicate) 자신의 정당함(vin-ver)을 던져 보여야 한다/ 해를 끼친 자에게(a) 정당함(vin)을 던져 복수하거나(avenge) 원수를 되(re)갚는(revenge) 행위는 사법제도가 없었던 고대 사회에서 정당화됐다.	vindicate 무죄를 입증하다
paradigm 사고의 틀/패러다임 index 찾아보기/지수 digital 숫자의	모든 요소를 옆으로(para) 나란히 던져 놓으면 전체적인 틀(paradigm)이 보인다/ 표시나 찾아보기(index)는 손가락이 가리키는 방향(in)이라는 뜻이다/ 가리키는 손가락은 보통 두 번째 손가락(index finger)이다/ 가리키는 손가락(digit)은 수를 셀 수도 있으므로 숫자(digital) 개념이 파생됐다. 컴퓨터의 발전으로 오늘날 디지털 세상이 됐다 ▶연결된 말이라는 뜻의 analog와 대응된 개념이다.	
disc 원반 desk 책상 token	그리스 조각에는 원반(disc-disk) 던지는 사람이 있다/ 둥근 책상(desk)도 원반과 비슷하다/ 상징물(token)은 그 속에 가리키는 내용을 던져 놓았다/ 선생님은 가리키며 가르친다(teach)/ 던지려면 우선 꽉 잡아야(take) 한다.	

기본 단어	어원 스토리	고급 단어
상징물/상품권		
teach		
가르치다		
take		
잡다		

energy
힘

어근 변화 erg▷org▷urg▷work▷wright▷vard
어원 의미 일은 일정한 목적을 이루기 위해 강한(u=w=e=v) 힘으로 몰고(d=g) 가는(r) 것이다.

기본 단어	어원 스토리	고급 단어
energy 힘/에너지 George 조지	일을 하도록(en-to) 만드는 것이 힘(energy)이다/ 알레르기(allergy)는 다른(al-other) 일을 하는 신체 이상 반응이다/ 사람 이름 조지(George)는 땅(ge)에서 일하는 농부다/ 같이(syn) 일하면 상승효과(synergy)가 나타난다.	allergy 알레르기/이상 반응 synergy 상승작용
organ 오르간/신체기관 organism 유기체 organic 유기농의 organization 조직	오르간(organ)은 음을 만드는 일을 한다/ 신체기관(organ)도 각각 고유한 일을 함으로써 전체 몸이 움직이도록 만든다/ 자체 조직과 에너지로 스스로 일하는 것이 유기체(organism)다/ 자연적으로 자라는 유기(organic) 농산물은 농약의 도움 없이 스스로 자란 농산물이다/ 일하기 위해 의도적으로 만들어진 인간 집단은 조직(organization)이다.	
	성적 최고조인 오르가슴(orgasm)도 강력한 에너지의 발산이다/ 마음대로 마시고 진탕 떠드는 일(orgy)도 큰 에너지의 발산이다.	orgasm (성) 오르가슴 orgy 진탕 먹기
work 일하다	인간은 일하는(work) 동물이다/ 시계 장치(clockwork)는 시간을 측정하는 일을 한다/ 토목공사(earthwork)는 흙(earth)을 상대로 하는 작업이다.	clockwork 시계 장치 earthwork 토목공사
playwright 극작가 boulevard 대로	연극(play)의 대본을 쓰는 일은 극작가(playwright)가 한다/ 큰 길(boulevard)은 통나무(boul-bol-pile)를 박고 그 위에 돌을 까는 일을 해야 만들 수 있었다.	

fall

떨어지다

어근 변화 fal▷fail▷faul
어원 의미 붙어 있는 곳에서 미끄러지면(fl=pl) 결국 실패한 것이다.

기본 단어	어원 스토리	고급 단어
fall 떨어지다	푸른 나뭇잎도 가을(fall)이 되면 미끄러져 떨어지고(fall) 만다/ 사실로부터 미끄러진 주장은 잘못된(fallacious) 주장이다/ 인간은 잘 미끄러져 오류를 범하기 쉬운(fallible) 존재다.	fallacious 잘못된 fallible 오류를 범하기 쉬운
fail 실패하다	목표에 이르지 못하고 중간에 빗나가면 실패한다(fail)/ 속이는 (falsify) 행위는 남을 진실에 이르지 못하고 미끄러지게 만드는 (fy) 일이다/ 거짓(false)은 미끄러져 사실에 이르지 못한다.	falsify 속이다/위조하다 false 거짓의
	누구나 쉽게 미끄러지는 단점(fault)를 가지고 있다/ 국가가 채무 약속으로부터(de) 미끄러지는 채무불이행(default)은 국가의 일시적 파산을 의미한다.	fault 단점/잘못 default 채무불이행

sol

독주

어근 변화 solo▷hol▷whol
어원 의미 전체는 하나로 길게(l) 연결된(w−h=s) 것을 의미하므로 완벽하다.

기본 단어	어원 스토리	고급 단어

기본 단어

solo
하나의
solmn
엄숙한/침통한
solid
단단한

어원 스토리

우주는 하나로(solo) 완벽한 존재다/ 같이 노래를 부르던 그룹에서 떨어져 나온 솔로(solo)는 혼자서도 완전하게 노래할 수 있는 가수다/ 어떻게라도 완전하게 일하려면(ic-act) 될 때까지 간절히 추구해야 한다(solicit)/ 법무사(solicitor)는 일반인들의 법률행위를 끝까지 완벽하게 처리해 주는 직업이다/ 완전한 절차를 밟는 종교적 예식은 엄숙한(solemn) 가운데 진행된다/ 하나로 단단하게(solid) 뭉친 폴란드의 단결(solidarity)은 폴란드 민주화를 이끈 노동조합이었다.

고급 단어

solicit
간절하게 조르다
solicitor
법무사
solidarity
단결

기본 단어

catholic
가톨릭
hologram
홀로그램/입체 사진
whole
전체

어원 스토리

신은 오직(cat-cata) 하나라고 믿는 가톨릭(catholic)은 보편적이라는 뜻이다. 신은 하나이므로 모든 사람은 보편적으로 그 신을 믿을 수밖에 없다는 것이다/ 신에게 바치는 희생제물은 양의 일부 고기지만 특별한 경우 양을 통째로(holo) 구워(caust-burn) 바치는 것이 나치의 대량 학살(holocaust)로 추락했다/ 공간에 빛을 쏘아 대상을 전체적(whole)으로 보이도록 그린(gram) 3차원 영상을 홀로그램(hologram)이라고 한다.

고급 단어

holocaust
대량 학살

holy

신성한

어근 변화 cel▷hail▷heal▷hol▷wel▷whol▷ol
어원 의미 하나로 길게(l) 연결된(c→w→h→o≒s) 전체는 완전하므로 건강하고 신성하다.

기본 단어	어원 스토리	고급 단어
holy 신성한 holiday 휴일 whole 전체의	하나로서 전체(whole)인 신의 존재는 신성하다(holy)/ 휴일(holiday)은 신을 모시는 날(day)로 기도를 위해 일을 잠시 멈추기 때문에 쉬는 날이 되었다.	
heal 치료하다 health 건강 well 잘	질병을 없애는 치료(heal)는 불완전한 인간을 완전하게 만드는 일이다. 예수도 병자를 완전하고 건강(health)하게 만들었다/ 병이 없고 건강한 사람은 신처럼 잘(well) 살 수 있다.	
	종교상 이유로 혼자 사는 금욕주의자나 독신자(celibate)는 남의 도움 없이도 완전한 생활을 하는 존재라는 의미다/ 사람 이름 올가(Olga)는 신성한 사람이라는 뜻이다.	celibate 독신자/순결을 지키는 Olga (슬라브) 올가

brief

간단한

어근 변화 brief▷brev▷bridg▷brac▷brach▷bras
어원 의미 넓게 퍼져 있는 물건들도 함께 모아 줄로 단단하게(b) 묶어(f=v=c=ch=dg=s) 조이면(r) 간단해진다.

기본 단어	어원 스토리	고급 단어
brief 간단한 briefing 상황 설명	출격 직전의 파일럿들은 작전에 필요한 간단한(brief) 상황 설명(briefing)을 듣는다/ 군더더기를 떼어내고(ab) 생략한(abbreviate) 간결성(brevity)은 시의 생명이다.	abbreviate 생략한/축약한 brevity 간결성
brace 걸쇠/버팀쇠 bracelet 팔찌 embrace 포옹하다	우리는 짧은 얘기로(a) 단축해서(abridge) 요약한 것을 선호한다/ 브래지어(brassiere)는 단단히 조여 매는 여성, 혹은 어린이용 조끼였다/ 조이는 걸쇠(brace)의 축소형(let)이 팔찌(bracelet)다/ 팔을 안으로(em) 당겨 조이면 사랑하는 사람을 안을(embrace) 수 있다.	abridge 단축하다/빼앗다 brassiere (프랑스) 브래지어
	동양인은 머리(ceph)의 아래 위 길이가 짧은 단두형(brachycephalic) 인종이다.	brachycephalic (인종) 단두형의

board

판자

어근 변화 phar▷fer▷for▷boar▷bor▷br
<abbr>어원 의미</abbr> 집을 지으려면 나무 판자를 강한(ph→f=b) 힘으로 잘라내고, 구멍을 뚫어야(br) 한다.

기본 단어	어원 스토리	고급 단어
board 판자 border 국경	나무를 잘라 만든 판자(board)는 마차와 집을 짓는 재료였으므로 <차에 탄(on board)>이나 하숙집(boarding bouse)으로 확장됐다/ 국경선(border)은 나라와 나라 사이를 자르는 경계다.	
bore 구멍을 뚫다 boring 지겨운 cupboard 찬장	실제로 몸에 구멍을 내는(bore) 고문도 있었다/ 구멍을 아주 깊이 파는 일은 지루한(boring) 일이다/ 매끈하게 보이는 나뭇잎에도 숨 구멍(foramen)이 있다/ 찬장(cupboard)은 판자로 만들어 컵을 올려 놓는다/ 나무 판자로 엉성하게 만든 집이 창녀촌(brothel)이다.	foramen 기공 brothel 창녀촌
interfere 방해하다	폭발사고는 고막을 관통하는(per) 구멍을 낸다(perforate)/ 남의 일에 자르고 끼어들면(inter) 방해하는(interfere) 꼴이 된다/ 목구멍(pharynx)은 입에서 배를 향해 뚫린 구멍이다.	perforate 관통하다 pharynx 목구멍

baby
아기

어근 변화 barbar▷bab▷bamb(m 첨가)▷brav▷brig
어원 의미 빛의 에너지(b)는 강렬하다. 아기는 지혜가 없고 힘으로 밀고(br) 가는 본능만 있다.

기본 단어	어원 스토리	고급 단어
baby 아기 brave 용감한 barbarian 미개인 bravo 용감하라/갈채	세상 물정을 전혀 모르는 아기(baby)는 몸이 상하는지 모르고 용감할(brave) 수 있다/ 야만인(barbarian)은 아기처럼 말을 얼버무리는 사람이다/ 스페인어 bambino는 아기 예수상을 말한다/ 프랑스어에서 온 브라보(bravo)는 아기처럼 용감하라는 뜻이다.	bambino 아기 예수
	노상강도(brigand)는 철 모르는 아기처럼 날뛰는 자를 의미한다/ 아기처럼 철 모르고 부리는 허장성세(bravado)는 곧 들통이 나고야 만다.	brigand 노상강도/산적 bravado 허세

clinic

진료소

어근 변화 cle▷cli▷la▷lea▷li
어원 의미 긴(l) 선을 둥글게(c) 만들려면 굽혀야 한다.

기본 단어	어원 스토리	고급 단어
clinic 전문병원/진료소 client 고객	진료소(clinic)는 수련의가 실제로 누워 있는 환자를 통해 임상 의술(nic-tecnic)을 배우던 데서 비롯됐다 ▶종합병원(hospital)과 구별해 규모가 작은 전문병원을 말한다/ 고객(client)은 원래 귀족에게 기대던 예술가에서 변호사처럼 전문가에 기대는 손님이 됐다.	
clitoris 클리토리스	지각운동은 중력과 반대(anti) 방향인, 위로 기울어진 배사층(anticline)을 형성하기도 하고, 중력과 같은(syn) 방향인 아래로 굽어 향사층(syncline)을 만든다/ 여성의 클리토리스(clitoris)도 위로 굽혀 있다는 의미다.	anticline 배사층 syncline 향사층
climax 최고조 climate 기후/풍조	기울어진 사다리를 타고 꼭대기(max)에 이르면 정점이나 최고조(climax)에 오를 수 있다/ 절정에 있던 사람이 아래로(anti) 추락하면 용두사미(anticlimax)다/ 기후(climate)는 햇빛이 땅을 비추는 기울기라는 뜻이므로 인간은 다양한 기후에(a) 적응하며(acclimate) 살아 왔다.	anticlimax 용두사미 acclimate 적응하다
decline 거절하다/감소하다	누구나 자기 자신으로(in) 기울어지는 경향(inclination)을 가지고 있다/ 편안히 기대어(re) 누울(recline) 수 있는 등받이 의자(recliner)도 있다/ 손바닥을 아래로(de) 기울이면 거절한다(decline)는 뜻이다/ 아래로 굽은 내리막 경사(declivity)와 위로 굽은 오르막 경사(acclivity)는 서로 반대다/ 누구나 좋아하는(pro) 방향으로 기우는 성질(proclivity)이 있다.	inclination 경향 recline 기울다 declivity 내리막 경사 acclivity 오르막 경사 proclivity 성질/경향
	고개를 숙여 겸손한(clement) 태도를 보인다는 뜻의 이름은 클레멘타인(Clementine)과 클레망소(Clemenceau)다/ 무자비한(inclement) 사람은 절대 머리를 숙이지 않는다(in).	clement 겸손한 inclement 무자비한/험악한

기본 단어	어원 스토리	고급 단어

ladder
사다리
lid
눈꺼풀

사다리(ladder)를 벽에 기대면(lean) 기어 오를 수 있다/ 눈꺼풀 (lid)은 기울여 안구를 덮는다.

146

Apollo
아폴로

어근 변화 pel▷peal▷pil▷pol▷pul▷pur▷push▷fil▷vil▷bal

어원 의미 인간은 자신의 공간(pl)에서 하는 모든 행동(pl)을, 몸을 정화해(f→v→b=p) 신과 연결하려고(l) 몸부림치는 것으로 봤다.

기본 단어	어원 스토리	고급 단어
Apollo 아폴로 propel 추진하다	태양 신 아폴로(Apollo)는 원래 악귀를 몰아내는 신이었다/ 하기 싫은 일을 강제로(com) 강요하는(compel) 독재 정부는 반체제 인사들을 국외로(ex) 추방함으로써(expel) 불안을 해소한다/ 독재 탄압의 충격(impulse)으로 반정부 인사들은 침묵을 강요당한다(impel)/ 국민은 하기 싫어도 해야 하는 강제적인(compulsory) 의무를 가진다. 그 가운데 병역의 의무는 침입하는 적을 밖으로(re) 격퇴하기(repel) 위한 군사소집이다/ 헬리콥터는 날개를 돌려 앞으로(pro) 치고 나아가는(propel) 추진력을 얻는다.	compel 강요하다 expel 내쫓다 impulse 추진력/충동 impel 다그치다 compulsory 강제적인 repel 격퇴하다
pulse 맥박 push 밀다	피가 혈관을 때리는 맥박(pulse)은 심장의 박동이다/ 맥박을 치는(pulsate) 횟수가 지나치게 많으면 숨이 찬(pursy) 운동을 할 때다/ 게릴라들은 야간에 몰래 밀고(push) 들어가 정규군을 습격한다(pelt).	pulsate 맥박 치다 pursy 숨찬/뚱뚱한 pelt 공격하다/퍼붓다
appeal 애원하다/항소 polish 광내다 polite 예의 바른	원하는 것에(a) 밀어붙여 애원해도(appeal) 받아들여지는 경우는 드물다/ 총기 소지 폐지(repeal) 여론이 미국에서 점점 커지고 있다/ 광택을 내려면(polish) 힘주어 문질러야 한다/ 예의 바른(polite) 신사는 몸가짐에 흠 없이 광택이 나야 한다.	repeal 폐지하다
filter 필터/여과기 ball 공	약을 때려서 작은(et) 알갱이 환약(pellet)으로 만들면 복용하기 쉽다/ 필터(filter)는 성긴 양털을 때려서 조밀하게 만든 여과천을 말했다/ 볼(ball)도 처음에는 양털을 둥글게 말아 때려 단단하게 만들었다/ 쇠를 위에(an) 놓고 때리는 모루(anvil)는 대장간의 필수품이다.	pellet 환약 anvil 모루

cook

요리하다

어근 변화 peps▷pumpk▷cot▷cook▷coc▷cuit▷cul▷kil▷kitch
어원 의미 태양 빛이 과일을 익히고(peps—pumpk—t—c=k), 인간은 익은 음식을 먹고 몸을 정화해(p) 신에게 가려고 했다.

기본 단어	어원 스토리	고급 단어
cook 요리하다 biscuit 비스킷 terracotta 초벌구이 질그릇	산스크리트어 <불로 익히는(pecu)>에서 (pe)가 탈락하고 요리 (cook)가 됐다/ 다 자라기 전에 익은 조숙한(precocious) 열매는 맛이 들어 있지 않다/ 맛있게 조리하려면(concoct) 갖가지(con) 재료를 함께 익혀야 한다. 추상적으로는 이야기나 음모를 꾸민다 는 뜻이다/ 오래 데워서 성분을 떼어(de) 우려내는(decoct) 방법 은 한약을 달릴 때 쓴다/ 중동 원산 살구(apricot)는 봄에 가장 빨 리(pri) 익는 과일이라는 뜻이 있다/ 두 번(bis-bi) 익힌 과자가 비 스킷(biscuit)이다. 그래서 바삭하다/ 흙(terra)을 한 번 구운 초벌 구이는 질그릇(terracotta)이다.	precocious 조숙한 concoct 조리하다/ 음모를 꾸미다 decoct 달이다 apricot 살구
kitchen 부엌	부엌(kitchen)은 음식을 익히는 장소다/ 옛날 부엌에서는 요리용 (culinary) 큰 가마솥(kiln)에 음식을 익혔다.	culinary 요리의 kiln 큰 솥
pumpkin 호박	단백질을 분해하는 위액 속 물질(in)이 펩신(pepsin)이다/ 호박 (pumpkin)은 잘 익은 과일을 의미한다.	pepsin 단백질 효소

essence

본질

어근 변화 ist▷ess▷sat▷swast▷si▷sooth▷et▷est▷eu▷oid▷ont(n 첨가)▷hom(m 첨가)
어원 의미 모든 존재는 주체인 인간과 연결되어(st→ss→t→h→e→d=s) 있다. 존재는 인간의 감각기관과 연결되어야 인식될 수 있기 때문이다.

기본 단어	어원 스토리	고급 단어
essence 본질 essential 필수적인	본질(essence)은 존재하는 것을 이루는 바탕을 말한다/ 고대에 우주는 물, 불, 공기, 흙으로 이루어졌다는 생각이 있어 왔지만 아리스토텔레스는 우주의 본질적인(essential) 다섯(quint-five) 번째 핵심 원소(quintessence)가 있다고 주장했다. 연금술사들은 오랫동안 이 물질을 탐구했다.	quintessence 핵심적 요소
exist 존재하다 interest 관심을 불러 일으키다 interesting 재미있는 interested 호기심 있는 uninterested 무관심한 disinterested 사심이 없는	실재하는(exist) 존재는 밖으로(ex) 드러난 물체를 말한다/ 인간은 존재하는 대상과의 사이를(inter) 연결함으로써 관심을 갖는다(interest)/ 인간은 존재에 대해 적극적으로 관계를 맺으면 재미를 느끼고(interesting), 존재의 특징이 사람의 관심을 불러 일으키면 호기심이 생긴다(interested)/ 존재에 대해 아무런 연결도 맺지 않으면(un) 무관심한(uninterested) 태도이고, 존재에 대해 의식적으로 멀리하면(dis) 사심 없는(disinterested) 태도다.	
possible 가능한	고대인은 물건의 존재를 취득할 수 있는 힘(pos-pot)을 <가능한(possible)> 것으로 봤다/ 강력한(prow-power) 힘의 존재가 용기(prowess)다. 이 단어는 후에 prodesse로 변했다가 영어에서 자랑스러운(proud)으로 확정됐다. 용기는 자랑스럽다.	prowess 용기/기량
homonid (인류) 원인 homo 동성연애자	인간은 하나의 우주로부터 떨어져 나온 존재(homo)들이므로 서로 같은(homo) 존재들이다/ 동질적(homogeneous) 사회는 같은 인종이나 종족으로 구성된 집단을 말한다/ 동성연애자(homo)는 같은 동성을 성적으로 좋아하는 인간으로, 최근 그 권리가 인정되고 있다/ 유인원(hominid)은 인간을 닮은(id-oid) 존재라는 의미다. 유인원으로부터 갈려 나온 인간 중 하나가 현생인류가 됐다. (id)는 homo의 접미사형이다.	homogeneous 동질적인

기본 단어	어원 스토리	고급 단어
	라틴어 <id est>는 영어 <that is>로 이미 존재한다고 한 말을 되풀이하는 <즉>이라는 뜻이다/ 합성수지(celluloid)는 반투명의 작은(ul) 세포(cell) 모양(oid)을 의미하는 상표명이었다/ 이 책은 말의 근원적 존재를 연구(log)하는 어원학(etymology)을 다루고 있다.	id est (라틴) 즉/말하자면 celluloid 셀룰로이드 etmology 어원학
	신학이나 철학은 우주의 존재를 탐구하는 존재론(ontology)을 다루고 있나/ 각각의 존재를 낳는(gen) 개체 발생(ontogeny)은 먼 종족의 계통 발생(phylogeny)을 반복한다는 주장도 있다/ 보살(Bodhisattva)은 진리(bodh-view-보다)를 추구하는 존재로 아직 깨닫지 못한 자다/ 산스크리트어 진리(sawstika)는 십자가로 표시했고 불교에서 만(卍) 자로 정착했다. 진리의 십자가는 중동을 거쳐 유럽으로도 퍼졌다. 히틀러는 십자가의 갈고리 방향을 반대로 바꿔 나치의 상징으로 썼다. 십자가는 예수의 처형에 쓰이며 가장 극적인 종교적 심벌로 남았다. 고대 인도어인 산스크리트어는 인도-유럽어로 고대 인도의 종교 경전을 기록한 언어였다.	ontology 존재론 ontogeny 개체 발생 Bodhisattva (산스크리트) 보살 swastika (산스크리트) 진리(십자가)
sin 원죄	예언자(soothsayer)는 신의 존재를 말해 주는 사람이다/ 인간은 그 자체로 죄를 지은 원죄(sin)적 존재라고 성서는 기록하고 있다/ 좋은(eu) 생물학적 존재를 과학적 지식을 빌려 만드는(gen) 우생학(eugenics)도 생겼다.	soothsayer 예언자 eugenics 우생학

violence

폭력

어근 변화 vir▷viol▷wer▷wor
어원 의미 남자와 동물의 수컷은 강한(w=v) 힘을 행사한다(r). 힘을 잘 쓰면 미덕이고 잘못 쓰면 폭력이 됐다.

기본 단어	어원 스토리	고급 단어
violence 폭력 virtu 골동품 virtue 미덕 violation 위반	남자의 폭력(violence)을 길들이는 데는 사회나 학교의 교육이 필요했다/ 폭력적이었던 남자의 힘은 교육을 통해 미덕(virtue)으로 발전했다. 전쟁이나 스포츠에서 나타나는 미덕은 순치된 남자의 힘이다/ 남자의 힘은 자칫하면 규정된 법조차 위반(violation)하는 힘이었다/ 실제 힘이 있는 실질적인(virtual) 것과 보기에만 힘이 있는 가상의(virtual) 존재는 양면 단어다/ 골동품(virtu)은 가치가 있고 선(virtue)은 도덕적 가치다/ 남성다운(virile) 사람은 전사가 됐다/ 가축의 수컷은 대부분 거세해서(evirate) 폭력의 힘을 빼(e) 없앤다.	virtual 사실상의/가상의 virile 남성다운 evirate 거세하다
world 세계	늑대인간(werewolf)은 늑대(wolf)처럼 힘 센 잔인한 존재다/ 남자들이 힘을 자랑하는 장소가 험악한 세상(world)이다.	werewolf 잔인한/늑대인간

five

5

어근 변화 quint▷pent▷punch▷punj▷fiv▷fis▷ging
어원 의미 다섯의 개념은 한손을 펴서(q–f–g=p) 나오는 다섯 개의 손가락으로부터 왔다.

기본 단어	어원 스토리	고급 단어
five 다섯 pentagon 미국 국방성 finger 손가락	손가락(finger)은 다섯(five) 개의 가지를 뜻한다/ 다섯 개의 손가락을 움켜 쥔 것이 주먹(fist)이다/ 미국의 국방성(pentagon) 건물은 오각(gon-gen-bend)형 모양이다.	fist 주먹
	아리스토텔레스는 다섯(quint-five) 번째 존재(es)인 핵심 물질(quintessence)이 있다고 주장했으며, 연금술사들은 오랫동안 이 다섯 번째 물질을 찾아 왔다. 연금술은 마침내 화학으로 정착했다.	quintessence 핵심
India 인도	인도에서는 다섯 가지(알코올, 물, 설탕, 레몬, 차)를 섞어 만든 음료를 펀치(punch)라고 불렀다. 6·25전쟁 때 미군들은 강원도 양구의 지형을 펀치를 따라 먹던 주발(bowl)을 닮았다고 해서 펀치볼(punch bowl)이라고 명명했다/ 인도 서북부 지방에는 다섯 개의 강이 모이는 펀잡(Punjab) 지방이 있다. 인도(India)는 큰 강 인더스(Indus)가 흐르는 나라를 뜻한다. 인도와 이란은 아시아에 있는 인도-유럽어족이다.	punch (인도/음료) 펀치 Punjab (인도/지방) 펀잡

fort

성채

어근 변화 fort▷forc▷barg▷bor▷borgh▷bourg▷burg▷bur▷bing(n 첨가)
어원 의미 튼튼하게(f=b) 쌓은 성채로부터 강력한 힘이 파생됐다. 유럽의 도시와 마을들은 단단한 성채였다.

기본 단어	어원 스토리	고급 단어
fort 성채	고대의 도시국가는 높은 곳에 튼튼한 성(fort)을 쌓아(fy-make) 요새화했다(fortify)/ 튼튼한 요새(fortress)는 적의 공격으로부터 안전한 구역이었다.	fortify 요새화하다 fortress 요새
enforce 강화하다/시행하다 effort 노력하다 force 힘	강한 힘(force)을 갖춘 상태(tude)인 불굴의 정신(fortitude)을 가진 사람은 성공할 가능성이 높다/ 문서에만 있는 규정이나 규칙에 실제 힘을 불어 넣으면(en) 법률은 시행된다(enforce)/ 계속 병력을 다시(re) 증강하면(reinforce) 그 지역은 긴장감이 높아지고 전쟁이 터질 수 있다/ 힘을 밖으로(e) 끌어내 노력해야(effort) 일을 이루어 낼 수 있다.	fortitude 불굴의 정신 reinforce 강화하다
forte (성악) 강하게	한 이탈리아의 악기 제작자는 강한(fort) 음과 약한(pian-plane) 음을 동시에 내는 악기를 만들고 <약하고 강하게(pianoforte)>라고 이름을 붙였다. 축약해서 피아노(piano)가 됐다/ 음악에서 <강하게>는 포르테(forte)다/ <가장(ssimo-most) 강하게>는 포르테시모(fortissimo)다.	fortissimo (성악) 가장 강력하게
bourgeois 유산 계급/중산층	베니스의 유대인들만 사는 작은(et) 마을 borghette가 축약해서 게토(ghetto)가 됐다. 현재는 빈민촌이 됐다/ 유산 계급(bourgeois)은 성 안에 살던 부유한 사람을 의미했다 ▶프롤레타리아(proletariat)는 로마가 노무나 졸병으로 쓰기 위해 의도적으로(pro) 육성한(le) 하층민을 뜻했다. 19세기 사회주의자들이 계급을 구별하기 위해 사용하면서 유행한 말이다.	
burglar 밤 도둑 bury 묻다 borrow 빌리다 bargain	도둑(burglar)은 도시의 밤 도둑이었다/ 토장(burial)은 도시의 평민을 매장하는(bury) 방법이고 귀족들은 석관에 넣었다/ 고도로 발전한 로마 시내에서는 토장용 흙이 귀했으므로 흙을 빌려(borrow) 와야 했다/ 도시의 상거래(bargain)가 지금은 일반 거래나 싸게 파는 투매품으로 정착했다.	burial 토장/매장

기본 단어	어원 스토리	고급 단어
투매하다/합의하다		
harbor 항구 hamburger 햄버거	원래 항구(harbor)는 전쟁(har-war)을 위해 해변에 마련된 성채였다/ 군대의(har) 거처를 마련하기 위해 미리 선발대(harbinger)를 파견했다/ 독일의 함부르크(Hamburg) 사람들은 미국으로 이민 간 뒤 빵 사이에 고기를 넣은 간편식을 상업화해서 팔았으므로 햄버거(hamburger)라고 불렀다. (ham-home)도 마을을 의미하므로 hamburg는 이중 언어다.	harbinger 선발대/조짐

admire
감탄하다

어근 변화 mar▷mir▷mi▷im

어원 의미 거울은 자신과 똑같은 모양의 조각(m)을 반사해주므로(r=l) 자신의 웃는 얼굴을 볼 수 있다.

기본 단어	어원 스토리	고급 단어
admire 감탄하다/존경하다 miracle 기적 admirable 감탄할 만한 marvel 기적/경이로운 mirror 거울/비추다 image 이미지 smile 미소 mirage 신기루/헛된 것	기쁜 일에는(ad) 누구나 웃으며 감탄한다(admire)/ 기적 (miracle)은 큰 기쁨을 가져 오기 때문에 감탄할 만한(admirable) 사건이다/ 한국의 단기간 경제 성장은 놀랄 만한 기적(marvel)이 므로 모두 입을 벌린다/ 거울(mirror)은 자신의 모양(image)를 보 여 주므로 자신의 미소(smile)도 볼 수 있다/ 신기루(mirage)는 뜨거 운 공기가 거울이 되어 먼 곳의 풍경이 눈 앞에서 보이는 현상이 다.	
	활짝(s-spread) 펴고 웃는 미소(smile)는 모두를 기쁘게 한다/ 미 란다(Miranda) 원칙은 누구나 법의 조력을 받을 권리다. 살인죄 를 지은 미국의 멕시코계 소년 미란다는 변호사의 조력을 받지 못 했으므로 무죄 판결을 받았다. Miranda는 신이 탄생을 기뻐했다 는 뜻의 사람 이름이다.	Miranda 미란다

atopy
선천성 과민증

어근 변화 top

어원 의미 넓이(t)를 가진 장소는 특정한 일이나 물건이 펼쳐(p) 놓이는 곳이다.

기본 단어	어원 스토리	고급 단어
atopy 선천성 과민증. 아토피	호르몬이 가야 할 장소를(a) 벗어나면 선천성 과민증 아토피 (atopy)를 일으킨다 ▶알레르기(allergy)도 엉뚱한(al-other) 일 (erg)을 하므로 일어나는 신체의 이상 반응이다.	
utopia 낙원 topic 주제	살기에 가장 좋은(u-eu) 장소는 낙원(utopia)이다/ 모두(ta-모든 길이)가 가는 장소(topika)를 아리스토텔레스가 공동의 관심사나 화두(topic)라고 철학화했다/ 보통 수학은 양의 크기를 연구하는 데 비해 형체나 위치를 연구하는 수학을 위상수학(topology)이라고 한다. 지하철의 역은 실제 위치가 아니라 위상수학적 위치를 뜻한다	topology (수학) 위상수학

wolf

늑대

어근 변화 vul▷velv▷wolf▷wool▷alph▷olph▷lup(l/p 음운도치)▷lyp▷lan
어원 의미 동물의 송곳니나 맹금류의 부리는 고기를 찢어(w=v) 떼어(n−c=l) 먹는 기능을 갖고 있다.

기본 단어	어원 스토리	고급 단어
wolf 늑대 Adolph (독일) 아돌프 Ralph (독일) 랄프	고기를 이빨로 찢어 먹는 늑대(wolf)는 인도-유럽어에 큰 영향을 끼쳤다/ 늑대와 비슷한 미국의 오소리(wolverine)도 있다/ 사람 이름 아돌프(Adolph)는 존경하는(ad) 늑대라는 의미다/ 늑대들의 모임(ra-rally)을 뜻하는 랄프(Ralph)도 있다.	wolverine (미국) 오소리
vulnerable 취약한 vulture 맹금류	쉽게 찢겨지는 취약한(vulnerable) 인간도 있고, 잘 찢겨지지 않는(in) 난공불락의(invulnerable) 성채도 있다/ 모든 것이 다(con) 찢기면 대혼란(convulsion)이다/ 의학적으로 모든 조직이 다 흔들리면 경련(convulsion)이다/ 모체로부터(a-ad-from) 잡아 찢어지면 조직 박리(avulsion)다/ 이빨을 잇몸으로부터(e) 잡아 뽑는 것은 발치(evulsion)다/ 조직을 찢어서 열어(di) 젖히는 조직 열개(divulsion)도 있다/ 맹금류(vulture)는 고기를 부리로 찢어 먹는 새다.	invulnerable 난공불락의 convulsion 대혼란/경련 avulsion 조직 박리 evulsion 발치 divulsion 열개
	개는 고기를 게걸스럽게(lupine) 뜯어 먹는다/ 밤에는 늑대, 낮에는 사람(anthr)으로 변한다는 늑대인간(lycanthrope) 전설이 유럽에 있다/ 아리스토텔레스는 리시움(lyceum)이라는 대학을 세웠다. 늑대를 잡는 아폴로(Lycean Apollo) 신전 옆에 세워진 대학이었으므로 이같은 이름이 붙었다.	lupine 게걸스러운 lycanthrope 늑대인간 lyceum 아리스토텔레스의 대학
lanolin 양털 기름 wool 양털 velvet 우단/벨벳	손으로 뜯어낸 양털에서 짜낸 기름(ol-oil) 라놀린(lanolin)은 피부에 잘 흡수되므로 연고제의 기제로 쓰인다/ 고대에는 양털(wool)을 손으로 뜯었다/ 벨벳(velvet)은 표면을 털처럼 잡아 뜯어 일으킨 우단이다.	

flame

화염

어근 변화 fl▷ful▷bl▷bal▷br▷bear▷ber▷bur
어원 의미 만물의 색깔은 빛(f=b)이 물체에 반사되어 떨어져(r=l) 나온 것이다.

기본 단어	어원 스토리	고급 단어
flame 화염 flamingo 홍학	화염(flame)은 활활 타며 빛을 낸다/ 휘발유는 가연성(inflammable) 물질로 조그마한 불꽃으로도 쉽게 불이 붙는다(inflame)/ 불꽃이 큰 햇불(flambeau)은 사람의 마음을 동요시키므로 축제에 자주 등장한다/ 활활 타오르는 듯한 대담한(flamboyant) 문체는 독자의 마음을 흔들어 놓는다/ 대통령을 맹렬하게 비난할(fulminate) 수 있는 나라는 분명히 민주국가다/ 플라밍고(flamingo)는 붉은 빛이 나는 새라는 뜻이다.	inflame 흥분하다/불붙다 inflammable 격앙된/가연성의 flambeau 햇불/장식 큰 촛대 flamboyant 대담한/과시적인 fulminate 맹렬히 비난하다
bald 대머리/벗겨진 bright 밝은 blaze 화염/활활 타오르다 blink 눈을 깜박이다 blind 눈이 먼/맹인 blank 빈칸 blanket 담요/짙게 드리움 blond 금발의 blood 피/혈통 black 검은색 blue	머리카락이 없는 대머리(bald)도 빛난다/ 태양의 빛나는(bright) 화염(blaze)이 지구를 밝힌다/ 바람이 불면 등불은 깜박인다(blink)/ 맹인(blind)은 빛에 대한 감각이 없는 사람이다/ 액체를 섞는(blend) 것은 원래 색깔이 다른 술을 섞는 것이었다/ 검은 머리를 표백하는(bleach) 블리치는 이제 하나의 헤어 스타일이다/ 명성을 더럽히는(blemish) 것은 빛나던 색깔을 없애는 것이나 마찬가지다/ 아무 색깔도 없는 것은 비어(blank) 있는 것이었다/ 양털담요(blanket)도 원래는 물들이지 않은 흰색 양털 천을 의미했다/ 금빛의 금발(blond)이나 붉은 피(blood), 검은색(black)이나 푸른색(blue)은 다른 색깔이지만 모두 빛의 반사이므로 어원은 같다.	blend 섞다 bleach 표백하다 blemish 더럽히다/잡티

158

푸른색

bear
곰
burn
타다
brown
갈색
strawberry
딸기
Robert
로버트

곰(bear)은 하얀 털을 가진 동물이라는 뜻이다/ 곰이 화나면 광포한(berserk) 성질을 드러낸다/ 영국 근위병이 쓰는 털모자는 곰 털(bearskin)이다/ 불이 타오르면(burn) 갈색(brown)의 불꽃이 피어 오른다/ 수를 놓으려면(embrioder) 갖가지 색깔을 천에 (em) 입힌다/ 열매(berry)는 덩굴 속에서 빛이 난다는 뜻이다/ 딸기(strawberry)는 보리대(straw)같은 줄기로 뻗어 가는 열매라는 의미다/ 사람 이름 로버트(Robert)는 빛나는 사람이라는 뜻이다.

berserk
미쳐 날뛰는
bearskin
곰 가죽 털모자
embroider
장식하다

talent

재능

어근 변화 tal▷tol▷tla▷la▷li
어원 의미 세금은 거두어 올린다(tl). 천칭저울도 물건을 들어서(tl) 무게를 잰다. 올리는 것은 일정한 높이의 거리를 옮기는 것이다.

기본 단어	어원 스토리	고급 단어
talent 재능/연기자	저울로 들어 무게를 쟀으므로 그리스 화폐 탈란트(talant)도 들어서 무게를 잰다는 뜻이다/ 재능(talent)은 무게만큼 가치가 있다는 뜻이다/ 연기자(talent)는 선천적인 재능을 가진 자다.	
tollgate (도로) 요금 징수소 dolla 달러	시설을 사용한 자로부터는 사용료(toll)를 거두어 올린다/ 고속도로의 끝과 시작에는 통행료 징수소(tollgate)가 있다 ▶중세와 근대의 은 본위 시대에 체코에 위치해 있던 유럽 최대의 은광 Joachimsthal(Joachim's dale<요하킴 계곡>)의 어미에 (er)을 붙인 (Thaler-계곡)가 달러(dollar)로 변했다. 아메리카로 간 스페인 정복자들이 동전을 탈러라고 부르던 것을 북미의 영국 식민지에서도 그대로 부르게 되었다. 독립한 미국은 달러를 공식 화폐명으로 확정했다.	toll 사용료 징수
tolerate 참고 견디다	무거운 물건을 참고(tolerate) 들고 있기는 매우 어렵다/ 너그럽지 못한(intolerant) 사람은 작은 부담이라도 계속 들고 있지 못하는 사람이다.	intolerant 너그럽지 못한
legislation 입법 relation 관계 translation 번역	절제수술(ablation)은 쓸모없는 조직을 떼어 들어내는(ab) 것이다/ 법(leg)을 들어 일으키는 입법(legislation)의 권한은 의회에 있다/ 두 사람이 서로(re) 들어 올린 상태가 계속되면 관계(relation)는 지속된다/ 가장 높이 위로(super) 오르면 최고의 (superlative) 경지에 이른다/ 한 언어에서 다른 언어로 들고 가는 번역(translation)은 제2의 창작이다/ 고대 사회에서 피해의 양을 측정해 같은 양의 벌을 주는 동해보복법(lex taliones)이 단축되어 보복법(talion)이 됐다/ 보복(retaliation)은 받은 피해와 같은 피해를 정확히(re) 측정한다는 뜻으로, 현대에는 법으로 금지한다. 모든 처벌은 국가가 독점한다.	ablation 삭마/절제술 superlative 최상의 talion 동해보복법 retaliation 보복/앙갚음
Atlantic 대서양의 violin 바이올린	제우스에게 패한 거인들의 신 가운데 아틀라스(Atlas)는 서쪽의 바다를 들고 있으라는 벌을 받았으므로 대서양(Atlantic Ocean)과 아프리카 서쪽의 아틀라스 산맥(Atlas)이 생겼다/ 네덜란드의 지리학자 메르카도르는 자신의 지도 책 겉표지에 지구를 어깨 위	atlas 지도

에 들고 있는 아틀라스를 그려 넣었다. 이로부터 atlas는 지도의 의미를 갖게 됐다/ 즐거움(vi-bio)을 들어 올리는 악기가 바이올린(violin)이다. 라틴어 vitulare에서 왔다.

tropy

기념품

어근 변화 troph▷triv▷triev
어원 의미 떠나간(ph=v) 거리(tr)만큼 되돌아오면 원래의 자리에 도착한다.

기본 단어	어원 스토리	고급 단어
tropy 전리품/트로피 tropic (지질학) 남북 회귀선/열대	고대 전쟁은 약탈전이었으므로 돌아올 때 전리품(tropy)을 한 아름 챙겨 왔다. 전리품은 기념품이 됐다/ 지구는 공전궤도보다 23.5도 기울어져 있으므로 위도 23.5도 안에서만 햇빛이 직각으로 비추면서 왕복한다. 이 선을 남북 회귀선(tropic)이라고 부른다. 이 지역이 가장 뜨거운 열대 지방(tropic)이다/ 에너지의 형태는 높은 상태에서 낮은 상태로(en)로 혹은 낮은 단계에서 높은 단계로 반복하는 질의 붕괴(entropy) 현상을 겪는다.	entropy 균질화/질의 붕괴
	운율을 다하면(con) 맨 처음으로 돌아가기를 반복하는 시 쓰기는 어려운 일이다. 새로운 것을 고안하기(contrive)는 싯귀를 고안하는 일과 같다/ 사냥개는 포수가 사냥한 꿩을 사냥꾼에게(a) 회수해 (retrieve) 준 다음 사냥물의 일부를 얻어 먹는다.	contrive 고안하다/용케 하다 retrieve 회수하다

skin

피부

어근 변화 skil▷skul▷skin▷scal▷cut▷cul▷cl▷cow▷shel▷shiel▷hal
어원 의미 자른 나무 조각은 공중으로(sk–sc–sh–h=c) 떨어져(l) 튀어 오른다.

기본 단어	어원 스토리	고급 단어
skin 가죽 sculptor 조각가 scale 눈금/규모 skull 해골 skill 기량/기술 half 반	사냥으로 잡은 짐승의 껍질(skin)은 벗겨 내야 먹을 수 있다/ 조각가(sculptor)는 나무를 파서 모양을 만드는 사람이다/ 나무를 깎아 만든 천칭저울의 접시(scale)에 물건을 올려 놓고 무게를 재므로 이로부터 눈금(scale)과 크기의 규모(scale)가 파생됐다/ 고대 게르만족은 적의 머리를 잘라 껍질을 벗긴 해골(skull)에 술을 따라 마시며 Skoa!라고 소리 질렀다/ 고대의 기술(skill)은 나무를 자르고 깎는 재주를 의미했다/ 나무를 둘로 자르면 반으로(half) 쪼개진다.	
shell 껍데기/포탄 shelf 선반	원시인들은 날카로운 조개 껍데기(shell)로 고기를 잘라 먹었다/ 방패(shield)는 판판하게 다듬은 판에 동물의 껍질을 입혀서 만들었다/ 나무판을 벽에 붙인 선반(shelf) 위에 물건을 올려 놓았다.	shield 방패
clergy 사제	고대 무당은 특별하게 다듬은 나무 조각(clerk)을 던져 점을 쳤다. 무당은 오늘날 사제(clerk)다. 중세 사제는 유일하게 글을 읽고 셈을 할 수 있는 존재였으므로 후에 사무원(clerk)이 됐다.	clerk 성직자/사무원/직원
cut 자르다 coward 겁쟁이	야당은 정부가 내놓은 예산을 잘라(cut) 금액을 삭감한다(cutback)/ 칼을 만드는 장인(cutler)은 특별히 쇠를 잘 다루는 자다/ 소고기나 생선를 얇고 작게(let) 잘라 기름에 튀긴 요리 커틀릿(cutlet)도 있다/ 사냥으로 잡은 짐승의 꼬리는 쓸모가 없는 자투리로 후에 겁쟁이(coward)로 굳어졌다.	cutler 칼 장인 cutback 삭감하다 cutlet (요리) 커틀릿

question
질문

어근 변화 ques▷quer▷quir▷quis
어원 의미 인간은 주변(q=c)을 끝없이 돌아보며 의심하고, 갖지 못한 것은 끝까지 추구해 결국 얻어낸다.

기본 단어	어원 스토리	고급 단어
question 질문	인간은 답을 얻기 위해 질문(question)하는 동물이다/ 탐색(quest)은 주로 문어체에서 쓰는 단어다/ 안내자는 방문자의 질문(query)에 친절하게 답해야 한다.	quest (문어) 탐구 query 문의사항
acquire 습득하다 inquire 캐묻다 require 필요로 하다/요구하다 request 요청하다/청원하다 conquest 정복하다	찾던 목표물에(a) 도달하면 손에 넣을 수 있다(acquire)/ 알아 보려면(inquire) 내용 안(in)으로 들어가 물어야 한다/ 심문(inquisition)은 수사관이 사건 속으로(in) 들어가 깊이 조사하는 것이다. 악명 높았던 종교재판(Inquisition)은 이단을 샅샅이 조사해 처형했다/ 꼭(re) 필요로 한 것을 손에 넣으려면 강하게 요구해야 한다(require)/ 청원서(request)는 왕에게 특별한 권리를 달라고 애원하는 문서다. 왕은 청원을 받아들이고 충성과 세금을 확보했다/ 원하는 모든(con) 것을 쟁취하는 정복(conquest)은 피정복자에게는 모든 것을 잃는 것이었다/ 남미를 정복한 스페인 정복자(conquistador)는 인디언들의 모든 것을 빼앗았다.	inquisition 심문/종교재판 conquistador (스페인) 남미 정복자
	절묘한(exquisite) 기술은 끝없이 추구해서 얻어낸(ex) 기술이다/ 예상을 넘어(per) 더 많이 얻는 것은 특혜나 초과소득(perquisite)이다.	exquisite 절묘한/매우 아름다운 perquisite 특전/초과소득

164

value

가치

어근 변화 val▷vail▷wal▷wiel▷al▷ol
어원 의미 빛은 강력한 힘(w—a=v)으로 원하는 곳 어디라도 맘대로 갈 수 있다.

기본 단어	어원 스토리	고급 단어
value 가치	효력을 나타내는 힘이 있어야 가치(value)가 있다/ 효력이 없으면 (in) 실효성은 없다(invalid)/ 타당성(validity)은 목표를 이루는 힘이 있음을 나타낸다.	invalid 효력이 없는/병약한 validity 타당성
avail 소용이 닿다 available 이용할 수 있는	특정한 곳에(a) 효력이 있다면 유익하다(avail)/ 호텔 방이 유효하다면(available) 방이 비어 있다(available)는 뜻이다. 빈방은 고객에게 유효하다/ 널리(pre) 쓸 만한 가치가 있다면 널리 보급된다(prevail)/ 똑같은(equ) 가치가 있다면 동등한(equivalent) 자격이 있다는 뜻이다/ 세상의 모든 힘은 반대의(counter) 힘이 작용해서 상쇄되는(countervail) 경향이 있다.	prevail 만연하다/보급되다. equivalent 동등한/맞먹는 countervail 상쇄하다/대항하다
valentine 밸런타인	가치가 있는 사람(valentine)은 소중한 애인(valentine)으로 확장됐다. 새들이 소중한 짝을 찾는 날(Valentine's day)이 선물로 애인을 찾는 날로 변했다/ 물리력을 휘두르는(wield) 것이 추상화해서 영향력을 행사하는(wield) 것으로 확장됐다.	wield 행사하다/휘두르다
herald 문장/전령관/예고하다 Arnold 아놀드 Herold 해롤드 Oswald 오스왈드	문장관(herald)은 왕의 군사적(her) 힘을 상징하는 문양의 깃발을 드는 장교를 말한다. 앞에 섰으므로 전령관이 됐다. 문장은 왕의 군사적 권위만를 상징했으나 후에 종교단체, 대학도 문장을 쓰게 됐다/ 문장관은 왕의 출현을 미리 알리므로 뉴스를 먼저 전하는 신문들도 해럴드(herald)라는 제호를 잘 쓴다/ 독수리(arn)의 힘을 가진 아놀드(Arnold)와 군대(her)의 힘을 가진 해롤드(Herold), 신(os)의 힘을 가진 오스왈드(Oswald)는 모두 사람 이름이다.	

terminal

종착역

어근 변화 tar▷ter▷tra▷tre▷tru▷thri▷through▷dri
어원 의미 물체를 한쪽에서 다른 쪽으로 가로지르면(dr=tr) 물체는 잘리거나 구멍이 뚫린다.

기본 단어	어원 스토리	고급 단어
terminate 자르다/종결하다 terminal 종점 determine 확정하다 transfer 이동하다	완전히 잘라(terminate) 가로질러 닿은 곳이 종점(terminal)이다/ 전차(tram)는 시가지를 가로지른다/ 처음 출발해서(de) 중간을 거쳐 마지막에 이르면 완전히 확정된다(determine)/ 전문 용어(terminology)는 모든 군더더기를 없앤 정제된 특수어다/ 장소를 변경해 물건을 들고(fer-por) 이동시키는(transfer) 수송수단은 획기적으로 발전했다/ 법의 경계를 가로질러 가면(gr-go) 위법(transgress)이다/ 불법침해(trespass)는 남의 영역으로 가로질러 넘어(pass) 가는 것이다.	terminology 전문 용어 transgress 위법/벗어나다 trespass 불법침해
trunk 나무줄기/트렁크 drill 송곳 thrill 흥분하다/황홀감 through 통하여	나무를 가로질러 자른 통나무(trunk)는 모서리를 다듬어(truncate) 목재로 쓴다/ 땅을 길게 잘라낸 참호(trench) 전쟁은 1차 세계 대전부터 시작됐다/ 송곳(drill)으로 몸을 뚫는 강렬하고 흥분된(thrill) 아픔이 심장을 관통해(through) 지나가는 통증도 있다.	truncate 모서리를 다듬다 trench 참호
nostril 콧구멍 avatar 아바타/화신 nectar 넥타	코(nos)를 가로질러 난 콧구멍(nostril)으로 들어온 공기는 폐에 이른다/ 하늘을 가로질러 인간 세상 아래로(ava-down) 오는 아바타(avatar)는 신의 화신이다. 신은 인간에게 직접 나타나지 않는다/ 넥타(nectar)는 신이 마시면 죽음(nec)조차 가로질러 초월하는 음료다.	

sense

감각

어근 변화 sent▷scent▷send▷sens
어원 의미 느낌은 숨쉬는(en=an) 동물의 감각기관이 대상과 연결되는(s) 것이다.

기본 단어	어원 스토리	고급 단어
sense 느낌 sensation 감동 sensitive 민감한 sentiment 정서/감정 nonsense 터무니없는	느낌(sense)은 인식의 기초다/ 아주 큰 감동(sensation)은 매우 큰 느낌이다/ 민감한(sensitive) 사람은 느낌을 쉽게 받아들이는 사람이다/ 정서(sentiment)는 느낌을 통해 확인하는 생각이다/ 알 수도 없고(non) 알아도 논리가 없는(non) 경우는 터무니없다 (nonsense).	
	같은 방향으로(a) 느끼면 동의하고(assent), 함께(con) 느끼면 승낙한다(consent)/ 느낌이 다르면(dis) 반대한다(dissent)/ 모두 함께 의견을 같이(con)하면 합의(consensus)에 이른다/ 느낌을 거스르면(re) 분개한다(resent).	assent 동의하다/합의 consent 승낙하다 consensus 동의 resent 분개하다
scent 향기/냄새	코로는 냄새(scent)의 느낌을 받는다/ 오감을 통해 사방을 감시하는 파수(sentinel)도 있다/ 보초(sentry)도 적의 동향을 느낌으로 감시한다.	sentinel 보초병/파수 sentry 보초

wash

씻다

어근 변화 ur▷un▷oun(n 첨가)▷wa▷hydr
어원 의미 물은 우주 공간(u-hy-ou=w)을 둘러싸고 흐르는(r) 존재였다.

기본 단어	어원 스토리	고급 단어
water 물 wash 씻다 wave 파도	흐르는 물(water)로는 몸을 씻을(wash) 수 있다/ 대양의 물은 큰 파도(wave)를 만들기도 한다/ 몸으로부터 빠져 나오는 소변(urine)도 물이다/ 배출한(urinate) 소변에는 신체의 찌꺼기가 섞여 있으므로 뇨 분석(urinalysis)이나 뇨 검사(uroscopy)를 통해 신체의 이상을 알 수 있다/ 소변을 배출하는 기능과 생식(gen) 기능이 함께 모여 있으므로 비뇨생식기(urogenital)가 파생됐다.	urine 소변 urinate 소변을 보다 urinalysis 뇨 분석 uroscopy 뇨 검사 urogenital 비뇨생식기의
hydra 히드라/강장동물 hydrogen (화학) 수소 hydroelectric 수력발전의	그리스 신화에 등장하는 거대한 물뱀(hydra)은 강장동물 히드라(hydra)로 확장됐다/ 물을 만드는(gen) 원소는 수소(hydrogen)다/ 흐르는 물은 전기(electr)를 만들 수 있으므로 강에는 수력발전(hydroelectric)소가 건설된다/ 물이 만드는 힘(kin)을 연구하는 유체동력학(hydrokinetics)도 있다/ 미친 개에게서 전염되는 공수병(hydrophobia)에 걸린 사람은 물에 대해 심한 거부감(phob)을 나타낸다.	hydrokinetics 유체역학 hydrophobia (의학) 공수병/광견병
surround 애워싸다/둘러싸다 abundant 풍부한 sound 건전한/물이 깊은	그릇 위로(sur) 물이 넘쳐 흐르면 물은 그릇을 애워싼다(surround)/ 엄청나게 큰 물은 모든 물건을 휩쓸어 가는(in) 홍수(inundation)로 변한다/ 지구상의 물은 넘치도록(ab) 풍부하고(abound) 풍부한(abundant) 물은 지구상의 모든 생물에게 생명을 준다/ 과잉(superabundance)된 물은 위로(super) 넘쳐 흐른다/ 물이 충분히 깊다(sound)는 뜻은 건강하다(sound)는 뜻이 됐다.	inundation 범람/홍수 abound 아주 많다/풍부하다 superabundance 과다/과잉

mother

어머니

어근 변화 mo▷me▷mou▷my
어원 의미 어머니(m)는 우주에서 떨어져 나온 조각(m)인 아기를 키우는 존재다.

기본 단어	어원 스토리	고급 단어
mother 어머니 mammal 포유류 mammoth (고대/동물) 매머드	어머니(mother)는 우주로부터 떨어져 나온 자식을 젖을 주어 돌보는 존재이고, 모성(maternity)은 아기에게 젖을 주는 한없는 사랑이다/ 젖을 주어 새끼를 기르는 포유류(mammal)는 고등 동물이다/ 홍적세에 살았던 거대 동물 매머드(mammoth)는 땅만큼 큰 동물이라는 뜻이다. 고대로부터 땅은 어머니, 하늘은 아버지였다. 어머니는 온갖 식물을 낳고 기르는 땅과 같기 때문이다 ▶아버지는 몸을 정화해(p-petr-fatr) 신에게로 나가는 존재였다.	maternity 모성/임신부
matter 물체 material 물질/소재	물체(matter)는 모체인 우주로부터 떨어져 나온 일부이고 물질(material)은 물체의 성질이다/ 물체는 원래 자신이 떨어져 나왔던 모체(matrix)와 같은 성분이다.	matrix 모체
Maia (로마) 마이아/ 어머니신 May 5월 Demeter (그리스) 농업의 신	만물을 낳은 로마의 어머니신 마이아(Maia)는 5월(May)이 됐다. 5월은 새싹이 돋는 계절이다/ 그리스 농업의 신 데메테르(Demeter)도 땅의 신이다/ 땅은 어머니이므로 대지(Mother Earth)는 모든 생물을 낳았다/ 학생을 길러 준(al-grow) 어머니는 모교(alma mater)다/ 여인이 어머니가 되는 절차나 생활(mony)이 결혼식이나 결혼생활(matrimony)이다.	matrimony 결혼생활 alma mater (라틴) 모교
metropolis 거대 도시	고대에 작은 식민도시(polis)를 거느렸던 강력한 모국 도시국가(metropolis)는 거대 도시가 됐다. 막강한 카르타고(Carthage)는 모국 페니키아(Phoenicia)의 식민도시였지만 모국보다 강력해져 로마와 대항했다. 카르타고의 장군 한니발(Hannibal)은 로마에 패하자 모국(metropolis) 페니키아로 도망가서 죽었다.	
amour 사랑/정사 amateur 애호가	사랑(amour)은 어머니로부터(a) 왔다는 뜻이다. 젖을 주는 어머니는 사랑의 근원이다/ 애호가(amateur)는 좋아하되 직업으로 삼지 않는 사람이다/ 결코 사랑할 수 없는(en) 자가 적(enemy)이다.	

enemy

적

wine

포도주

어근 변화 vic▷vin▷week▷wick▷witch▷win▷wir▷ir
어원 의미 물(n)이 구불구불(w-i=v) 흐르듯(c-ck-k-tch-n=r), 포도 덩굴도 구불구불 자라서 뻗어 나간다.

기본 단어	어원 스토리	고급 단어
wine 포도주 vine 덩굴	구부러진 덩굴(vine)에 열린 포도로 만든 술이 포도주(wine)다. 프랑스어 vin, 러시아어 vino, 히브리어 yayin, 에티오피아어 wayin은 모두 포도주다/ 포도주를 더 오래 숙성시키면 톡 쏘는 (egar-acid) 맛의 식초(vinegar)가 된다/ 특정한 해(age)에 생산된 포도(vintage)는 그해의 포도주 맛을 결정했으므로 오래되어 가치가 높아진 빈티지(vintage) 물건이 생겼다.	vintage 연식/고풍스러운 vinegar 식초
	각도에 따라 서서히(scent-growing) 색깔이 변하는(iridescent) 진주는 오래전부터 값비싼 보석이었다/ 구부려 반대(vice)로 간다 (ver-go)는 뜻의 라틴어 vice versa는 역으로 봐도 동일하다는 의미다.	iridescent 색깔이 변하는 vice versa (라틴) 역으로도 성립한다
witch 마녀/노파 wire 줄 week 주일	마녀(witch)는 굽은 액운을 가져다 주는 존재다. 마녀는 또 잘 구부러지는 버드나무를 들고 다닌다고 알려졌다/ 부도덕한(wicked)자는 삐뚤어진 도덕 관념을 가진 자다/ 줄(wire)은 원래 잘 구부러지는 소의 고삐였다/ 일주일(week)은 7일 만에 다시 돌아온다.	wicked 사악한

plot
음모

어근 변화 pil▷pl▷bur▷burl
어원 의미 고대인들은 양털을 강하게(p=b) 손으로 움켜잡아서 뽑아냈다(r=l).

기본 단어	어원 스토리	고급 단어
plot 음모/구상 pluck 쥐어뜯다 pill 환약	털이 복잡하게(com) 뭉친 complot가 축약되어 음모(plot)가 됐다/ 털로 아주 크게 만든 볼은 군대의 소대(platoon)가 됐다/ 고대인들은 양털을 손으로 뽑아서(pluck) 실을 만들었다/ 작고 동그란 털뭉치처럼 생긴 알약(pill)도 있다/ 약탈(pillage)은 양의 털을 뽑듯이 남의 재산을 빼앗아 가는 것이다.	platoon 소대/선수단 pillage 약탈
caterpillar 애벌레/무한궤도 차량	옛날의 관료(cracy-rule)들의 책상에는 모직 천을 덮었으므로 관료주의(bureaucracy)가 생겼다/ 풍자극(burlesque)은 허드레(burlesque) 양털이 제멋대로 뭉친 것 같다(que)는 의미다/ 털이 난 고양이(cat)를 닮은 애벌레(caterpillar)로부터 기어가는 모습의 무한궤도 차량(catapillar)이 파생됐다.	bureaucracy 관료주의 burlesque 익살극/허드렛 일

forest

숲

어근 변화 thyr▷for
어원 의미 고대의 숲은 저 멀리에서 빛나는(th→f≡b) 아직 인간의 손이 닿지 않은 곳이었으므로, 이전이나 먼저, 아니라는 개념으로 확대됐다.

기본 단어	어원 스토리	고급 단어
forest 숲/산림 foreign 외국의 before 이전에	사람이 사는 영역이 매우 좁았던 고대에 영역 밖은 온통 숲(forest)이었다/ 한 민족이 사는 영역 밖은 모두 외국(foreign)인이 사는 곳이다/ 외국인이 자국에 들어오면 벌금(forfeit)을 부과(fei-make)하는 관행이 있었다/ 담보권을 행사한다(foreclose)는 것은 담보물의 주인보다 먼저 확보한다(close)는 의미다/ 앞(before)은 분명히(be-ambi-all) 영역 밖에 있다는 의미다/ 로마의 주거 지역 앞에 있던 포럼(forum)에서는 공개 토론(forum)이 벌어졌다 ▶그리스에서는 아고라(agora-광장)에 모여(gor) 민회를 열었다/ 교외(suburb)는 도시(urban) 아래에(sub) 있는 외곽 지역이고, 시골(country)은 도시의 반대(counter) 쪽에 있는 촌이라는 의미다. 반대(counter)는 같다(co-con-sym)에서 갈려 나온 말이다. 무엇이든 같거나 다르다.	forfeit 벌금/몰수 foreclose 선점하다/배제하다 forum 공개 토론장
	목젖이나 갑상선(thyroid)은 복부로 들어가기 직전이라는 의미다/ 목젖에서 나오는 톡 쏘는(ox-acid) 물질(in)은 갑상선 호르몬(thyroxin)이다.	thyroid 갑상선/목젖 thyroxin (의학) 갑상선 호르몬
forbid 금지하다 forgive 용서하다 forsake 저버리다	금지하다(forbid)는 교회가 하지 말라고(for) 내리는 명령(bid)이었다/ 더 이상 벌을 주지(give) 않겠다(for)는 것은 용서하는(forgive) 것이다 ▶같은 형식으로, 충분히(par-per) 벌을 주었다(don-give)는 것이 용서한다(pardon)가 됐다/ 더 이상 추구하지(sake-seek) 않는 것이 돌보지 않고 저버린다(forsake)는 뜻이 됐다.	

rotary

교차로

어근 변화 rot▷round(n 첨가)▷rol▷roul
어원 의미 원을 따라 움직이는(r) 선(t−d=l)은 영원히 둥글게 돌아간다.

기본 단어	어원 스토리	고급 단어
rotary 교차로 round 둥그런 rotation 순환	둥글게(round) 돌며 갈 방향을 찾는 교차로(rotary)는 교통 중심지다/ Rotary International은 미국에서 창설된 국제봉사기관으로 세계 각지에 Rotary Club을 결성하고 각 지부를 돌면서 정기 회의를 열었으므로 이같은 이름을 붙이고, 톱니바퀴를 상징물로 사용한다/ 미국은 대체로 공화당과 민주당이 돌아가며 순환(rotation) 집권하고 있다.	
roll 두루마리 role 역할 control 통제하다	룰렛(roulette)은 작은(et) 원판을 돌리는 도박이다/ Russian Roulette은 회전식 권총에 한 개의 총알을 넣고 무작위로 쏘는 위험천만한 게임이다/ 고대 문서는 종이를 말은 두루마리(roll)였다/ 연극 연출자들은 두루마리에 적어 역할(role)을 배분했다/ 두루마리 안의(en) 연기자는 역할이 등록된(enroll) 출연자다/ 그러나 두루마리를 반대로(con-counter) 돌려 출연자의 배역을 바꿀 수도 있었으므로 결국 배역을 통제한다(control)는 의미로 확장됐다.	roulette (도박) 룰렛 enroll 등록하다

vacation

휴가

어근 변화 vac▷vas▷van▷vain▷vaun▷voi▷wan▷ho

어원 의미 넓게 퍼져(w–h=v) 나가면 점점 더 희박해지고 결국에는 아무것도 남지 않아 비게 된다.

기본 단어	어원 스토리	고급 단어
vacation 휴가 vacant 텅 빈 vacuum 진공 vanish 사라지다 vain 비어 있는/헛된	집을 비우고 모두 떠나는 휴가(vacation)로 인해 도시가 텅 빈(vacant) 진공(vacuum) 상태가 됐다/ 나폴레옹군이 몰려 오자 러시아인들은 모스크바를 비우고 피난을 떠났다(evacuate)/ 시민들이 사라지고(vanish) 텅 빈(vain) 모스크바는 이미 불에 타 있었으므로 나폴레옹군은 식수조차 얻을 수 없었다.	evacuate 비우고 떠나다
void 속이 빈/공간 avoid 피하다	나이가 들고 젊음이 사라지면(scent-grow) 인생이 무상하다(evanescent)는 생각이 든다/ 속이 비어(void) 있는데도 과시하는(vaunt) 사람은 허풍이 심한 사람이다/ 위험한 곳은(a) 우선 비우고 피해야(avoid) 한다/ 도덕성이 멀리(de) 빠져 나가 윤리가 결여된(devoid) 사회에는 개인 폭력이 난무한다.	evanescent 무상한/덧없는 vaunt 과시하는 devoid 결핍된
vast 방대한 inevitable 피할 수 없는	비어 있는 엄청나게 큰 공간은 방대한(vast) 불모지다/ 동쪽에서 온 반달족은 로마의 모든 것을 없애버리며(de) 유린하고(devastate) 서쪽으로 지나갔다/ 중요한 핵심은 어떤 경우에도 없앨(e) 수 없는(in) 필수불가결한(inevitable) 부분이다.	devastate 유린하다
want 원하다 wane 달이 이울다/시들다 hope 희망	인간은 비어 있는 곳을 채우기 원한다(want)/ 꽉 찬 보름달도 점점 이울어져(wane) 그믐달로 변한다 ▶반대말인 달이 차다(wax)는 달이 점점 커진다(wax-aug-create)는 어원으로부터 왔다/ 희망(hope)도 빈 곳을 채우려는 마음이다.	

seek

추구하다

어근 변화 sak▷seek▷sag▷heg
어원 의미 추구하는 것을 쫓아가서(k=g) 손에 잡으려는(h=s) 것이 인간의 욕망이다.

기본 단어	어원 스토리	고급 단어
seek 추구하다	무엇인가 추구하는(seek) 인간은 언젠가 목적을 달성한다/ 추상적 생각을 잘 잡아내는 영리한(sagacious) 사람은 정신적인 직업을 갖는다/ 미생물은 지진이 일어나기 전(pre)에 전조를 보여 주는 (presage) 기이한 행동을 한다.	sagacious 영리한 presage 예견/전조가 되다
hegemony 주도권/패권	주도권(hegemony)은 잡아서 자기 뜻대로 끌고 가는 태도 (mony)를 말한다/ 추구해서 잡으려는 목적(sake)이 있어야 삶의 보람을 느낀다/ 목적이 없는(for-before-not) 사람은 심지어 목숨을 저버리는(forsake) 경우도 있다/ 도둑은 남의 집을 완전히 (ran-re) 뒤져 값나가는 물건을 약탈해(ransack) 간다.	sake 목적 forsake 저버리다 ransack 약탈하다/뒤지다

assault

맹공

어근 변화 xil▷xul▷sal▷sail▷saul▷sul
어원 의미 순간적으로 뛰는 행동은 한 지점에서 떨어져서(x=s) 다른 지점에 순간적으로 붙어(l) 충격을 주는 동작이다.

기본 단어	어원 스토리	고급 단어
assault 백병전/폭행	뛰어올라 상대방을(a) 덮치는 백병전(assault)은 주로 보병의 역할이었다/ 상대방의 의사에 반하여 가해지는 폭행(assault)은 법률적 처벌을 받는다/ 고대에는 다른 부족을 갑자기 습격하는(assail) 조그만 전투가 끊일 날이 없었다/ 위로(somer-sobre-above) 뛰어 올라 머리와 다리의 위치를 바꾸는 공중제비(somersault)는 곡예기술이다/ 어린이는 어디로(de) 튈지 몰라 종잡을 수 없으므로(desultory) 예의 주시해야 한다.	assail 습격하다/괴롭히다 somersault 공중제비 desultory 종잡을 수 없는
insult 모욕하다 result 결과	상대에게(in) 무례하게 뛰어들면 모욕적이다(insult)/ 세게 때려서 다시(re) 튀어 나오는 것이 결과(result)다.	
salmon 연어	튀어 나와서 눈에 띄면 두드러진(salient) 특징을 갖는다/ 캥거루는 뛰면서 걷는(gra-walk) 동물로 도약에 알맞은(saltigrade) 다리를 갖고 있다/ 돌연변이(saltation)는 한 종에서 다른 종으로 갑자기 변하는 진화 과정이다/ 연어(salmon)는 떨어지는 폭포수를 거슬러 뛰어 올라 강 상류에 도달한다/ 이탈리아어 saltarello는 경쾌한 무용이다/ 로마 문자 X를 saltire로 읽는 이유는 뛰어 넘는 울타리 모양이기 때문이다. X자형 십자가에서 순교한 성 앤드류(St Andrew)를 수호 성인으로 모시는 스코틀랜드의 국기에는 X자형 십자가가 새겨져 있다.	salient 튀어 나온/현저한 saltigrade 도약에 알맞은 saltation 도약/돌연변이/격변 saltarello (이탈리아) 경쾌한 춤 saltire X자형/ 스코틀랜드 국기
exult 의기양양하다 exile 추방하다	나치가 물러나자 파리는 즐거워서 날(ex)뛰었다(exult)/ 유대인은 자기 땅 밖으로(e) 뛰어 나가 유배되는(exile) 수모를 여러 번 겪었다. Exile은 유대인 최초의 바빌론 유수를 말한다. 독일 흑인 그룹 보니 엠은 유대인의 바빌론 유수를 다룬 노래 Rivers of Babylon을 불러 유명해졌다.성서의 내용으로 팝 음악을 만드는 것은 금기시됐었다.	

diaspora

이산

어근 변화 spar▷sper▷spr▷spor▷spher
어원 의미 서로 떨어지면(s) 사방으로 흩어지게(ph=p) 마련이다.

기본 단어	어원 스토리	고급 단어
diaspora 이산 sperm 정자 spring 봄	사방으로(dia-across) 흩어진 이산(diaspora)의 아픔을 겪은 대표적 민족은 유대인이다/ 산발적(sporadic)으로 흩어지던 빗방울은 금세 폭우로 변할 수 있다/ 수컷의 정자(sperm)는 더 많은 번식을 위해 가능한 더 널리 뿌려지도록 진화됐다/ 동물(zoon)의 정자(spermatozoon)들은 치열한 경쟁 끝에 한두 개만 난자에 이른다/ 봄(spring)은 온갖 생물이 퍼지는 계절이다.	sporadic 산발적인 spermatozoon 정충
asparagus 아스파라거스	아스파라거스(asparagus)는 땅을 뚫고 나와 잎이 펴지기 전 연한 대를 먹는다/ 씨앗에서 나온 새싹(sprout)은 시간이 지나면 가지가 퍼져서 점점 큰 거목이 된다.	sprout 새싹
spread 펼치다 sphere 원구/영역	사방으로 균일하게 펼쳐진(spread) 모양은 구형(sphere)이 된다.	

corn

옥수수

어근 변화 car▷cer▷cor▷cheer▷hor▷hur▷r
어원 의미 뿔과 귀, 모서리, 옥수수는 둥글게(ch→h=c) 각을 이루고 튀어 나온(r) 부분이다.

기본 단어	어원 스토리	고급 단어
corn 옥수수 unicorn 유니콘 corner 구석 horn 뿔/경적 hurt 상처	긴 줄기에 뿔처럼 돋아난 옥수수(corn)는 아메리카가 원산지다/ 뿔이 솟은 모서리(corner)는 각진 부분을 말한다/ 뿔이 하나만 (un) 솟은 유니콘(unicorn)은 상상의 동물이다/ 뿔로 만든 나팔은 특히 자동차의 경적(horn)이 됐다/ 상처(hurt)는 원래 뿔에 받쳐서 생겼다는 뜻이다/ 순록(reindeer)은 hreindeer의 (h) 탈락이다 ▶사슴(deer)은 황야(wilderness)를 뛰어 다니는 동물로 (der)만 따로 떼어낸 단어다/ 코뿔소(rhinoceros)는 아래로 흐르는(rhin-run) 코에 뿔이 난 동물이라는 의미다/ 소 뿔을 펴서 만든 판 위에 주기도문과 알파벳을 새겨 넣은 뿔책, 즉 혼북(hornbook)은 옛날 영국 어린이들이 목에 걸고 다녔다. 후에 기본서, 안내서로 확장됐다.	reindeer 순록 rhinoceros 코뿔소 hornbook 입문서
carrot 당근 carat 캐럿 cheerful 상쾌한	뿌리가 뿔처럼 생긴 당근(carrot)도 있다/ 뿔처럼 생긴 다이아몬드의 크기를 재는 단위도 캐럿(carat)이다/ 뿔이 나는 머릿속 대뇌(cerebrum)와 작은(el) 소뇌(cerebellum)는 각각 다른 기능을 한다/ 뇌의 기능은 생각하는(cerebrate) 것이다. 다른 기능은 살아 있지만 뇌만 죽으면 뇌사(cerebral death)다/ 뇌가 죽어 가는 뇌졸중(cerebral accident)도 있다/ 즐거운(cheerful) 것도 뇌가 기분 좋은 상태를 느낀다는 의미다.	cerebrum (의학) 대뇌 cerebellum (의학) 소뇌 cerebrate 생각하다

tension

긴장

어근 변화 tain▷ten▷tin▷ton▷thin
어원 의미 잡아서 당기면 일정한 길이(t)로 늘어나고 팽팽해진다.

기본 단어	어원 스토리	고급 단어
tension 긴장 tent 천막 tense 시제/긴장된 retain 보유하다 continue 계속하다	잡아당겨서 팽팽해지면 긴장(tension)한다/ 팽팽하게 늘린 동물의 가죽이었던 텐트(tent)는 오늘날 질긴 합성섬유로 만들어진다/ 텐 트는 밑(sus)으로 당겨야 모양이 유지(sustenance)된다/ 시간을 앞으로, 혹은 뒤로 잡아 늘이면 미래나 현재, 과거의 시제(tense) 가 된다/ 프랑스어 데탕트(détente)는 팽팽함을 푸는(de) 국제적 긴장 완화다/ 절대 놓치지 않게 계속(re) 잡으면 오랫동안 보유할 (retain) 수 있다/ 계속해서(con) 잡고 나가면 연속된(continue) 행동이다/ 대륙(continent)은 연속된 거대한 땅이다.	sustenance 유지 détente 긴장 완화 continent 대륙
container 용기/그릇 entertain 대접하다	그릇이나 컨테이너(container) 내부에는 어떤(con) 물건이라도 잡아서 넣을 수 있다(contain)/ 연관된(pertinent) 문제는 하나의 문제가 다른 문제에 완전히(per) 잡혀 있어 서로 뗄 수 없는 관련 이 있다(pertain)는 뜻이다/ 손님을 집 안으로(enter) 모시고 들어 가 대접하는(entertain) 습관은 고대의 유습이다.	pertain 관련 짓다/적용하다 pertinent 연관된/적절한
lieutenant 대리인	중앙의 상관을 대리해 현지의(lieu-local) 관할권을 잡는 대리인 (lieutenant)은 군대에서는 차상위 계급으로 정착했다 ▶군대 계 급은 여러 어원으로부터 파생됐다. 장군(general)은 계속 번성한 (gen-bear) 씨족 집단의 군사지도자를 의미하고, 대령(colonel) 은 누운 원형 기둥(column)같은 부대(대대)를 이끄는 장교를 말 한다. 하사(sergeant)는 현장에서(se-sus-under) 직접 일하는 (rg-work) 사병이었다. 지금은 사병들을 지휘하고 부대의 살림살 이를 맡는다.	
maintain 유지하다 tender 부드러운/돌보는	원래의 상태를 유지하려면(maintain) 손으로(main-man-hand) 꽉 잡고 있어야 한다/ 궁중의 시중(retinue)들은 섬세한(tender) 귀족 여인을 돌보는(tender) 역할을 했다/ 완전히 잡지는 않았지 만 손을 대보는 잠정적인(tentative) 조치를 취해야 하는 경우도 있다.	retinue 시중/호위 tentative 잠정적인

기본 단어	어원 스토리	고급 단어
attend 참석하다 extend 확장하다 intend 의도하다 pretend ~인 체하다	회의나 학습에 참석하는(attend) 사람은 학교나 회의에(a) 잡아 매놓은 사람이다/ 경쟁하는 두 사람은 동시에(con) 자신의 방향으로 잡아당기며 싸운다(contend)/ 밖으로(ex) 잡아 늘이면 넓이가 확장되고(extend), 모든 것을 담을 수 있는 넓은(extensive) 공간이 된다/ 의도하는(intend) 방향으로(in) 유도하려면 자신 쪽으로 잡아당겨야 한다/ 집중적인(intensive) 과제는 모든 힘을 한곳으로(in) 끌어모아 해결해야 하는 문제를 말한다/ 감독(superintendent)은 위에서(super) 기강을 잡아 통솔하는 자를 말한다/ 겉으로만(pre) 잡는 체하면(pretend) 실제로는 잡지 않은 것이나 마찬가지다.	contend 투쟁하다/주장하다 extensive 포괄적인/넓은 intensive 집중적인 superintendent 감독자/국장
thin 얇은 thing ~것/물건	잡아서 늘리면 얇아진다(thin)/ 물건(thing)도 손으로 잡아 모은 것을 말했다/ 덴마크 의회(Folkenthing)는 사람들을(folken) 잡아 모았다는 뜻이다/ 노르웨이 국회도 Storthing이다.	
tenant 임차인 tenor 테너 tennis 테니스	소유하지는 않지만 땅을 잡고 경작할 수 있는 소작인(tenant)은 어떤 물건이든 빌려 쓰는 임차인으로 확장됐다/ 토지경작권의 보유 기간(tenure)은 재임 기간으로 확장됐다/ 영국 수상 대처는 노동당의 집요한(tenacious) 공격을 견딜 수 있는(tenable) 배짱으로 강하게 맞섰다/ 합창에서 테너(tenor)는 전체의 화음을 이끌고 가는 파트다/ 프랑스 귀족이 영국으로 들여 온 테니스(tennis)는 서브를 넣는 사람이 <tenez!(공 받아라!)>라고 소리 지른 데서 유래했다.	tenure 보유 기간/재임 기간 tenacious 집요한 tenable 견딜 수 있는
tone 음조 intone 억양을 구사하다	소리의 음조(tone)는 현을 잡아 늘린 길이에 따라 달라진다/ 성대를 잡아 늘리면서(in) 각각 다른 억양을 구사한다(intone)/ 강장제(tonic)도 먹으면 신체의 활력을 늘려 준다.	tonic 강장제

poor
가난한

어근 변화 pag▷ped▷paup▷pup▷pub▷pov▷pon▷put▷puv▷pusil▷poul▷poor▷few
어원 의미 갓 태어난 작은 것들은 깨끗하게 정화해서(p) 다 자란 후 신에게 바친다고 생각했다.

기본 단어	어원 스토리	고급 단어
poor 가난한 poverty 빈곤	가진 재산이 적은 가난한(poor) 사람들은 국가로부터 일정한 보조금을 받는 생활보호대상자(pauper)다/ 고대와 중세에는 평민들의 빈곤(poverty)은 신이 해결할 일이었다/ 평민을 가난으로 몰아넣는(impoverish) 요인은 만성적인 식량 부족과 무거운 세금이었다.	pauper 빈민/생활보호대상자 impoverish 빈곤하게 하다
pupil 학생 puppy 강아지	아직 배워야 하는 작은 소년, 소녀는 학생(pupil)이다/ 사람을 작게 만든 꼭두각시(puppet)는 사람이 막대기로 조종하므로, 큰 나라에 조종당하는 나라를 꼭두각시 정권이라고 부른다/ 작고 귀여운 강아지(puppy)도 사실은 작게 육종된 늑대의 후예들이다.	puppet 꼭두각시/괴뢰
	어린이가 어른으로 바뀌는 상징은 성기에 털이 나는 치골(pubic) 단계를 말한다/ 이 시기를 특별히 사춘기(puberty)라고 부른다.	pubic 음모의/치골의 puberty 사춘기
Paul (성서) 바울 few 수요가 적은	예수의 제자는 아니었으나 초기 기독교 포교의 핵심이었던 바울(Paul)은 귀여운 아들이라는 뜻이다 ▶예수의 제1제자인 베드로(Peter)는 아버지 혹은 머리 같은 바위라는 뜻이다. 성경에서 예수는 베드로에게 <나는 반석 위에 교회를 지으리라>고 말했다/ 작게 숨(anim)을 쉬는 사람은 소심한(pusillanimous) 사람이다/ 유럽에서 인구가 적은(few) 민족은 중립국으로 남아 전쟁에 휩쓸리지 않으려 했다.	pusillanimous 소심한
poultry 가금류 pony 망아지/조랑말	소나 돼지에 비해 작은 닭은 가금류(poultry)라고 불렀다/ 몸집이 작은 조랑말(pony)은 오래 달릴 수 있는 장점을 갖고 있다.	
encyclopedia 백과사전 page	교사(pedagogue)는 어린이를 끌고(agog-lead) 가는 교육법(pedagogy)을 배운 사람이다/ 어린이가 배워야 할 모든 (encycle-all) 것을 수록한 책은 백과사전(encyclopedia)이다/	pedagogue 교사 pedagogy

시종/견습생

고대 귀족들은 예쁜 소년을 시종(page)으로 옆에 두고 살았다/ 인도어로 작은 왕자(raj-royal)는 라지푸트(rajiput)라고 불렸다.

교육법/교수법

rajiput

(인도) 왕자

three

3

어근 변화 tri▷tes▷thre
어원 의미 셋(thr–tr–t)은 나와 너를 가로지르는 공평한 제3자이므로 객관성을 의미했다.

기본 단어	어원 스토리	고급 단어
three 셋 tribe 부족/종족 distribute 분배하다	셋(three)은 두 당사자로부터 독립된 제3의 존재다/ 로마는 세 개의 씨족 존재(be)가 뭉쳐서 이루어진 씨족(tribe) 연합국가였다/ 세 개 씨족민은 로마의 평민(tribe)이 됐다/ 평민은 제1계급 종교 지도자와 제2계급 귀족에 이은 제3계급이었다. 로마의 평민 계급은 귀족과의 투쟁을 거쳐 권력을 획득했으므로 로마를 공화정으로 만들었다/ 나라의 공물(tribute)은 평민들이 바치는 세금이었다/ 공물(tribute)은 주변의 정복민들로부터도 들어 왔다/ 로마의 평민과 복속민들이 함께(con) 공헌한(contribute) 공물로 거대한 로마 제국은 장기간 유지됐다/ 로마는 자신의 번성을 시민과 복속민들의 공으로(a) 돌리고(attribute) 복속민에게도 로마 시민의 자격을 부여했으므로 자발적으로 로마에 복속되기를 원하는 민족도 있었다/ 로마의 평민은 투쟁으로 평민 권력을 획득하고 자신의 대표를 호민관(triune)이라고 불렀다. 호민관은 오늘날 하원 다수당 대표처럼 수상이 되어 행정을 집행했다/ 로마의 재판정(tribunal)도 평민의 권익을 보호하는 기관으로 자리 잡았다/ 빵 재료인 밀가루는 로마 평민에게(dis) 골고루 분배됐다(distribute).	tribute 공물/헌사 contribute 공헌하다 attribute 덕으로 돌리다 tribune (로마) 호민관 tribunal 재판정/조사위원회
trivial 하찮은	기독교에서는 성부와 성자와 성령, 세 개를 묶어 삼위일체(trinity)라고 불렀다/ 사람들이 만나는 삼(tri)거리(via-way)에 떠도는 이야기는 믿을 수 없는, 하찮은(trivial) 것들이 대부분이었다.	trinity (성서) 삼위일체
test 시험 testament 유언장/약속/증거 testify 증명하다 protest 항의하다	시험(test)은 제3자가 공정하게 판단한다는 의미다/ 시합(contest)도 참가자들이 모두(con) 공정한 경쟁에 참석한다는 뜻이다/ 약속이나 증거(testament)도 사실을 밝혀 줄 공정한 존재다/ 증언(testimony)은 두 당사자 사이에 일어난 일을 제3자가 증명하는(testify) 행동이므로 공정할 수 있다/ 항의(protest)는 공정한 취급을 적극적으로(pro) 주장하는 행위다/ 남자의 고환(testicle)도 남성다움을 보증하는 제3의 상징이라는 뜻이다.	contest 시합 testimony 증언 testicle 고환

arctic

북극의

어근 변화 arc▷urs▷ors▷arth
어원 의미 강렬한 빛의 흐름(rc–rth=rs)이 하얀색이다. 북극과 곰은 모두 하얗다는 뜻이다.

기본 단어	어원 스토리	고급 단어
arctic 북극의 antarctic 남극의	거대한 흰곰이 사는 북극(arctic) 지역은 흰 눈이 덮여 있다/ 북극의 반대(ant)에 있는 남극(antarctic) 지방은 유럽인들에게는 17세기에 들어와서 자세히 알려지기 시작했다.	
	곰의(ursine) 서식지는 인도-유럽어족이 원래 살던 빙하의 북극이었다.	ursine 곰의
Orson 올슨 Arthur 아더	사람 이름 올슨(Orson)은 곰의 아들(son)이라는 뜻이다/ 영국 서부의 전설적인 켈트족 아더(Arthur) 왕은 로마군과 용감하게 대결한 왕이었다. 인천상륙작전을 지휘한 맥아더(MacArthur) 장군은 아더 왕의 후손(mac)이라는 뜻이다. 아더는 곰이라는 뜻이다.	

human

인간

어근 변화 cam▷cham▷hom▷hum
어원 의미 땅은 둥근(ch−h=c) 조각(m)이고, 땅에서 나온 흙으로 만든 것이 인간이라고 생각했다.

기본 단어	어원 스토리	고급 단어
human 인간	성서는 신이 인간(human)을 흙으로 만들고 숨을 불어 넣어 생각(man)을 갖게 했다고 적고 있다/ 죽은 인간은 다시 땅속(in)에 매장했다(inhume)/ 왕릉을 발굴하면(exhume) 그 시대상을 알려주는 각종 부장품이 나온다.	inhume 매장하다 exhume 발굴하다
humble 겸손한/천한 humiliate 굴욕감을 주다	아버지가 죽어 땅에 묻힌 후에(post) 태어난 유복(posthumous) 자처럼 작가가 죽은 후에 출간되는(posthumous) 책도 있다/ 인간은 흙에서 나온 자신을 낮춰 겸손한(humble) 한편, 흙에서 나온 남에게 굴욕감을 주기도 한다(humiliate)/ 겸손이나 비하(humility)는 한 단어가 상반된 뜻을 갖는 영어의 특징을 보인다.	posthumous 사후의 humility 겸손/비하
humid 축축한 humorous 쾌활한 humor 유머/농담	인체가 분비하는 흙처럼 축축한(humid) 네 가지 분비물이 각자의 성격을 결정한다고 그리스 의학자 히포크라테스는 주장했다. 혈액은 다혈질, 점액은 냉담성, 담즙은 화난 성질, 검은(mel-black) 담즙은 우울증(melancholy)을 보인다고 규정했다. 이 네 가지 분비물이 균형을 이룬 상태를 건강하고 쾌활한(humorous) 상태로 보았으므로 유머(humor)는 건강에서 나온다고 주장했다.	
homage 군신의 맹약/충성	▶인간(homo)은 몸체(some)를 의미하지만 흙으로 만든 인간(human)과 의미가 겹쳤다/ 고대의 신하는 왕에게 속한 사람임을 고백하는 군신의 맹세(homage)를 지켜야 살아 남을 수 있었다/ 동족인 인간을 칼로 베어(cid-cut) 살인(homicide)하는 습관은 고대에도 있었다/ 사람의 형태(id-oid-homo의 접미사형)를 가진 유인원(hominid)은 현생인류의 조상이다.	homicide 살인 hominid 유인원
chameleon 카멜레온 Chernobyl (우크라이나) 체르노빌 Chernizem (러시아) 체르노잼	환경에 따라 몸의 색깔을 마음대로 변화시키는 카멜레온(chameleon)은 키가 작아 땅에 닿는 사자(leon-lion)라는 뜻이다/ 병충해를 예방하기 위해 널리 쓰인 카모마일(camomile)은 땅 사과(mil-mel-sweet)라는 뜻으로, 실제로 사과향이 난다/ 인더스 강과 나일 강의 검고 비옥한 흙을 연구하던 것이 화학(chemistry)이 됐다/ 핵발전 사고의 재앙이 일어난 우크라이나의 체르노빌(chernobyl)과 러시아의 체르노잼(chernozem)은 모두 비옥한	camomile (허브) 카모마일

chemistry
화학

흑토 지대다.

street

거리

어근 변화 stra▷ster▷strai▷stri▷straw▷stru▷stree▷stry
어원 의미 점은 0차원, 선은 1차원, 면은 2차원이고, 공간은 3차원으로 펼쳐서(s) 전개됐다(tr)는 뜻이다.

기본 단어	어원 스토리	고급 단어
street 길거리 strategy 전략	사방으로 뻗은 도로와 거리(street)는 인간 활동 범위를 넓힌다/ 전략(strategy)은 원래 군대를 전개하는 기술(teg-tech)을 의미 했다/ 동양 예의는 몸을 바닥에(pro) 펴 엎드리는(prostrate) 절을 의미했으나 최초의 주중 영국 대사는 중국 황제에게 절하기(고두 <叩頭>)를 거절했다.	prostrate 엎드리다
structure 구조 stereo 입체	구조(structure)물은 기초를 펴고 그 위에 쌓은 입방체를 말한 다/ 가로, 세로, 높이로 구성되는 입방체(stereo)는 완벽하게 단 단한 공간을 의미하므로 입체음향(stereo)이나 더 이상 변하 지 않는 전형적인 모양(stereo type)으로 확장됐다/ 콜레스테롤 (cholesterol)은 검고(chol) 단단한 물질이라는 뜻으로 쓸개에서 나온다. 혈관을 막기 때문에 혈관계 질병을 일으킨다.	cholesterol (의학) 콜레스테롤
construction 건설 destory 파괴하다 instrument 기구/악기/수단 industry 산업 industrious 근면한	인간은 완전히(con) 견고한 건설(construction)을 통해 문명을 이 룩했다/ 그러나 인간은 다른 문명을 적대적으로 파괴해(destroy) 부쉈다(de)/ 회사는 직원 마음속에(in) 수행할 업무를 단단히 주입 시켜 지시한다(instruct)/ 기구(instrument)는 안에(in) 장치를 전 개해 놓은 구조물을 의미한다/ 끈질기고 근면한(industrious) 노 력과 엄청난 재료를 내부에(indus-into) 펼쳐 놓은 것이 현대의 산 업(industry)이다. 현대는 산업을 통해 구축된 문명의 결과물이다/ 라틴어 stlocus는 지정된 장소에 군대를 펼친다는 의미로 (st)가 탈락해 장소(location)가 됐다.	instruct 지시하다
strawberry 딸기 strain 당기다	엄격한(stern) 태도는 단단하게 잡아당겨(strain) 딱딱한 상태를 말한다/ 실을 꼬려면(strand) 팽팽하게 당겨서 비틀어야 한다/ 밀 집(straw)은 속이 비어 있으므로 침대 매트 안에 흩뿌려 푹신하게 부풀린다/ 밀집같은 줄기를 뻗어 가며 번식하는 딸기(strawberry) 도 있다 ▶(berry)는 울긋불긋하게 빛나는(ber-bright) 열매라는 뜻이다.	stern 엄격한 strand 꼬은 실/한 가닥

action

행동

어근 변화 ax▷ac▷ag▷as▷ex▷eg▷es▷ig▷g
어원 의미 행동은 힘으로 이끌고(x−s=g) 가는 동작이다.

기본 단어	어원 스토리	고급 단어
action 행동 reaction 반동/반응 agenda 일정 agent 직원/대리인	일을 향해 이끌고 가는 행동(action)은 목적이 있는 동작을 말한다/ 일어난 행동에 대해서는(re) 분명히 반작용이나 반응(reaction)이 있다/ 일정(agenda)은 앞으로 해야 할 일들을 시간적으로 늘어 놓은 것이다/ 회사 대표가 추구하는 목표를 행동으로 옮기는 대리인이나 직원(agent)도 있고, 수사기관의 앞잡이(agent)도 있고, 약에서 효력을 나타내는 약 성분(agent)도 있다.	
exact 정확한	후각이 뛰어나고 지구력이 강한 개는 민첩한(agile) 행동으로 사냥꾼의 동반자가 됐다/ 공산주의자들은 노동자와 농민을 선동해서(agitate) 지주와 자본가들을 공격하게 했다/ 정확한(exact) 행동은 분명한 결과를 이끌어(ex) 낸다/ 추징금(exaction)은 미납자로부터(ex) 강제로 끌어내는 돈이다/ 긴급한(exigent) 상황에서는 행동을 급하게 이끌어 내야(ex) 한다.	agile 민첩한 agitate 선동하다/주장하다 exaction 강제 과세/추징금 exigent 긴급한
strategy 전략 essay 수필/소논문 ambassador 대사 examination 시험	군대를 배치(stra-spread)하는 전략(strategy)은 군대를 효율적으로 이끌고 가는 행동이다/ 올바른 판단으로 이끄는 글(essay)은 논문보다는 가벼운 글이므로 소논문이나 수필을 말한다/ 대사(ambassador)는 궁정의 모든(amb-all) 일을 돌보는 하급 신하였다/ 답을 밖으로(ex) 끌어내야 하는 것이 시험(examination)이다. (ex)는 이중으로 쓰였다	
	유대인 교회(synagogue)는 모든(syn) 유대인이 가는 장소를 말한다/ 민중(dem)을 이끌고 가는 지도자(demagogue)는 역사적으로 민중을 잘못된 방향으로 끌고 갔으므로 선동가로 변했다/ 어린이(ped)를 올바른 길로 이끌고 가는 교사(pedagogue)는 교수법(pedagogy)을 공부한 교육 전문가다.	synagogue (히브리) 교회당 demagogue 선동가 pedagogue

기본 단어	어원 스토리	고급 단어
		교사 pedagogy 교수법
agony 고뇌	그리스 연극에서 앞장서서(pro) 이끌고 가는 주연(protagonist) 은 오늘날 주창자나 지도자가 됐다/ 주인공에 맞서는(ant) 역할 (antagonist)은 적대자나 라이벌로 변했다/ 군대를 앞에서 이끄는 지도자는 육체적 혹은 정신적 고뇌(agony)를 안고 살았다/ 짧은 격언(maxim) 속에는 올바른 길로 인도하는 교훈이 들어 있다.	protagonist 주창자 antagonist 적대자 maxim 격언/금언
agrarian 농업의 acre 에이커/넓은 땅	쟁기를 끌고 가는 소는 농업의(agrarian) 살아 있는 자산이다/ 경 작지였던 에이커(acre)는 땅의 넓이 단위가 됐다/ 주주의 생각을 완전히(ex) 끌고 가는 자는 이사(executive)다.	executive 이사/집행부
pilgrim 순례	풀이 많은 곳까지(per) 양을 끌고 가는 peregrine이 순례(pilgrim) 로 변했다. 순례의 길은 머나먼 고난의 길이다.	

agora

광장

어근 변화 gre▷gor
어원 의미 그리스의 광장은 시민들이 가서(g), 함께 모여(r) 정치를 토론하고, 공개적으로 재판하던 장소였다.

기본 단어	어원 스토리	고급 단어
agora 광장	모든 사람이 가는(go) 곳(a)에 그리스의 광장(agora)이 있었다. 부족이라는 기본 단위로 이루어진 그리스 도시국가에는 수만 명의 인구가 있었으므로 이들은 광장에 모여 직접 국정을 논했다/ 다중이 모이는 광장에서 비정상적인 불안감(phob)을 느끼는 광장공포증(agrophobia)은 분리불안의 일종이다/ 고대 그리스 재판은 광장에서 진행된 공개 재판이었다. 광장 재판에서 유죄로(cata-down) 고소하는 것을 카테고리(category)라고 불렀다. 이 말을 아리스토텔레스가 아래 단계로 내려가는 범주(category)라고 철학화했다. 한자어 범주(範疇)는 논두렁을 말한다. 범주는 한 단계 올라가면 더 넓은 범위를 포괄한다는 개념이므로 종을 분류하는 (categorize) 분류학의 바탕이다. 스웨덴의 린네(Linnaeus)는 아리스토텔레스의 범주 개념으로 유명한 종의 분류 체계를 완성했다.	agrophobia 광장공포증 category 범주 categorize 분류하다
allegory 우화/풍자	사람을 다른(alle-other) 범주에 속하는 생물로 빗대어 쓰는 우화(allegory)는 우화 작가 이솝(Aesop)이 처음으로 썼다. 전쟁 포로였던 이솝은 꼽추였는데, 그리스 권력자들을 비꼬는 신랄한 우화를 쓰다가 결국 피살됐다.	
	한 곳으로(a) 다 모아(aggregate) 합한 것이 총계다/ 모두(con) 모이는 집회(congregation)는 의회로 발전했다/ 유대인들은 유럽 전체 집단에서 따로(se) 떼어내는 분리(segregation) 정책의 희생양이 됐다/ 집단의 상식에서 벗어나면(e) 터무니없는 (egregious) 생각으로 취급된다/ 각자의 역할이 구분된 꿀벌은 함께 사는 군거성(gregarious) 집단이다.	aggregate 총합의/총계 congregation 집회 segregation 분리/차별 egregious 터무니없는 gregarious 군거성의

tree

나무

어근 변화 tar▷tre▷dr▷dur
어원 의미 나무는 세월이 지나면서 줄기의 굵기(dr=tr)가 점점 커진다.

기본 단어	어원 스토리	고급 단어
tree 나무 tray 쟁반	고대에는 나무(tree)가 가장 딱딱한 재료였다. 금속기 시대는 긴 인류 역사에 비하면 최근의 일이다/ 강철이나 플라스틱으로 만든 넓적한 쟁반(tray)도 과거에는 대부분 나무로 만들었다/ 나무를 잘 손질해서(trim) 각종 기구를 만들었다/ 나무를 태울 때 나오는 그을음(tar)은 먹의 원료로 쓰이고, 석탄(coal)을 태우고 남는 콜 타르(coal tar)는 도로 포장에 쓰인다.	trim 손질하다 tar 그을음
truth 진리 trust 믿다	진리(truth)는 나무처럼 단단하다는 의미다/ 남을 믿는다(trust)는 것은 나무처럼 단단하게 신뢰한다는 뜻이다/ 휴전(truce)은 몰래 싸움을 걸지 않겠다는 단단한 약속을 의미한다.	truce 휴전
durable 튼튼한 endure 견디다	튼튼한(durable) 나무로 만든 가구는 수백 년 동안(during) 내구연한(duration)을 가진다/ 강한 협박(duress)은 마음이 약한 사람에게 통할 수 있다/ 그리스 건축의 기둥들은 엄청난 지붕 무게를 지탱하도록(endure) 설계됐으므로 현재까지도(per) 굳건하게(perdurable) 서 있다/ 물에 갠 시멘트는 시간이 지나면 딱딱하게(in) 굳는(indurate) 성질이 있다.	duration 내구연한 duress 협박 perdurable 굳건한/불후의 indurate 굳어지다
	나무 모양(dendriform)은 줄기가 점점 굵어지는 모양이다/ 1년(chro-time)에 하나씩 생기는 나무의 나이테를 바탕으로 나무연대학(dendrochronology)이 생겼다/ 장미(rhodo)를 닮은 진달래(rhododendron)도 있다/ 나무의 생태를 연구하는 수목학(dendrology)은 근대 제국들이 식민지의 생태를 연구하기 시작하면서 급격히 발전했다.	dendriform 나무 모양의 dendrochronology 나무연대학 dendrology 수목학 rhododendron 진달래

radio

라디오

어근 변화 rad▷rod▷ray▷root
어원 의미 빛(t=d)은 사방으로 흘러(r) 퍼진다. 나뭇가지들도 사방으로 퍼지면서 자란다.

기본 단어	어원 스토리	고급 단어
radio 라디오	전파는 공중에서 방사상으로 퍼지므로 소리를 실어 보내면 라디오(radio)다/ 빛과 음파는 전깃줄이 없어도 사방으로 멀리 날아가므로 라디오는 무선(radio)을 뜻하기도 한다/ 전자들도 사방으로 퍼져 나가는 능력(activity)이 있으므로 방사능(radioactivity)이다. 방사능 원소는 전자가 많은 우라늄과 같은 원소다/ 방사능 원소에서 나오는 방사파(radiation)는 몸도 투사할 수 있으므로 의료용으로도 쓰인다.	radioactivity 방사능 radiation 방사선
rod 막대기 radius 반지름	스스로 빛이나 열을 사방으로 내는 복사(radiant)열은 스스로 타는 태양같은 별로부터 나온다/ 막대기(rod)를 모든 방향으로 똑같이 펴면 원이고, 그 원의 반지름(radius)은 막대의 길이다/ 천연섬유에 대응하는 인조견사(rayon)는 방사하는 빛줄기와 같다는 의미다.	radiant 복사/환한 빛 rayon 인조견사
root 뿌리 radical 근본적인	뿌리(radix)도 막대와 같이 퍼진다/ 제곱한 숫자의 뿌리 숫자가 수학의 근(radix)이다/ 뿌리(root)까지 들어가 근본적인(radical) 문제에 이르면 과격하다(radical)고 말한다.	radix 수학의 근

grammar
문법

어근 변화 carv▷graph▷graf▷gram▷glam▷cratch▷crawl▷crib▷crip
어원 의미 뾰족한 막대기를 종이에 대고 규칙적으로(r) 끌고 가면(c=g) 글이나 그림이 펼쳐진다(ph–p–m–ㅣ–tch=v).

기본 단어	어원 스토리	고급 단어
grammar 문법 diagram 도형 graph 도표 gram (무게) 표시	문자를 쓰는 규칙인 문법(grammar)은 학문의 기본이므로 문법학교(grammar school)도 있다. 스코틀랜드에서는 정확한 문법을 신을 부르는 신비한 글(glamor)이라고 불렀다/ 이 말은 남자를 부르는 여성의 매력(glamor)이 됐다/ 평면에 가로질러(dia) 긋는 도형(diagram)은 과학적 설명을 위해 많이 쓰이는 그림이다/ 그래프(graph)는 더욱 단순하게 그린 도표다/ 도표나 글씨를 쓰는 데는 눈에 띄는 검정색의 흑연(graphite)을 쓴다/ 그램(gram)은 무게를 나타내는 표시가 됐다/ 완전한(holo) 입체인 홀로그램(hologram)은 레이저를 이용한 가상 입체 화면이다.	glamor 여성의 매력 graphite 흑연 hologram 입체 화면
carve 도려내다 scratch 긁다	글씨는 나무판을 칼로 도려내(carve) 쓰거나 송곳으로 긁어서(scratch) 썼다/ 글씨를 휘갈겨 쓰는 초서체(scrawl)도 있다/ 텔레비전 화면 하단으로 지나가는 작은 글씨도 스크롤(scrawl)이다/ 서툴게 쓴(scribble) 어린이의 글씨에도 자신의 생각이 들어 있다/ 죽은 자의 이름과 업적을 새겨 넣은(in) 묘비명(inscription)은 오랜 세월이 지나도 사라지지 않는다/ 의사는 진료한 환자가 먹을 약을 미리(pre) 적어서 약사에게 보내는 처방(prescription)을 한다.	scrawl 흘려 쓰다 scribble 서툴게 쓰다 inscription 묘비명 prescription 처방
autobiograph 자서전 program 계획	신분을 나타내는 서명(autograph)은 직접(auto) 쓴 이름이다/ 자신의(auto) 생애(bio)를 직접 쓰면 자서전(autobiograph)이다/ 여러 사람이 함께 해야 할 일을 공개적(pro)으로 써서 내놓은 글이 계획(program)이다/ 벽에 그리는 벽화(graffito)는 신전의 벽화로부터 현대의 낙서로 타락했다/ 세월이 지나(epi-after) 누구나 보고 교훈을 얻는 경구(epigram)도 있다.	autograph 서명 graffito 벽화/낙서 epigram 경구

government
정부

어근 변화 cyber▷govern▷gubern▷kubern
어원 의미 우주의 조각들은 넓고(b=v) 둥근 우주 공간(c=k)을 헤쳐 나가고(cyber), 정부(gover)는 국민을 옳은 길로 안내한다.

기본 단어	어원 스토리	고급 단어
government 정부	정부(government)는 국민을 일정한 방향으로 이끌고 간다/ 미국 주지사(gubernatorial)직은 하나의 나라(state-주)를 이끌고 가는 자리다. 미국은 50개 주와 1개의 특별구로 이루어진 나라다. 정부가 헤매는 국민을 올바른 방향으로 이끌고 가는 행정통치(governance)는 권력의 행사를 통한 통치(-cracy)와는 구별된다	gubernatorial (미국) 주지사의 governance (행정) 통치
cyber 컴퓨터 가상 공간	기계나 생체를 인공적으로 통제하는 인공지능학(cybernetics)은 새로운 과학이다/ 인공 통제는 대부분 컴퓨터에 의해서 가동되므로 컴퓨터를 통한 환경을 가상(cyber) 공간이라고 부른다/ 현대는 컴퓨터에 의해서 통제되는 시대이므로 사이버 민주주의(cyberdemocracy)라는 신조어도 생겼다. 미국 남자 대학생들이 모인 동아리에선 Phi Beta Kappa를 모토로 많이 쓴다. 지식의 사랑은 인생의 등불(Philosopia Bious Kubernetes)이라는 고대 그리스어의 첫자를 땄다.	cybernatics 인공지능학 cyberdemocracy 사이버 민주주의

valley

계곡

어근 변화 val▷wa
어원 의미 넓고 긴 면적을 가진 판은 접히거나(l) 펼(w=v) 수 있다.

기본 단어	어원 스토리	고급 단어
valley 계곡 wall 벽/울타리 interval 간격	계곡(valley)은 길고 넓은 대지면이 아래로 굽어서 형성됐다/ 울타리(wall)도 넓고 긴 면으로 막은 벽이다/ 두 벽 사이(inter)는 일정한 간격(interval)을 갖는다/ 프랑스 노르망디에 있는 비르(Vire) 계곡은 노래로 유명하고, 미국의 보드빌(Vaudeville) 쇼는 희극배우, 가수, 곡예사, 마술사가 공연하는 통속 무대쇼를 말한다.	Vadeville (미국) 보드빌 쇼

spectator
구경꾼

어근 변화 spec▷spit▷spic▷spis▷spio▷spy▷shop▷scop
어원 의미 우리는 넓은 공간(p)과 눈을 연결하는(sh—sc=s) 시각을 통해 세상을 볼 수 있다.

기본 단어	어원 스토리	고급 단어
spectacle 구경거리 spectator 구경꾼 spice 양념/취향 special 특별한	구경거리(spectacle)를 무심하게 바라보는 구경꾼(spectator)들은 실제로는 그 일에 직접 관여하지 않는 사람들이다/ 그러나 언젠가는 직접 관여하기 위해 유리한 위치에서 바라보며 곰곰이 생각하다(speculate) 투기하는(speculate) 사람도 있다/ 햇빛은 각기 다른 파장을 가진 여러 개의 광선 집합체인 스펙트럼(spectrum)이다/ 항료나 양념(spice)은 갖가지 색깔을 가지고 있다/ 특별한(special) 것은 눈에 잘 띄는 것이다/ 견본(specimen)은 대표적으로 보이기 위한 표본이다/ 측면(aspect)은 눈에(a) 띄는 면을 말한다.	speculate 사색하다/투기하다 spectrum (광학) 스펙트럼 specimen 견본 aspect 측면
inspect 조사하다 respect 존경하다 suspect 의심하다 despite ~에도 불구하고	조사하려면(inspect) 안으로(in) 자세히 들여다봐야 한다/ 자세하게 만들어(fic) 쉽게 볼 수 있게 한 명세서(specification)는 오늘날 개인적 경력인 스펙(specification)이 됐다/ 존경하는(respect) 사람은 다시(re) 한 번 우러러보게 된다/ 아래에서(su) 몰래 쳐다보면 의심하기(suspect) 때문이다/ 새(au-avum-egg)가 날아가는 모습으로 새점(auspice)을 쳐서 상서로운(auspicious) 점괘가 나오면 전쟁에서 승리한다는 믿음이 있었다/ 사람을 내려다(de)보면 경멸하는(despise) 행동이다/ 눈에 보였음에도(de) 불구하고(inspite) 모른 척하면 무시하는 행동이다.	specification 명세서/스펙(경력) auspice 새점 auspicious 상서로운 despise 멸시하다
spy 첩자	남의 행동을 몰래 관찰하는 간첩(spy)은 아주 옛날에도 있었다/ 정보기관장은 spy master다/ 밖으로(e) 눈을 향해 자세히 훔쳐보는 첩보활동(espionage)은 고대로부터 시작되어 현재도 활발하다. 나를 숨기고 남을 알면 백전백승이기 때문이다.	espionage 첩보활동
microscope 현미경 bishop 주교	작은(micr) 물체를 자세히 볼 수 있는 현미경(microscope)의 발명은 질병 치료에 획기적인 발전을 가져 왔다/ 주교(bishop)는 위에서(epi) 교회를 바라보며 감독하는 자(episcopal)의 축약이다. 구도만 하는 수도자(monk)와는 달리 교회를 관리하는 자다/ 무엇이든지 의심스럽게 바라보는 자는 회의론자(skeptic)다.	episcopal (교회) 감독의 skeptic 회의론자

relax

완화하다

어근 변화 lax▷lang(n 첨가)▷leach▷lash▷lay▷leak▷leach▷leas▷lish
어원 의미 조직을 느슨하게(l) 하면 엉성해진 곳으로 물이 샌다. 단단하게(l) 감은 실을 풀면 길게 늘어난다.

기본 단어	어원 스토리	고급 단어
relax 휴식하다	완전히(re) 긴장을 풀고 휴식을 취하는(relax) 것과 방종(laxation)하는 것은 느슨하게 푼다는 뜻이다.	laxation 방종
delay 연기하다 relay 계주 경기/전달하다	해야 할 일의 시간을 뒤로(de) 늘여 나가면 일을 연기하는(delay) 것이다/ 사냥개를 계속(re) 교체해 추적 시간을 늘여 나가던 것이 역참이나 계주 경기, 중계방송(relay)으로 확대됐다.	
languish 체력이 쇠하다 lash 채찍 late 늦은	오랫동안 권리를 행사하지 않으면 권리태만(laches)으로 권리나 재산을 몰수당할 수 있다/ 나이가 들면 기력은 느슨해지고 체력은 쇠한다(languish)/ 더운 여름에는 몸도 늘어지고 나른해(languid)진다/ 느슨하게 매달린 채찍(lash)에 맞아도 강한 충격(lash)을 받는다/ 강아지도 느슨한 목줄(lash)에 매달려 있다/ 식물은 넓게 퍼져 무성해지고(lush), 사업은 넓게 펴져야 수지가 맞는다(lush)/ 시간이 늘어지면 늦는다(late).	laches 권리태만/의무 불이행 languid 나른한 lush 무성하다/수지맞다
leak 물이 새다 lack 부족/결핍하다 release 방출하다/출판하다	느슨해진 구멍으로는 액체가 샌다(leak)/ 재산이 다 새면 결핍한(lack) 상태가 된다/ 풀어(release) 놓는 것은 매어 놓은 줄을 다시(re) 느슨하게 한 것이다/ 책이나 영화도 대중에게 풀어서 출간되거나 개봉된다(release).	
	액체는 느슨한 구멍으로 여과되고(leach), 넓게(re) 풀어진 풍미(relish)는 코를 통해 들어와 감각기관을 즐겁게 한다.	leach 여과되다 relish 풍미/즐기다

line
선

어근 변화 lin▷lign
어원 의미 아마풀의 섬유는 길게 뽑히므로 추상적인 선(l)이 됐다.

기본 단어	어원 스토리	고급 단어
line 선 linen (섬유) 린넨	아마풀에서는 긴 줄(line)같은 섬유가 나온다/ 이 긴 섬유를 잘게 쪼개서 꼬은 다음 베틀로 짜면 아마포(linen)가 나온다. 린넨은 중동과 인도에서 오래전부터 옷감으로 쓰였다/ 아마 씨앗에서 나오는 기름(ole-oil)을 천연수지에 섞고 코르크에 넣어 압착하면 리놀륨(linoleum)이 나온다. 불에 잘 타지 않고 질겨서 장판으로 쓰인다. 원래는 상표 이름이었다.	linoleum (상표) 리놀륨 장판
	한 줄에 태어난 순서대로 끼우면 혈통이나 가계(lineage)가 된다/ 한 집안의 직계(lineal) 자손은 직선(linear) 모양으로 이어진 후손들이다. 2개의 선으로는 2차원. 3개의 선으로는 3차원을 만들 수 있다. 여기에 시간을 더하면 4차원이 된다 ▶4차원은 시공간(time-space)을 의미한다. 이처럼 계속 측정(men-measure) 수치를 아래로(de) 늘여 가면 차원(dimension)을 이룬다/ 줄을 계속 이어가면(in) 직렬(inline) 연결 상태가 된다/ 인라인 스케이트(inline skate)는 바퀴가 한 줄로 정렬한 스케이트라는 뜻이다/ 글의 한 줄은 행렬(linage)이라고 부른다.	lineage 혈통 lineal 직계의 linear 직선의 inline 직렬의 linage (문장) 행렬
	한 줄의 선에(a) 맞추어 일렬로 정렬시킨(align) 군대는 당당한 위엄이 있다/ 정비소에서는 자동차 바퀴를 일렬로 나란히 맞추는 정렬(alignment) 작업을 한다/ 선을 경계에 따라(de) 그으면 윤곽이 나타난다(delineate).	align 정렬하다 alignment 정렬 delineate 기술하다

river

강

어근 변화 reap▷rip▷rif▷riv▷rhin
어원 의미 붙어 있던 땅이 찢어지면 틈(p→f=v)이 벌어지고, 벌어진 틈으로 물이 흐르면(r) 강이다.

기본 단어	어원 스토리	고급 단어
river 강 rival 경쟁자 arrive 도착하다	땅이 찢어진 곳에 물이 흘러들면 강(river)이 된다/ 작은 강의 지류들은 경쟁(rival)적으로 큰 강물에 합류한다/ 강을 거슬러(a) 올라가면 강의 원천에 도달한다(arrive)/ 독일과 프랑스의 경계를 이루는 라인 강(Rhine)은 깊게 찢어진 강이라는 뜻이다/ 큰 강줄기에서 (de) 갈라져 나온(derive) 지류는 넓은 지역에 물을 공급한다/ 스페인어로 강은 rio이므로 미국과 멕시코를 가르는 큰 강은 리오그란데(Rio grande)가 됐다.	derive 파생하다/끌어내다
reap 추수하다 ripe 잘 익은	땅이 찢어져 한쪽 면이 어긋나면 단층(rift)이 생긴다/ 알곡이 익으면 낫으로 베고(reap), 잘 익은(ripe) 과일은 따서 먹는다.	rift 단층/균열

sort

종류

어근 변화 ser▷sor
어원 의미 인간은 같은 것들을 골라 같은 종류끼리 묶어(s) 배열하려는(r) 분류와 정렬 본능을 가지고 있다.

기본 단어	어원 스토리	고급 단어
sort 종류 sermon 설교 resort 휴양지/의존	종류(sort)는 같은 것들만 뽑아서 배열한 것이다/ 같은 종류끼리는 (a) 잘 어울린다(assort)/ 통치자의 배우자(consort)는 통치자와 함께(con) 묶인 특별한 짝이므로 특별한 직위를 갖는다/ 마법사 (sorcer)도 세상의 일을 맘대로 배열하는 존재다/ 설교(sermon)는 종교를 목적으로 잘 짜여진 말이다/ 제비뽑기(sortilege)는 여러 개 중 골라서(leg-slect) 뽑는다/ 완전히(re) 자신에게 어울려서 편안함을 느끼는 곳이 휴양지(resort)다/ 의존하는(resort) 마음은 비슷하다고 느끼는 쪽에(re) 묶여 도움을 받으려는 마음이다.	assort 분류하다/어울리다 consort 통치자의 배우자 sorcer 마법사 sortiege 추첨/제비뽑기
assert 주장하다/확언하다 desert 사막/저버리다 series 연속	단언하는(assert) 마음은 자신의 생각에(a) 견고하게 묶인 확신이다/ 부모의(de) 돌봄에서 방치된(desert) 아이들은 비행에 빠지기 쉽다/ 사막(desert)도 돌보지 않는 황야다 ▶그러나 후식 (dessert)은 더 이상 음식이 제공(ser-serve)되지 않고(de) 과일이 나온다는 말이다/ 같은 종류의 것들이 배열된 한 벌은 시리즈 (series)다.	
insert 삽입하다	한데 묶인 것으로부터(e) 나오는 힘으로 노력하면(exert) 좋은 결과가 나온다/ 삽입(insert)은 같은 종류로(in) 끼워 넣는 것이다.	exert 노력하다

mark

표시

어근 변화 marq▷mark▷mac▷cambr(m/c 음운도치)
어원 의미 인간은 적이 살거나 숲으로 덮여 있는 경계(m) 지역에는 조심하라는 경계(m)를 표시했다.

기본 단어	어원 스토리	고급 단어
mark 표시 remark 주목하다/진술하다	표시(mark)는 토지나 국토의 경계다/ 정확한(re) 표시는 눈에 띄기 쉽다(remarkable)/ 사람들은 더 확실한(re) 표시에 대해 주목하게(remark) 된다/ 정확하게 표현하고 싶다면 말에 정확한(re) 한계를 그어 진술해야(remark) 한다/ 분계선(demarcation zone)은 서로 떨어져(de) 있도록 표시한 구역이다. 남북한 사이에는 DMZ가 있다.	remarkable 눈에 띄는 demarcation 분계/경계
margin 변두리/이익	경계가 있는 변두리(margin)는 추상적으로 덧붙인 부분을 의미하므로 이익(margin)이 됐다/ 귀족 가운데 후작(marquis)은 변경을 지키므로 변경백이라고도 한다.	marquis 후작
Denmark 덴마크	영국의 서쪽 변두리는 웨일스어로 캄브리아(Cambria)라고 한다. 음운도치다/ 프랑크 왕국의 북쪽에 데인(Dane)족이 사는 경계 지역은 덴마크(Denmark)가 됐다. 오스트리아(Austria)도 프랑크 왕국의 동쪽(aust-east) 경계라는 뜻인 Austmark에서 나온 말이다.	Cambria (웨일스) 캄브리아

mortal

치명적인

어근 변화 mor▷mbr▷mur
어원 의미 완전한 우주로부터 떨어져 나온 작은 부스러기는 한계(m)를 가진 존재이므로 결국 죽는다.

기본 단어	어원 스토리	고급 단어
mortal 치명적인	인간은 곧 죽음의(mortal) 운명을 맞는다/ 진시황은 죽지 않는 (im) 불사(immortality)를 염원했지만 실패했다/ 병적(morbid) 상태는 곧 죽을 수도 있는 상태다/ 금속을 갉아 먹는 부식성 (mordant) 화학 물질도 있다/ 죽은 후에는 몸이 갑자기 굳는(rig-rigid) 사후 경직(rigor mortis)이 온다/ 영안실(mortuary)은 죽은 자가 잠시 머무는 곳이다/ 양심의 가책(remorse)은 마음을 철저히(re) 갉아서 잘못한 일을 후회하는 것이다.	morbid 병적인 mordant 부식성의/신랄한 mortuary 영안실 remorse 양심의 가책 immortality 불사
mortgage (금융) 저당/할부	저당(mortgage)은 돈을 못 갚으면 소유권을 죽인다는 약속 (gage)이다/ 회반죽(mortar)은 회덩어리를 공이(mortar)로 빻아 죽여 만든 가루다/ 박격포(mortar)도 적을 빻아 죽인다.	mortar 회반죽/공이/박격포
murder 살인 smart 똑똑한	살인(murder)은 남을 죽이는 죄악이다/ 갑자기 맞아 느끼는 순간 적인(s) 통증(smart)은 정신을 번쩍 들게 하므로 똑똑하다는 의미 가 됐다. smart phone은 똑똑한 전화기라는 뜻이다.	
nightmare 악몽	신들은 먹으면 죽지 않는(a) 불사의 음식(ambrosia)을 먹었다/ 악몽(nightmare)은 꿈꾸는 자에 올라타 질식시키는 악마를 의미 했다.	ambrosia 신이 마시는 음료

defend

방어하다

어근 변화 fen▷gun
어원 의미 상대방을 강하게(g→f=b) 때려야 자신이 산다는 원리는 자연의 법칙이므로 동물은 공격하고 방어한다.

기본 단어	어원 스토리	고급 단어
defend 방어하다 offend 도발하다/ 감정을 해치다 offensive 무례한 fender 흙받이	자신을 방어하기(defend) 위해서는 들어오는 공격을 밀어내야(de) 한다/ 먼저 남에게(o) 공격을 가하는 사람이 싸움을 도발하는(offend) 자다/ 무례한(offensive) 행동은 상대방의 의사에 반해서 공격하는 동작이다/ 울타리(fence)도 도발해 오는 공격을 막기 위한 장치다/ 흙을 밀어내는 자동차의 흙받이(fender)도 있다 ▶ 서부 개척기에 철로를 마음대로 건너 다닌 소떼를 보호하기 위해 기관차 앞에 설치했던 완충 장치는 cowcatcher라고 불렀다. 후에 방송 직전에 내보내는 프로그램 앞 광고를 의미하게 됐다.	fence 울타리
gun 권총.	스칸디나비아에서는 투석기(석궁)를 여자 이름으로 쓰인 군힐더(Gunhilder)라고 불렀다. 이것이 축약되어 총(gun)이 됐다. Gunhilder는 전쟁에서(gun) 용감하다(hild)는 의미다/ 총으로 쏴서 눕히는(gundown) 것은 총격, 총살이다.	gundown 총격/총살

labor

노동

어근 변화 lab▷lav▷lip▷leep▷loaf▷lim▷lum▷lump▷ling▷lur▷lunch▷hump
어원 의미 원죄를 지은 인간은 무거운(p→v→f=b) 짐을 지고 미끄러지며(l) 영원히 노동해야 한다고 성서는 기록했다.

기본 단어	어원 스토리	고급 단어
labor 노동 laboratory 실험실	짐을 지고 미끄러지며 일하는 것이 노동(labor)이다/ 협동하는 (collaborate) 사람들은 같은(co) 목표를 갖고 일하는 사람들이다/ 정교한(elaborate) 작업은 일한 결과가 밖으로(e) 잘 드러나게 하는 작업이다/ 실험실(laboratory)에서는 수많은 시험적인 일을 한다/ 늘어진 입술과 이빨(dent-tooth) 사이에서 나는 소리는 순치음(labiodental)이다/ 용암(lava)은 화산이 녹아 미끄러져 흐르는 것이다.	collaborate 협동하다 elaborate 정교한/상술하다 labiodental 순치음 lava 용암
slide 미끄러지다 sleep 잠 slim 날씬한 slum 빈민굴 slump 경기 침체/급감하다 lip 입술 hump 꼽추/솟은 곳	피곤하면 미끄러지(slide)듯 잠(sleep)에 빠져 든다/ 호리호리한 (slim) 몸매는 아래로 흘러 내려가는 아름다운 선을 가진다/ 미끄러져 들어가는 빈민굴(slum)은 잠이나 자는(slumber) 허술한 공간이다/ 불황(slump)이 오면 경제는 미끄러진다/ 입술(lip)도 잘 미끄러진다/ 꼽추(hump)는 등에 미끄러지는 무거운 덩어리를 지고 있다는 의미다.	slumber 수면에 빠지다
loaf 덩어리 lump 덩어리 lunch 점심	덩어리(lump)도 일정한 모양 없이 미끌어지는 모양이다/ 점심 (lunch)은 작은 빵덩이(loaf)를 먹는 것이다 ▶아침(breakfast)은 밤새 쪼그라든(fast) 위장에 음식을 넣어 단식(fast)을 깬다 (break)는 뜻이다/ 언제나 비어 있는 창자의 일부인 공장을 라틴어로 jejunum이라고 한다. 이 공장에 음식을 넣어 채우는(dis) 것을 프랑스어로 disjejuner라 한다. 영어에서 정찬(dinner)으로 확장됐다.	

기본 단어	어원 스토리	고급 단어
sling 새총/던지다	원하지 않는 곳으로 미끄러지면 타락(lapse)이다/ 모든(co) 것이 다 미끄러지고 흘러내려 붕괴하면(collapse) 원래의 모습이 없어진다/ 시간은 화살과 같이 빠르게 지나간다(elapse)/ 탈장(prolapse)은 자궁이나 장기가 몸 밖으로(pro) 미끄러지는 증상이다/ 새총(sling)의 고무줄을 길게 늘렸다 놓으면 강력한 힘을 얻을 수 있다.	lapse 타락/실수 collapse 붕괴하다 elapse 빠르게 지나가다 prolapse 탈장

tape
테이프

어근 변화 tap▷temp▷tent▷tens(m/n 첨가)
어원 의미 두꺼운 것을 옆으로(t) 늘이면 얇아지면서 면적(t−s=p)이 증가한다.

기본 단어	어원 스토리	고급 단어
tape 테이프	편편하게 펴진 납작끈은 테이프(tape)다/ 색실로 수놓은 색실주단 (tapestry-테피스트리)은 넓게 펴서 벽에 걸어 놓는다.	tapestry 테피스트리/색실주단
temple 사원/신전	고대의 사원(temple)은 엄청나게 넓은 땅 위에 수많은 사람들이 오랫동안 지은 건축물이었다/ 사원에서 복점관이 모든(con) 별들을 관찰하고 깊이 명상해(contemplate) 국가의 운명을 점쳤다/ 복점관의 역할은 사제에게 옮겨졌으므로 사제들도 명상적 생활 (contemplative life)을 이어 받았다/ 예루살렘의 유명한 사원에서 출발했다는 템플러 기사단(Knight Templar)은 중세 유럽에서 방문한 순례객의 안전을 돌보는 일로 시작됐지만 엄청난 권력을 가진 종교단체로 변했다.	contemplate 명상하다/고려하다
attempt 시도하다 tent 텐트/천막	목표를 향해(a) 손을 길게 펴서 시도하는(attempt) 자는 언젠가는 목표에 닿을 수 있다/ 유혹(temptation)의 손길은 소리 없이 긴 손을 뻗혀 온다/ 사나운 폭풍(tempest)도 사방으로 비바람을 몰고 온다/ 텐트(tent)는 천을 넓고 팽팽하게 편 천막이다.	tempest 사나운 폭풍 temptation 유혹
tense 시제/긴장한	곤충은 촉수(tentacle)를 사방으로 펴서 주변을 탐지한다/ 잠정적인(tentative) 조치는 일시적으로 펴는 임시방편이다/ 문법의 시제 (tense)는 시간을 펴고 줄여서 나타나는 시점을 의미한다.	tentacle 촉수 tentative 일시적인
temporary 일시적인 temp 템포	연말에 고아들에게 주어지는 일시적인(temporary) 선물은 짧은 시간 동안의 위로다/ 음악 연주의 속도(tempo)는 음의 길이를 길게, 혹은 짧게 펴는 것을 말한다/ 같은(con) 시간을 의미하 <동시대의(contemporary)>는 현대적이라는 뜻으로도 쓴다.	contemporary 당대의/현대의
temperature 온도 tempera (회화) 템페라	기온은 온도(temperature)가 늘거나 줄면서 변화하는 현상이다/ 기질이나 성질(temper)도 늘어나거나 줄어드는 사람의 성격이다/ 격분(temperament)은 과도하게 늘어난 기질이고 자제 (temperance)하는 성질은 적절하게 줄인 기질을 말하다/ 템페라 (tempera) 화법은 물감을 달걀 노른자에 풀어 화폭에 넓게 펴는	temper 기질 temperament 과격한 성질 temperance

기법으로 현대 유화의 기원이다.

자제

sand

모래

어근 변화 ps▷s

어원 의미 큰 돌이 잘게(ps=s) 쪼개지면 모래가 된다. 중동지역은 사막 지역이므로 모래를 신격화했다.

기본 단어	어원 스토리	고급 단어
sand 모래	작다는 뜻의 그리스어 (ps)에 (and)가 첨가된 뒤 (p)가 탈락하고 모래(sand)가 됐다/ (ps)에 (amm)이 첨가된 뒤 (ps)가 모두 탈락해 남은 것이 암모니아(ammonia)다. 고대 아몬(ammon) 신전에는 주인이 기도를 드리는 동안 낙타들이 줄에 묶여 있었다. 이 낙타들이 싼 오줌이 암모니아로 굳었다. 결국 모래는 모래의 신 아몬(ammon)이 되고, 신전 앞 모래는 암모니아가 됐다.	ammonia 암모니아
	모래가 응고돼서 형성된 암석은 사암(psammite)이다/ 고대 그리스인들은 모래가 굳은 조약돌로 투표함으로써 법안을 통과(psephism)시켰다.	psammite 사암 psephism 선거학/투표
	그리스 알파벳에는 작은 (e)에 해당하는 엡실론(epsilon)도 있고, 작은 (u)에 해당하는 입실론(upsilon)도 있다 ▶또 큰(mega) O에 해당한 오메가(Ω)도 있고, 작은(micr) o에 해당한 오미크론(o)도 있다.	epsilon (그리스) 엡실론 upsilon (그리스) 입실론

love

사랑

어근 변화 lib▷lov▷leav▷lif
어원 의미 사랑은 원래 육체적 욕망으로 단단히(f–v=b) 묶는다(l)는 뜻이다. 믿음은 사랑으로부터 왔다.

기본 단어	어원 스토리	고급 단어
love 사랑 lovely 아름다운/좋은 lovable 사랑스러운	욕망의 부드러운 표현은 사랑(love)이다/ 아름다운(lovely) 여인에게는 호감이 간다(lovable) ▶테니스 경기에서 0점을 나타내는 love는 프랑스어 l'oeuf(oeuf-avum-egg-알)에서 왔다. 알의 모양이 0과 같기 때문이다.	
belief 믿음	믿음(belief)은 완전한(be-ambi-all) 사랑이라는 의미다/ 좋을 대로 하라는 허락(leave)에서 결근계(leave of absence)가 나왔다.	leave 허락
	사랑의 본능인 욕망(libido)을 프로이트는 행동의 동기에 내재된 본능적 활동력이라고 규정했다/ 성적 욕망이 강하면 음란해질(libidinous) 수 있다.	libido 성욕 libidinous 음탕한

tame

길들이다

어근 변화 tam▷dam▷dom
어원 의미 집은 빛(t=d)을 가두는 조각(m)이고, 집에 갇힌 동물은 길들여진다.

기본 단어	어원 스토리	고급 단어
diamond 다이아몬드	길들여지지 않는다(a)는 뜻의 adamant에 접두사(dia-through)를 붙여 다이아몬드(diamond)가 나왔다. 다이아몬드는 빛을 사방으로(dia) 반사하는, 도저히 길들일 수 없는 보석이라는 뜻이다.	
domination 지배 tame 길들이다	지배(domination)는 나의 집에 가두어 통제한다는 뜻이다/ 압도하려면(predominate) 상대를 먼저(pre) 길들여야 한다/ 절대 길들여지지 않는(in) 불굴의(indomitable) 영웅들도 있다/ 가축은 길들여진(tame) 동물이다.	predominate 압도하다 indomitable 불굴의

female

여성

어근 변화 fet▷fec▷fel▷fem▷fil▷thel
어원 의미 빛(p-f-th=b)은 생명의 근원이므로 사랑이다. 여성은 빛의 에너지인 젖을 주므로 사랑을 주는 존재다.

기본 단어	어원 스토리	고급 단어
female 여성	여성(female)은 아기에게 젖과 사랑을 주는 존재다/ 여성스러움 (feminine)은 젖과 사랑을 줄 수 있는 부드러운 성격이다/ 매우 부 드러운 성격을 보여 주는(e) 여성스러운(effeminate) 사람은 어머 니와 누나다.	feminine 여성의/여성스러운 effeminate 여성스러운
	뱃속의 태아(fetus)는 어머니의 영양분을 먹고 자란다/ 태아 의(fetal) 생명을 의도적으로 잘라(cid-cut) 없애는 임신 중절 (feticide)이나, 영아 살해(feticide)는 모두 저항할 수 없는 아기를 죽이는 것이다.	fetus 태아 fetal 태아의 feticide 영아 살해/임신 중절
	고대에는 쉽게 임신하는(fecund) 여성을 선호했다/ 생식력 (fecundity)은 농업 생산력의 향상을 의미했기 때문이다.	fecund 다산의 fecundity 생식력
	어머니의 젖을 먹고 자란 자식의(filial) 고마움(piety)을 효도 (filial piety)라고 한다/ 자식은 어머니의 젖을 먹을 때 더없는 행복 (felicity)를 느끼기 때문이다/ 어머니와 자식과 같이 묶여 합병된 (affiliate) 회사는 같은 목표를 갖는다/ 구강성교(fellatio)는 어머 니의 젖을 빠는 것에서 파생되었다/ 아기가 젖을 빨 때 생기는 염 증(tis)은 유두염(thelitis)이다.	filial 자식의 felicity (자식의) 더없는 행복 affiliate 합병하다/제휴하다 fellatio 구강성교 thelitis 유두염

title

제목

어근 변화 tel▷til▷tl
어원 의미 땅(t)은 평면으로부터 들려(l) 고유한 기울기를 가진 것으로 인식됐다. 좋은 땅은 기울기가 없는 평야였다.

기본 단어	어원 스토리	고급 단어
title 제목	평평한 나무판은 자신만의 기울기를 가진다. 기울어진 판 위에 쓴 큰 글씨가 제목(title)이다/ 명목상(titular) 이름은 내용이 다르다는 뜻이다/ 자격이나 권한을 부여하려면(entitle) 직함의 이름을 평판에 넣어(en) 주어야 한다. 땅도 자신만의 경사도(tilt)를 가진다/ 인간은 경사도를 가진 땅의 (tellurian) 영향을 받는다.	titular 표제의/명목상의 entitle 자격을 주다 tilt 기울다 tellurian 땅의/지구의

free

자유로운

어근 변화 phir▷fra▷fre▷fri
어원 의미 자신의 의지대로(ph-f=b) 행동하는(r) 것이 자유다. 특히 자식에게는 자유로운 행동이 허락된다.

기본 단어	어원 스토리	고급 단어
free 자유로운 friend 친구	인간은 자식처럼 자유로운(free) 삶을 오랫동안 염원해 왔다/ 자유 (freedom)를 향한 인간의 투쟁은 역사 그 자체였다/ 친구(friend) 도 맘대로 행동해도 놔 두는 존재다/ 종루(belfry)는 원래 성(bel-brough)을 둘러싼 벽을 향해 자유롭게 움직이는 공격용 탑을 의 미했다. 이로부터 bel이 bell로 착각되어 종루로 변했다.	belfry 종루
fright 공포. 겁 afraid 두려운	아무에게나(a) 멋대로 행동하는 망나니는 두려운(afraid) 존재다/ 소란 행위(affray)도 제멋대로 벌이는 행동을 말한다/ 제멋대로 행 동하면 주변 사람에게 공포(fright)를 야기시킬 수 있다.	affray 소란한 행위
Frederik (독일) 프레데릭 Siegfrid (독일) 지그프리드 sapphire 사파이어	사람 이름 프레드릭(Frederik)은 자유를 가져 온 지도자(rik-rig) 라는 뜻이다/ 지그프리드(Siegfried)도 평화를 잡아 오는(sieg-siege) 존재라는 의미다/ 사파이어(sapphire)는 자식처럼 귀중한 보석이라는 뜻이다.	

peninsular
반도

어근 변화 pat▷pas▷pain▷pen
어원 의미 몸을 정화하면(p) 신(t−s−n=d)에게 점점 가까워지므로 신에게 거의 다다른 상태다.

기본 단어	어원 스토리	고급 단어
peninsula 반도	거의 바다(sul-salt-소금) 속에 들어(in)갈 뻔한 섬(insula)이 반도 (peninsula)다 ▶쓸개 속의 랑게르한스 섬(insula)에서 나오는 호르몬 물질(in)은 인슐린(insulin)이다. 인슐린은 혈액 속의 당을 조절하는 역할을 한다/ 일식과 월식에서 태양이나 달에 나타나는 얇은 그늘(umbra)이 반음영(penumbra)다.	penumbra 반음영
patient 환자/인내심 있는 patience 인내 repent 후회	환자(patient)는 거의 죽음에 이를 수도 있는 존재다/ 거의 죽을 것 같은 고통을 참는 것이 인내(patience)다/ 후회(repent)는 거의 죽을 것 같은 고통을 다시 겪는 것이다.	
passive 수동적인	동정(compassion)은 같은(com) 아픔을 느끼는 것이다/ 거의 죽을 수 있는 소심한 자세는 수동적인(passive) 자세다/ 예수는 거의 죽기를 각오한 열정(passion)으로 고통을 겪었으므로 예수의 수난을 <Passion of Christ>라고 불렀다. 최후의 만찬에서 십자가에 못 박히는 과정으로 예수가 겪은 극심한 고통이었다. 수많은 미술 소재가 됐다.	compassion 동정 passion 열정/격정

torture

고문

어근 변화 torm▷torn▷tort▷tors▷torq▷torch▷tric▷trig▷turt▷thwart
어원 의미 비틀어 폭(th=t)을 줄이면(n-t-q-c-ch-g=m) 원래의 모양은 왜곡되어 일그러진다.

기본 단어	어원 스토리	고급 단어
torture 고문	고문(torture)은 몸을 비틀어 아픔을 주는 행위다/ 왜곡하면 (distort) 원래의 모양을 나쁘게(dis) 비틀었으므로 진실을 알 수 없다/ 제국들은 약소국의 팔을 비틀어 국권을 강탈했다(extort)/ 강자는 거의 예외 없이 약자를 괴롭혔다(torment)/ 약자들도 살아 남기 위해 다시(re) 보복했다(retort)/ 그러나 강자는 약자의 저항 의지를 좌절시켰다(thwart).	distort 왜곡하다 extort 강탈하다 retort 보복하다 thwart 좌절시키다 torment 괴롭히다
	내부(in)가 꼬여 복잡한(intricate) 복합 민족국가는 민족 간 충돌 로 불안하다/ 음모를 꾸미는(intrigue) 자는 내부에서(in) 은밀하게 일을 얽어 꾸미는 자다/ 유대인은 계속 잡아 놓으려는 이집트로부 터(ex) 빠져 나와(extricate) 사막으로 향했다.	intricate 복잡한 intrigue 음모를 꾸미다 extricate 빠져 나오다
torch 횃불 tornado 토네이도 turtle/tortoise 거북이	횃불(torch)은 원래 갈대를 비틀어 만들었다/ 스포츠카는 회전 모 멘트인 토크(torque)를 중시한다/ 스프링은 비틀림(torsion)의 복 원력이 좋아야 한다/ 미국의 토네이도(tornado)는 회오리 바람을 일컫는다/ 거북이(turtle, tortoise)의 다리는 심하게 뒤틀려 있다.	torque 회전 모멘트 torsion 비틀림

vary

변경하다

어근 변화 var▷ver
어원 의미 방향을 바꾸어(v) 가면(r) 모양이 변한다.

기본 단어

vary
변하다
various
다양한
variety
다양성
veranda
베란다

어원 스토리

여러 모양으로 다양하게(various) 변하는(vary) 다양성(variety)
은 민주주의의 핵심 가치다/ 베란다(veranda)는 1층의 지붕이 2
층의 바닥으로 바뀐 건축 부분을 말한다 ▶발코니(balcony)는 2
층 이상의 창문 밖에 나무토막(balc-beam)으로 지은 건축 부분
이다/ 테라스(terrace)는 계단식 땅(ter)처럼 생긴 건축물이다.

고급 단어

colomn

기둥

어근 변화 cal▷col▷cyl▷shoul
어원 의미 원(sh=c)은 둥글게 이어진(l) 선이다. 불규칙한 각도로 움직이면 구불구불한 선을 그린다.

기본 단어	어원 스토리	고급 단어
colon 방점/창자	문장이 잠시 쉬는 콜론(colon)은 두 개의 동그란 점이다 ▶문장이 완전히(per) 끝나는 곳에는 하나의 점(period)을 찍는다/ 큰 창자(colon)도 구불구불하다/ 구불구불 먼 길을 가서 세운 식민지(colony)도 있다.	colony 식민지/거주 지역
column 기둥/군대 대형	그리스의 둥근 기둥(column)은 눕혀 놓으면 긴 직사각형이므로 군대의 대형이나 신문의 긴 기사단으로 의미가 확장됐다.	
calendar 달력 cylinder 실린더/통 shoulder 어깨	달력(calendar)은 원래 둥글게 만 두루마리에 쓴 날짜(dar-day)다/ 피스톤은 속이 빈 둥근 원통(cylinder)을 드나든다/ 어깨(shoulder)는 팔을 둥글게 돌리는 회전 중심이다.	

vaccine

백신

어근 변화 vac▷cow(v/c 음운도치)
어원 의미 둥근(c) 들판을 돌아다니며(w=v) 풀을 뜯는 암소의 결핵균을 인간에 주사하면 같은 항체(antibody)가 생긴다.

기본 단어	어원 스토리	고급 단어
vaccine 백신/항생물질 cow 암소	마마를 앓은 암소(cow)에게서 나온 항생물질(vaccine)을 인간에게 주사하면 같은 항체를 만들어 주었으므로 일반적인 예방접종(vaccination)이 됐다/ 암소(cow)는 (vac)의 음운도치다.	vaccination 예방접종

train

기차

어근 변화 tract▷trail▷tram▷train▷trait▷treat▷drag
어원 의미 한 장소에서 다른 장소로(tr) 끌고 가려면(ct—l—m—n—t=g) 길과 견인차가 있어야 한다.

기본 단어	어원 스토리	고급 단어
train 기차 trace 발자국/추적하다 trailer 이동주택 견인차 tram 전차	기차(train)는 끌고 가는 견인차다/ 동물이나 사람이 지나간 곳에는 발자국(trace)이 남는다/ 다니도록 길게 펼쳐진 땅은 구역(tract)이고, 농기계를 견인하는 차는 트랙터(tractor)다/ 차가 밟고 지나는 좁은 길은 궤도(track)다/ 온순한(tractable) 사람은 길을 잘 따라오는 사람이다/ 이동식 주택을 끄는 차는 트레일러(trailer)다/ 붓이 지나면서 그은 한 획(trait)이 특색(trait)으로 변했다/ 일정한 궤도를 타고 도시를 도는 전차(tram)도 있다/ 트레킹(trekking)은 스스로 길을 내며 오르는 등산이다.	tract 지역/지대 tractable 온순한 trait 특색 tractor 트랙터
treat 다루다 treaty 조약	잘 다루는(treat) 것은 길을 따라 잘 끌고 가는 것이다/ 조약(treaty)은 양측이 합의해 이끌어 낸 합의 문서다/ 논문(treatise)도 논리적으로 이끌어 낸 학문적인 글이다.	treatise 논문
attract 유인하다 attractive 매력적인 drag 끌고 가다 abstractive 추상적인	유인하려면(attract) 자신의 길로(a) 끌고 가야 한다/ 다른 사람을 자신에게 당기는 사람은 매력적인(attractive) 사람이다/ 계약(contract)은 서로(con) 합의를 보고 이끌어 낸 약속이다. 구체적인 것으로부터(abs-from) 이끌어 낸 추상적인(abstractive) 것은 눈에 보이지 않는 것이다/ 한약은 약초로부터 뽑아낸(extract) 추출물이다/ 기분을 전환하기(distract) 위해서는 마음을 일상 궤도에서 벗어나게(dis) 해야 한다/ 소는 마차를 끌고(drag) 간다.	contract 계약 attract 유인하다 extract 추출하다 distract 기분전환하다

wage

임금

어근 변화 gag▷wag▷wed
어원 의미 결혼은 신(g=d) 앞에서 약속하는 말(g-w=v)이므로 신성한 것이었다.

기본 단어	어원 스토리	고급 단어
wage 임금/일을 벌이다 wed 결혼하다	일하면 주기로 한 금전적 약속이 임금(wage)이다 ▶봉급(salary)은 로마 시대에 병사에게 지급됐던 소금(salt)으로부터 유래했다. 소금은 식품 저장을 위한 필수품으로 거의 화폐처럼 쓰였으므로 봉급으로 굳어졌다/ 남자와 여자가 사회적, 성적으로 약속하고 결혼하면(wed) 가정을 이룬다/ 결혼 생활(wedlock)은 단단히 (lock) 묶인 약속이므로 거친 남자라도 속박된다. <나이와 결혼만이 남자와 짐승을 길들일 수 있다>는 격언도 있다.	wedlock 혼인 상태
engage 몰두하다/사로잡다 engagement 약속/약혼	강대국은 약소국의 일에(in) 맞물려 간섭함으로써 개입한다 (engage)/ 남녀가 손가락을 걸고 결혼하자는 약속에 들어가는 (in) 것이 약혼(engagement)이다/ 빌린 돈을 갚지 못하면 담보물의 소유권을 죽인다(mort)는 약속이 담보 대출이나 저당 (mortgage)이다. 게이지(gage)는 꼭 맞추어 치수를 재는 도구다.	mortgage (금융) 저당/대출/ gage 치수/게이지

axle

축

어근 변화 ax▷ais▷al▷arm(m 첨가)
어원 의미 나뭇가지들은 줄기를 중심으로 빙 둘러 정렬한다(x→s→ㅓ→ㄹ).

기본 단어	어원 스토리	고급 단어
axle 차축 axis 중심축	차의 바퀴는 축(axle)을 중심으로 회전한다/ 행성은 태양을 중심축(axis)으로 원운동을 한다/ 나뭇가지가 빙 둘러 나오는 줄기의 중심점을 엽액(axil)이라고 부른다/ 해부학상으로 팔이 뻗어 나오는 지점은 겨드랑이(axilla)라고 한다/ 신경돌기(axon)에서는 신경들이 돌아가며 돋아나는 곳이다.	axil (수림) 엽액 axilla (해부학) 겨드랑이 axon (해부학) 신경돌기
aisle 복도 arm 팔	새의 날개(ala)도 몸통을 중심으로 돋아난다/ 긴 복도(aisle)에서 각 방으로 들어가는 길들이 뻗어 나간다/ 팔(arm)은 축에 해당하는 몸통을 중심으로 자란 신체기관이다/ 팔이 몸통에 붙어 있는 부분에는 움푹 팬 구덩이(pit) 모양의 겨드랑이(armpit)가 있다.	ala (해부학) 날개 armpit 겨드랑이

senior

연상의

어근 변화 sen▷sign▷sir▷sieur
어원 의미 오랫동안 숨(en)과 붙어(s) 있는 연장자는 지혜를 가진 자로 여겨졌으므로 존경의 대상이 됐다.

기본 단어	어원 스토리	고급 단어
senior 연상의/연장자의 senate 상원 sir 네!/존칭 monsieur (프랑스) 씨 signor (스페인) 씨	연장자의(senior)는 라틴어 <늙은>의 비교급이다/ 고대에는 나이 든 연장자가 정치, 사회적 권력을 가졌으므로 로마의 원로원(senate)은 각 부족의 연장자들의 모임이었다. 현재 이원제 국회의 상원이 됐다. 존칭 (sir)는 노인을 존경하던 고대 관습의 흔적이다/ 프랑스어 무슈(monsieur)는 나의(mon) 존경하는 어른이라는 뜻이다/ 스페인어 존칭 시뇨르(signor)도 노인을 의미한다 ▶씨(mister)는 주인님(master)에서 왔다. 예수를 지칭하는 주님도 나를 인도하는 주인님이라는 뜻이다.	

revolution

혁명

어근 변화 val▷vaul▷vel▷vol▷vul▷wal▷wil▷hel
어원 의미 붙어(l) 있던 곳이 돌아가며 떨어지면(w→h=v) 회전운동이다.

기본 단어	어원 스토리	고급 단어
revolution 혁명/공전 revolver 연발권총 involve 포함하다 vulva 여성의 음부 envelope 봉투	기존 정치체제를 뒤집어(re) 없는 혁명(revolution)은 정치 변혁이다/ 연발권총(revolver)은 총알집이 계속(re) 돌아가므로 총알이 연속으로 발사된다/ 내용물을 안으로(in) 말아 넣으면 포함한다(involve)/ 생물은 안에 말렸던 성질을 밖으로(e) 펼치면서 서서히 진화한다(evolve)/ 모든(con) 실오라기들이 제멋대로 감기면 뒤엉키게 된다(convolve)/ 여성 음부(vulva)는 잎이 말린 모습을 연상시킨다고 여겼다/ 봉투(envelope)는 편지를 접어 넣는(en) 주머니다.	evolve 진화하다/발전하다 convolve 뒤엉키다
vale 골짜기 velly 계곡 volume 책의 권/분량 valve 밸브	아래로 말려 휘어진 골짜기(vale)의 축소형(ly)은 계곡(velly)이다/ 책을 권(volume)으로 세는 이유는 두루마리였기 때문이다/ 둘둘 만 두루마리는 부피(volume)도 커진다/ 달걀 모양으로 둥글게 휘어진 아치형 천장(vault)은 성당의 천장이다/ 접이식 문짝(velve)은 구멍이나 입구를 막는 작은 밸브(valve)로 변했다.	vault 둥근 천장/금고
wallet 지갑/가방 walk 걷다 waltz (춤) 왈츠/	지갑(wallet)은 종이돈을 접어서 넣는 곳이다 ▶나무를 잘라(cash-cut) 만든 상자에 넣었던 동전은 현금(cash)으로 정착했다/ 걷는(walk) 행동을 보면 양발을 교대로 접어서 내딛는다/ 왈츠(waltz)는 걷는 행동을 음율에 맞춘 춤이다/ 버드나무(willow)의 가지는 잘 휘어진다.	willow 버드나무
Hellen (그리스) 헬렌 Hellespont (그리스) 헬레스폰테	갈대를 비틀어 만든 횃불의 빛을 뜻하는 이름은 헬렌(Hellen)이다. 그리스 신화의 대홍수 후에 처음 태어난 Hellen을 그리스인들은 자신들의 조상이라고 불렀으므로 그리스인들은 자신들을 Hellenist라고 부르길 선호한다 ▶그리스(Greece)는 로마인들이 붙인 이름이다/ 유럽과 아시아 대륙 사이의 좁은 해협은 원래	

Hellespont라고 불렀다. 테베 왕의 딸 Helle가 황금 양을 타고 날아가다 떨어진 좁은 해협(pont-다리)이라는 뜻이다. 지금은 다아다넬즈(Dardanelles) 해협이라고 부른다. 해협은 비틀어져 좁아진 바다다.

own

소유하다

어근 변화 ough▷ow
어원 의미 손가락을 구부려(w—gh=g) 잡은 물건이 소유물이다.

기본 단어	어원 스토리	고급 단어
own 소유하다 owe 빚지다 ought 의무가 있다	소유하는(own) 것은 빚지는(owe) 것과 하나로 연결된 행동이다. 누군가 가지려면 누군가가 빌려 줘야 하기 때문이다/ 빚은 분명히 갚아야 될 의무가 있다(ought).	

stake

말뚝

어근 변화 stack▷stak▷stag▷stock▷sting(n 첨가)▷tach
어원 의미 말뚝을 대고(s) 박으면 일정한 두께(t)를 가로지르면서(ck→k→ch=g) 관통한다.

기본 단어	어원 스토리	고급 단어
stake 말뚝/내기 stick 막대기 steak 구운 고기	옛날에는 말뚝(stake)에 물건을 올려 놓고 내기(stake)를 했다/ 자기가 건 몫(stake)은 말뚝에 올려 놨다/ 고기는 막대기(stick)에 꽂아서 불에 구워 먹었으므로 구운 고기(steak)가 파생됐다/ 계속 쌓아 올린 건초(stack)는 큰 막대 모양이 됐다.	stack 건초더미
stock 주식/채권/가축	크고 긴 막대기는 비틀거리며(stagger) 넘어진다/ 나뭇가지가 무럭무럭 자라듯이 주식(stock)도 가치가 계속 늘어난다/ 가축(stock)도 계속해서 새끼를 치면서 그 수가 불어난다. 이자율도 가축이 새끼를 낳아 불어난 비율에서 비롯됐다.	stagger 비틀거리다
sting 벌침 attach 붙이다 attack 공격/폭행	말뚝을 이어서(ade) 박은 방파제(stockade)는 거친 파도를 막는다/ 가늘고 뾰족한 침(sting)을 가진 벌에 쏘이면 아프다/ 공지사항은 뾰족한 침으로 찔러 광고판에(a) 붙인다(attach)/ 원시의 전쟁은 긴 막대기를 적에게(a) 찌르면서 공격하는(attack) 것이었다/ 담당관(attache)은 특정한 업무에(a) 붙어 있는 관료다.	stockade 방파제 attache 수행원/담당관

let

놔 두다

어근 변화 lat▷let▷len
어원 의미 빛(t=d)이 사방으로 풀어지듯, 속박하지 않고 풀어(l) 놓으면 제멋대로 움직인다.

기본 단어	어원 스토리	고급 단어
let 놔두다 outlet 출구/직판장 late 늦은	자신의 의지대로 하도록 놔 두면(let) 간섭할 수 없다/ 공장 밖으로 (out) 물건이 나가도록 놔 둔 직판장(outlet)은 유통 과정을 생략하는 판매 방식이다/ 출구(outlet)는 빠져 나가도록(out) 열린 곳이다/ 입구(inlet)에는 물이 맘대로 들어(in)온다/ 시간을 강제하지 않고 놔 두면 늦어진다(late).	inlet 작은 해협/주입기
	자신의 의지대로 하도록 잘 허락하는 사람은 인자한(lenient) 사람이다.	lenient 인자한

wax

벌집

어근 변화 vesp▷wax▷wasp▷waf▷web▷wav▷weav
어원 의미 일벌들은 계속해서 작은 집을 지어, 넓은 천 모양으로 벌집을 넓혀 간다(w=v).

기본 단어	어원 스토리	고급 단어
wax 벌집	벌은 규격이 똑같은 집들을 이은 벌집(wax)을 짓는다 ▶그러나 달이 보름달로 차는 wax는 점점 커진다(aug-increase)에서 나온 말이다.	
weave 천을 짜다 web 천 wafer 웨이퍼 waffle 와플 wave 파도	날줄과 씨줄을 규칙적으로 교차시키며 짠(weave) 천(web)은 벌집 모양이다/ 컴퓨터의 사이버 공간도 천처럼 잘 짜여져 있으므로 웹사이트(website)다/ 웨이퍼(wafer)와 와플(waffle)은 가로 세로 줄이 가도록 얇게 구운 과자다/ 파도(wave)도 움직이면 천처럼 출렁댄다.	website 컴퓨터공간
	벌집을 짓는 말벌(vespine) 집을 건드리지 마세요/ 땅벌(wasp)은 작지만 쏘이면 매우 아프다.	vespine 말벌의 wasp 땅벌

mushroom

버섯

어근 변화 myx▷mug▷mud▷mold▷muc▷myc▷mos▷mois▷mus▷match▷mish▷myr
어원 의미 습기가 많은 호수의 가장자리(m)에는 미끄러운 버섯과 이끼가 잘 자란다.

기본 단어	어원 스토리	고급 단어
mushroom 버섯/퍼지다 moss 이끼 moist 습기 match 성냥	축축한 곳에서 자라는 버섯(mushroom)은 미끌거린다/ 이끼 (moss)도 습기가 많은 곳에서 자란다/ 이끼류를 연구하는(log) 학 문은 선태류학(muscology)이다/ 습기(moist)도 물방울이 만드는 물기다/ 무수히 많은(myriad) 밤하늘의 별들도 마치 흘러가는 듯 보인다/ 성냥(match)도 성냥골을 미끄러뜨려 문질러야 불을 붙일 수 있다/ 미끄러운 점액 물질(in)은 점액소(mucin)다.	muscology 선태류학 myriad 수많은 mucin 점액소
mud 진흙 mold 곰팡이 mustard 겨자	진흙(mud)도 미끌거린다/ 마구 뒤섞어(muddle) 놓으면 원래 의 재료를 구분할 수 없다/ 곰팡이(mold)는 습한 곳에서 핀다/ 물 가에서 자라는 겨자(mustard)로는 소스를 만든다/ 습지나 수렁 (quagmire)에 들어가면 발이 계속 빠져(quag-quake-흔들거리 다) 들어간다.	muddle 뒤섞다 quagmire 수렁
	버섯을 못 먹는 사람도 있고 매우 좋아하는(phil-love) 사람 (mycophile)도 있다/ 점액성 물질을 내는 종양(ma)인 점액종 (myxoma)도 있다.	mycophile 버섯을 좋아하는 사람 myxoma 점액종

glue
접착제

어근 변화 cla▹cli▹clou▹cle▹clo▹clu▹gli▹glo▹glu

어원 의미 사방으로 둥글게(g=c) 이어 붙이면(r=l) 부피는 점점 커진다.

기본 단어	어원 스토리	고급 단어
glue 접착풀 globe 지구 cloud 구름 crowd 군중	종이에 풀(glue)을 바르면 잘 붙는다/ 밀가루에는 접착성 성분인 글루텐(gluten)이 들어 있어 빵을 부풀게 한다/ 한국 특유의 재벌(conglomerate)은 모든(con) 업종을 망라한 종합 그룹이다/ 지구(globe)는 흙이 달라붙어 굳어진 거대한 천체다/ 세계화(globalization)는 지구를 하나로 보는 정책이다/ 구름(cloud)에도 습기가 뭉게뭉게 들러붙어 있다/ 군중(crowd)도 많은 사람들이 제멋대로 뭉친 것이다.	gluten 글루텐 conglomerate 한국의 재벌 globalization 세계화
clay 진흙 cliff 낭떠러지 climb 기어오르다 clip 끼우개 club 클럽 clever 현명한 clutch 꽉 잡다 clinch 껴안다 cling 붙다	말초신경이 뭉친 신경절(ganglion)도 있다/ 신경절에 생기는 종양(ma)은 신경교종(glioma)이다/ 점질이 뛰어난 진흙(clay)은 어린이들의 공작 재료다/ 땅 끝에 달라붙은 것이 절벽(cliff)이다/ 절벽에 기어오르는(climb) 등반은 위험하다/ 서류는 클립(clip)에 끼운다/ 비슷한 사람끼리 뭉쳐 있는 클럽(club)은 응집력 있는 집단이다/ 순간적으로 달라붙는(clever)는 사람은 순간적으로 잘 판단하는 총명한(clever) 사람이 됐다/ 자동차의 바퀴를 꽉 잡는 클러치(clutch)도 있다/ 공격해 오는 권투 선수를 꽉 안으면(clinch) 주먹을 쓰지 못한다/ 뗏목에 달라붙어 있던(cling) 수많은 사람들은 지나가던 선박에 구조됐다.	ganglion 신경절 glioma 신경교종
clown 어릿광대 clover 클로버	모양 없이 뭉쳐 있는 덩어리(clown)는 어릿광대(clown)로 확장됐다/ 클로버(clover) 잎에서는 끈적한 진액이 나온다.	

long
긴

어근 변화 long▷lom▷ling
어원 의미 계속 연결해(l) 가면(g) 길이가 길어진다.

기본 단어	어원 스토리	고급 단어
long 긴 along 따라서 belong 속하다	긴(long) 세월(ev-age)을 사는 것은 장수(longevity)다/ 지구의 남북극을 잇는 선 모양(tude)은 경선(longitude)이다/ 이미 난 긴 길을(a) 따라서(along) 걸으면 다른 길로 빠지는 일이 없으므로 다른 사람과 함께 간다/ 빈 곳에 정확하게(be-ambi-all) 맞는 길이는 원래부터 그곳에 있었다는 뜻이 되므로 <속한다(belong)>가 됐다/ 페루는 한쪽으로(ob) 길쭉하게(ablong) 뻗어 있다/ 현대 의학은 인간의 수명을 길게(pro) 연장시키는(prolong) 기술을 발전시켰다/ 예정 시간보다 긴 시간을 쓰면 꾸물거리는(linger) 것이다.	longevity 장수 longitude 경선 oblong 길쭉한 prolong 연장하다 linger 꾸물거리다
Lombard 롬바르드	이탈리아의 롬바르드(Lombard)는 긴(lom-long) 수염(bar-beard)을 기른 자들이 사는 곳이라는 뜻이다.	

ride

올라타다

어근 변화 raid▷rid▷road
어원 의미 에너지는 빛(d)을 타고 온다(r).

기본 단어	어원 스토리	고급 단어
ride 올라타다 rode 도로	길(road)은 사람이 올라타고(ride) 다니는 길게 뻗은 땅을 말한다/ 고대 병사들은 말을 타고 적을 습격(raid)했다/ 말과 군사를 어디 에(a) 배치하느냐(array)에 따라 전투의 승리가 결정됐다.	array 배열하다 raid 습격

limit

한계

어근 변화 lim▷lin▷li▷el
어원 의미 신체의 범위(n=m)는 팔을 펴서 닿는(l) 영역이다. 문턱은 방의 한계다.

기본 단어	어원 스토리	고급 단어
limit 제한하다 unlimited 무제한 limited 유한의	구부러진 팔을 펴서 닿는 곳까지가 신체의 식섭 활동 범위(limit)다/ 규정은 활동 범위를 제한(limitation)하는 규칙이다/ 사업을 하다 빚을 지면 모든 가족의 재산을 다 팔아서 갚는 무한(unlimited/limitless) 책임으로부터 투자한 돈만 갚으면 되는 유한(limited) 책임 회사가 생김으로써 자본주의의 획기적인 발전의 기초가 마련됐다.	limitation 제한/규정
preliminary 예비의 eliminate 제거하다	동물의 사지(limb)를 펴서 닿는 범위가 동물 신체의 한계다/ 만약 동물 사지의 마디가 아무 방향으로나(ob) 맘대로 비켜서(oblique) 구부러지면 서서 걷지 못하고 주저앉을 것이다. 다리는 활(bow)처럼 뒤로만 구부러지는 무릎을 가지고 있다/ 의식의 한계 아래에(sub) 있는 잠재의식(subliminal)의 흐름도 실제 생각에 큰 영향을 미친다는 것이 심리학의 논리다/ 문은 아래 문턱과 위의 상인방(lintel)으로 구성된다/ 문턱을 넘기 전(pre)에는 미리 준비해야 하는 예비(preliminary) 행동이 필요하다/ 제거하는(eliminate) 것은 문턱 밖으로(e) 몰아내는 것이다.	limb (동물) 사지 oblique 비켜서 subliminal 잠재의식의 lintel (건축) 상인방

song
노래

어근 변화 can▷carm▷cen▷cer▷chan▷charm▷son▷hen
어원 의미 노래는 둥글게(s–ch–h=c) 만든 아름다운 소리로, 무당이 신을 매료시키기 위해 부르는 운율을 갖춘 곡이었다.

기본 단어	어원 스토리	고급 단어
song 노래 charm 매력	무당이 부르는 특별한 운율의 노래(song)만이 신을 황홀경에 (en) 빠트려 매혹시킬(enchant) 수 있었다/ 여성의 아름다운 매력(charm)으로는 모든 남성을 매혹시킬 수 있다(enchant)/ 미인 학교(charming school)는 여성의 매력을 길러 주는 학교다/ 신을 불러들이는(in) 주문(incantation)은 신비롭다/ 철회하는(recant) 것은 노래를 고쳐서(re) 부르는 것에서 왔다.	enchant 황홀케 하다 incantation 주문/상투적인 말 recant 철회하다
Carmen (오페라) 카르멘	오페라 카르멘(Carmen)도 노래하는 여인을 가리킨다 ▶아이다(Aida), 라보엠(La Boheme)과 함께 오페라의 ABC로 불린다.	
chanson (프랑스) 샹송 canzone (이탈리아) 칸초네 concert 연주회 cantabile (성악) 노래하듯이 cantata (음악) 성악곡	샹송(chanson)은 프랑스의 가곡이고, 칸초네(canzone)는 이탈리아의 가곡이다/ 여러(con) 노래들을 모아 연주하는 연주회(concert)도 있다/ 음악 용어 칸타빌레(cantabile)는 <노래하듯이>라는 뜻이고, 칸타타(cantata)는 악기 없이 목소리로만 부르는 성악곡이다.	
accent 강세음/말씨 hen 암닭	설득력 있는 말을 통해 끌어들이는(in) 자극과 동기(incentive)는 원래 노래로 유인한다는 뜻이었다/ 악센트(accent)도 원래 가사 중 힘주어 불러야 할 곳을 말했다/ 암닭(hen)은 노래를 부르듯 소리를 내며 병아리를 부르는 어미 닭을 말했다.	incensive 유인/동기

hesitate

머뭇거리다

어근 변화 hes▷her▷heir
어원 의미 단단히 붙어 있는(r=s) 것을 억지로 떼어내기(h)는 힘들다.

기본 단어	어원 스토리	고급 단어
hesitate 머뭇거리다	자신의 생각에만 붙어 있는 사람은 생각을 바꾸기에 주저한다 (hesitate)/ 고착력(adhesion)은 다른 것에 붙어 떨어지지 않는 힘이다/ 일관성 있는(coherent) 사람은 처음과 마지막의 생각을 같이(co) 붙이는 사람이다/ 고유하다(inhere)는 것은 처음부터 안에(in) 붙어 있다는 뜻이다/ 타고난(inherent) 성질은 태어날 때부터 안에(in) 붙여 가지고 있던 성질이다.	adhesion 고착/접착력 coherent 응집성의/일관성 있는 inhere 고유하다 inherent 타고난
inherit 상속 heir 상속인/후계자	상속(inherit)은 부모 재산을 자신에게(in) 붙이는 것이다/ 조상으로부터 내려받은 정신적, 물질적 유산(heritage)은 손쉽게 버릴 수 없다. 조상의 가치를 중시하는 미국 보수주의자들은 헤리티지 재단(Heritage Foundation)을 만들었다/ 상속자나 후계자(heir)는 앞선 사람의 재산이나 전통을 이어 받은 사람이다.	heritage 유산

terrible

무서운

어근 변화 ter▷tre
어원 의미 생명을 위협하는 무서운 것을 만나면 몸이 떨리는(tr) 경련이 일어난다. 떨리는 것은 매우 작은 거리(tr)를 빠르게 왕복하는 것이다.

기본 단어	어원 스토리	고급 단어
terrible 무서운 terror 공포 terrific 엄청난	무서운(terrible) 공포(terror)는 두려움에 떨게 만든다/ 발작(tremor)은 두려움으로 인한 몸의 비정상적 떨림을 말한다/ 두려움을 만드는(fic) 정도가 되어야 엄청난(terrific) 정도가 된다/ 무섭게 해서 더 이상 시도하지 못하게(de) 하면 단념할(deter) 수밖에 없다.	tremor 발작/떨림 deter 단념케 하다

dark

어두운

어근 변화 trach▷tarax▷dark▷dub
어원 의미 빛(t=d)이 오지(r) 않는(ch-x-b=k) 곳은 어둡다.

기본 단어	어원 스토리	고급 단어
dark 어두운 Dublin (아일랜드) 더블린	어둡고(dark) 칙칙한(drab) 진흙 투성이의 강가에 세워진 도시가 아일랜드의 수도 더블린(Dublin)이었다.	drab 칙칙한
	고대 그리스 학자들은 모든 공포와 어둠에서(a) 벗어난 상태를 진정한 쾌락(ataraxia)이라고 생각했다/ 눈에 농이 끼어 보이지 않는 증상(ma)은 트라코마(trachoma)라고 한다.	ataraxia 쾌락/냉정 trachoma (병리학) 트라코마

garlic
마늘

어근 변화 car▷gar▷ger▷gla
어원 의미 창과 칼은 날카롭고(g=c) 길므로(r=ㄹ) 최초의 무기였다.

기본 단어	어원 스토리	고급 단어
garlic 마늘 gladiator 검투사	마늘(garlic)의 잎은 칼같고 뿌리는 단단히 뭉친(lic-lock) 구근이다/ 로마의 검투사(gladiator)는 대부분 노예였지만 결투에서 이기면 자유인이 될 수도 있었으므로 목숨을 걸고 싸웠다.	
Gerald 제럴드 Oscar 오스카	제럴드(Gerald)는 칼처럼 용감한(ald) 자라는 의미이며, 오스카(Oscar)는 칼을 찬 용감한 신(os)이라는 의미의 사람 이름이다/ 스코틀랜의 고지 용사들은 장검(claymore)으로 무장하고 잉글랜드에 맞섰다.	claymore (스코틀랜드) 장검

god
신

어근 변화 god

어원 의미 신은 빛(d)이 온다(g=c)는 의미였다. 고대인은 빛을 내는 해를 신으로 여겼다.

기본 단어	어원 스토리	고급 단어

기본 단어

god
신
godfather
대부/창시자

gossip
험담
goodby
안녕

어원 스토리

신(god)은 빛이 온다는 뜻이었다/ 간다(go)와 온다(come)는 같은 어원이다/ 가장 높은 곳(head)에 있는 신격(godhead)은 지체 높은 존재다/ 대부(godfather)는 종교적으로 맺어진 아버지를 말한다. 대부는 정신적, 물질적으로 생부보다 절대적인 영향을 끼쳤다.

가십(gossip)은 여성 신도와 대모가 피붙이(sip-sibling)처럼 신(god)으로 맺어졌다는 의미였다. 둘은 은밀한 얘기도 주고받으면서 남을 험담(gossip)하기도 했다/ 안녕(good-by)은 원래 God be by ye(God be by you-신이 당신과 함께하기를)가 변한 말이다 ▶프랑스어의 작별인사 아듀(adieu)도 신(dieu)에게(a) 너를 맡긴다는 뜻이다.

고급 단어

godhead
신격

type
활자

어근 변화 tup▷tud▷tamp▷tamb▷typ▷toil

어원 의미 대장장이는 쇠를 계속 때려(m–t–d–b=p) 수축시킴으로써(t) 강도를 높이고, 학생도 열심히 공부해서 실력을 단단히 한다.

기본 단어	어원 스토리	고급 단어
type 활자 typical 전형적인 logo 로고/상표	활자(type)는 납을 때려서 만든다/ 한 번 때려서 만든 활자는 변하지 않는 유형(type)을 갖는다/ 전형적인(typical) 형태는 고정된 활자라는 뜻이다/ 원형(archetype)은 가장 오래된(arch) 활자다/ (ing)와 같이 한 개의 말(log)로 된 활자를 logotype이라고 불렀다. 축약해서 문장, 상표(logo)라고 부른다.	archetype 원형
stamp 도장. 스탬프. 우표 tambourine 탬버린	도장이나 스탬프(stamp)는 종이에 강하게(s) 눌러서 찍는다/ 탬버린(tambourine)은 때려서 소리 내는 타악기다.	
study 공부하다	대장장이는 쇠를 열심히(s) 때리고, 학생(student)은 열심히 공부한다(study)/ 피와 땀을 흘려 열심히 일하는 노고(toil)가 없으면 좋은 결과도 없다.	toil 노고
stupid 어리석은	심하게 맞아서 혼미한 정신(stupor)이 어리석다(stupid)는 의미로 변했다/ 수술하기 전에는 통증을 줄이기 위해 마취시킨다(stupefy)/ 너무나 큰 거대한(stupendous) 것을 바라보면 잠시 동안 맞은 사람처럼 얼이 빠진다.	stupor 망연자실 stupefy 마취시키다/얼빠지다 stupendous 거대한

space
공간

어근 변화 spat▷spad▷speed▷spac▷spand▷xpend▷apoon▷sper▷spair▷pat
어원 의미 빛(t−c−r−n=d)은 빈 공간으로 넓게(p) 떨어져(s) 퍼져 나간다.

기본 단어	어원 스토리	고급 단어
space 공간 spatial 공간적인 expand 확장하다 spare 아끼다	공간(space)은 사방으로 펼쳐진 장소를 말하다/ 공간적(spatial) 인식은 넓게 펼쳐진 장소에 대한 느낌이다/ 인류는 계속 삶의 넓이를 밖으로(ex) 확장해(expand) 왔다/ 원래 목수는 값 비싼 판자를 줄여서 아껴서 썼다(spare). 아낀 판자는 쓰지 않고 남겨 놓는 판자다/ 목숨을 살려 주는(spare) 것도 목숨을 쓰지 않고 남겨 주는 것이다.	
spade 삽 spoon 숟가락	삽(spade)과 숟가락(spoon)은 한쪽 부분이 넓고 얇게 펴져 있어 무언가를 뜰 수 있다/ 원래 왕이 주는 특허장(letters of patent)은 배타적인 이용권을 널리 공포하는 문서라는 의미다. 축약해서 특허(patent)로 남았다. 특허는 공포와 동시에 침해할 수 없다.	patent 특허
compass 범위/나침반 mile 마일	펼쳐진 전체(com) 넓이는 범위(compass)이고, 양다리 사이의 거리도 폭(compass)이다/ 나침반(compass)의 바늘은 360도로 넓게 돌아서 결국 남북을 가리킨다/ 천(mille) 발짝(passus)이 축약해서 마일(mile)이 됐다. mile은 측정한다(measure)는 뜻이다.	
prosper 번창하다 despair 자포자기 desperate 절망적인/필사적인 Esperanto (언어) 에스페란토 speed 속도	자손이 계속(pro) 펼쳐지면 번성한다(prosper)/ 자포자기(despair)는 더 이상 번성하지 않는다(de)는 말이다/ 번창할 수 없는(de) 절망적인(desperate) 상태를 빠져 나오기 위해서는 필사적인(desperate) 노력을 기울여야 한다/ 인공적으로 만들었지만 부분적인 성공을 거두었던 세계어 에스페란토(Esperanto)어는 널리(e) 퍼져 쓰일 언어라는 의미다/ 속도(speed)도 원래 빠르게 번창한다는 뜻이었다. 후에 빠르기라는 뜻만 남았다.	

step

발자국

어근 변화 stamp▷stem▷stump▷step▷staff

어원 의미 그루터기는 나무를 가로질러 자른(f=p) 뒤에 나타나는 일정한 넓이(t)로 연결된(s) 평면 조각(m)이다.

기본 단어	어원 스토리	고급 단어
step 발자국/단계 stamp 도장 stem 줄기 staff 나뭇가지/직원/지팡이	발자국(step), 그루터기(stump), 도장(stamp)은 모두 뭉툭한 끝을 갖고 있는 전체 줄기(stem)의 일부다/ 나뭇가지(saff)는 지팡이(staff)로도 쓰이고 회사를 떠받치고 있는 기둥같은 직원(staff)으로도 쓰인다.	stump 그루터기

VOW

맹세

어근 변화 vot▷vout▷vow
어원 의미 말은 입에서 퍼져(w=v) 나오고, 입에서 나온 말은 믿음이 있어야 한다. 말은 신과의 맹세였다.

기본 단어	어원 스토리	고급 단어
vow 맹세하다 devote 헌신하다	신과의 맹세(vow)는 어길 수 없는 신성한 약속이다/ 맹세는 그 증거로 돈이나 몸을 신에게(de) 바치거나 헌신해야(devote) 한다/ 신에게(de) 헌신하는 마음은 경건한(devout) 자세를 보여야 한다.	devout 경건한/독실한

answer

대답

어근 변화 sur▷swar▷swear▷swer▷ver▷wor▷rh(v 탈락)▷ir
어원 의미 잘(r) 연결된(s) 말(w=v)은 맹세이므로 배반해서는 안 된다.

기본 단어	어원 스토리	고급 단어
answer 대답	질문에 대해(an-ant) 말로써 맹세하는 것이 대답(answer)이다/ 벌떼나 군중(swarm)들은 붕붕거리는 소리를 낸다/ 맹세한 것으로부터 벗어난다(ab-off)는 의미로부터 불합리하거나 모순된다(absurd)는 뜻이 파생됐다. 공화정을 통해 시민의 여론을 중시했던 로마는 말하는 기법인 수사학(rhetoric)을 발전시켰다. <보았노라, 싸웠노라, 이겼노라>, <예술은 기술을 숨기는 기술>, <주사위는 던져졌다> 같은 명언도 로마인이 남겼다/ 그리스 연극에 등장하는 어눌한 말투의 아이론(eiron)은 속으로 지식과 힘을 숨긴 자로 최후의 승리를 쟁취하는 자였으므로 이로부터 반어법이나 빈정거림(irony)이 파생됐다.	swarm 벌떼. 군중 absurd 모호한 rhetoric 수사학/미사여구 irony 반어/빈정거림
very 매우 word 말/단어 verb 동사 adverb 부사 proverb 격언	말과 행동이 일치하는 것이 바로(very) 그것으로 확장됐다. very good은 좋은 바로 그것, very thing은 바라던 바로 그것이다/ 말(word)는 정직한(veracious) 믿음을 기초로 해야 한다/ 움직임을 나타내는 동사(verb)와 동사에 붙이는(ad) 부사(adverb)는 매우 가까운 품사들이다/ 널리(pro) 퍼진 말인 속담과 금언(proverb)은 사람들에게 지켜야 할 일을 쉽게 풀이해 준다.	veracious 정직한

turn

돌리다

어근 변화 tor▷tour▷tur▷thr▷tr▷dr
어원 의미 걸어간 거리(d≒t)에서 방향을 틀어 오면 되돌아오는 것이다.

기본 단어	어원 스토리	고급 단어
turn 돌리다 return 되돌리다	돌린(turn) 것을 다시(re) 반대 방향으로 되돌리면(return) 원상태가 된다/ 여행(tour)은 돌고 돌아 결국 출발한 곳으로 되돌아온다는 뜻이다/ 멀리(de) 돌아서 우회하면(detour) 원하지 않은 곳을 피할 수 있다/ 변호사나 법정 대리인(attorney)은 법률 지식이 없는 사람들이 몸을 돌려 의지하는 곳(a)이라는 뜻이다. 검찰총장(attorney general)은 법을 의지할 최고 수장이다.	detour 우회 attorney 변호인/대리인
tournament 참전/마창경기	적의 습격을 방지하기 위해서 꼬챙이(pike)가 박힌 줄을 돌돌 말아 둘러친 회전형 울타리(turnpike)는 요금을 받기 위한 고속도로 징수소(turnpike)를 의미하게 됐다/ 전쟁터로 돌아가 참전한다(tournament)는 뜻이 중세의 마창경기(tournament)로 전환됐다. 마창경기는 전투를 모사한 것이다. 후에 승자만 살아남는 토너먼트(tournament) 경기로 정착됐다 ▶이에 대해 소속된(leag-leg-묶다) 모든 팀이 출전해 가장 많이 이긴 팀이 우승을 차지하는 경기 형태는 리그(league) 전이다.	turnpike 고속도로 징수소
turnip 순무 threshold 문턱/한계점 thread 실 drill 송곳	순무(turnip) 뿌리는 땅에 구멍을 뚫는다/ 등고선(contour)은 똑같은(con) 높이의 위도를 돌아가는 선이다/ 문턱(threshold)은 발로 짓이기며 드나드는 곳이다/ 실(thread)은 여러 가닥을 돌려 꼰 것이다/ 송곳(drill)을 돌리면 구멍이 뚫린다/ 돌려서 갈면 결국 닳아서(attrite) 없어져 손실된다/ 지나간 잘못을 모두(con) 되돌리면 뉘우치는(contrite) 감정이 올라온다.	contour 등고선/윤곽 attrite 닳다 contrite 후회하다
tragedy 비극 trauma 정신적 상처	그리스 비극(tragedy)은 염소(trago)의 노래(dy)라는 의미다. 염소는 신에게 올리는 희생제물로 신성한 동물이었다. 염소는 끝없이 풀을 갉아(tr) 먹는 초식동물이다 ▶영어에서는 (tra)가 생략돼 염소(goat)가 됐다/ 큰 사건으로 몸에 난 상처는 아물지만 마음에 난 구멍(trauma)은 오래 남아 병적 증상(ma)이 된다.	

think

생각하다

어근 변화 think▷thank

어원 의미 손을 대고(t) 붙잡는(k=g) 것처럼 생각은 마음을 붙잡는 것이었다.

기본 단어	어원 스토리	고급 단어
think 생각하다 thank 고맙게 생각하다	감사함(thank)은 고마움을 오래 생각하는(think) 것이다.	

canton

스위스의 주

어근 변화 can▷ken
어원 의미 나라를 둥글게(k=c) 둘러싼 변방은 언제나 적이 침입할 수 있는 취약한 곳이다.

기본 단어	어원 스토리	고급 단어
Canton (스위스) 주/숙영하다 Kent 영국의 켄트 지방	스위스의 주(Canton)는 변방이라는 뜻이고, 변방에는 국토를 지키는 군대를 숙영시킨다(canton)/ 이로부터 군대의 매점(canteen)이나 간이식당(canteen), 수통(canteen) 같은 군사적 용어들이 나왔다/ 켄트(Kent)도 영국의 동남쪽에 있는 변방이다/ 중국의 동남 해안 지방에 있는 광동(Canton)은 우연히 한자의 발음과 일치했다/ 물은 그릇 가장자리로부터(de) 흘려 따르게(decant) 된다.	canteen (군사) 매점/수통 decant 물을 따르다

root

뿌리

어근 변화 rad▷ric▷root▷ram▷wort
어원 의미 땅속으로 퍼져(w=v) 뻗는(r) 뿌리는 근원으로 추상화됐다.

기본 단어	어원 스토리	고급 단어
root 뿌리	뿌리(root)는 나무에서 땅으로 들어가 퍼지는 부분이다/ 서양 민들레(bitterwort)의 뿌리(wort)는 맛이 쓰다(bitter)/ 세분화나 파문(ramification)은 하나의 뿌리에서 만들어진(fic) 여러 잔뿌리라는 뜻이다.	bitterwort 서양 민들레 ramification 세분화/파문
radish 무우	무(radish)는 뿌리를 먹는 채소다/ 철저히(radical) 파고 들려면 뿌리가 있는 곳까지 파야 한다/ 제곱해서 나온 수의 원래의 수는 근(radix)이라고 부른다/ 화학에서 몇 개의 원소가 뭉쳐서 마치 원래부터 하나의 뿌리처럼 행동하는 기(radix)도 있다/ 단맛(lico-sweet)이 나는 뿌리를 가진 감초(licorice)는 한약제의 원료다.	radical 수학의 근/철저한 radix (화학) 기 licorice 감초

vitamin

비타민

어근 변화 be▷bi▷vi▷zo
어원 의미 생물은 스스로 자라나서 살아간다(v−z=b).

기본 단어	어원 스토리	고급 단어
vitamin 비타민 vital 생명의 vivid 생생한 revive 소생시키다	비타민(vitamin)은 작은 양으로 생명을 유지시키는 아미노 (ammino)산 같은 물질이라는 뜻이다/ 비타민이 인체의 생명에 필수적인(vital) 물질이라는 사실은 뱃사람들에 의해 근세에 밝혀졌다/ 훌륭한 문장은 마치 살아 있는 것처럼 생생한(vivid) 묘사를 한다/ 죽어 가는 생명을 다시(re) 살려 소생시키는(revive) 응급의학이 크게 발전했다/ 봄볕은 모든 생물에게 생동감을 만들어(fy) 활기를 준다(vivify)/ 산 채로 칼로 자르는(sec-cut) 생체 해부 (vivisection)는 비도덕적이다.	vivify 활기를 주다 vivisection 생체 해부
	새끼를 산 채로 낳는(par-fer-bear) 태생(viviparous) 동물과 알 (ov-ovum)을 낳아 깨는 난태생(oviparous) 동물은 구별된다/ 들뜬(convivial) 감정은 생동감이 가득(con) 찬 마음이다/ 동물 사육장(vivarium)은 동물을 자연 상태로 기르는 장소(um)다.	viviparous 새끼를 낳는(태생의) convivial 기분이 들뜬 vivarium 동물 사육장
zoo 동물원	살아 있는 동물들을 모두 모아 놓은 정원(zoological park)를 줄여서 동물원(zoo)이라고 부른다/ 동물을 연구하는(log) 동물학 (zoology)도 있다/ 천구의 12개 별자리 중 11개는 동물 이름을 땄으므로 12궁(zodiac)이라고 한다/ 오래전(pal-pre) 동물들이 살던 시대는 고생대(Paleozoic)이고, 중간 정도 오래된 동물이 살던 시기는 중생대(Mesozoic), 새로운 동물이 살던 시기는 바로 신생대(Neozoic)다/ 질소(nitrogen)는 생물이 살 수 없는(a) 독성을 가진 원소라는 뜻으로 아조트(azote)라고 불렸다.	zoology 동물학 zodiac 12천궁/12간지 Paleozoic 고생대의 Mesozoic 중생대의 Neozoic 신생대의 azote 질소
biology 생물학 autobigraphy	생물학(biology)은 살아 있는 생물을 연구하는(log) 학문이다/ 한 생애를 직접(auto) 자기 손으로 쓴(graph) 자서전 (autobiography)은 자기 고백이다/ 생체검사법(biopsy)은 살아	biopsy 생체검사법 biochemistry

기본 단어	어원 스토리	고급 단어
자서전	있는 생체의 일부를 떼어 관찰하는(ops-see) 조사법이다/ 생화학 (biochemistry)은 살아 있는 생체의 화학적(chem) 작용을 연구 하는 학문이다.	생화학
aerobic 유산소 운동	에어로빅(aerobic) 운동은 산소(aer-air)를 많이 마셔서 심혈관 기능을 활성화하는 유산소 운동이다/ 물과 땅 양쪽에서(amphi) 사는 양서류(amphibious) 동물의 대표는 개구리다/ 함께(sym) 붙어서 서로 도움을 주는 현상(sis)은 공생(symbiosis)이다/ 미생 물(microbe)은 눈에 잘 안 보이는 작은(micr) 생물이다.	amphibious 양서류의 symbiosis 공생 microbe 미생물

war

전쟁

어근 변화 guer▷war▷wor
어원 의미 전쟁은 적의 동태를 사방으로(g=w) 살펴서 왕을 지킨다는 뜻이었다.

기본 단어	어원 스토리	고급 단어

기본 단어

war
전쟁
guerrilla
비정규군
worse
더 나쁜

어원 스토리

전쟁(war)은 온갖 나쁜 일이 벌어지는 큰 싸움이다. 원래는 경계심을 갖고 사방을 바라보며(guer-watch) 왕을 지키는 guerre의 변형이다/ 이로부터 비정규군(gurrilla)이 파생됐다/ bad의 비교급 더 나쁜(worse)은 war에서 따왔다. 영어의 비교급이나 과거형은 엉뚱한 단어에서 따온 경우가 많다. go의 과거형 went도 wander(방랑하다)에서 왔다.

drink

마시다

어근 변화 drag▷draw▷draft▷drought▷dredg▷drink(n 첨가)▷drown
어원 의미 강력한 힘(d)에 끌려(r) 가면(w–ft–ght–dg=g) 빠져 나올 길이 없다.

기본 단어	어원 스토리	고급 단어

기본 단어

drink
마시다
drag
끌고 가다
draw
그림 그리다/당기다
draft
초안/원고
drown
익사하다/물에 잠기다

어원 스토리

목구멍은 물을 잡아 끌어(drag) 마신다(drink)/ 그림은 연필을 종이에 잡아 끌어 그린다(draw)/ 원래 모든 원고나 초본(draft)은 연필이나 펜으로 직접 썼다/ 가뭄(drought)은 땅이 물을 모두 잡아 끌고 간 결과다/ 물이 사람을 끌고 들어가면 익사한다(drown)/ 바다 밑바닥을 긁어 고기를 잡는 저인망(dredge) 어업은 새끼 물고기까지 잡아가므로 금지됐다.

고급 단어

dredge
저인망/준설하다
drouhgt
가뭄

pardon
용서하다

어근 변화 da▷di▷do▷i

어원 의미 빛(d)은 에너지를 주고, 인간도 남에게 무엇인가를 준다.

기본 단어	어원 스토리	고급 단어
pardon 용서하다	용서한다(pardon)는 말은 벌을 다(par-per-exhausted) 주어서 더 이상 줄 벌이 없다는 뜻이다 ▶용서한다(forgive)도 더 이상 벌을 주지(give) 않는다(fore-before) 것이다/ 또 모든(con) 벌을 다 주었으니 눈감아 준다(condone)는 단어도 있다. 모두 같은 형식의 단어 구조를 갖고 있다.	condone 눈감아 주다
donation 기증	아무런 조건 없이 그냥 주는 것은 기증(donation)이다/ 단체나 학교에(en) 돈을 기부하는(endow) 사람도 있다/ 상인(vendor)은 판매(ven-sale)용으로 돈을 받고 물건을 주는 사람이다/ 패자는 스스로 자신을 낮추고 승자에게(sur) 자신을 던져 주어 항복한다(surrender).	endow 기부하다 vendor 판매인 surrender 항복하다/제출하다
rent 임차	소작료를 받는 대신(ren-re) 소작인에게 준(render) 땅은 잠시 소작인의 소유가 된다(render)/ 이로부터 돈을 받는 대가로 빌려 주는 모든 거래는 임차(rent)가 됐다.	render ~상태가 되다/주다
tradition 전통 date 날짜 data 자료 addition 덧셈 edition 출판본	전통(tradition)은 세대를 가로질러(tra-across) 전해 준다는 뜻이다/ 적에게 정보를 넘겨(tra) 준다는 뜻의 라틴어 trditor가 축소해서 배신자(traitor)가 됐다/ 신이 인간에게 준 시간이 날짜(date)다/ 자료(data)는 주어진 모든 것을 말한다/ 덧셈(addition)은 보태어(ad) 준다는 뜻이다/ 간행물(edition)은 공개적으로 밖에(e) 주는 출판물이다.	traitor 배신자
	독극물에 반대(ant) 작용을 주는 것이 해독제(antidote)다/ 복용량(dose)은 의사가 환자의 상태에 따라 주는 약의 양이다.	antidote 해독제 dose 복용량

Theodor
디어도어

밖으로(ec-ex) 잘 내놓지 않은(an) 이야기가 일화(anecdote)다/
디어도어(Theodor)는 신(the)이 준 선물이라는 뜻의 사람 이름이
다. 러시아어로는 표도르(Fedor)다.

anecdote
일화/개인적 진술

troop
군대

어근 변화 tab▷tav▷thorp▷troop▷troup
어원 의미 부대는 언제 어디라도(b→v=p) 이동(tr)해야 하므로 임시 막사를 세우고 함께 생활한다.

기본 단어	어원 스토리	고급 단어
troop 부대/군중	부대(troop)는 국방을 위해 전국토를 돌며 지킨다/ 프랑스어에서 온 순회 공연단(troupe)도 함께 지방을 돌며 공연한다/ 알레서프(Allerthorpe)는 켈트어로 알레프 마을이다/ 선술집(tavern)은 얼기설기 얽은 임시 가옥이다/ 임시로 지은 작은(le)은 천막집(tabernacle)도 있다.	troupe 순회 공연단 tavern 선술집/여관 tabernacle 천막집/예배소 Allerthorp (켈트) 알레서프

point
점

어근 변화 pigm▷pugn▷poin▷punc▷punch▷pung(n 첨가)▷pivo▷prick▷figh▷fist
어원 의미 뾰족한 것으로 찌르면(f=p) 일정한 두께를 관통하고(gn—gm—gh—ch—ck—c—st—t=g) 구멍을 남긴다.

기본 단어	어원 스토리	고급 단어
pick 송곳 point 점 appoint 약속하다/지명하다 disappoint 실망하다	뾰족한 송곳(pick)으로 찌르면(prick) 점(point)이 생긴다/ 하나의 시점을(a) 찍으면 만날 약속을 하는(appoint) 것이고, 하나의 장소를(a) 찍으면 직책에 임용하는(appoint) 것이다/ 직책에서(dis) 쫓겨난다는 의미가 실망한다(disappoint)는 의미로 확장됐다.	prick 찌르다
punctuate 구두점을 찍다 puncture 구멍 fist 주먹 punch 치다/구멍 뚫다 fight 싸움	문장이 끝나면 구두점을 찍는다(punctuate)/ 바퀴의 펑크는 구멍(puncture)의 우리식 약어다/ 양심의 가책(compunction)은 마음에 뚫린 큰(com) 구멍이다/ 뾰족한(acu-acute) 침으로 찔러 고치는 침술(acupuncture)은 동양에서 발전했다/ 자극성(pungent) 물질은 코를 찌르는 냄새를 풍긴다/ 주먹(fist)으로 찌르고 때리는(punch) 싸움(fight)은 권투다.	compunction 양심의 가책 acupuncture 침술 pungent 코를 찌르는
pigmy (인종) 피그미	회전축(pivot)은 회전체에 끼운다/ 찌르는 주먹의 길이(pigmy)가 지구상에서 가장 작은 인종 피그미(pigmy)로 변했다/ 싸움을 좋아하는(pugnacious) 사람은 아무 데서나 주먹으로 찌른다/ 남에게(im) 비난을 퍼붓는(impugn) 행동은 혐오스러운(repugnant) 감정을 불러 일으킨다.	pivot 회전축 pugnacious 싸움을 좋아하는 impugn 비난을 퍼붓다 repugnant 혐오스러운

spirit
정신

어근 변화 spir▷spr▷xpir

어원 의미 인간은 몸을 정화하고(p) 신과 연결해(x=s) 생명과 정신을 가졌다.

기본 단어	어원 스토리	고급 단어
spirit 정신	신이 불어 넣은 숨으로 인간은 정신(spirit)을 갖게 됐다/ 사기나 활기(esprit)는 활발하게 숨을 쉬며 활동하는 의지를 말한다. 프랑스어에서 왔다.	esprit 활기/사기
inspiration 영감	열망과 포부는(aspiration)은 성취하고 싶은 것을 향해(a) 가쁜 숨을 몰아 쉬는 것이다/ 영감(inspiration)은 신이 불어 넣어 준 신기한 생각이라는 뜻이다.	asperation 열망/포부
	만기가 되면(expire) 더 이상 숨을 쉬지 않는다(ex)/ 땀은 피부의 작은 구멍을 통해서(per) 배출된다(perspire)/ 음모(conspiracy)는 여러 사람이(con) 몰래 함께 숨쉰다는 뜻이다.	expire 만기가 되다 perspire 배출하다 conspiracy 음모

258

dolphin

돌고래

어근 변화 dolph▷delph
어원 의미 빛(d)은 에너지를 싣고(lph), 동물은 새끼를 자궁에 싣는다.

기본 단어	어원 스토리	고급 단어
dolphin 돌고래 Delphoi (그리스) 델포이	돌고래(dolphin)는 알을 낳는 물고기와 달리 자궁을 가지고 새끼를 낳는 동물이라는 뜻이다/ 그리스 태양 신 아폴로를 모시는 도시가 자궁을 뜻하는 델포이(Delphoi)였다. 델포이에는 세상의 배꼽(omphalos)을 의미하는 커다랗고 둥근 돌이 있었다고 한다. 델포이 신전의 여사제는 국가의 운명을 신탁하는 중요한 임무를 맡고 있었다. 자궁(delph)과 여사제, 세상의 배꼽은 그리스의 창조 신화와 묶여 있는 개념이었다.	omphalos 배꼽
Philadelphia (미국) 필라델피아	미국의 필라델피아(Philadelphia)는 형제애의 도시라는 뜻이다. 같은(a) 자궁에서 나온 형제(adelph)를 사랑(phil)한다는 뜻이다.	

shut

닫다

어근 변화 shut▷shoot▷scoot
어원 의미 물체에 순간적으로 힘(t=d)을 가하면(sh=sc=s) 물체는 속력을 얻는다.

기본 단어	어원 스토리	고급 단어
shut	문(shutter)은 앞뒤로 혹은 옆으로 세게 밀어서 열고 닫는다	
닫다	(shut)/ 왕복 교통(shuttle)도 교대로 방향을 바꿔 밀고 가거나 오	
shutter	는 방법이다/ 화약의 폭발력으로 발사하는(shoot) 총알은 신체에	
문	빠르게 밀고 들어가므로 치명적이다/ 스쿠터(scooter)도 원래 자	
shuttle	전거에 엔진을 달아 속도를 높인 장치라는 말이다. 10대 초등학생	
왕복 교통	이 고안했다/ 샤워(shower)는 갑자기 몰아치는 폭풍이었다.	
shoot		
총을 발사하다		
scooter		
스쿠터/소형 오토바이		
shower		
샤워		

threat

위협

어근 변화 trud▷threat▷thrust▷throw
어원 의미 나와 상대방 사이에 긋는 경계를 갑자기 넘어가면(tr) 상대는 위협을 느낀다.

기본 단어	어원 스토리	고급 단어
threat 위협 throw 던지다	위협(threat)은 거칠게 밀어붙여 겁을 주는 행위다/ 칼로 세게 밀면서 찌르는(thrust) 검술은 가장 오래된 무술이다/ 물건을 멀리 던지려면(throw) 팔을 가능한 세게 밀어야 한다.	thrust 찌르다/요지
intrude 개입하다	강대국은 남의 나라 일에(in) 밀고 들어가 간섭하거나 개입했다(intrude)/ 치약은 밖으로(ex) 내용물을 밀어낼(extrude) 수 있는 튜브에 담겨져 있다/ 남의 일에 옆에서(ob) 밀고 들어서는 끼어들기(obtrude)는 타인의 눈총을 받는다/ 내민 턱이나 이빨을 제자리로(re) 밀어 넣는 치과 수술(retrude)도 있다.	obtrude 끼어들다 extrude 밀어내다 retrude 턱을 제자리로 밀다

crystal

수정

어근 변화 cru▷cry
어원 의미 흐르던(r) 물도 온도가 내려가면 일정하게 둥글고(c) 뾰족한 모양의 얼음이 된다.

기본 단어	어원 스토리	고급 단어
crystal 수정/결정체 democracy 민주주의	수정(crystal)은 투명하고 뾰족한 얼음에서 연상됐다/ 설탕은 사탕수수에서 나온 액체를 얼음처럼 결정화한(crystallize) 것이다/ 정자나 씨앗은 극저온 보관함(cryobank)에 넣어 두면 100년이 지난 후에도 싹을 틔울 수 있다/ 빵이나 갑각류의 껍질(crust)은 얼음 결정체처럼 딱딱하고 바삭하다/ 권력은 단단한 힘이므로 민주주의(democracy)는 평민(dem)이 권력을 잡는 정치 체제다.	crystallize 결정화하다 cryobank 극저온 보관 crust 껍질
cruel 잔인한 crude 거친	냉혈 인간은 잔인하고(cruel) 거친(crude) 인간이다. 뱀같은 냉혈 동물은 잔인하다.	

idol

우상

어근 변화 ved▷vid▷vic▷vis▷view▷vien▷vy▷wit▷wis▷wiz▷wint▷id(v 탈락)▷oid▷ud▷d▷hist▷guid▷guis▷guin
어원 의미 빛(c−t−s−z−st−w−n=d)은 넓게 퍼지므로(g−w−h=v) 모든 것을 보이게 한다.

기본 단어	어원 스토리	고급 단어
idol 우상 idea 이상/관념 idealist 이상주의자 ideology 주장/신념	신은 인간에게 절대 직접 나타나지 않으므로 인간은 신의 모습을 닮은 우상(idol)을 숭배했다/ 플라톤은 마음으로 본 모습을 관념(idea)이라고 규정하고 이데아가 사물의 진정한 모습이라고 철학화했다. 그리고 사물의 진정한 모습을 추구하는 자를 이상주의자(idealist)라고 불렀다. 플라톤은 인류 최초의 이상주의 철학자였다/ 정치적 주장(ideology)은 원래 종교적 관념을 연구하는 학문(log)이었지만 현대에 들어와 마음속에 그려 놓은 정치적 신념으로 변했다.	
celluloid 셀룰로이드/합성수지	상표였던 셀룰로이드(celluloid)는 세포(cell)막처럼 반투명 모양(oid)의 합성수지라는 뜻이다/ 영장류(anthropoid)는 인간(anhtro)을 닮은 원시인간을 말한다/ 만화경(kaleidoscope)은 원통 안에 세 개의 거울을 넣어 아름다운(kal-cal-beautiful) 빛 문양을 계속 볼 수 있게(scop) 만든 신기한 광학 기구다.	anthropoid 영장류 kaleiodoscope 만화경
Hades (그리스) 지하의 신 history 역사 story 이야기	그리스 지하의 신 하데스(Hades)는 눈에 보이지 않는(ha-a) 무서운 신이다/ 역사(history)는 이미 목격한 이야기(story)라는 뜻이다. 이야기(story)는 역사(history)의 축약이다 ▶같은 방식의 축약으로 스포츠(sport)는 희롱하고 놀리는 장난(disport)의 축약이다/ 박식가(polyhister)는 본 것이 많은(poly) 사람이다.	polyhister 박식가
visa 비자 envy 질투 evidence 증거 visit 방문하다	입국해도 좋은지 보는 것이 비자(visa)다/ 질투(envy)는 남의 안(en)을 지나치게 들여다보면 생긴다/ 명백하게 밖으로(e) 보여져야 증거(evidence)로서 가치가 있다/ 오래된 도로가에는 고목으로 변한 가로수가 보기 좋은 전망(vista)을 만들고 있다/ 오래된 법은 달리(re) 보이게 개정해야(revise) 한다/ 방문하려면(visit) 직접 찾아가서 얼굴을 보여 줘야 한다.	vista 보기 좋은 전망 revise 개정하다
interview	면접(interview)은 두 사람이 서로(inter) 마주 보는 것이다/ 쓴 글	review

기본 단어	어원 스토리	고급 단어
면접	을 자세히(re) 바라보고 비평(review)하는 사람은 까다롭다/ 흥이 난 연주자는 미리(pro) 악보를 보지도 않고(im) 즉석 연주를 한다(improvise)/ 선견지명이 없고 부주의한(improvident) 사람은 미리(pro) 앞날을 보지 못하는(im) 사람이다.	비평/검토 improvise 즉흥 연주하다 improvident 부주의한
prudent 신중한	인간이 보지 못하는 것을 신이 미리(pro) 보여 주는 것이 섭리(Providence)다/ 미리(pr) 앞을 보고 신중하게(prudent) 행동하면 실패를 줄일 수 있다/ 법리학(jurisprudence)은 매우(pr) 신중한 법률(jur-justice) 적용을 위한 고도의 학문이다.	Providence (종교) 신의 섭리 jurisprudence (법) 법리학
Veda (힌두) 베다	용모(visage)는 외부로 보이는 얼굴의 모습이다/ 미리 예상하려면(envisage) 마음속에(en) 미리 그려 봐야 한다/ 힌두의 성전 베다(Veda)는 진리를 보여 준다는 의미다.	visage 용모 envisage 상상하다
penguin 펭귄 Vienna 비엔나	켈트어로 머리(pen)가 하얗게 보이는(guin) 새가 펭귄이다/ 오스트리아 수도 비엔나(Vienna)는 흰색으로 보이는 아름다운(bon) 곳 Vindo-bona의 축약이다.	
winter 겨울 witiness 증인 wit 지혜 wise 지혜로운	겨울(winter)은 하얗게 보이는 계절이다/ 직접 목격한 증인(witness)은 사건을 해결할 핵심 인물이다/ 재치(wit)는 많이 봐서 얻은 지혜로운(wise) 생각이다/ 마법사(wizard)는 신통한 힘을 보여 주는 존재다/ 마녀(witch)도 마법을 보여 주는 여자다/ 같은(like) 모양(wis)으로 보이면 마찬가지로(likewise) 여겨진다/ 시계(clock) 바늘이 가는 방향과 반대(counter) 방향을 바라보며(counterclockwise) 가면 왼쪽으로 돈다는 뜻이다.	likewise 마찬가지로 counterclockwise 시계 바늘의 반대 방향으로 wizard 마법사 witch 마녀
guide 안내하다	가이드(guide)는 갈 길을 보여 주며 안내하는 사람이다/ 보여지는 외양(guise)을 변형시켜(dis) 위장하는(disguise) 사람은 뭔가 수상한 사람이다.	guise 외양 disguise 위장하다

sweet

달콤한

어근 변화 sweet▷suad▷suag▷suas▷suav▷hed
어원 의미 인도-유럽어족은 빛(t=s=v=g=d)과 잘 연결된(h=s) 것을 좋다고 봤다.

기본 단어	어원 스토리	고급 단어
sweet 달콤한 persuade 설득하다	먹기(eet-eat) 좋은 것을 달다고(sweet) 보고, 달콤한 사탕으로 끝까지(per) 설득했다(persuade)/ 반대로 하지 말라고(dis) 구슬리면 하던 일도 그만두게 한다(dissuade)/ 권고(suasion)는 달콤한 사탕을 주면서 설득하는 것이다/ 통증을 완화하는(assuage) 의학적 기술이 발전해 환자는 훨씬 안정된 마음으로 수술을 받는다/ 간호사의 온화한(suave) 마음은 환자를 안정시킨다/ 고대 쾌락주의(hedonism)은 찰나의 기쁨이 아닌 진정한 즐거움을 추구했다.	dissuade 만류하다 suasion 권고 assuage 달래다/완화하다 suave 상냥한 hedonism 쾌락주의

star
별

어근 변화 stel▷star▷ster▷str
어원 의미 하늘의 별들은 드넓은 하늘을 이어서(s) 가로지르며(tr=데) 돌아다니는 천체라는 뜻이다.

기본 단어	어원 스토리	고급 단어
star 별	무한한 공간을 가로지르며 돌아가는 천체가 별(star)이다 ▶또 그 별을 중심으로 회전하는(pl) 천체는 행성(planet)이다/ 그 행성을 중심으로 도는 달(moon)은 한 달을 측정하는(measure) 기준이라는 뜻이었다/ 혜성은 아직 안정된 별이 되지 못한 별 모양의 (astroid) 천체를 말한다.	astroid 별 모양의
astronomy 천문학 disaster 재앙	모든(con) 별들이 다 자리를 잡으면 별자리(constellation)가 된다/ 별이 떠 있는 곳으로(a) 항해하는(nau-nav) 우주비행사 (astronaut)도 있다/ 별을 연구하는 천문학(astronomy)은 우주 생성까지 규명하기 위해 노력한다/ 재앙(disaster)은 별의 운명을 벗어난(dis) 것이다.	constellation 별자리 astronaut 우주비행서

nostalgia

향수

어근 변화 nos▷nes
어원 의미 인간은 우주의 물(n)로부터 생명을 얻었으므로 언젠가는 고향인 물로 돌아간다.

기본 단어	어원 스토리	고급 단어
nostalgia 향수병	생명의 근원인 물(n)로 돌아가려는 병(gia)이 향수병(nostalgia)이다/ 여행을 떠날 때 갖추어야 할 장비가 전쟁(har-war)을 위해 장비를 갖추는(harness) 것으로 확장됐다.	harness 장비를 갖추다

barley

보리

어근 변화 for▷bar▷bas
어원 의미 곡식은 빛에서 오는 에너지(f=b)를 얻어 저장하므로, 인간은 곡식에서 에너지를 얻는다.

기본 단어	어원 스토리	고급 단어
barn 헛간/큰 집 barley 보리 bastard (비속어) 사생아	헛간(barn)은 보리(barley)를 쌓아 놓는 곳이다/ 사생아(bastard)는 보리를 쌓아 놓은 헛간에서 임신한 아이다. 비속어다/ 헛간에 마구 쌓아 놓은 보리같은 것은 잡동사니(forage)다.	forage 잡동사니/사료

volunteer

자원자

어근 변화 gal▷vol▷wel▷weal▷wil
어원 의미 자신의 의지(g=w=v)를 밖으로 연결하면(l) 자발적 행동이다.

기본 단어	어원 스토리	고급 단어
volunteer 자원자 volutary 자발적인	자원자(volunteer)는 기뻐서 자발적(voluntary)으로 일하는 자다/ 스스로 원해서 내리는 결단(volition)은 스스로 힘써 완수하려는 의지다/ 친절한(benevolent) 사람은 선한(bene) 의지를 가진 사람이다.	volition 결단 benevolent 친절한
well 잘 will ~할 것이다 wealth 부/재산 William 윌리엄	희망하던 대로 나가면 잘(well) 된 것이다/ 스스로 원하면 앞으로도 잘 될(will) 것이다/ 재산(wealth)은 오랫동안 기다린 희망의 결과이므로 큰 기쁨을 준다/ 윌리엄(William)은 종족의 오랜 희망을 실현시킬 용기를 가진 자라는 뜻의 사람 이름이다.	
gala show 경축행사 gallop 질주하다	경축쇼(gala show)는 팬들에게 경기 외에 순전히 즐거운(gal) 기분을 보여 주기 위해 하는 공연이다/ 말은 기분이 좋으면 기뻐서 날뛰며 질주한다(gallop).	

slide

미끄러지다

어근 변화 lip▷lid▷leigh▷let▷liv▷lim
어원 의미 묶였던 곳이 풀어지면(l) 흘러 내린다.

기본 단어	어원 스토리	고급 단어
slide 미끄러지다 slippery 미끄러운 sleigh 썰매 lip 입술	미끄러운(slippery) 눈 위에서 썰매(sleigh)는 경쾌하게 미끄러지며(slide) 달린다/ 입술(lip)은 잘 미끄러진다/ 마음으로부터(ob) 미끄러져 떨어진 생각이 망각(oblivion)이다/ 마음으로부터(de) 지워 버린(delete) 망각도 잠재의식에는 남는다.	oblivion 망각 delete 삭제하다
	진흙(slime)과 석회(lime)는 잘 미끄러지는 성질을 가지고 있다.	slime 진흙/점액 lime 석회

tiffany

티파니

어근 변화 phan▷phen▷phot▷phos▷phas▷fan▷ban▷beac▷bec▷ber▷buo
어원 의미 빛(ph—f=b)이 만물에 닿고(t—n—c—r=s), 인간은 만물에서 나오는 빛을 본다(ph—f=b).

기본 단어	어원 스토리	고급 단어
tiffany 성긴 천 Tiffany 티파니	신을 본 사람은 없다. 신(the)이 나타나는 신의 현현(theophany)은 언제나 빛이거나 불이었다. 이로부터 입으면 어렴풋이 살갗만 보여 주는 평직 천(tiffany)이 파생됐다. 신의 현현으로부터 사람 이름 티파니(Tiffany)가 나왔다. 미국 출신 티파니는 유명한 보석 회사 티파니를 창설하고 백금 삼발이 위에 다이아몬드를 올린 결혼 반지를 출시해 대성공을 거뒀다.	theophany 신의 현현
phenomenon 현상 cellophane 셀로판 phase 단계	현상(phenomenon)은 빛의 작용(menon)이므로 볼 수 있다/ 도깨비(phantom)는 갑자기 나타나는 환영이다/ 얇은 세포(cell)막처럼 반투명으로 보이는 셀로판(cellophane)은 원래 제품 이름이었다/ 단계(phase)는 시간적으로 간격을 두고 나타나는 모습을 말한다/ 그리스인들은 달콤하고 부드러운 무화과(syco-fig)를 뇌물로 썼으므로 무화과를 보여 주는 자를 아첨꾼(sycophant)이라고 불렀다.	phantom 도깨비 sycophant 아첨꾼
photograph 사진	빛으로 그린 그림(graph)은 사진(photograph)이다/ 빛이 만들어(gen-bear) 낸, 사진을 잘 받는(photogenic) 미인은 포토제닉상을 받는다/ 원소 인은 빛을 발하는(phor-por-bear) 성질을 가져 발광성(phosphorous) 물질이다. 공동묘지의 도깨비불도 인광인 경우가 많다. 뼈에는 인이 포함돼 있기 때문이다.	photogenic 사진이 잘 받는 phosphorous 발광성의/인광의
banner 군기/깃발/플래카드 band 동아리	군기(banner)는 부대의 상징을 보여 주는 그림이다. 한 군기 아래 모인 집단(band)은 단결력이 있다/ 봉화(beacon)는 산꼭대기에서 연기를 피워 긴급한 정보를 알려 주는 제도다/ 바다의 실종자들은 지나가는 배를 향해 손짓으로 부르며(beckon) 구조를 요청한다/ 물속에 그물이 있다는 표식(buoy)을 정확히 해 놓아야 다시 돌아와 찾을 수 있다.	beacon 봉화 beckon 손짓으로 부르다 buoy 부표/기분이 들뜨다
cranberry 크랜베리 strawberry 딸기	열매의 접미사로 쓰이는 (berry)는 덩굴 속에서 붉게 빛난다(bright)는 의미다/ 황새(crane) 부리 모양을 닮은 크랜베리(cranberry)도 있고, 보리대(straw)처럼 줄기를 뻗어 번식하는 딸기(strawberry)도 있다.	

fantasy
환상
fancy
기호품/끌리다

환상(fantasy)은 마음속에 나타나는 기분 좋은 상상이다/ 기호품 (fancy)은 실제 모양을 본 뜬 작은 물건이므로 귀여움을 받는다.

recent

최근의

어근 변화 cen▷se
어원 의미 둥근(s=c) 우주는 맑고 깨끗했다.

기본 단어	어원 스토리	고급 단어
recent 최근의 rinse 헹구다	최근(recent)은 아직 오염되지 않은 매우(re) 깨끗한 시기다/ 새로운 생물들이(zo-vi) 살았던 신생대(Cenozoic)는 현재의 지금을 포함하고 있다/ 벗겨낸 때를 완전히(rin) 깨끗하게 헹궈 내야(rinse) 빨래가 끝난다.	Cenozoic 신생대의

veil

면사포

어근 변화 vex▷vel▷veil▷veal▷wif

어원 의미 고대에 베일을 쓴 여성은 한 남자에게만 속한다는 의미였다. 베일은 길게(x=l=l) 잘 펴진다(w=v)는 뜻이다.

기본 단어	어원 스토리	고급 단어
veil 베일 reveal 누설하다	고대 사회에 베일(veil)을 쓴 여인은 한 남자에게만 속한 여인이라는 뜻이었다/ 여인의 베일을 벗길(unveil) 수 있는 사람은 신랑뿐이었다/ 덮은 천을 벗기면(re) 안에 들어 있는 여인이 드러난다(reveal)/ 입천장의 얇은 막(velum)에서 나는 소리를 연구개음(velum)이라고 한다.	velum 얇은 막 unveil 벗기다
wife 아내	큰 천으로 된 로마의 군기(vexillary)는 공포의 대상이었다/ 아내(wife)도 한 남자만을 위해 베일을 쓰고 다니는 여인을 말했다.	vexillary 로마의 군기

crane
황새

어근 변화 cra▷crow▷gera▷gree
어원 의미 새가 목젖을 진동시켜(c=g) 낸 소리는 공중으로 퍼져 나간다(r).

기본 단어	어원 스토리	고급 단어
crane 황새 cranberry (열매) 크랜베리 geranium (꽃) 제라늄	우는 소리를 모방해서 황새(crane)가 나왔다/ 건축 자재를 올리는 타워크레인(tower crane)은 황새의 긴 목을 의미한다/ 황새의 부리처럼 긴 열매(berry-bright-빛나는)를 가진 크랜베리(cranberry)도 있다/ 제라늄(geranium)도 황새의 부리같은 꽃을 피운다.	
crow 까마귀	혈통(pedigree)은 세 갈래로 갈라진 황새의 발(ped)처럼 뻗었다는 뜻이다/ 까마귀(crow)도 우는 모습을 모방한 단어다.	pedigree 혈통

queen

여왕

어근 변화 queen▷gyn
어원 의미 왕의 아내도 아기를 낳는 여자라는 뜻에서 나왔다. 태초에 우주(q→g=k)로부터 온 물(n)에서 생명이 왔다.

기본 단어	어원 스토리	고급 단어
queen 여왕/황후	여왕이나 황후(queen)는 아기를 낳는 왕(king)의 배우자다/ 부인과(gynecology)는 아기를 낳을 여성만을 진료하는 의료 분과다/ 여성이 정치 권력(arch)을 갖는 여인천하(gynarchy)의 시대도 많았다.	gynecology 부인과 gynarchy 여인천하

power
힘

어근 변화 pot▷pos▷pow▷pash
어원 의미 빛(t=s=sh=w=d)은 강력한 에너지를 보낸다(p).

기본 단어	어원 스토리	고급 단어
power 힘 Poseidon (그리스) 포세이돈 potent 강력한 possess 소유하다	포세이돈(Poseidon)이나 터키, 이집트의 지도자(pasha)는 강력한(potent) 힘(power)을 소유한(possess) 존재들이다/ 잠재력(potential)은 아직 나타나지 않은 내부의 힘이다/ 신은 모든(omni-all) 힘을 가진 전지전능한(omnipotent) 존재다/ 유력자(potentate)는 언제든 힘을 행사할 중요한 인물이다/ 성 불능(impotent)은 성적인 능력이 없는(im) 상태다.	pasha (터키) 파샤(지도자) potential 잠재력 있는 omnipotent 전지전능한 potentate 유력자 impotent 성 불능의/무능한

sign
표시

어근 변화 sax▷saw▷sex▷sec▷seal▷sick▷sig▷sc▷scis▷sk▷sq▷sch▷sh▷caes▷car▷ce▷cer▷scr▷co▷cid▷cis▷cu▷bug▷har

어원 의미 칼로 나무를 잘라(sc–sh–s–b–h=c) 내면 뒤에 흔적을 남긴다(x–c–ck–s–d–q–I–r=g).

기본 단어	어원 스토리	고급 단어
sign 표시 signal 신호 signify 의미하다 significant 중요한	칼로 파서 만든 표시(sign)가 추상적으로 변해 신호(signal)가 됐다/ 서명(signature)은 신원 표시이므로 사람마다 다르다/ <의미한다(signify)>는 나무에 표시를 만든다(fy)는 뜻이었다/ 중요한(significant) 것에는 확실한 표시를 만든다(fi)/ 특정한 직위에(de) 임명하려면(designate) 특정한 사람에게 직책 표시를 준다/ 사직(resignation)은 표시된 직책에서 지워 버린(de) 것이다/ 표시를 나무나 돌에 새긴 것은 도장(seal)이고, 손도장은 무인(seal with thumb)이다.	designate 임명하다 resignation 사임 seal 도장/인장 signature 서명
sect 종파 section 부분/파벌 intersection 교차로 sex 남녀의 성 bug 벌레	종파(sect)는 종교나 사상에서 잘린 파벌(section)이다/ 가로질러(inter) 자르는 길은 교차로(intersection)다/ 살아 있는 생물(vi)을 그대로 자르는 생체 해부(vivisection)는 비윤리적이다/ 남녀의 성(sex)도 원래 하나였던 것이 갈라졌다는 개념이다/ 벌레(bug)는 나무를 갉아 먹는다.	vivisection 생체 해부
risk 위험 요소 saw 톱 sickle 낫 skin 피부 Saxon 색슨족	배가 난파하면 선주와 화주가 피해액을 정확히(ri-re) 자르던 관습에서 위험 요소(risk)가 파생됐다. 지금은 보험으로 해결한다/ 나무를 자르는 도구는 톱(saw)이고, 곡식을 자르는 도구는 낫(sickle)이다/ 사냥한 동물은 껍질(skin)을 벗겨야 고기로 먹을 수 있다/ 칼을 잘 쓰는 독일의 색슨(Saxon)족은 영국으로 건너갔다.	
schedule	손쉽게 갈라지는 분열주의(schism)는 정치를 혼란스럽게 만든	schism

기본 단어	어원 스토리	고급 단어
계획	다/ 시간별로 잘라서 나눈 계획(schedule)은 실천하기 쉽다/ 고대로부터 인간의 정신은 생명의 근원인 심장과 허파가 있는 횡경막(phren)에서 나온다고 잘못 인식됐다. 횡경막이 찢어지면 나타나는 증세(ia)를 정신분열증(schizophrenia)이라고 불렀다.	분열주의 schizophrenia (의학) 정신분열
esquire ~님 scissor 가위 Caesar (로마) 카이사르(시저)	서신에서 존칭으로 쓰이는 ~님(esquire)은 원래 칼로 다듬은 나무판으로 만든 방패를 들고 다니는 기사의 호위무사였다/ 가위(scissor)는 잘라내는(abscind) 도구다/ 로마의 시저(Caesar)는 어머니의 배를 가르고 나온 자라는 의미로 제왕절개 수술(Caesarian section)은 제왕을 배에서 꺼내는 수술이었다.	abscind 잘라내다
cement 시멘트 decide 결정하다 science 과학	시멘트(cement)는 잘게 분쇄한 접착력 있는 돌가루를 말한다. 처음에는 화산석을 잘게 부쉈다/ 삭제하려면(excise) 쓸모없는 부분을 밖으로(ex) 도려내야 한다/ 최종적으로 결정하면(decide) 불확실한 부분을 잘라(de)내야 한다/ 세밀하게(pre) 도려내야 정확한(percise) 치수에 맞는다/ 과학(science)은 전체를 잘라서 자세하게 분석하는 정신활동이다. 인도-유럽어족은 물질의 근원을 알려면 잘라서 최종적인 근원 물질을 찾아야 한다고 믿었으므로 양자물리와 수학적 미분, 의학적 수술을 개발했다. 동양은 물체를 전체로 보는 통합 철학을 발전시켰다.	excise 삭제하다 precise 정확한
ship 배 ski 스키 skate 스케이트 sculpture 조각 culture 문화 shell 조개 껍데기 shelf 선반 skull 해골	배(ship)와 스키(ski), 스케이트(skate)는 모두 나무를 칼로 자르고 다듬어서 만들었다/ 칼로 자르고 도려내 아름다움을 주는 것이 조각(sculpture)이다/ 땅을 쟁기로 잘라(cut) 엎는 농사(culture)는 문화(culture)로 확대됐다/ 날카로운 조개 껍데기(shell)는 고대에는 칼로 썼다/ 나무를 판판하게 잘라 벽에 걸어 놓으면 선반(shelf)이 됐다/ 고대에 적을 생포하면 두피를 벗겨 내던 관습에서 해골(skull)이 파생됐다. 심지어 이 해골에 술을 담아 마시기도 했다.	

기본 단어	어원 스토리	고급 단어
comma 콤마(쉼표) shape 모양 shave 털을 깎다	콤마(comma)는 문장을 나누는 점이다/ 나무를 깎으면 갖가지 모양(shape)이 나온다/ 잘못 깎으면 꾀죄죄한(shabby) 모양이 된다/ 매일 자라는 수염은 매일 면도(shave)해야 한다.	shabby 꾀죄죄한
certain 확실한 certificate 증명서 crisis 위기 critic 비평가 criminal 범법자	군더더기가 없이 잘라내야 정확한(certain) 모양이 나온다/ 잘라낸 부분이 정확하게 일치해야 증명서(certificate)로서의 가치가 있다/ 나무를 정확히 자르는 행동에는 정확한 판단을 요구하므로 위기(crisis)는 중병을 판단하는 시점이었다/ 정확하게 판단하는 비평가(critic)는 까다롭다/ 그리스 연극에서 나무 가면 뒤에서는 (hypo-under) 무슨 생각을 하는지 알 수 없어 위선(hypocrisy)이라는 말이 파생됐다/ 연관된(concern) 것은 잘라진 부분이 서로(con) 일치한다는 뜻이다/ 범죄자(criminal)는 세심한 조사와 판단의 결과 범법을 했다는 결론이 나온 자를 말한다/ 차별(discrimination)은 잘라내서(dis) 따로 취급한다는 것이다.	hypocrisy 위선 concern 연관시키다 discrimination 차별/안목
secret 비밀 scribe 필경사 describe 서술하다	비밀(secret)은 잘라서 따로(se-separate) 감춰 놓은 것이다/ 필경사(scribe)는 나무 위에 글씨를 파는 사람이었다/ 필경사는 글씨를 아래로(de) 쭉 파내려가며 이야기를 묘사한다(describe)/ 죽은 사람의 이름을 나무나 돌에 파 넣어(in) 묘비(inscription)를 만든다/ 의사는 환자가 먹게 될 약을 미리(pre) 글로 써서 처방한다(prescribe). 약사는 처방을 어겨서는 안 된다.	inscription 묘비명 prescribe 처방하다
carnival 사육제 carnation 카네이션 harvest 추수	칼로 자른(car) 고기를 먹지 않는(val-leave) 단식이 사육제(carnival)로 와전됐다. 사순절 직전까지 고기를 맘대로 먹었기 때문이다/ 카네이션(carnation)은 고기를 자를 때 나오는 붉은 피를 닮은 꽃이라는 뜻이다/ 곡식이 익으면 낫으로 베어내는 것이 추수(harvest)다.	

spell
철자

어근 변화 spel▷gel
어원 의미 하늘을 가로질러 와서(p=g) 신과 인간을 연결해 주는(s, l) 존재가 천사다.

기본 단어	어원 스토리	고급 단어

기본 단어

spell
철자
gospel
복음
evangel
복음
angel
천사

어원 스토리

신의 말을 불러내는 주문(spell)은 경건하고 정확해야 하므로 철자(spell)가 됐다/ 신(god)의 말인 복음(gospel)은 신을 만나고 싶은 모든 사람에게 전파된다/ 복음의 고어인 복음(evangel)은 인간을 즐겁게(evan-eu-good)하는 신의 말이다/ 이로부터 신의 말을 전해 주는 천사(angel)가 파생됐다.

virgin
처녀

어근 변화 ver▷vir▷war▷weir▷wor▷wr▷hor▷er▷or▷rhap(r/p 음운도치)
어원 의미 모든 방향으로 잘 돌아(p→w→h→o→e=v) 가려면 유연성이 있어야 한다.

기본 단어	어원 스토리	고급 단어
virgin 처녀 Virginia (미국) 버지니아	처녀(virgin)는 갓 나온 나뭇가지처럼 부드러운 존재다/ 12천궁 중에는 처녀자리(Virgo)도 있다/ 미국의 버지니아(Virginia)주는 영국의 엘리자베스 처녀왕에게 진상한 식민지였다.	Virgo (성좌) 처녀자리
vermin 해충 worm 벌레 worry 걱정스러운	집중하려면(converge) 한 점(con)으로 향해야 하고, 한 점에서 사방으로(di) 향하면 분산된다(diverge)/ 기생충(vermin)과 벌레(worm)는 등뼈가 없어 몸을 맘대로 비틀 수 있다/ 걱정하는(worry) 사람은 아픈 마음으로 몸을 비트는 사람이다.	converge 통합하다 diverge 분산하다
verse 시/운율 version (출판) 본(판) versus ~대~ vertical 수직의 horizontal 수평의	시(verse)는 운율을 채우면 다시 처음으로 돌아가는 형식을 갖는다/ 서적의 판본(version)은 내용은 같지만 모양이나 형식을 달리 한 것이다/ 융통성이 있으려면(versatile) 손쉽게 돌려서 바꿀 수 있어야 한다/ <반대로(vice) 돌려도 같다(vice versa)>는 라틴어를 그대로 쓴다/ 두 개를 비교하기 위해서는 <~대~(versus)>를 쓴다/ 상하로 돌리면 수직(vertical)선이고 좌우로 돌리면 수평(horizonal)선이다.	versatile 융통성 있는 vice versa (라틴) 역으로도 같은
prose 서사시	산문(prose)은 운율과 상관없이 앞으로(pro) 향하는 proversus의 준말이다/ 현기증(vertigo)은 머리가 빙빙 도는 병적 증상이다/ 척추(vertebra)는 몸을 앞뒤 좌우로 맘대로 돌리게 만든다/ 척추가 없는(in) 동물은 무척추(invertebrate) 동물이다.	vertigo 현기증/혼란 vertebra 척추 invertebrate (분류) 무척추 동물
universe 우주	복잡한 우주(universe)도 하나의(un) 원리로 돌아간다는 관념이 있었다/ 학생과 교수가 하나로(un) 묶인 조합이 대학(university)	dextrorse 오른손잡이의

기본 단어	어원 스토리	고급 단어
university 대학 adverse 불리한 adversity 역경	이었다/ 반대(ad)로 돌리면 불리하다(adverse)/ 역경(adversity)은 운명이 반대로(ad) 돌아가는 것이다/ 오른쪽(dextrorse) 방향은 옳은 곳으로(dextr-right) 돈다는 뜻이고, 왼쪽(sinistrorse) 방향은 틀린 곳으로(sinistr-wrong) 돌아간다는 뜻이다/ 등 뒤(dorsal)쪽은 뒤로(d-de) 돌아간다는 의미다.	sinistrorse 왼손잡이의 dorsal 등 뒤의
advertise 광고하다 anniversary 주년(기념일)	자신에게(ad) 관심이 돌아오도록 광고하면(advertise) 널리 알려진다/ 일(an) 년에 한 번씩 돌아오는 날은 일 주년 기념일(anniversary)로 특별히 기억한다.	
toward 향하여 worth 가치 있는 worthwile 시간 쓸 가치가 있는 wrestling 레슬링	원하는 곳으로(to) 얼굴을 돌리면 목적지를 향해서(towards) 방향을 잡은 것이다/ 가치 있는(worth) 것에는 당연히 눈이 돌아간다/ 또 가치 있는 물건을 얻으려면 특별히 시간(while)을 투입해야 하므로 <애쓸 필요가 있는(worthwhile)>이 파생됐다/ 운명의 신은 무시무시한(weird) 눈길을 돌린다/ 로마에서 전승자에게는 동그랗게 돌린 화환(wreath)을 씌워 축하해 줬다/ 신은 분노(wrath)의 마음을 방탕한 인간에 돌려 벌을 줬다/ 몸을 비트는 레슬링(wrestling)은 고대 올림픽의 대표적인 경기 종목이었다.	wreath 화환 wrath 분노 wierd 무시무시한
rhapsody (음악) 광상곡	바늘로 돌려(rhap) 꿰맨 이야기(dy)를 뜻하는 광상곡(rhapsody)은 한 민족의 흥망성쇠를 길게 이은 서사시를 말한다. (rhap)는 음운도치(ver)다. 유럽 속의 동양 민족이었던 헝가리인은 훈(Hun)족이 살던 곳에 나라를 세웠으나, 백인들에게 둘러싸여 고난을 겪었으므로 헝가리 광상곡을 남겼다.	

vandal

반달족

어근 변화 vag▷vac▷vand▷vex▷wink▷winc▷wand(n 첨가)
어원 의미 빛(g−c−k=d)은 모든 방향으로 구부러지므로(w=v) 빛은 어디에도 도달한다.

기본 단어	어원 스토리	고급 단어
vagabond 방랑하는 vandalism 문화 파괴주의 Andalusia (스페인) 안달루시아	고대에는 거처도 없이 방랑하는(vagabond) 유랑민들이 많있다/ 온도가 높은 여름에는 변덕스러운(vagary) 날씨가 많다/ 엉뚱한 (vagarious) 생각은 때때로 기발한(vagarious) 발상으로 발전할 수도 있다/ 유럽의 동쪽에서 유랑하면서 서쪽으로 이동해 온 반달족은 로마 문명을 파괴하고 북아프리카까지 진출했으므로 파괴주의(vandalism)라는 오명을 남겼다/ 스페인의 안달루시아 (Andalusia)는 반달족이 살다 아프리카로 건너간 지역이라는 뜻이다.	vagary 변덕스러운 vagarious 엉뚱한/기발한
	자주 변하면 명확하지 않고 애매하다(vague)/ 숨골에서 나온 열번째 신경은 후두나 인두, 내장까지 구불구불 퍼져서 운동과 분비작용을 통제하므로 미주신경(vagus nerve)이라고 불린다.	vague 애매한
	돈을 맘대로(extra) 낭비하거나(extravagant), 옷차림이 지나치게(extra) 요란한(extravagant) 사람은 정상을 벗어나 행동하는자다/ 본론에서 멀리(di) 벗어난(divagate) 이야기는 관심을 받지 못한다/ 풍랑 속 배는 좌우나 아래 위로 불안정하게 요동친다 (vacillate)/ 볼록하게(con) 굽은 볼록렌즈(convex)는 대상을 크게 보이게 하므로 노인들의 안경에 쓰인다.	extravagant 낭비하는/화려한 divagate 멀리 벗어난 vacillate 요동치다 convex 볼록렌즈
wink 눈짓	윙크(wink)는 눈 주위의 근육을 구부려 눈을 잠깐 감는 행위다/ 움츠리는(wince)는 행동도 몸의 근육을 줄여 주춤하는 것이다.	wince 움츠리다

rumor

소문

어근 변화 rio▷roa▷rou▷rum▷mur
어원 의미 짐승의 포효하는 소리는 숲속(m)으로 퍼져(r) 나간다.

기본 단어	어원 스토리	고급 단어

기본 단어

rumor
소문
murmur
중얼거리다
riot
폭동
roar
포효하다
rough
거친

어원 스토리

소문(rumor)은 사람들 사이에서 들리는 소리다/ 중얼거리는 (murmur) 말은 무슨 소리인지 알 수가 없다/ 폭동(riot)도 격앙된 소리가 난무하는 반란이다/ 사자같은 큰 동물은 엄청나게 큰 소리로 포효하고(roar) 거칠게(rough) 달려든다.

rib

갈비뼈

어근 변화 rib▷orb▷roof

어원 의미 강한 힘(f=b)은 다른 것을 밀어낸다(r).

기본 단어	어원 스토리	고급 단어
rib 갈비뼈 orbit 궤도 roof 지붕	뱃속의 장기들을 안전하게 덮고 있는 갈비뼈(rib)는 단단하면서도 유연하다/ 태양을 중심으로 도는 행성들은 큰 껍질 같은 궤도(orbit)를 돈다/ 지붕(roof)은 집을 덮는 껍질이다.	

rebel

반란

어근 변화 bel▷vel▷duel
어원 의미 반란이나 전쟁은 모든 것을 떼어내(l) 부수는 폭력(v→d=b) 행위다.

기본 단어	어원 스토리	고급 단어
rebel 반란	기존 권력에 대항해(re) 일어나는 반란군(rebel)은 진압되면 처형된다/ 모든 것을 태워 버리는 전쟁(bellum)은 라틴어 duellum에서 왔다/ 두 사람이 벌이는 결투(duel)에서는 한 사람이 결국 총에 맞아 죽는다/ 호전적인(bellicose) 사람은 싸움을 불러오는(ger-carry) 적대적인(belligerent) 태도를 취하는 사람이다/ 흥청망청하는(revel) 큰 잔치는 소란한 싸움으로 끝나기도 한다. (d)가 (b)로 변화하는 것은 정반대 음운변화다.	bellum 전쟁 duel 결투 bellicose 호전적인 belligerent 적대적인 revel 큰 잔치/소동

peace
평화

어근 변화 pax▷pac▷patch▷peas▷peac▷pal▷pol▷vel
어원 의미 땅에 대고(x→c→ch→s→l) 힘을 가해(v→p) 박은 말뚝은 요지부동이다.

기본 단어	어원 스토리	고급 단어
peace 평화 pacific 평화로운	평화(peace)는 말뚝에 난난히 묶여 안정된 상태다/ 민족 간에는 끊임없이 싸움을 벌이지만 안정된 상태를 만드는(fy) 평화적인(pacific) 노력을 했으므로 UN같은 국제기구가 만들어졌다. UN은 그동안 평화를 깨려는 나라를 달래는(pacify) 노력을 해온 경우도 많았다 / 전통적으로 제국은 주변 국가들을(a) 달래는(appease) 유화정책을 썼다/ 제국은 이름 앞에 평화(Pax)를 붙였다. Pax Romana와 Pax Britinica, Pax Americana는 각각 로마와 영국, 그리고 미국이 박은 말뚝에 다른 나라를 묶어 찾아온 평화라는 뜻이다.	pacify 달래다 appease 유화정책을 쓰다
pole 막대기 pallet 주걱/화물운반대	경계를 표시하려면 말뚝(pole)을 박아 놓는다/ 긴 막대에 달린 주걱(pallet)은 물건을 한꺼번에 퍼 올리는 화물 운반대(pallet)로 확장됐다/ 루마니아의 드라큘라(Dracula) 백작은 터키에 저항했지만 국민을 긴 막대기로 찔러 잔인하게 죽였으므로 찌르기 대공(impaler)이라는 악명을 얻었다. 영국 작가가 이를 토대로 쓴 소설이 영화화되면서 유명해졌다 ▶Dracula는 피를 먹는 용(dragon)이라는 뜻으로 유럽에서 용은 사악한 눈을 가진 존재다.	impaler 찌르는 사람
travel 여행	여행(travel)은 말뚝으로 친 경계선(pale)을 넘어 세상을 구경하는 것이다 ▶그러나 여행(journey)은 숙박시설이 없던 시절에 하루(jour-day)에 돌아와야 하는 일정을 말하는 것이고, 여행(tour)은 출발 지점으로 돌아와야(turn) 하는 과정이라는 뜻이다.	pale 경계선
peasant 농민 propaganda 선전활동 page (책) 장수	이교도(pagan)는 말뚝을 단단히 치고 고립되어 사는 사람이다/ 농민(peasant)은 농토와 집을 둘러싸는 울타리를 만든다/ 고정된 말뚝 위에 세운 무대의 흥행쇼(pageant)는 단 아래에서 관객들이 구경한다/ 밑에서 말뚝으로 받쳐 주는 포도 덩굴이 쭉쭉(pro) 뻗어 나가는 것으로부터 정보를 널리 퍼지도록 하는 선전활동(propaganda)으로 확대됐다/ 말뚝 위로 평평하게 퍼진 포도 덩굴은 책의 장수(page)로 의미가 넓어졌다.	pagan 이교도 pageant 흥행쇼/가장 행렬
pact	조약(pact)은 합의를 본 내용을 단단히 묶은 것이다/ 여러 말뚝을	

조약

compact

빡빡한

impact

충격/효과

단단히(com) 묶으면 크기는 작아지지만 단단해진다(compact)/
말뚝으로 밀어 넣으면(in) 강한 충격(impact)을 준다.

pass
지나가다

어근 변화 pat▷pad▷pac▷pas▷pael▷pand(n 첨가)
어원 의미 빛(t→c→ㅏ→s=d)은 넓은 공간(pl)을 맘대로 다닌다.

기본 단어	어원 스토리	고급 단어
pass 지나가다 passenger 승객 compass 나침반/걸음 폭	승객(passenger)을 태운 자동차는 길게 펼쳐진 길을 통과해서(pass) 목적지에 도달한다/ 양(com) 다리를 편 폭은 콤파스(compass)고, 나침반(compass)도 두개의 바늘이 넓게 돌다가 남북으로 고정된다.	
surpass 능가하다 expand 확장하다 mile (거리) 마일	더(sur) 넓은 평지로 진출하는 것이 능가한다(surpass)는 뜻이 됐다/ 남의 경계선을 뛰어넘어(tres-trans) 들어가면 불법 침해나 폭력 행사(trespass)가 된다/ 제국은 영역 밖으로(ex) 계속 확장했다(expand)/ 라틴어 천(mille) 발자국(passus)의 축약이 마일(mile)이다.	trespass 침해하다/폭력 행사
space 공간 spacious 널찍한 patent 특허	공간(space)은 넓게(spacious) 활짝(s-spread) 펼쳐진 빈 곳이다/ 삽(spade)은 끝 부분이 넓다/ 왕이 주는 특허장(letters of patent)이 축약되어 특허(patent)가 됐다. 특허는 널리 공개해서 그 권리를 침해하지 말라는 왕의 칙령이다.	
paella (스페인/음식) 파에야	스페인 음식 파에야(paella)는 매우 넓은 구리 팬에 각종 해산물을 넣고 볶은 음식이다.	

slay

살해하다

어근 변화 slaugh▷slay▷sly
어원 의미 고대인들은 짐승을 때리거나 찢어서(s, l) 죽였다.

기본 단어	어원 스토리	고급 단어
slay 살해하다 sly 교활한	동물을 심하게 때려서 죽이는(slay) 도살(slaughter) 방법은 과거 보다는 조금 덜 잔인해졌다/ 저항하는 적을 직접(on) 때리는 맹공 (onslaught)은 격렬한 공격이다/ 교활한(sly) 늑대는 온순한 것 같지만 결국 사냥물을 찢어서 죽인다.	onslaught 맹공 slaughter 학살/도살

stop
중지하다

어근 변화 st
어원 의미 액체에 열을 가하면 수분은 날아가고 걸죽해지다가, 마침내 딱딱하게(s) 굳어 버린다(t).

기본 단어	어원 스토리	고급 단어
stop 멈추다 stone 돌 still 조용한 stand 서다	흘러내리던 용암도 수분이 날라가고 식으면 더 이상 흐르지 않고 멈춰(stop) 돌(stone)로 굳는다/ 고요한(still) 밤하늘에는 공기의 움직임이 없다/ 스튜(stew)는 고기와 향신료를 넣은 냄비를 삼발이 위에 걸고 야외에서 뭉근하게 끓인 헝가리식 육개장이다/ 움직임을 멈추고 서 있다면(stand) 고정된 것이다/ 가로와 세로 높이를 가진 형태가 가장 단단한 공간(stereo)이다/ 스테로이드(steroid)계 약재는 순간적으로 몸을 단단하게 하는 효력이 있으므로 근육강화제다/	stew (헝가리/음식) 스튜 stereo 단단한 공간 steroid 근육강화제
stiff 뻣뻣한	묽었던 액체에서 수증기를 날려(dis) 증류하면(distill) 뻣뻣하게(stiff) 굳는다.	distill 증류하다

ten

10

어근 변화 ten▷gin▷decem▷decim▷dime▷dean
어원 의미 빛(t−c−g=d)의 조각(n=m)이 넓게 퍼지듯, 양 손을 펴면 열 개의 손가락이 되고 이로부터 십진법이 나왔다.

기본 단어	어원 스토리	고급 단어
ten 열 December 12월 decade 10년 dean 학장 dime 다임/10센트	양 손가락은 모두 열(ten) 개이므로 십진법(decimal)이 나왔다/ 로마에서는 반란자 열 명 가운데 한 명씩 처형했으므로 대량 학살 (decimate)로 확대됐다/ 현재 12월(December)은 원래 열 번째 (decem) 달이었다. 1월과 2월이 추가되면서 10월이 12월로 밀려났다/ 열 개를 한 벌로 보면 10년(decade) 단위가 된다/ 대학의 학장(dean)은 원래 열 명을 대표하는 교수였다/ 다임(dime)은 10 센트의 돈이다.	decimal 십진법 decimate 대량 학살하다
	고대 유대인 70(sept<7> gin<10>)인이 Hebrew어 성경을 그리스어로 번역한 성서 70인역(Septuagint)은 현재 유럽 성서의 기초가 됐다 ▶ 열을 세고도 하나(e)가 남으면(lev-leave) 열하나 (eleven)다/ 열을 세고도 둘(tw-two)이 남으면(lev-leave) 열둘 (twelve)이다.	Septuagint (그리스) 70인역

robber

강도

어근 변화 rip▷rup▷rob▷rov▷rou

어원 의미 고대인들은 필요한 물건을 강제로(p=v=b) 벗겨서(r) 빼앗았다. 현대인은 필요한 물건을 돈을 주고 사야 한다.

기본 단어	어원 스토리	고급 단어
robber 강도 robe 망토(예복)	강도(robber)는 소유자의 의사에 반해 물건을 빼앗는 자다. 빼앗기는 것을 주인이 알고 있는 사기와는 구분된다/ 해적(rover)도 배를 털어 강제로 물건을 빼앗는다/ 유랑자(rover)도 강도로 변하기 일쑤였다/ 사제의 망토 예복(robe)은 어깨에 걸치므로 쉽게 벗겨진다.	rover 해적/유랑자
rip 찢다 abrupt 갑작스러운	청바지를 찢어(rip) 입는 문화도 패션의 일종이 됐다/ 남에게(ab) 순간적(abrupt)으로 물건을 빼앗는 행동은 대처하기 어렵다/ 부패(corrupt)는 공직자가 공공재산을 모두(co) 벗겨 가지고 간다는 뜻이다/ 은행(bank)의 잔고가 허물어지면 파산(bankrupt)한다/ 막혔던 구멍이 뚫리면 내용물은 밖으로(e) 분출한다(erupt)/ 파업은 작업 라인을 마구(dis) 잡아 흔들어 생산에 큰 지장을 초래한다(disrupt).	corupt 부패 bankrupt 파산/결핍 erupt 분출하다 disrupt 방해하다
route 길/통로	길(route)은 원래 우거진 숲을 잡아서 뽑고 만들어진 통로다/ 사람은 만들어진 길로만 다니므로 판에 박혔다(routine)는 말이 파생됐다.	routine 판에 박힌

serenade

소야곡

어근 변화 xero▷xera▷xir▷sere▷sear
어원 의미 맑은 날은 물기가 사라진(x=s) 상쾌한 날을 말한다.

기본 단어	어원 스토리	고급 단어
serenade 소야곡	소야곡(serenade)은 건조하고 맑은 날 초저녁 애인의 방 창가 앞에서 부르는 노래다/ 맑게 갠 날의 호수의 수면은 습기가 없어 잔잔하다(serene)/ 마른 잎을 그을리면(sear) 곧 불이 타오른다.	serene 잔잔한 sear 그을리다
Xerox (상표) 제록스	복사지는 물에 담궈 현상하는 번거로움이 있었으므로 한 기업이 광전 효과를 이용해 물에 담그지 않아도 되는 건식복사(Xerox)기를 발명했다/ 모발건조(xerasia)는 두피에 지방이 없어 머리카락이 부서지는 증상(sia)이다/ 피부(der)도 지방이 부족하면 피부건조증(xeroderma)에 걸린다/ 만병통치약(elixir)은 <철학자의 돌>을 갈아 건조한 돌가루였다. 비금속(base metal)을 보석으로 바꾸는 기능도 있다고 알려져 있다. 아랍어로부터 왔으므로 el(the)이 붙어 있다.	xerasia (의학) 모발건조증 xeroderma (의학) 피부건조증 elixir 묘약/만병통치약

ceramics

도자기

어근 변화 car▷cre▷cer▷hear
어원 의미 불길은 둥근(h=c) 공간으로 타오른다(r). 생물이 타고 남은 것이 탄소이므로 탄소는 유기체의 골격을 이루는 원소다.

기본 단어	어원 스토리	고급 단어
ceramics 도자기 carbon 탄소	높은 온도에 구울수록 더 단단한 도자기(ceramics)가 나온다/ 태우고 남는 숯의 기본 원소는 탄소(carbon)다. 탄소는 유기체의 골격을 구성하는 기본 원소로 대기에 풍부하다/ 시신, 쓰레기를 태우는 소각장(crematory)이 자기 지역에 건설되면 누구나 반대한다/ 숯장이(Carbonari)라는 별명을 가진 젊은 이탈리아 청년들은 오스트리아에 대항해 독립운동을 벌였다/ 카르복실기(carboxyl)는 탄소와 산소(ox-oxygen)가 뭉친 유기산으로 우리 몸을 구성하는 기초 물질이다.	crematory 소각장 carbonari (이탈리아) 카르보나리 당원 carboxyl (화학) 카르복실기
	모든 동물의 기초 에너지인 탄수화물(carbohydrate)은 태양 에너지로 탄소와 수소(hydr)를 합성한 물질(ate)이다/ 죽은 동식물은 탄소를 갖고 있기 때문에 그 탄소의 반감기를 이용하면 동식물들의 생존 시기를 측정할 수 있다. 이를 바탕으로 탄소 측정 연대(carbon date) 기술이 발견됐다/ 난로(hearth) 속에서는 장작이 탄다.	carbohydrate 탄수화물 carbon date 탄소 연대 측정 hearth 난로

toxin

독소

어근 변화 tox
어원 의미 독소는 몸을 가로질러(t) 들어오므로(x=g) 몸의 기능을 마비시킨다.

기본 단어	어원 스토리	고급 단어
toxin 독소	화살에는 독성(toxin) 물질(in)을 묻혀 쏘았으므로 맞으면 결국 죽었다/ 궁술을 좋아하는(phil) 자(ite)는 명궁(toxophilite)으로 이름을 남겼다.	toxophilite 궁술가
	독성은 술에도 들어 있으므로 술에 취하면(intoxicate) 정신이 혼미해진다/ 독성(toxikhon)이 들어 있는 약(pharmakhon)인 (toxikhon pharmakon)의 축약이 약국(pharmacy)이 됐다.	intoxicate 독소에 취하다 pharmacy 제약/약학

hour

시간

어근 변화 hor▷hour▷year▷or
어원 의미 계속 흘러(r) 떨어져(y=h) 가는 시간은 보이지 않으므로 인간은 해와 달이 변하는 모양을 보고 시간을 측정했다.

기본 단어	어원 스토리	고급 단어
hour 시간 year 해/년	계속 흐르는 시간(hour)은 측정할 수가 없다. 그래서 인간은 잘라 낸 토막의 시간(hour)과 더 긴 시간 년(year)을 하나의 단위로 삼는다 ▶또 1시간을 60으로 나눈(minute) 시간은 분(minute)으로 하고, 1분을 두 번째(second) 나눈 것(second minute)을 줄여서 초(second)라고 부른다.	
encore 재청. 앙코르	원래 라틴어 hanc(this) ad(again) horum(hour)의 축약이 재청, 앙코르(encore)가 됐다/ 시계공(horologist)은 시간의(horary) 전문가다/ 계절의 여신(Horae)은 지중해의 계절를 통제하는 신이 었다.	horologist 시계공 horary 시간의 Horae (로마) 계절의 신

tail

꼬리

어근 변화 tack▷taco▷tail▷shak
어원 의미 꼬리는 척추의 길이(sh=ㅌ)가 늘어난(ck—k—c=ㅌ) 것이다.

기본 단어	어원 스토리	고급 단어
tail 꼬리 tag 짐표 tako (멕시코/음식) 타코	머리를 묶으면 꼬리(tail)처럼 보인다/ 꼬리를 자르는(cut) 것이 단축하는(curtail) 것이 됐다/ 짐에 붙이는 물표(tag)는 꼬리표라고 부른다/ 멕시코 음식 타코(taco)는 얇은 반죽판에 고기를 넣고 뾰족하게 만 음식이다/ 프랑스 병사들의 샤코 모자(shako)는 위로 긴 원통형이다/ 압침(tack)에도 뾰족한 침이 달려 있다.	curtail 단축하다 shako (프랑스) 군/경찰 모자 tack 압침

semifinal

준결승

어근 변화 semi▷demi▷hemi▷hemo
어원 의미 절반은 이어진(d-h=s) 전체를 반으로 자른 부분 조각(m)이다.

기본 단어	어원 스토리	고급 단어

기본 단어

semifinal
준결승

어원 스토리

결승(fin-end)에 나갈 두 팀을 고르는 경기는 준결승(semifinal)
이다. 결승의 절반이다/ 신은 결코 인간에게 나타나지 않으므로
세상을 직접 만든(urg-erg-work) 신을 반조물주(Demiurge)라
고 따로 불렀다/ 둥근(sphere) 지구는 적도를 기준으로 자르면
남북으로 반공 모양이 되므로 반구(hemisphere)라고 부른다/
몸(homo-some)의 일부인 피(hemo)가 흐르는(rrh-run) 출혈
(hemorrhage)은 피가 몸 밖으로 나와 흐르는 것이다. 출혈은 죽
음을 의미하므로 피는 인간에게 공포를 줬다.

고급 단어

Demiurge
반조물주
hemisphere
반구
hemorrhage
출혈

room

방

어근 변화 rur▷rus▷rum▷room
어원 의미 방은 펼쳐진(r) 공간 조각(r—s=m)이므로 이곳에서는 잠도 자고, 춤도 추고, 밥도 먹는다.

기본 단어	어원 스토리	고급 단어
room 방 rumba (쿠바/춤) 룸바 ballroom 무도장	방(room)은 집 안에 있는 비어 있는 공간을 말한다/ 쿠바에서 출발한 룸바(rumba)는 큰 방에서 추는 춤(ba-ballet-dance)을 말한다/ 무도장(ballroom)은 춤을 추는 방이다. 유럽에서는 몸으로 생각을 표현하는 춤을 매우 중시했으므로 궁중에는 정식 무도장이 있었다.	
rural 시골의	시골의(rural) 널따란 공간은 전원의(rustic) 평화로움을 준다/ 도시의 공해를 피해 시골로 내려가는(rusticate) 사람들도 많다/ 출항하는 배의 각 방에 필수품을 다 챙겨 넣던 것으로부터 방을 샅샅이 뒤지는(rummage) 것이 나왔다.	rustic 전원의 rummage 샅샅이 뒤지다 rusticate 낙향하다

profile
윤곽

어근 변화 fil▷hil
어원 의미 빛(f-h=b)으로 자란 식물의 긴(l) 섬유를 말리면 실이 된다. 실은 1차원이다.

기본 단어	어원 스토리	고급 단어
profile 윤곽을 그리다/경력 file 서류철 filament 필라멘트	인물의 가장자리 선을 따라가면(pro) 윤곽을 그릴(profile) 수 있기 때문에 옆 얼굴 모습이나 사람의 경력(profile)으로 확장됐다/ 범죄심리분석가(profiler)는 범죄자의 심리와 범죄 형태를 추적해(pro) 잡는 수사관을 말한다/ 서류를 실에 꿰어 묶어 놓는 것이 서류철(file)이다/ 부대의 대열을 나누는(de) 분열(defile)은 군대 행렬 중 하나다 ▶모독(defile)은 명예를 아래로(de) 떨어뜨리는(foul-fall) 것이다/ 필렛(fillet)은 고기를 얇고 길게 저민 것이다/ 가는 철사를 넣은 필라멘트(filament) 진공관은 현재 반도체로 바뀌었다.	profiler 범죄심리분석가 defile 부대 분열/행진 fillet 저민 고기
	가는 실보다 가치 없다는(ni-no) 철학이 허무주의(nihilism)다. 제정 러시아 지식인 사이에서 유행했다/ 실터럭조차 없애 버리고(ann) 소멸시키면(annihilate) 아무것도 남지 않는다.	nihilism 허무주의 annihilate 소멸시키다

quiet

조용한

어근 변화 quie▷qui▷whi▷wee
어원 의미 소리를 내는 모든 움직임이 멈추면 사방(q=w=c=k)이 조용해진다.

기본 단어	어원 스토리	고급 단어
quiet 조용한 quit 멈추다 quite 지극히/진짜	움직임을 완전히(quite) 멈추고(quit) 서면 공간은 조용해진다(quiet)/ (quite)는 조용한 정도다/ 법원은 혐의에(a) 마침표를 찍고 무죄를 선고할(acquit) 수 있다/ 알고 있는 사실을 묵인하려면(acquiesce) 입을 다물고 서서히(esce-grow) 조용해져야 한다/ 죽어서 완전히(re) 움직이지 않는 망자를 위한 노래가 진혼곡(requiem)이다/ 호수를 가로질러(trans-cross) 아무런 움직임이 없으면 호수는 잔잔하고(tranquil) 평화롭다.	acquit 무죄를 선언하다 acquiesce 묵인하다 requiem 진혼곡/추모미사 tranquil 잔잔한
while ~하는 동안 week 일주일	조용한 시간의 길이로부터 ~하는 동안(while)과 주일(week)도 파생됐다.	

ring

반지

어근 변화 link▷lank▷ring▷rank
어원 의미 연결된(r=l) 긴 줄을 구부리면(k=g) 원이 된다.

기본 단어	어원 스토리	고급 단어
ring 반지/원형 경기장 rank 가로줄/계급 link 골프장/연결하다 flank 가장자리	긴 줄이 구부러져 반지와 원형 경기장(ring)으로 확대됐다/ 가로줄(rank)과 세로줄(file)로 구성된 군대의 행렬은 결국 일반 사병(rank and file)이 만든 대열이다/ 또 줄을 구부려 만들어진 원 안에는 같은 지위를 가진 사람들만 들어 있으므로 계급(rank)이 됐다. 골프장(links)은 1번 홀부터 18번 홀까지 연결된(link) 둥근 경기장이다/ 가장자리(flank)는 원으로 둘러싸인 테두리를 말한다.	

seed

씨

어근 변화 se
어원 의미 식물의 씨앗과 동물의 정자는 부모와 같은 후손을 낳으므로 세대를 잇는다(s).

기본 단어	어원 스토리	고급 단어
seed 씨앗 season 계절/양념	씨앗(seed)에서 싹이 트고, 정자(semen)에서 새끼가 태어난다/ 계절(season)은 씨앗을 싹 틔우고 과일을 익게 한다/ 이로부터 음식도 양념을 넣으면 익어서 맛이 풍부해진다(season)/ 신학교 (seminary)는 장차 사제가 될 어린이를 키우는 못자리라는 의미 였다.	seminary 신학교 semen 정자
insert 삽입하다	씨를 땅속에(in) 심는다(insert)는 말이 삽입한다(insert) 로 확대됐다/ 자궁 안에(in) 들어간 정자는 여성을 임신시킨 다(inseminate)/ 식물은 씨앗을 가능한 널리(dis) 퍼트려 (disseminate) 많은 후손을 남긴다/ 남자들이 씨를 뿌리고 사는 세속(secular)을 멀리하는 자는 사제다.	inseminate 임신시키다 disseminate 퍼트리다 secular 세속의

such

그런

어근 변화 so▷si▷su▷sh▷yes▷hoi▷th
어원 의미 이미 말한 것과 연결된(h–th=s) 말이 지시 단어다. 그렇다는 말도 이미 말한 것과 같다는 뜻이다.

기본 단어	어원 스토리	고급 단어
such 그런/진짜/멋진 yes 예!/그렇다 so 매우	이미 말한 것은 바로 그런(such) 것이라는 의미다. 이로부터 <진짜 그것>이라는 뜻이 되고, 더 나아가 <아주 멋진>으로 확대됐다/ 동사를 지시하는 부사로는 <바로 그렇게>라는 뜻으로 매우(so)로 확장됐다/ 감탄사로는 바로 <그렇다(yes)>다.	
she 그녀 the 그것	라틴어로 <어떤 물체(qua-what)와 같다(si)>는 <유사한, 준~(quasi)>으로 정착됐다/ 이미 말한 여성은 she라는 여성 대명사로 쓴다/ 그리스어 <hoi polloi>는 <the many>로 서민, 대중이다. 그것(the)도 이미 언급한 명사를 의미한다.	quasi (라틴) 유사한/준~ hoi polloi (그리스) 서민

subject

주제

어근 변화 jac▷jet▷jec▷gi▷as▷es▷ic
어원 의미 던진 물체는 공중을 힘차게 달려가(g→s→c→j) 이어지는 포물선을 그리면서 떨어진다.

기본 단어	어원 스토리	고급 단어
subject 주제/신하 object 객체	누구나 볼 수 있게 아래에(sub) 던져 놓은 것은 토론의 주제 (subject)다. 아리스토텔레스는 <인식이 나오는 모체>를 주제라고 정의했다 ▶유사단어 주제(theme)는 놓여진(the-lay) 화제를 말한다/ 또 주제(topic)는 모두가 모이는 공동장소(topica-place)를 의미했다/ 왕의 아래에(sub) 몸을 던지는 자는 신하(subject)다/ 신하는 왕에게 복종(subjection)해야 한다/ 주체와 마주보며 (ob-against) 놓인 것은 대상이나 객체(object)다/ 프랑스어 오브제(object)는 예술의 대상을 말한다.	subjection 복종
project 큰 과제 projection 발사/영상 adjective 형용사 reject 거절하다	모두가 함께 성취하자고 공개적으로(pro) 던져 놓은 것은 큰 과제 (project)다/ 총포는 총알을 쏘아 보내는 발사(projection)체다/ 명사 옆에(ad) 놓는 품사는 형용사(adjective)다/ 온 것을 되돌려 (re) 보내면 거절하는(reject) 것이다/ 공중으로 던진 물체는 한 지점으로부터 다른 지점으로(tra-trans) 날아가는 포물선의 탄도 (trajectory)를 그린다.	trajectory 탄도
	이것저것 모두(con) 던져서 대충 알아보는 추측의(conjectrual) 결과는 확실한 것이 아니다/ 마음을 아래로(de) 던지면 의기소침 (dejection)해진다/ 막혔던 곳을 열면 안에 갇혔던 액체는 밖으로 (e) 사출(ejaculation)된다.	conjectrual 추측의 dejection 의기소침 ejaculation 사출
ease 편안함 disease 질병 adagio (음악) 편안하게	인접한(adjacent) 것들은 서로 가깝게(ad) 던져 놓은 것들이다. 이 단어는 프랑스어에서 밀집을 두껍게 던져 놓은 보금자리를 뜻하는 aisier로 변한 뒤 영어에서 편안함(ease)으로 정착했다/ 질병(disease)은 편하지 않은(dis) 상태다/ 이탈리아어 아다지오 (adagio)는 편안하게 노래 부르라는 의미다.	adjacent 인접한

기본 단어	어원 스토리	고급 단어
jet 제트	제트(jet)기는 강력한 기체를 뒤로 분출해서 에너지를 얻는다/ 바다 쪽으로 튀어 나온 지역은 방파제나 선창(jetty)이다/ 침몰하는 배는 투하물(jetsam)을 바다에 내던져 무게를 줄인다.	jetty 방파제 jetsam (항해) 선박 투하물
ice 얼음	정통과는 다른(her) 방향으로 던져진 파벌은 이단(heresy)이다/ 의학적으로 몸이 비정상적으로(para-beside) 놓여져 마비되는 증상(sis)을 부전증(paresis)이라고 한다/ 얼음(ice)은 추운 겨울 물 위에 던져진 차가운 물질이다.	heresy 이단 paresis (의학) 부전증

psalm
찬송가

어근 변화 psal▷pal▷ptol▷pul▷papil▷pavil▷feel▷fl
어원 의미 팽팽하게 늘린(l) 줄을 당겼다(ps→pt→f=p) 놓으면 줄은 강하게 진동한다. 강한 진동은 충격을 준다.

기본 단어	어원 스토리	고급 단어
psalm (교회) 잠언/찬송가	시편이나 찬송가(psalm)는 하프의 현을 당겨 소리를 내면서 불렀다/ 찬송가 가사(dy-song)를 모은 책은 찬송가집(psalmody)이다.	psalmody (교회) 찬송가집
	지지대에(cata-against) 묶인 활줄의 장력을 이용하는 새총이나 석궁(catapult)은 화살과 돌을 쏜살같이 발사한다/ 항공모함의 짧은 활주로에서 전투기를 튕겨 내는 사출장치(catapult)도 같은 원리다 ▶북유럽에서는 석궁을 군힐더(Gunnhilder)라는 여자 이름으로 불렀다. Gunnhilder가 전쟁(gun)과 강인함(hild)을 뜻하기 때문이다. 후에 들어온 화약 총도 Gunnhilder로 불렀다. 이것이 축약돼 영어의 총(gun)이 됐다.	catapult 석궁/새총
Ptolemy (이집트) 프톨레마이우스	알렉산더가 죽은 후 그의 장수였던 프톨레마이우스(Ptolemy-세상을 진동하는 자)는 이집트와 리비아를 통치하는 지도자가 됐다. 그의 후손들은 거의 300년 동안 통치하면서 클레오파트라(Cleopatra) 자매들과 혼인했다 ▶조국(patra-father)의 열쇠(cle-key)라는 뜻의 클레오파트라는 이집트의 공주들이었다. 가장 유명한 클레오파트라는 시저와 염문을 뿌렸다.	
papillon 나비 pavilion 큰 천막/가설 건물 flutter 펄럭이다 feel 느끼다	의사는 환자를 톡톡 쳐서 촉진한다(palpate)/ 프랑스어 나비(papillon)는 날개를 펄럭이며 날아간다는 뜻이다/ 나비의 날개와 같은 귀를 가진 개 빠비옹(papilon) 종도 있다/ 야외에 설치하는 천막(pavilion)도 바람에 펄럭인다/ 높이 올린 깃발도 바람에 펄럭인다(flutter)/ 느낌(feel)은 물체의 진동에 대한 감각이다/ 맥박(pulse)은 끊임없이 뛰어야 한다.	palpate 의사가 촉진하다 pulse 맥박

taxi

택시

어근 변화 tax▷tac▷tex
어원 의미 손과 물체의 거리(t)를 좁히면(x=c) 손을 대는 것이다. 인간은 손을 대서 무엇이든 만들고 정리할 수 있었다.

기본 단어	어원 스토리	고급 단어
taxi 택시 cab 택시 taxicab 택시	택시(taxi)는 taxicab의 준말이고 taxicab은 taxi-cabriolet를 축약한 말이다. cabriolet는 염소(cabr-capr-goat)가 깡총깡총 뛰듯이 달리는 이륜 마차를 뜻했다. 결국 taxi는 <미리 책정된 요금을 받는 작은 마차>가 축약된 말이다. taxi와 cab, taxicab 모두 택시라는 뜻으로 쓴다.	
text 교과서 tactics 전술	같은 종류끼리 모아 정리하는 방법(nom)은 분류법(taxonomy)이다/ 글을 효과적으로 모아(syn) 정리하면 문장론(syntax)이고, 컴퓨터의 언어를 모아(syn) 만들면 컴퓨터 체계(syntax)다/ 교과서(text)는 가장 모범적으로 짜여진 책을 말한다/ 전술(tactics)도 승리를 위해 잘 짜여진 전쟁 기술(tic-tech)이다.	taxonomy 분류법 syntax 문장론/체계

tear

찢다

어근 변화 derm▷drap▷tear▷tiger▷tet
어원 의미 동식물의 두꺼운(dr=tr) 껍질 조각(p─r─g─t=m)을 벗겨 내야 그 안에 있는 과즙이나 고기를 먹을 수 있었다.

기본 단어	어원 스토리	고급 단어
tear 찢다 tiger 호랑이	껍질은 찢어서(tear) 벗겨 내야 알맹이를 꺼낼 수 있다/ 호랑이(tiger)는 큰 송곳니로 고기를 찢어서 먹는다.	

피부학(dermatology)은 두꺼운 피부를 연구한다/ 인체를 외부로부터(epi) 둘러싸는 표피층(epidermis)은 여러 겹으로 구성돼 있다/ 피부 위에 일어나는 버짐(tetter)은 질병이다/ 털은 없지만 피부가 매우 두꺼운(pachy) 후피(pachyderm) 동물은 코끼리같은 동물이다/ 피부가 마르는(xero) 증상(ma)은 피부건조증(xeroderma)이다/ 죽은 동물의 껍질을 산 것처럼 정리하는(tax) 기술은 박제술(taxidermy)이다.

dermatology
피부학
epidermis
표피
pachyderm
후피 동물
tetter
피부병
xeroderma
(의학) 피부건조증
taxidermy
박제술

medicine

의학

어근 변화 meet▷med▷mod▷mood▷must
어원 의미 인간은 무한한 우주에서 떨어져 나온 작은 조각(m)을 측정할 수 있을 뿐이다. 측정하는 인간은 판단하는 동물이 됐다.

기본 단어	어원 스토리	고급 단어
medicine 의학 medical 의학적	의학(medicine)은 병의 증상을 측정하고 판단하는 학문이다/ 의사는 의학적(medical) 판단을 한 후 약효가 있는(medicinal) 약물을 처방한다/ 약물 치료(medication)는 수술보다 간단한 처치다/ 환자의 치료(remedy)는 정확한(re) 판단과 측정을 요구한다.	medicinal 약효가 있는 medication 약물 처치/약물 remedy 치료/해결책
meditation 명상 modern 현대의 model 모델 mode 양식 mood 기분	종교인들은 생각을 측정하는 명상(meditation)의 시간을 갖는다/ 바로 현재의 시간으로 측정되면 현대(modern)적이다/ 바르게 만들기(fy) 위해서는 기준에 맞도록 측정해서 수정해야(modify) 한다/ 형식이나 양식(mode)은 측정된 모양이다/ 마음이 생각하고 측정하는 방식은 기분(mood)이다/ 가장 이상적으로 측정된 것은 표준(model)이다/ 기계 조립 단위(module)는 전체의 모양과 같게 측정된 기본 단위다/ 실제 표준 치수에 맞추려면 크기를 적절히 조절해야(modulate) 한다.	module 조립 단위 modulate 조절하다 modify 수정하다
commodity 상품 moderate 절제된/중간의 modest 신중한	모두(com) 수용하려면(accommodate) 내용물에(a) 맞는 크기의 공간이 있어야 한다/ 현대적 상품(commodity)은 공장에서 표준에 맞춰 대량 생산되므로 모두 똑같다/ 표준에 맞추면 절제되므로(moderate) 극단으로 흐르지 않는다/ 표준에 맞는 태도는 신중한(modest) 태도다.	accommodate 수용하다
meet 만나다 must ~해야 한다	표준에 일치시키는 행동은 정해진 기준과 만나는(meet) 행동이다/ 분명히 일치해야 하는 태도로부터 조동사 (must)가 파생됐다.	

312

opium
아편

어근 변화 pop▷op▷morp▷her▷hyp
어원 의미 인간은 정신을 마취시켜 무아지경의(rp→hr=p) 상태에서 신을 만날 수 있다고 봤다.

기본 단어	어원 스토리	고급 단어
opium 아편 poppy 양귀비	아편(opium)은 양귀비(popy)에서 추출한 마취약이다. 유럽에는 마약 성분이 없는 개양귀비가 벌판을 붉게 물들인다. 붉은 피를 뿌리고 전사한 장병들의 피가 양귀비라고 생각하는 영국인은 전몰장병에게 양귀비 꽃을 바친다. 화가 마네도 붉은 개양귀비 꽃을 자주 그렸다.	
morphine (의학) 모르핀 heroin 헤로인	아편을 생화학적으로 처리해 만든 모르핀(morphine)은 마취(p) 성분이 있는 물질(m)이므로 마음속에 환각적 형체(morph-phorm-form-음운도치)를 보여 주는 강력한 마약이다/ 헤로인(heroin)도 진통제로 쓰이고 마약으로도 악용된다.	
	그리스 잠의 신(Hypnos)은 꿈의 신(Morpheus)을 낳았다. 최면(hypnosis)은 잠의 신에서 조어된 말이다. 잠과 꿈은 인간 이성의 일시적 마비 상태. 인간은 맨 정신으로 신을 만날 수 없었으므로 술을 마시거나 마약에 취하면 신을 만날 수 있다고 생각했다. 디오니소스의 축제에 참가한 그리스의 젊은 남녀는 술을 진탕 마시고 신을 만났다. 만취한 남녀들은 혼숙도 했다.	Hypnos (그리스) 잠의 신 Morpheous (그리스) 꿈의 신 hypnosis 최면

pasta
국수

어근 변화 past▷quash▷cas▷cus▷cut
어원 의미 밀 알갱이를 빻아서(sh→st→t=s) 나오는 가루는 사방으로(p→q=c) 날린다.

기본 단어	어원 스토리	고급 단어
pasta 국수. 면류 pastel (회화) 파스텔	밀가루로 만든 이탈리아의 면류는 모두 국수(pasta)다 ▶넙적한 반죽 사이에 고명을 넣은 라자냐(Lasagna), 길게 뽑은 스파게티(Spaghetti), 짧고 구멍 뚫린 마카로니(Macaroni)가 있다. 이 가운데 마카로니는 이탈리아를 나타내는 상징으로 쓰이며 macaroni western은 미국 서부와 환경이 비슷한 이탈리아 남부에서 촬영된 미국 서부 영화를 말한다/ 밀가루로 만든 풀이나 연고, 고추장은 모두 paste다/ 색깔이 있는 가루를 뭉친 미술 재료는 파스텔(pastel)이다. 파스텔화는 은은한 분위기를 풍긴다/ 모방 작품(pastiche-pasticcio)은 뒤죽박죽 섞은 반죽이었다.	pastiche 모방 작품
discussion 토론 rescue 구출하다	상급 법원은 하급심의 결정을 폐기(cassation)할 수도 있다/ 머리를 완전히(con) 뒤흔들어 놓으면 뇌진탕(concussion)이 온다/ 토론(discussion)은 상대의 견해를 철저히(dis) 흔든다/ 몸을 톡톡 쳐서 관통하는(per) 소리로 진단하는 것이 타진(percussion)이다/ 적의 손에 붙잡힌 인질은 적을 세게(re) 흔들어 떼어내야(ex) 구출할(rescue) 수 있다.	cassation 하급심의 폐기 concussion 뇌진탕 percussion 타진
cut 자르다 cask 포도주 통	나무판을 길게 잘라(cut)내어 잇대 만든 포도주 통(cask)에서 나오는 향은 포도주에 스며든다. 포도를 짓이겨(quash) 오랫동안 놔두면 발효해서 포도주가 된다. (p)와 (q)는 서로 호환한다.	quash 짓이기다

sorry

미안한

어근 변화 sor

어원 의미 남의 아픔에 나의 마음을 나란히(r) 연결하면(s) 미안한 마음이다.

기본 단어	어원 스토리	고급 단어
sorry 미안한	내 잘못으로 인해 남이 피해를 보면 나의 마음이 아픈(sore), 미안한(sorry) 상태가 된다/ 자신과 상관이 없는 남의 불행으로부터 오는 나의 슬픔에 대해서도 미안한(sorry) 마음을 갖는다/ 그래서 문상을 가서도 슬픈(sorry) 마음을 가질 수 있다.	sore 마음이 아픈

calculate

계산하다

어근 변화 calc▷chalk

어원 의미 고대인들은 동그란(ch=c) 조약돌의 개수와 우리로 들어오는 양의 머리 수를 일치시켜(l) 양의 수를 헤아렸다.

기본 단어	어원 스토리	고급 단어
calculate 계산하다 calcium 칼슘 chalk 분필	양의 수를 헤아릴 때 조약돌이나 조개 껍데기를 하나씩 던지며 셌다(calculate)/ 조약돌이나 조개 껍데기에는 칼슘(calcium) 성분이 들어 있다/ 칼슘이 들어 있는 석회석을 갈아서 만든 가루를 뭉치면 칠판에 글씨를 쓸 수 있는 분필(chalk)이 된다.	

canopy

차양

어근 변화 canap▷canop
어원 의미 가마를 가리던 둥근(c) 모기장이 차양으로 의미가 확대됐다.

기본 단어	어원 스토리	고급 단어

기본 단어

canopy
차양

어원 스토리

모기장이 차양(canopy)으로 확대됐다/ 로마 귀족들은 긴 의자에 누워 빵 위에 엔초비를 올린 카나페(canape)를 먹었다. 모기처럼 조금씩 떼어 먹었으므로 이같은 이름이 붙었다 ▶모기(mosquito)는 포르투갈어 mosca(fly)에서 나왔다. 머스킷 총(musket)은 총알이 모기처럼 재빨리 날아간다는 뜻이다. 쏠 때마다 총렬에 화약을 밀어 넣고 심지에 불을 붙였다. 일본어로 화승총이다.

고급 단어

canape
(음식) 카나페

quality
품질

어근 변화 qua▷qui▷quo▷chee▷who
어원 의미 인간은 사방(qu—wh—ch—h=c)을 두리번거리며 존재의 크기와 질, 장소, 시간, 이유, 방법을 일아냈으므로 5W1H의 의문사가 생겼다.

기본 단어	어원 스토리	고급 단어
quality 품질 qualify 자격을 주다	아직 모르는 존재가 무슨 종류(what kind)인지가 품질(quality)이다/ 그런 품질로 만들어(fy) 주는 것이 자격을 부여하는(qualify) 것이다/ 아직 모르는 존재가 얼마나 많느냐(how many)가 양(quantum)이 됐다. 현대 물리학은 극소량도 다루므로 양자역학(quantum theory)은 최신 학설이다. 양자역학은 기존의 거대 거대 물리학과 충돌하고 있다.	quantum 양자
quota 몫 quote 인용하다	나누어 주는 한계량이 몫(quota)이다/ 의결정족수(quorum)는 의결에 필요한 최소 인원이다/ 책의 페이지 양을 매기던 것이 책의 일부를 인용하는(quote) 것으로 전환됐다/ 나누어진 수는 지수(quotient)이며, 전체에서 차지하는 양을 가리키는 수다/ 사이비(quasi)는 영어로 <비슷한(si) 그 무엇(qua-what)>이다. 가장 긴 영어 단어는 <quasi-antidisestablishmentarianistically(사이비 반국교폐지론자의 태도로)>다. 결국 <가짜 국교론자의 태도로>라는 뜻이다.	quorum 의결정족수 quotient 몫/지수 quasi (라틴) 사이비~
who/what/when/ where/why/how 누가/무엇/언제/ 어디서/왜/어떻게	어디에서나(ubiquitous)는 <어떤(qui) 장소(ubi-place)라도>라는 뜻이다. 삼성의 전화기 모토다. 누구(who)나 무엇(what), 언제(when), 어디에(where), 왜(why), 어떻게(how)의 5W1H는 모두 알지 못해 궁금한 모든 상황을 나타내는 존재에 대한 의문사들이다.	ubiquitous (라틴) 어디서나
cheese 치즈	치즈(cheese)는 원래 잘 알지 못하는 그 무엇을 의미했다. 그래서 big cheese는 정확히 알지 못하지만 거물이라는 뜻이다.	

molecule

분자

어근 변화 mol
어원 의미 무한한 우주에서 떨어져(l) 나온 작은(m) 조각 단위가 분자다.

기본 단어	어원 스토리	고급 단어
molecule 분자	물리학에서 물질의 가장 작은 덩어리가 분자(molecule)다/ 어금니 (molar)는 음식을 갈아서 잘게(de) 부수는(demolish) 이빨이다. 몰(mole)은 분자를 이루는 원자들의 무게를 모두 합한 그램 분자 다.	molar 어금니 demolish 파괴하다 mole (화학) 그램 분자

mild

부드러운

어근 변화 mil▷mit▷mir
어원 의미 아주 작은 가루 부스러기(m)를 만지면 부드럽다(r-l).

기본 단어	어원 스토리	고급 단어
mild 부드러운	평화는 부드러운(mild) 상태를 말한다/ 고통을 누그러뜨리기 (mitigate) 위해서는 진통제를 쓴다.	mitigate 경감하다
Mir (러시아/위성) 미르 Casmir (폴란드) 캐시미르 Vladimir (러시아) 블라디미르 Mildred 밀드레드	러시아 인공위성 미르(Mir)는 평화라는 의미다/ 폴란드 사람 이름 캐시미르(Casmir), 러시아 사람 이름 블라디미르(Vladimir)는 평화를 가져 오는 자다. 밀드레드(Mildred)는 부드럽다는 의미의 여성 이름이다.	

swine

돼지

어근 변화 so▷su▷sy▷sow▷swi▷ho▷hy
어원 의미 흙이 붙어(h=s) 땅을 만들고, 돼지는 흙을 좋아하는 동물이었다.

기본 단어	어원 스토리	고급 단어
swine (가축) 돼지 sow 암퇘지 soil 흙 socket 구멍	일반명사 돼지(pig)는 가축으로서는 수퇘지(swine)와 암퇘지(sow)로 부른다/ 돼지는 흙(soil)을 특별히 좋아한다/ 돼지는 코로 흙에 구멍(socket)을 뚫는다/ 성병 매독(syphilis)은 돼지를 사랑해서(phil) 얻은 병이라고 오해됐다/ 쓰레기(sullage)는 결국 썩어서 흙으로 돌아간다/ 명예가 훼손되면(sully) 더러운 흙이 묻은 것과 같다.	syphilis 매독 sullage 쓰레기/슬러지 sully 훼손하다
hyena 하이에나 hog 돼지	하이에나(hyena)는 돼지의 여성형 단어였다/ 스페인 돼지(hog)는 야생에서 도토리를 먹고 자란다. 이 돼지고기는 하몽의 재료로 쓴다.	

tutor

가정교사

어근 변화 tu▷tui
어원 의미 선생님은 학생들의 머릿속에 지식이나 교양의 폭을 늘려(tut) 주는 존재다.

기본 단어	어원 스토리	고급 단어
tutor 가정교사	유럽 귀족 자녀는 10대 중반까지 가정교사(tutor)에게 교육을 받은 뒤 대학에 들어갔다. 고대와 중세에는 대학만 있었다. 초등학교와 중고등학교는 국민국가가 생긴 뒤 만들어졌다. 가정교사는 귀족 자녀에게 지식과 도덕, 사상을 모두 가르쳤다/ 수업(tuition)은 학생의 머릿속에 지식을 늘려 주는 것이다/ 통찰력(intuition)은 보자마자 머릿속에 들어오는 순간적인 인식이다.	tuition 수업 intuition 직관/통찰력

psyche
프시케

어근 변화 psy▷hal
어원 의미 인간은 몸을 정화하고(p) 신과 연결됨으로써(h=s) 정신을 갖게 됐다.

기본 단어	어원 스토리	고급 단어
psychology 심리학 Psyche (그리스) 프시케	인간의 정신을 연구하는(log) 학문이 심리학(psychology)이다/ 정신에 병(path)이 들면 정신병(psychopath)이다/ 정신의학(psychiatry)은 정신의 병을 치료하는(iatr) 영역이다/ 정신의 영향으로 몸(som)에 병이 나는 정신 신체적(psychosomatic) 꾀병도 있다/ 환각적(psychedelic) 현상은 마음속에 환상(del-light)이 보이는 상태를 말한다. 무대도 환각적 효과를 위해 불빛을 화려하게 쏘기도 한다/ 정신 분석(psychoanalysis)은 환자의 심리 상태를 병리적으로 분석해(analysis) 정신질환자를 치료한다/ 그리스 신화의 프시케(Psyche)는 큐피트와의 사랑을 이루지 못해 정신적 고통 속에 살다 죽어 갔다. 동물은 들이(in)마시는 호흡(inhalation)과 내뱉는(ex) 호흡(exhalation)을 통해 산소를 받아들인다.	psychopath 정신병 psychiatry 정신의학/정신과 psychosomatic 정신 신체의 psychedelic 환각적인 psychoanalysis 정신 분석 inhalation 흡입 exhalation 내뱉는 숨

siren

사이렌

어근 변화 quar▷ckel▷cobal▷sir
어원 의미 손을 둥그랗게(q—ck—s=c) 오므려 움켜잡으면, 안에 들어 있는 것은 쪼그라들고 작아진다.

기본 단어	어원 스토리	고급 단어
siren 사이렌	아름다운 노래로 지나는 뱃사람을 잡아가는 요정(siren)은 프랑스의 물리학자가 발명한 경보 음향 장치인 사이렌(siren)으로 변했다.	
quartz 석영 nickel 니켈/5센트 cobalt 코발트	톱니바퀴 시계는 단단한 석영(quartz)을 통과해서 나온 표준 진동에 의한 시계로 대체되었으므로 석영 시계가 나왔다/ 원광석 색이 구리와 같지만 구리가 아닌(ne) 난쟁이 구리(copper nickel)로 불리던 것이 축약되어 니켈(nickel)이 됐다/ 다른 광석에 붙어 제련을 어렵게 만드는 코발트(cobalt)는 땅속에 사는 난쟁이 장난꾼이라는 뜻이었다. 코발트가 붙은 광석은 짙푸른색을 띄므로 (cobalt blue)가 파생됐다.	

Zeus

제우스

어근 변화 da▷de▷di▷do▷the▷ja▷jou▷ju▷ze
어원 의미 인도-유럽어족은 빛(d)을 내는 태양을 신(th−z−j=d)으로 봤으므로 그리스와 로마의 신은 모두 빛을 뜻한다.

기본 단어	어원 스토리	고급 단어
Zeus (그리스) 제우스 Jupiter (로마) 주피터 Julius 줄리어스 July 7월	그리스 신들은 태양이 만드는 빛을 뜻하는 (d)와 그 변형인 (th), (j), (z)로 시작된다/제우스(Zeus)는 그리스 1세대 신인 타이탄(Titan)을 물리친 2세대 최고 신 태양이었다/ 로마의 주피터(Jupiter)도 아버지(piter) 신 제우스(Zeus)라는 뜻이다. 사람 이름 줄리어스(Julius), 7월(July)은 모두 Jupiter로부터 따온 말들이다.	
Dionysus (그리스) 디오니소스 Baccus (로마) 바커스 Denis 데니스 Janus (로마) 야누스 Diana (로마) 다이아나	디오니소스(Dionysus)도 과일을 익히는 빛의 신이었으므로 와인과 연극, 다산을 관장했다. 로마인은 과일(berry)을 뜻하는 바커스(Bacchus)라고 개명했다/ 마음(psy)속에 환상(del-light-빛)이 일면 환각 (psychedelic) 상태다/ 사람 이름 데니스(Denis)는 디오니소스의 변형이다/ 야누스(Janus)도 앞과 뒤를 동시에 보는 빛의 신이자 문턱의 신이다. 1월(January)은 지난 해와 새로운 해에 걸쳐 있으므로 Janus의 달이다/ 밤에 빛을 내는 달의 신은 다이아나(Diana)다.	psychedelic 환각적인
theology 신학 theory 이론 Theodore 디어도어	신학(theology)은 신(the)을 연구하는(log) 학문이다. 일반화되어 이론(theory)이 됐다/ 사람 이름 디어도어(Theodore)는 신이 주신(dor) 선물이라는 뜻이다.	
divine 신성한 adieu (프랑스) 안녕 day	신성한(divine) 존재는 신격(deity)을 가진 위대한 존재다/ 독재자는 자신을 신으로 만드는(fy) 신격화(deify)에 몰두한다/ 프랑스어 안녕(adieu)은 신에게(a) 너를 맡긴다는 뜻이다/ 태양의 신은 빛을 내므로 낮(day)은 밝다/ 다이얼(dial)은 시계 바늘이 하루 종일 도는 문자판이다/ 다이어트(diet)는 하루에 먹어야 하는 음식의 양	deity 신격 deify 신격화하다

기본 단어	어원 스토리	고급 단어
날	을 말한다/ 일기(diary)도 하루 동안의 활동 기록이다.	
dial		
시계 문자판		
diet		
하루 식사량		
diary		
일기		
journal	프랑스어에서 온 일간신문(journal)는 프랑스 귀족 부인들이 궁정	
(프랑스) 언론	에서 하루 동안 일어난 일들을 기록해 돌려 본 데서 유래했다/ 여	
journey	행(journey)도 숙박시설이 없었던 옛날 하루 동안 집으로 돌아와	
여행	야 했던 데서 유래했다.	

trouble

고민

어근 변화 ter▷tur▷tro
어원 의미 불안하다는 뜻은 마음이 짧은 거리(t)를 빠르게 왕복함으로써(r) 떨린다는 뜻이다.

기본 단어	어원 스토리	고급 단어

기본 단어

trouble
고민/골칫거리
turn
돌리다
terbine
터빈/발전기
disturb
방해하다

어원 스토리

괴로움(trouble)은 원래 액체를 마구 휘두른 상태를 뜻했다/ 물이나 공기로 돌릴(turn) 수 있는 터빈(terbine)은 운동 에너지를 전기 에너지로 바꿀 수 있다. 반대로 전기 에너지로 터빈을 돌려 운동 에너지를 만들 수도 있다/ 하고 싶은 일을 못하게(dis) 흔들면 방해할(disturb) 수도 있다.

meadow

목장

어근 변화 mea▷math▷mow
어원 의미 인간은 고기를 얻기 위해 풀을 잘게(m) 잘라(th–d–w=v) 먹는 초식 동물을 목장에 가두고 길렀다.

기본 단어	어원 스토리	고급 단어
meadow 목장 aftermath 여파/후유증	소와 양은 목장(meadow)에서 풀을 뜯는다/ 농부는 익은 곡식이나 풀을 낫으로 벤다(mow)/ 가축이 풀을 뜯어 먹은 후(after) 목장은 풀이 없는 허허벌판이므로 여파(aftermath)가 파생됐다. 소 떼가 휩쓸고 가면 목장은 아무 풀도 남아 있지 않는다.	mow 뜯다/베다

pure
깨끗한

어근 변화 pur▷father▷foot
어원 의미 인간은 깨끗한 몸으로 정화해야(f≒p) 신 앞에 갈 수 있다고 믿었으므로 인간은 모든 행동(fr→pr≒pl)을 조심스럽게 했다.

기본 단어	어원 스토리	고급 단어
pure 깨끗한 purify 정화하다 father 아버지 foot 발 February 2월	신은 인간이 만든 모든 더러운 것을 씻어내고(fy-make) 정화해서(purify) 깨끗한(pure) 세상을 만들기 위해 대홍수를 일으켰다는 신화는 여러 곳에 남아 있다/ 아버지(father)는 신 앞에 나가기 위해 몸을 정화하는 일을 한다고 믿었다/ 발(foot)도 신 앞에 나가려면 깨끗이 씻어야(pod) 하는 신체 부위다/ 2월(February)은 원래 로마인들이 몸을 깨끗이 정화하던 연말 12월이었다. 후에 12월은 달력의 앞으로 와서 2월이 됐다.	
Puritan (영국) 청교도	영국 국교회의 미진한 종교개혁에 반기를 든 청교도(Puritan)들은 메이플라워호에 몸을 싣고 미국으로 떠났다/ 공산국가는 반 혁명 분자들에 대한 숙청(purge)을 정치 수단으로 삼는다.	purge 숙청

spoil

강탈하다

어근 변화 spil▷spoil▷spl
어원 의미 고대 전쟁에서 승리자는 패자의 모든 물건을 강제로(p) 빼앗아(s) 강탈해 갔다(i).

기본 단어	어원 스토리	고급 단어

기본 단어

spoil
전리품/아이를 망치다

어원 스토리

동물의 껍질을 벗겨 내던 것이 강탈하다(spoil)로 바뀌었다/ 승리자는 패자의 물건을 전리품(spoil)으로 빼앗았다/ 아이의 응석을 받아 주면(spoil) 참을성을 빼앗겨 버릇이 나빠진다/ 집권 후 전리품으로 한 자리씩 챙기는 체제가 엽관제도(spoil system)다.

독립을 위해서는 함께 싸웠지만, 독립 후에 우파와 좌파가 서로 찢어져(split) 대립한다/ 그릇을 가득 채운 액체는 마침내 그릇의 가장자리로 넘쳐(spill) 떨어져 나온다.

split
찢어지다
spill
넘치다

330

opera
오페라

어근 변화 op▷of▷oev
어원 의미 고대의 남자들은 몸을 정화(f-v=p)하고 제사를 지냄으로써 신을 만났으므로 제사는 인간이 꼭 해야 하는 일(op)이 됐다.

기본 단어	어원 스토리	고급 단어
opera 오페라	오페라(opera)는 음악 작업(opera in music)의 준말이다. 그래서 음악의 작품 번호는 Op(opus-작업)라고 쓴다. 오페라는 음악과 연기가 혼합된 복잡한 작업이다.	
operate 작업하다 operation 작업/수술 cooperation 협동 copy 복사하다	현대에 일하는(operate) 남자는 원래 고대에 몸을 정화하고 제사를 지내던 남자였다/ 신을 모시는 일은 일반적인 작업(operation)이 됐다/ 협동(cooperation)은 같이(co) 일하는 것이다/ 함께 (co) 일하면 더 풍성한(copious) 결과가 나왔다/ 복사(copy)는 원본과 똑같은(co) 것을 여러 개 만드는 일이라는 뜻이다/ 판권 (copyright)은 작가가 처음에 썼던 원고와 같은 복사본을 만들 수 있는 권한(right)이다. 가난한 옛날 작가들은 귀족으로부터 후원을 받았으므로 판권은 귀족에게 헌정됐다/ 풍부함(opulence)은 열심히 일해서 생긴 결과다.	copious 풍성한/거대한 opulence 부/풍부함
office 사무실 officer 장교 official 공무원	사무실(office)은 만드는(fic) 일을 하는 곳이다/ 장교(officer)와 공무원(official)은 왕 대신 직접 일하는 자다/ 관리는 권한을 행사하므로(officiate) 고압적인(officious) 태도를 보이기도 한다.	officiate 공무를 집행하다 officious 고압적인
optimum 최적 조건 optimism 낙관주의 often 자주	프랑스어에서 온 전략적인 행동(maneuver)은 손(man)으로 꼼꼼이 일한다는 뜻이다/ 최적 조건(optimum)은 일하기에 더 좋은 (mum-better) 환경이라는 의미다/ 그런 환경에서는 일이 잘 될 것이라는 낙관주의(optimism)가 생긴다/ 자주(often) 움직이는 사람은 할 일이 많은 사람이다.	maneuver 전략적 행동

voice

목소리

어근 변화 vok▷voc▷voic▷vow▷pic
어원 의미 말은 공중으로(k→w=c) 퍼져(p=v) 나가는 소리에 자신의 생각을 실은 것이다.

기본 단어	어원 스토리	고급 단어
voice 목소리 vow 맹세	목소리(voice)에 신의 의지를 실으면 말이 되고, 말에 약속을 실은 것은 맹세(vow)다.	
vocation 직업 vocabulary 어휘 vowel 모음	양쪽의 말이 똑같은(equ) 크기의 소리를 내면 애매한(equivocal) 상태다/ 신이 불러서 내려 준 것이 직업(vocation)이므로 직업은 천직이 됐다/ 이미 내뱉은 말은 다시(re) 불러들일 수 없으므로(ir) 최종적(irrevocable)이다/ 어휘(vocabulary)는 소리로 만들어진 단어다/ 여러 소리를 가져 오면(fer) 떠들썩해진다(vociferous)/ 모음(vowel)은 자음의 소리를 실어 주는 기반소리다.	equivocal 모호한 irrevocable 되돌릴 수 없는 vociferous 떠들썩한
advocate 옹호하다 epic 서사시	옹호하려면(advocate) 그 사람과(ad) 일치하는 목소리를 내야 한다/ 큰 목소리로 신을 불러들이던(in) 것이 간절히 기원하는(invoke) 것이 됐다/ 선동하는(provoke) 사람은 큰 소리로(pro) 동참하라고 부추기는 사람이다/ 소집된(convoke) 회의에는 모든(con) 회원이 참석해야 한다/ 서사시(epic)는 영웅들의 파란만장한 이야기를 길게(e) 늘어 놓은 글이었다.	invoke 불러들이다 provoke 선동하다 convoke 소집하다

melt

녹다

어근 변화 mal▷mel▷mil
어원 의미 단단한 구조로 만들어진 물질(m)도 열을 받으면 구조의 경계가 풀리고(l) 녹는다.

기본 단어	어원 스토리	고급 단어
melt 녹이다 smelt 제련하다 enamel 법랑	딱딱한 것도 높은 온도에서는 녹는다(melt)/ 광석을 녹여 금속을 분리해(s-separate) 내는 것이 제련(smelt)이다/ 초벌구이를 유약에 담그면(en) 표면이 부드러운 법랑(enamel)이 생긴다.	
mellow 달콤한	다당류가 들어 있는 보리의 싹을 틔우면 부드러운 단당류인 엿기름(malt)이 생긴다. 엿기름에 효모를 넣으면 술과 열이 난다/ 몰트 위스키(malt whisky)는 한 가지 종류의 엿기름으로 만든 술로 여러 종류를 섞은(blend) 술과 구분된다/ 달콤하다(mellow)는 말은 다당류가 녹아 단당류가 됐다는 말이다. 인간은 즉각 에너지로 쓸 수 있는 사탕을 좋아한다.	malt 엿기름
Mildred 밀드레드 amalgam (화학) 아말감/혼합	여자 이름 밀드레드(Mildred)는 부드러운 여자라는 의미다/ 유일한 액체 금속인 수은에 녹인 금속의 아말감(amalgam)은 치과 치료에 쓰인다. 아랍어로 앞에 a(the)가 붙었다.	

two

2

어근 변화 two▷twi▷twe▷dua▷due▷duo▷du▷ba▷bi
어원 의미 처음 둘로 나누어진 빛(t−b=d)은 계속 갈라져서(w−u=v) 방사형으로 퍼져 나간다.

기본 단어	어원 스토리	고급 단어
two 둘 twin 쌍둥이 twelve 열둘 twist 꼬다	둘(two)은 쌍둥이(twin)를 이루는 숫자다/ 십진법에서 열을 세고 둘이 남는(lv-leave) 숫자는 12(twelve)다/ 나무가 두 갈래로 나뉘는 곳에 나뭇가지(twig)가 생긴다/ 실은 두 개의 가닥을 꼬아서 (twist) 만든다.	twig 나무가지
dual 두 개의 duet 이중주 double 이중의 diploma 졸업장 diplomat 외교관	두 개의(dual) 악기가 함께 연주하는 방식이 이중주(duet)다/ 접 어서(pl-fold) 똑같은 두 개를 만들면 복사한(duplicate) 것이 다/ 의심하는(dubious) 마음은 두 개의 마음이 존재(bi-be)하 는 것이다/ 두 배(double)는 두 번 접었다(bl-pl)는 의미다/ 졸업 장(diploma)도 두 장으로 접은(pl) 증명서류라는 뜻이다/ 외교관 (diplomat)도 접은(pl) 서류를 들고 외국으로 가는 자다.	duplicate 복사하다 dubious 의심스러운
balance 균형 bit (컴퓨터) 비트 binary 두 개의/이진법의 bicyle 자전거 biscuit 비스킷	두 개의 접시(lance-dish)를 단 저울은 균형(balance)을 이루 어야 정확한 무게를 달 수 있다/ 컴퓨터의 기본 단위인 비트(bit) 는 2의(binary) 숫자(digit)라는 뜻이다/ 이진법(binary digit)은 컴퓨터의 기본 개념이다/ 자전거(bicyle)는 두 개의 바퀴(cycle) 를 갖고 있다/ 두 사람과 동시에 결혼하는(gam-gen-bear) 중혼 (bigamy)은 불법이다/ 비스킷(biscuit) 과자는 두 번 구운(scuit-cook) 과자이므로 바삭하다.	bigamy 중혼

snail

달팽이

어근 변화 sneak▷snak▷snark▷snail
어원 의미 물(n)과 밀착해서(s) 기어가는(k=ㄱ) 뱀은 소리 없이 앞으로 나갈 수 있다.

기본 단어	어원 스토리	고급 단어
snail 달팽이 sneakers 운동화 snake 뱀	달팽이(snail)는 소리 없이 기어간다/ 고무창을 단 운동화 (sneakers)를 신어도 소리 없이 걸어갈 수 있다/ 뱀(snake)도 소리 없이 미끄러져 가면서 사라진다/ 괴동물(snark)도 큰 뱀이다.	snark 괴동물

school

학교

어근 변화 sch▷sieg▷seiz▷ch

어원 의미 손가락을 둥글게(ch=c) 오므리면 무엇이든 꽉(s) 잡을 수 있어 움직이지 못하게 할 수 있다. 학자는 노동을 하지 않는다.

기본 단어	어원 스토리	고급 단어
school 학교 scholar 학자 ecole 학교	몸은 움직이지 않고 생각만 하는 사람이 학자(scholar)다/ 학교 (school)는 일하지 않고 공부하는 곳이다/ 학교는 프랑스어로 에 꼴(ecole)이다/ 시기(epoch)는 긴 시간 중 특정하게 붙(epo-on) 잡은 시간대를 의미한다. 인간은 시간을 일정한 일이나 사건에 묶 어서 기억한다.	epoch 시기
sketch 스케치	음모(scheme)는 아무도 모르게 잡아 놓은 계획이다/ 전체에서 중 요한 부분만 대체적(schematic)으로 잡아 내면 전체를 쉽게 파악 할 수 있다/ 스케치(sketch)는 움직이는 대상을 순간적으로 잡은 그림이다/ 환관(eunuch)은 왕의 침대(eune-bed)를 꽉 잡고 왕의 여자를 통제하는 사람이다.	scheme 음모/계획 schematic 대체적인 eunuch 환관
seize 잡다 Siegfrid (독일) 지그프리드	꽉 잡고(seize) 있으면 움직이지 못한다/ 사람 이름 지그프리드 (Siegfried)는 평화(fri-peace)를 잡고 있는, 평화의 수호자를 말 한다/ 신은 노아의 방주(Noah's Ark)에 노아의 가족과 각종 동물 들을 잡아(rk) 가두었다가 홍수가 끝난 뒤 마른 땅 위에 풀어 주었 다.	Ark (성서) 노아의 방주

uncle

아저씨

어근 변화 avu▷u▷o
어원 의미 시간은 빛이 퍼져(u—o=v) 나감으로써 생기고, 나보다 오랜 시간을 살아 온 조상은 아버지와 아버지의 형제인 삼촌이다.

기본 단어	어원 스토리	고급 단어
uncle 아저씨	아버지만큼 나이(av-age) 든 avuncle의 축소형이 삼촌(uncle)이다/ 아버지의 형제인 삼촌은 피를 나눈 친절한(avuncular) 사람이다 ▶어머니와 같이 나이 든 이모나 고모(aunt)는 라틴어 amita(사랑)의 변형이다.	avuncular 친절한
O' connel (아일랜드) 오코넬	아일랜드인의 성 앞에는 조상을 나타내는 (o')를 붙인다. 오코넬(O' Connel)은 <코넬가의>라는 뜻이다 ▶스코틀랜드인의 성 앞에도 조상을 나타내는 (mac)을 붙인다. 맥도날드(macDonald)는 <도날드가의>라는 의미다/ 맥아더(macArthur)는 아더(Arthur)가에 속한다는 뜻이다/ 프랑스에서는 (de)를 성 앞에 붙였다. 드골(De Gaulle)은 <골가에 속한 사람>이라는 의미다.	

remain

남다

어근 변화 man▷men▷main▷mnan
어원 의미 중세의 장원도 거대한 땅의 일부(mn=m)라는 뜻이다. 땅도 우주 전체의 일부다.

기본 단어	어원 스토리	고급 단어
remain 남다 remnant 나머지	세월이 흘러도 생각의 조각인 추억은 그대로(re) 남아 있나 (remain)/ 분모로 나누어 떨어지지 않으면 나머지(remnant)가 남는다.	
mansion 대저택 manor 장원 permanent 영원한	대저택(mansion)이나 장원(manor)은 거대한 땅의 일부라는 의미다. 중세의 장원은 자급자족 집단이었다/ 대저택과 장원에는 크고 작은 집안일을 돌보는, 천한(menial) 하인들이 있있다/ 세상에는 끝까지(per) 남아 영원한(permanent) 것은 아무것도 없다.	menial 천한/머슴의

nine

9

어근 변화 nin▷noon▷nov▷now
어원 의미 태초에 물(n)이 몸에 들어와 생명이 처음 탄생했다.

기본 단어	어원 스토리	고급 단어
nine 아홉 new 새로운 now 지금	양쪽 엄지손가락을 뺀 여덟 손가락으로 세면 9(nine)는 새롭게 (new) 시작하는 수다. 팔집법이다/ 새롭다(new)는 물이 들어와 처음 생명이 탄생했다는 인도-유럽어족의 세계관에서 나왔다/ 라틴어 (nova)는 새롭다는 뜻이므로 초신성(supernova)은 거대하고(super) 새로운 별이다. 우주를 떠돌던 알갱이들이 뭉쳐서 만들어진 천체는 수소를 태우고 헬륨으로 바뀌면서 점점 작은 백색왜성이 됐다가 스스로의 중력에 못이겨 갑자기 거대하게 부풀어 올라 초신성이 된다. 초신성은 별이 폭발하기 직전의 상태다/ 지금 (now)은 새로운 시작이다.	supernova (천문학) 초신성
noon 정오	낮 12시가 정오(noon)인 것은 교회가 새벽 6시에 첫 기도를 드리고 9(nine)시간 만에 올리는 오후 3시 기도를 의미했다. 영국은 로마보다 3시간 늦으므로 낮 12시가 된다.	

second

둘째

어근 변화 xec▷seq▷sec▷sic▷soc▷sig▷sue▷sui
어원 의미 앞선 것에 곧바로 연결되어(x=s) 오는(q-c=g) 것은 차례로 묶여 있으므로 연속적이다.

기본 단어	어원 스토리	고급 단어
second 두 번째/(시간) 초	첫 번째(first-fir-pro)를 뒤따르는 것이 두 번째(second)다/ 1시간을 처음(first) 나눈(minute), first minute이 축약해서 분(minute)이 됐다. 1분을 두 번째(second) 나눈, second minute이 축약해서 초(second)가 됐다.	
consequence 결과	영화는 각각 떨어진 화면의 연속(sequence)이다/ 모두(con) 이으면 결과(consequence)가 나온다/ 바로 다음으로(sub) 이어지는(subsequent) 세대는 보통 전 세대를 부정한다/ 잇따라(ensue) 나오는 사건은 먼저 일어난 사건에(en) 이어서 연결된다는 뜻이다.	sequence 연속 subsequent 연이은 ensue 잇따르다
executive 집행부 prosecutor 검사 sue 소송 pursue 추구하다	회사의 집행부나 이사(executive)는 주주총회가 제시하는 목적을 계속 추구해서 완전하게(ex) 실행하는(execute) 직책이다/ 검사(prosecutor)는 죄를 끝까지(pro) 쫓아 소추하는(prosecute) 자다/ 억울한 사람은 사법당국에 고소해서(sue) 범죄를 추적해 달라고 부탁한다/ 목적을 향해 끝까지(per-per) 추구하는(pursue) 자만이 성공할 수 있다.	execute 실행하다
suit 옷 한 벌 suite 호텔 스위트룸	바지와 재킷, 셔츠를 이어 갖추어 입어야 정장 한 벌(suit)이 된다/ 호텔의 스위트룸(suite room)은 거실과 침실이 이어진 최고급 방을 말한다. 일반실은 방 하나로 이루어진다/ 고유한(intrinsic) 민족성은 오랫동안 민족 내부(intr)에 연결된 성격을 말한다.	intrinsic 고유한
society 사회 socialism 사회주의 sociable 사교성 있는	사회(society)는 사람과 사람들이 서로 긴밀하게 연결된 집합체를 말한다. 근대 이전의 인간은 계급적 인간으로 평등적 사회관계를 맺지 못했다/ 사회주의(socialism)는 이기적, 개인적인 자본가를 빼고 평등한 시민들이 서로 연결하자는 사상이다/ 다른 사람들과 연결하기 좋아하는 사람은 사교성이 있는(sociable) 사람이다.	

sign
표시
design
디자인

표시(sign)는 뒤에 오는 사람이 따라오도록 써 놓은 표식이다/ 특정한 사람을 특정한 직책에(de) 임명하려면(designate) 그 직책에 그 사람의 이름을 써 넣어야 한다/ 필요한 모든 표시를 펼쳐(de) 놓으면 디자인(design)이다.

designate
임명하다

republic
공화국

어근 변화 re
어원 의미 합리적으로 완전하게 정렬된(r) 것만이 진짜로 실존하는 것이다.

기본 단어	어원 스토리	고급 단어
republic 공화국	로마는 시민(public-of people)에 의해서 다스리는 공화체제(republic)였다. 공화제는 모든 것이 공공의 것(re)라는 뜻이다 ▶그리스인들은 사람(demo)에 의한 민주정치(democracy)를 창안했다. 신에게 매어 있던 그리스인들은 신을 벗어난 인간의 정치를 원했기 때문이다. 오늘날 대부분의 국가는 민주공화국(democratic republic)을 표방하고 있으므로 그리스와 로마의 전통을 따르고 있다.	
real 사실의 reality 실체	진짜(real)는 존재하는 실체(reality)를 손으로 만질 수 있다는 의미다.	

sponge

해면

어근 변화 pong▷punk▷fung
어원 의미 버섯이나 해면은 물기가 있는 곳에 자라는, 엽록소가 없는 생물이므로 밟으면 잘 넓게(f=p) 뭉개진다(k=g).

기본 단어	어원 스토리	고급 단어
sponge 스펀지/해면 fungus 버섯	스펀지(sponge)는 바다에 떠다니는 엽록소가 없는 생물이다/ 부싯돌로 불을 붙이는 불쏘시개가 펑크(punk)다. 불쏘시개는 불을 내고 없어지므로 하찮다/ 버섯(fungus)도 햇빛이 없는 곳에서 자라는 부드러운 반식물이다.	punk 펑크/불쏘시개

chemistry

화학

어근 변화 chem▷cher▷krish

어원 의미 흙은 둥글게(k←ch=c) 떼어낸 땅의 조각(n=m)이다. 문명이 일어난 4대 강의 검은 흙의 성분을 알려는 연금술이 화학이 됐다.

기본 단어	어원 스토리	고급 단어
chemistry 화학/끌림 alchemy 연금술	고대로부터 인더스 강과 나일 강의 검은(chem) 흙은 신비한 성분을 가진 것으로 여겨졌다. 연금술(alchemy)은 신비한 흙 성분을 알아내려는 기술이었다. 아랍에서 시작됐으므로 (al-the)이 붙었다. 연금술은 수천 년 동안 물질의 본질을 연구하는 과정을 거쳐 화학(chemistry)이 됐다.	
Krishna (인도) 크리슈나 Chernozem (러시아) 체르노젬	힌두 비슈누(Vishnu)의 화신 크리슈나(Krishna)도 검다는 뜻이다/ 러시아 검은 흙의 비옥한 땅은 체르노젬(Chernozem)이다. 러시아어도 인도-아랍어족이다.	

warn

경고하다

어근 변화 gar▷ver▷war
어원 의미 위험이 닥쳐 오는지 사방(g–w=v)을 주시하고, 위험으로부터 피하기 위해 보호막을 덮었다.

기본 단어	어원 스토리	고급 단어
warn 경고하다 guaranty 보증	경고(warn)는 닥쳐 오는 위험을 덮어서 막으라는 뜻이다/ 보증 (guaranty/warranty)은 팔린 상품의 품질을 계속해서 보호해 준 다는 의미다/ 정복한 지역을 보호하기 위해 계속 남아 있는 부대는 주둔군(garrison)이다.	garrison 주둔군
	의류(garment)는 인체를 덮어 보호하는 옷가지다/ 갖가지 장식 으로 몸을 치장하던(garnish) 여성의 습관은 오랜 역사를 갖고 있 다.	garment 의류 garnish 치장하다
cover 덮다	제안(overture)은 덮었던 의견을 벗기는(o-off) 것이다/ 전혀 보이 지 않으려면 완전히(co) 덮어야(cover) 보호할 수 있다.	overture 개시/제안

west

서쪽

어근 변화 vesp▷west
어원 의미 사방으로 퍼지는(w=v) 햇빛은 지구가 동쪽으로 돌아가므로 결국 서쪽으로 사라진다.

기본 단어	어원 스토리	고급 단어
west 서쪽	해가 지는 쪽은 서쪽(west)이다/ 빛이 완전히(per) 사라지는 기간에 만종(vesper)이 울린다 ▶방향을 나타내는 단어는 많은 어원으로부터 왔다. 동쪽(orient)은 해가 일어나는(or-rise) 곳이다/ 서쪽(occident)는 해가 걸어(cid-go) 나가는 곳(o)이다/ 아시아(Asia)는 해 뜨는 곳을 뜻하는 중동어 aussi가 그리스식으로 변한 것이다/ 유럽(Europe)도 해 지는 곳을 뜻하는 중동어 ereb가 역시 그리스식으로 변한 것이다/ 북쪽(north)은 해가 낮게 아래로(no-nearth-under) 뜨는 방향이다/ 남쪽(south)은 해(sou-sun)가 항상 떠 있는 곳이다/ 오스트레일리아(Australia)는 북반구에서 볼 때 항상 해가 떠 있는 남쪽에 있어 메마른(austr) 곳이라는 오해로부터 작명됐다/ 오스트리아(Austria)는 프랑크 왕국의 동쪽(aust-east) 경계(austmark)를 줄인 라틴어다/ 프랑크 왕국은 데인(Dane)족이 사는 경계를 뜻하는 덴마크(Danmark)를 북쪽경계선으로 삼았다.	vesper 금성/만종

346

option

선택

어근 변화 op

어원 의미 깨끗이 정화한(p) 몸만 신에게 선택될 수 있다.

기본 단어	어원 스토리	고급 단어
option 선택 adopt 입양하다 opinion 의견	대학생은 필수 과목은 꼭 이수해야 하고 선택(option) 과목은 원할 경우만 택한다(opt)/ 남의 아이를 자신의 자식으로(ad) 골라 입양한다(adopt)/ 의견(opinion)은 스스로 선택한 생각이다.	

charisma

지도력

어근 변화 char▷chri▷gr▷year
어원 의미 목젖을 움직여(ch→y=g)을 목소리(r)를 낸다. 명령이나 기쁨, 소원은 모두 큰 소리로 말해진다.

기본 단어	어원 스토리	고급 단어
chrisma 지도력	지도력(charisma)은 인간이 스스로 기뻐서 신을 따르게 하는 힘이었다가 정치적 지도력으로 의미가 확장됐다/ 이집트로부터의 탈출을 진정으로(eu) 기뻐하는 유월절 만찬(Eucharist)은 미사의 성찬식으로 변했다. 예수가 유월절 만찬에서 제자들에게 빵과 포도주를 나눠 주고 이를 영원히 기념하라고 했기 때문이다.	Eucharist (교회) 성찬식
charity 자선 greedy 욕심 많은	자선(charity)은 스스로 우러나오는 즐거움으로 베푸는 것이다/ 그러나 자신의 즐거움만을 위해서 욕심을 부리는(greedy) 태도는 비난받는다/ 오랫동안 싸워 온 인류는 평화를 간절히 열망한다(yearn)/ 은총(grace)은 인간을 칭찬하는 신의 소리다.	yearn 열망하다 grace 신의 은총

obligation
의무

어근 변화 lig▷leag▷lias▷loy▷ly▷li
어원 의미 끈으로 묶여(l) 있는 자는 자유롭지 못하므로 의무에 따를 수밖에 없다.

기본 단어	어원 스토리	고급 단어
obligation 의무 obligatory 필수적인 oblige 강요하다	의무(obligation)는 약속에(ob-at) 묶었다는 뜻이다/ 의무적인 (obligatory) 일은 하기 싫어도 해야 하는(oblige) 일을 말한다/ 고귀한(noble) 신분에 따른 의무는 noblesse oblige다.	
	출혈하는 혈관은 일단 잡아매야(ligate) 출혈을 멈출 수 있다/ 인대 (ligament)는 뼈와 뼈를 연결한다. 뼈와 근육을 연결하는 힘줄과는 구별된다/ 혐의(allegation)는 범죄와(a) 연결됐다고 의심을 받는 것이다/ 말은 서로(co) 다양한 형태로 결합해(colligate) 복잡한 인간 심리를 표현하다.	ligate 잡아매다 ligament 인대 allegation 혐의 colligate 결합하다
alloy 합금 ally 동맹 rally 대회/집회	합금(alloy)은 다른 금속에(a) 묶는 화학 작용이다/ 다른 나라와 한데(a) 묶어 동맹(ally)을 만들면 더 큰 나라에게도 대항할 수 있다/ 정당은 당원들을 모두(ra-re) 모아 집회(rally)를 열어 유권자의 지지를 호소한다/ 해마다 모이는 파리-다카르 랠리(rally)는 죽음의 자동차 경주다.	
league 리그/동맹	동맹(league)은 공동의 이익을 위해 단단히 뭉친 결합체다/ 리그 (league) 전은 참석자 모두가 경기를 치르고 최대 승자가 우승자가 되는 경기 방식이다 ▶일반인이 몸을 돌려 전투에 참가한다 (tourn-turn)는 뜻으로부터 나온 중세 마창경기(tournament)는 승자끼리만 계속 싸운 뒤 마지막까지 남은 팀이 우승하는 경기 방식인 토너먼트로 정착됐다.	
religion 종교	종교(religion)는 불완전한 인간을 완전한 신에게 단단히(re) 묶는다는 뜻이다/ 혼인 중인 남자 혹은 여자가 혼외의 상대와 묶이면	liasion 결합

liable

믿을 수 있는

간통(liasion)이다/ 법적 책임이 있는(liable) 사람은 법에 묶인 사람이다.

sacrifice

희생하다

어근 변화 xec▷sax▷sec▷sanc▷saint(n 첨가)
어원 의미 신성한 일은 신에게 가깝게(s) 다가가는(x→c→t) 일이었다. 성인은 신에게 다가선 사람이다.

기본 단어	어원 스토리	고급 단어
sacrifice 희생하다	신을 신성하게 만드는(fic) 방법은 희생한(sacrifice) 양을 가지고 신에게 가는 것이다/ 신에게 나아가는 행사(ment-mystery)는 성 전례(sacrament)다/ 값비싼 교회의 성물들을 긁어(leg) 모아 훔쳐 가는 것이 신성모독(sacrilege)이 됐다.	sacrament (교회) 성사/성 전례 sacrilege 신성모독
	교회의 무덤지기(sexton)도 신성한 곳을 지키는 사람이다/ 신에게 완전히(con) 다가서는 것이 성직에 임명되는 것이었다. 후에 높은 직위에 임명되는(consecrate) 것으로 일반화됐다/ 신성을 없애면 (de) 높았던 명예는 훼손된다(desacrate)/ 신성으로부터(e) 멀어지면 신의 저주(execration)를 받는다.	sexton 교회 무덤지기 consecrate 봉헌하다/임명하다 desacrate 훼손하다 execration 저주/증오
sanctuary 성소 sanction 허락하다/금지하다 saint 성인	신이 사는 곳(uary)은 누구도 들어올 수 없으므로 신성불가침의 성소(sanctuary)다/ 전능한 신은 허락할(sanction) 수도 있고, 금지할(sanction) 수도 있다/ 성인(saint)은 신에게 가까이 다가간 사람이다.	

sword

칼

어근 변화 swor▷shar▷har
어원 의미 날카로운 칼은 곡식을 베는(sw→sh→h=c) 도구였다.

기본 단어	어원 스토리	고급 단어
sword 칼 sharp 날카로운 harvest 추수	가을에는 날카로운(sharp) 낫이나 칼(sword)로 곡식을 추수했다 (harvest)/ 써래(harrow)는 밭을 갈아 엎는다.	harrow 써래

reach

도달하다

어근 변화 reach▷rig▷reez▷roi
어원 의미 얼음은 물 분자가 조밀하게(r) 붙어서(ch−z=g) 딱딱해진 조직이다.

기본 단어	어원 스토리	고급 단어
refrigerator 냉장고 freeze 얼리다	얼음을 단단히(re) 얼리는(freeze) 냉장고(refrigerator)는 대량 생산된 소고기를 보관하기 위해 발명됐다. 단어가 길어서 frige라고 줄여 쓴다/ 얼음처럼 딱딱하게(frigid) 굳은 문장을 쓰면 형식적인 문장이 된다/ 얼음처럼 차가운 피(sang)를 가진 자는 냉혈한(sang-froid)이다.	frigid 딱딱하게 굳은 sang-froid 냉혈/침착
rigid 굳은 reach 도달하다	엄격함(rigor)은 단단한 얼음처럼 굳은(rigid) 상태다/ 너무 심하게 엄격하면 가혹하다(rigorous)는 평을 듣는다/ 딱딱한 얼음은 점점 넓어져 가장자리에 도달한다(reach).	rigor 엄격 rigorous 가혹한

night

밤

어근 변화 nox▷nyct▷noct▷night

어원 의미 태초에 지구는 어두운 물(n)로 둘러싸여 있어 빛(x–ct–ght=d)이 들어오지 못했으므로 긴 밤이었다.

기본 단어	어원 스토리	고급 단어
night 밤 nightingale 나이팅게일/두견새	밤(night)이 오면 물속처럼 어둡다/ 유럽산 두견새(nightingale)의 수컷은 밤이 오면 울면서(gala-sing) 암컷을 부른다/ 악몽(nightmare)은 자는 자의 목을 졸라 죽이는(mar-mor) 악귀를 말했다/ 인분(night-soil)은 밤에 치우는 흙이라고 표현됐다/ 까마종 풀(nightshade)은 검은 그림자(shade)처럼 치명적인 독성이 있는 풀이다. 이 풀의 액을 여성의 눈에 바르면 눈동자를 넓혀 주므로 belladonna(beautiful lady)라는 별명이 붙었다. 저녁기도나 야상곡(nocturne)은 저녁에 일어난다/ 밤과 낮의 길이가 같은(equi) 날은 1년에 두 번 있다. 춘분(summer equinox)은 밤의 길이가 낮의 길이와 같다가 점점 짧아지는 날이다. 추분(winter equinox)은 밤의 길이가 낮의 길이와 같다가 점점 길어지는 날이다 ▶해(sol)가 가장 오래 서(st-stand) 있는 날은 하지(summer solstice)고 가장 짧게 서 있는 날은 동지(winter solstice)다. 야맹증(nyctalopia)은 밤에 잘 볼(op) 수 없는 증상(ia)으로, night blindness다.	nightmare 악몽 night-soil 인분 nightshade (식물) 까마종 풀 nocturne 저녁기도. 야상곡 equinox (계절) 춘분/추분 nyctalopia 야맹증

penalty
처벌

어근 변화 pain▷pen▷pun▷tim

어원 의미 몸을 정화하지(t=p) 않은 인간은 신에게 갈 수 없었고 벌(n=m)을 받았다. 벌은 신의 생각 중 일부(m)였다.

기본 단어	어원 스토리	고급 단어
penalty 벌 penal 형법상의 pain 아픔 punishment 처벌	신을 모시지 않는 자를 벌(penalty)하던 법은 사회질서를 무시하는 사람을 처벌하는 형사(penal)법으로 발전했다/ 고통(pain)은 처벌(punishment)을 받아서 생기는 아픔이다/ 벌을 없애는(im)면책(impunity)특권은 신으로부터 왕에게로, 지금은 대통령에게 주어졌다.	impunity 면책
timid 겁먹은	법을 위반하면 벌을 받을까 겁을 먹었다(timid)/ 간통을 범한 가족을 죽이는 아랍 사회와 사소한 경범에도 공개 태형을 가하는 싱가포르는 명예지상주의 정치(timocracy)를 택하고 있다. 벌을 주는 정치다.	timocracy 명예지상주의

nose

코

어근 변화 nas▷nos▷noz▷nus

어원 의미 코는 생명을 유지하는 우주의 물(n—산소)과 몸을 연결하는(z=s) 신체의 주요 부위라는 뜻이었다.

기본 단어	어원 스토리	고급 단어
nose 코 nostril 콧구멍 nozzle 배출구	공기를 들이마시는 코(nose)는 얼굴 앞으로 튀어 나와 있다/ 공기가 드나드는(tri-through) 콧구멍(nosrtil)을 통해서 나오는 비음(nasal)은 울림 소리다/ 주둥이(nozzle)는 로켓 비행기의 분사구(nozzel)로 확대됐다/ 긴 코를 가진 돼지는 코로 땅을 파서(nuzzle) 먹을 것을 찾는다.	nasal 비음의 nuzzle 코로 파다

cinema

영화

어근 변화 ki▷ci
어원 의미 가만히 있던 것도 자극을 주면 빈 공간(c=k)으로 맘대로 움직인다.

기본 단어	어원 스토리	고급 단어
cinema 영화	영화(cinema)는 움직이는 이야기(ma)이므로 movie나 motion picture 등으로 다양하게 불린다/ 역학(kinematics)은 운동하는 물체를 연구하는 학문이다/ 물(hydr)과 같은 액체의 힘을 연구하는 학문은 유체역학(hydrokinetics)이다.	kinematics 역학 hydrokinetics 유체역학
	상대방을 움직이게 하기 위해 간절히(sol-entire) 졸라대는(solicit) 법률가(solicitor)는 관련된 사람들을 간절히 설득해 법률적 목적을 달성한다/ 독일 포츠담의 상수시(sans souci) 궁전은 프랑스어로 <마음의 자극(ci) 아래(sou) 있지 않은(sans)>, 근심이 없는 궁전이라는 뜻이다.	solicit 졸라대다 solicitor 변호사/법무사
cite 인용하다/소환하다 recite 암송하다 recital 음악회 excite 흥분시키다	종교법정에 나오라고 불러내던(cite) 것이 책의 내용을 인용한다는 의미로 확대됐다/ 기억으로부터 다시(re) 불러내는 것은 암송하는(recite) 것이다/ 음악회(recital)도 잊었던 팬들을 다시(re) 불러내 공연하는 것이다/ 흥분시키려면(excite) 자극을 줘 행동을 밖으로(ex) 불러내야 한다.	

anxiety
걱정

어근 변화 ang▷anx▷hang
어원 의미 손가락으로 쥐어짜거나 짓누르는(x=g) 억압은 불안과 고통을 낳는다.

기본 단어	어원 스토리	고급 단어
anxiely 걱정 anger 분노케 하다 anguish 고통	걱정(anxiety)은 쥐이찌는 고통(anguish)을 낳는다/ 억압은 민중을 분노하게 한다(anger)/ 불안(angst)은 쥐어짠 마음으로부터 나온다/ 손톱(nail)에 생기는 거스러미(hangnail)는 작은 통증이지만 마음에 계속 남아 괴롭힌다.	angst 불안 hangnail 손톱 거스러미

law

법

어근 변화 lag▷leag▷lay▷law▷low▷lie▷ly▷let
어원 의미 법은 사회의 밑바탕에 깔아 놓고(t→w→y=g) 묶은(l) 질서의 틀이다.

기본 단어	어원 스토리	고급 단어
law 법 lawful 합법적인 unlawful 불법적인 lawless 무법적인 outlaw 무법자	법(law)은 사회의 밑바탕에 깔아 놓은 기본 질서다/ 법에 충분히 (ful) 어울리면 합법적(lawful)이다/ 법에 일치하지 않으면(un) 불법적(unlawful)이다/ 법이 떨어져 나가면(less) 무법적(lawless)이다/ 법의 테두리를 벗어난(out) 자는 무법자(outlaw)다.	
fellow 동료 rely 의지하다 lie 놓다	두 사람 사이에 가축(fel-cattle)을 놓고 거래하는 사이를 친구(fellow)라고 했다. 고대에 가축은 화폐였고 화폐를 주고받는 사이는 서로 믿는 사이였다/ 지층(layer)은 누워(lie) 있는 땅이다/ 들고 일어선 노여움을 아래로(al) 눕히면 화가 가라앉는다(allay)/ 등산 자일은 단단히(be-all) 잡아 매(belay) 놔야 암벽에서 떨어지지 않는다. 잡아 매 놓은 소는 움직이지 않는다(belay)/ 의지하려면 (rely) 무엇인가에 기대서(re) 놓여야 한다.	layer 지층 allay 누그러지다 belay 잡아 매다/중지하다
apply 응용하다 supply 공급하다 outlet 직판장/출구 inlet 주입구	응용하려면(apply) 다른 곳에(ap-at) 붙여 놔야(apply) 맞는지 알 수 있다/ 공급(supply)은 아래로부터(sub) 쌓아 올려 주는 것이다/ 주변을 완전히(be-all) 둘러싸고 포위하면(beleaguer) 안에 들어 있는 사람들은 고통받는다/ 담근 뒤 6개월 간 조용히 놔 두고 발효되기를 기다렸으므로 라거(lager) 맥주라고 불렀다/ 중간 상인을 거치지 않고 공장에서 밖으로(out) 상품을 직접 내놓는 곳이 직판장(outlet)이다. 배출구(outlet)와 주입구(inlet)는 물건이 나가고 들어가도록 놔 두는 곳이다.	beleaguer 포위하다/괴롭히다 lager (맥주) 라거

luxury

호화

어근 변화 lux▷leek▷lock▷luc
어원 의미 한여름의 나뭇가지는 서로 얽히며(l) 둥글고(x—ck=c) 무성하게 자란다.

기본 단어	어원 스토리	고급 단어
luxury 호화 delux 초호화	사치(luxury)는 나무가 무럭무럭 지리(luxuriate) 무성하고 (luxuriant) 빽빽한 모양이라는 뜻이다/ 프랑스어 <최고 호화로운 (delux<of lux>)>은 무성하게 자란 나뭇가지를 의미했다.	luxuriate 무럭무럭 자라다 luxuriant 무성한
reluctant 머뭇거리는	마지 못해 하는(reluctant) 행동은 뒤얽힌 나뭇가지를 억지로(re) 풀어내는 것과 같다/ 관절이 삐는(luxate)는 것은 나뭇가지가 비틀어지는 것과 같다.	luxate 관절이 삐다
lock 땋은 머리/자물쇠	땋은 머리(lock)는 나뭇가지를 한데 묶은 모습이고, 얽힌 나뭇가지는 쉽게 풀어지지 않으므로 자물쇠(lock)와 같다.	
garlic 마늘 luck 행운	잎은 칼 모양(gar-gla-spear)이고 뿌리는 단단히 맺힌 구근이 마늘(garlic)이다/ 파(leek)도 뿌리가 단단히 맺혀 있다는 뜻이다/ 행운(luck)은 꼬인 운명이 잘 풀린 경우다.	leek 파

Smith

스미스

어근 변화 smi
어원 의미 대장장이는 달군 쇠 조각(m)에 무거운 망치를 내리쳐(s) 강인한 철을 얻었다.

기본 단어	어원 스토리	고급 단어
Smith 스미스	대장간에서 달군 쇠를 세차게 내리치는(smite) 사람은 스미스(Smith)다 ▶조지(George)는 땅에서(ge-earth) 일하는(or-er-work) 농민이다/ 바느질하는 양복쟁이는 슈나이더(Schneider)이고, 곡식을 빻는(mill) 방앗간 주인은 밀러(Miller)다.	smite 세차게 때리다
blcksmith 대장장이 goldsmith 금 세공업자	무쇠를 다루면 대장장이(blacksmith)이고, 금을 다루면 금 세공업자(goldsmith)다.	

oval

타원형의

어근 변화 ov▷av▷au▷ey
어원 의미 새는 날개를 갖고 있으므로 땅을 떠나(u—y=v) 하늘로 날아간다. 새는 둥근 알을 낳는다.

기본 단어	어원 스토리	고급 단어
oval 타원형의	알 껍질 안쪽처럼 타원형으로 생긴(oval) 백악관의 내동령의 집무실은 oval office다/ 알(avum-egg)에서 나온 새는 날개를 가지고 있으므로 비행(aviation)한다/ 조류를 기르는(culture) 조류 사육(aviculture)은 가금업이다/ 동물의 번식은 알을 낳는(par-bear) 새 같은 난생(oviparous) 방식과 살아 있는(vivi) 새끼를 낳는 태생(viviparous) 방식이 있다/ 알이 나오는 길(duc-lead)은 난관(oviduct)이다.	aviation 비행 aviculture 조류 사육 oviduct 난관 oviparous 난생의
	새가 나는 모습을 보고(spic) 점을 치는 새점(auspice)은 역사가 깊다/ 길조의(auspicious) 징조가 보이면 정복전쟁을 시작했다.	auspice 새점 auspicious 길조의
kidney 콩팥	콩팥(kidney)은 작은(kid) 알과 같다는 뜻이다/ 수탉(cock)이 낳은 알(cockney)은 런던 동부(east end)에 사는 노동자 계급을 의미한다. 이들은 독특한 영어 발음(cockney)으로 유명하다. 코크니들은 Ham and egg를 am and hegg로 발음한다.	cockney (런던 동부) 코크니

rose

장미

어근 변화 rhod▷ros
어원 의미 빛(s=d)이 화려하게 흐르는(rh=r) 붉은 장미는 신에게 바치는 꽃이었다.

기본 단어	어원 스토리	고급 단어

기본 단어

rose
장미
Rhodes
(그리스/에게 해)
로도즈 섬

어원 스토리

신에게 자신을 바치는 의미로 장미(rose)로 만든 장미 화관 (rosarium)을 머리에 올리는 관습이 있었다/ 장미 화환은 후에 기독교에서 묵주(rosary)로 변했다 ▶허브 로즈마리(rosemary)는 바다(mar)의 이슬(ros-dew)이라는 뜻이다/ 장미를 뜻하는 에게 해의 섬 로도즈(Rhodes)는 미국으로 건너가 로드 아일랜드 (Rhodes island)로 자리 잡았다.

고급 단어

rosary
묵주
rosarium
장미 화환

panel

장식판자

어근 변화 pan▷pawn
어원 의미 완전히 평평한(p) 판유리의 발명으로 유리창 밖을 있는 그대로 볼 수 있었던 것은 최근의 일이다.

기본 단어	어원 스토리	고급 단어
panel 판자/작은 모임 pane 판유리	패널(panel)은 벽이니 천장에 붙이는 천이나 판이므로 그 방에 모이는 작은 모임(panel)을 뜻한다/ 판유리(pane)처럼 완전히 투명한 유리는 근세에 들어 발명됐다/ 원래 전당포(pawn shop)는 평평한 직물(pawn)로 짠 옷을 맡기고 돈을 빌리는 곳이었다.	pawn 전당포/작은 천

wild

거친

어근 변화 wild▷d

어원 의미 고대의 숲은 빛(d)이 퍼져(w=v) 나오는 아주 멀고 먼 황무지였고, 그곳에는 사슴들이 살고 있었다.

기본 단어
wild
거친
deer
사슴
wilder
길을 잃다

어원 스토리
거친(wild) 황야(wilderness)에서는 길을 잃고(wilder) 당황하기 (bewilder) 쉽다/ 사슴(deer)은 황야(wilderness)에서 사는 존재 (er)라는 뜻이다. 사슴(deer)은 (wilderness)에서 (der)만 떨어져 나온 단어다.

고급 단어
wilderness
황야
bewilder
당황하다

fee

요금

어근 변화 pec▷fee▷feud▷fel▷fief▷fight
어원 의미 양에 의지해 사는 유목민들은 넓은(f=p) 목초지를 놓고 치열한 경쟁을 벌였다. 양은 거의 현금처럼 거래됐다.

기본 단어	어원 스토리	고급 단어
fee 요금 fellow 친구	양은 화폐로 쓰였으므로 시용료로 받는 요금(fee)이 파생됐다/ 양을 놓고(low-lay) 서로 믿고 거래하는 사이가 친구(fellow)다/ 양을 주고받는 것은 돈을 주고받는 재정상의(pecuniary) 거래가 됐다.	pecuniary 재정상의
feudalism 봉건주의 fiof 봉토 fight 싸움	양이 풀을 뜯는 목초지를 차지하려는 경쟁은 봉토를 둘러싼 싸움으로 번져 봉건 영주들 사이에는 원한(feud) 관계가 형성됐다/ 봉건주의(feudalism)는 세습 봉토(fief)를 둘러싼 영주 사이에서 화해가 불가한 싸움(fight)을 기반으로 한 제도다/ 들판에 방목한 양들도 주인이 알아 볼 수 있는 특유의(peculiar) 표식을 가지고 있다.	peculiar 특유의 feud 반목/대립

up

위에

어근 변화 op▷up▷uf▷ub▷ov▷eav▷ev▷ov▷va▷or▷om▷um▷hyp
어원 의미 인간은 몸을 깨끗이 정화하고(f—v—b—u—r—m=p) 저 하늘 위에 있는 신에게 다가가서 신처럼 영원히 살기를 원했다.

기본 단어	어원 스토리	고급 단어
up 위로 open 열린 above 저 위로 over 넘어서	위(up)는 신이 있는 곳이고, 위(on)는 표면 위에 붙어 있다는 뜻이다/ 대소동(uproar)은 위로 들고(roar) 일어나는 혼란이다/ 열린(open) 곳은 위쪽이 뚫려 있다/ 물체로부터(ab) 훨씬 위로(above) 넘기기(over) 위해서는 물체에 닿지 않고 뛰어 넘어야 한다.	uproar 대소동
valet 시종/하인 evil 악마	처마 위에서 떨어지는(drip) 낙숫물(eavesdrip)은 <엿듣다(eavesdrop)>가 됐다/ 악마(evil)는 위에서 갑자기 떨어지는 악한 존재다/ 시종(valet)은 윗사람을 위해 일하는 사람이다/ 봉건시대의 신하(vassal)도 위에 있는 왕을 위해 몸을 바치는 사람이다.	eavesdr(i/o)p 낙숫물/엿듣다 vassal 신하
supermajority 절대 다수 supreme 최고의 soprano (음악) 여성 최고음	압도적 다수(supermajority)는 훨씬(s-separate) 높게(super) 많은(maj-mag) 사람을 말한다/ 주권(sovereignty)은 가장 높은 권력(reig-reg)을 의미하므로 누구로부터도 간섭받지 않는다. 오늘날 주권은 국민에게 있다/ 저 멀리(s-separate) 위에 있는 최고의(supreme) 지위는 도전할 수 없다/ 초신성(supernova)은 아주 큰 새로운(nov-new) 별을 말한다/ 성악 여성 최고음은 소프라노(soprano)다.	sovereignty 주권 supernova (천문학) 초신성
summary 개략의	공중제비(somersault)는 높이 튀어 오르는(sault) 재주다/ 정상(summit)은 산꼭대기나 최고직이다/ 요약(summary)은 전체에서 일부를 위로 떼어낸 대표적인 부분을 말한다/ 가장(con) 높은 곳에 이르면 정점에 이른다(consummate)/ 신혼부부는 초야를 치르고 정점에 이르므로 결혼을 완성한다(consummate).	somersault 공중제비 consummate 정점에 이르다
	쌍곡선(hyperbola)은 아래로 굽은 포물선을 위로 던져(bol) 쌍을 이룬 곡선이다/ 위(hyper)는 아래(hypo)와 쌍을 이루는 불가분의 관계. 고대로부터 모든 건강은 심장을 덮고 있는 횡경막의 연골(chondr)로부터 나온다는 믿음이 있었으므로 건강염려증	hyperbola 쌍곡선 hypochondria 건강염려증

(hypochondria)은 지나치게 횡경막의 영향 아래 있다는 뜻이다.

success
성공
suffer
고통을 받다
survey
조사
surrender
굴복하다

성공(success)은 위에 있는 왕좌 바로 밑에까지 가까이 갔다 (ces-go)는 뜻이었다/ 위에서 누르면 아래는 고통을 받는다 (suffer)/ 조사(survey)는 위에서 자세히 바라보는(vey-see) 것 이다/ 복종하는(surrender) 마음은 윗사람을 향해 존경심을 바치 는(der-give) 태도다.

grain
알곡

어근 변화 car▷gar▷gra▷gre
어원 의미 나무판을 갈아 내면 작고 둥근(g=c) 알갱이가 나오고, 표면은 매끈하게 부드러워진다.

기본 단어	어원 스토리	고급 단어
grain 알갱이/나무결	곡식(grain)은 입자가 가는 알갱이다/ 표면의 알갱이를 긁어 내면 나무 고유의 결(grain)이 나타난다/ 무두질하는 사람(grainer)은 가죽 표면의 가루를 긁어 내어 매끈하게 만든다/ 곡식창고(granary)에는 추수한 알곡을 모아(garner) 보관한다/ 미립자(granule)는 더 작은(ul) 알갱이다/ 곡식을 가는 맷돌(granite)은 화강암(granite)으로 만들었다. 회강암 자체에도 작은 알갱이 무늬가 박혀 있다.	grainer 무두쟁이 granary 곡식창고 garner 모으다 granule 미립자 granite 화강암
great 크다	석류(pomegranate)는 속에 많은 알갱이를 담고 있는 과일(pome)이다/ 수류탄(grenade)도 안에 쇠 알갱이를 갖고 있어 터지면 다발성 피해를 입힌다/ 크다(great)는 알갱이가 굵다는 것으로부터 유래했다.	pomegranate 석류 grenade 수류탄
	염색하려면(ingrain) 가느다란 염료 미립자를 천에 박아 넣어야(in) 한다/ 사람의 마음에 스며든(in) 습관은 뿌리가 깊으므로(ingrained) 좀처럼 버리기 힘들다.	ingrain 염색하다/뿌리 내리다 ingrained 뿌리깊은
Carl 칼	사람 이름 칼(Carl)은 머리를 깎아 피부가 부드러운 대머리를 의미한다.	

barometer

기압계

어근 변화 bry▷bru▷bri▷bar▷bli▷gra▷gri▷gur
어원 의미 무게(g=b)가 늘면 크기도 커진다(l=r). 무거운 것에 맞으면 더 큰 충격을 받는다.

기본 단어	어원 스토리	고급 단어
barometer 온도계/측정 기준 baritone (성악) 바리톤	기압계(barometer)는 공기의 부게를 재는(met) 기구다/ 남성의 중간음인 바리톤(bartone)은 무거운 긴장(ton-tension)을 주는 음역이다/ 등압선(isobar)은 같은(iso) 기압을 나타내는 곳을 연결한 선이다.	isobar 등압선
brute 들짐승 brutal 무자비한	태아(embryo)는 뱃속에서(em) 점점 무겁게 자라는 아기다/ 산스크리트어 스승(guru)은 지혜로 가득 찬 사람이라는 의미다/ 들짐승(brute)는 힘이 센 야생 동물이다/ 짐승처럼 무사비한(brutal) 사람도 있다.	guru 스승 embryo 태아
gravity 중력 grave 슬픈/무거운	중력(gravity)은 무게를 가진 물체가 끌어당기는(gravitate) 힘이다/ 슬픔(grief)은 마음을 무겁게(grave) 하는 불행으로부터 온다/ 주인으로부터 학대를 받은(aggrieved) 노예들은 서서히 불만(grievance)을 쌓아 간다.	gravitate 끌어당기다 aggrieved 학대 받은 grievance 불만
	특별한 분야에 강점을 가진 부대는 여단(brigade)이다/ 노상강도(brigand)는 길에서 행인에게 강제로 물건을 빼앗아 간다/ 나치의 전격전(blitzkrieg)은 갑자기 나타나 화력을 집중한다.	brigade 연대 brigand 노상강도 blitzkrieg (독일) 전격전

picture
그림

어근 변화 pic▷pig▷pin▷pain(n 첨가)
어원 의미 고대인들은 뾰족한 칼로 평평한(p) 판을 긁어서(c→n=g) 그림을 그렸다.

기본 단어	어원 스토리	고급 단어
picture 그림	고대의 그림(picture)은 암석을 긁어서 그렸다/ 알파벳도 처음에는 그림(pictorial) 형태의 이집트 상형문자로부터 시작됐다/ 생생한(pictureaque) 그림은 실제의 모양과 똑같은(que) 모습을 보여준다/ 대상을 잘 펼쳐(de) 묘사한(depict) 그림은 많은 사람을 감동시킨다.	pictorial 그림의 picturesque 생생한 depict 묘사하다
pint 0.5리터 잔 paint 그리다	그림을 그리는 물감(pigment)은 긴 세월을 거쳐 발전해 왔다/ 0.5리터의 맥주잔(pint)은 색깔로 칠한 눈금이 그려져 있었다/ 얼룩말(pinto)은 얼룩덜룩한 무늬의 털을 가진 동물이라는 뜻이다/ 처음 인류는 동굴 벽에 그림을 그려서(paint) 자신을 표현했다.	pigment 안료 pinto 얼룩말

nuclear

핵무기의

어근 변화 nuc▷nut▷neck
어원 의미 넓은 강을 잔잔하게 흐르던 물(n)도 좁은 협곡에 이르면 단단하고 거센(ck-ㅢ=c) 토사로 돌변한다.

기본 단어	어원 스토리	고급 단어
nuclear 핵무기의 nucleus 핵	그리스인들은 만물은 딱딱한 핵(nucleus)으로 구성되어 있고, 그 핵은 더 이상 쪼개지지 않는(a) 원자(atom)라고 명명했다. 그러나 현대 물리학은 원자를 분리하거나 융합하면 거대한 에너지가 나오는 것을 알아냈으므로 딱딱한 핵으로 만든 핵무기(nuclear) 시대를 열었다.	
nut 견과류	견과류(nut)는 딱딱한 껍데기로 둘러싸인 과일이다/ 밤(chestnut)은 마로니에 열매(horse chestnut)가 축약된 말이나. 가슴(chest)앓이를 하는 말에게 마로니에 열매를 먹였기 때문이다. 마로니에의 열매는 밤과 구별하기 어려울 정도로 비슷하다. 그러나 마로니에 열매는 콩커(conker)라고 따로 부른다.	
neck 목 knuckle 주먹 관절	목(neck)은 몸통과 머리를 연결하는 좁은 경부이므로 쉽게 조일 수 있는 부분이다/ 손가락을 연결하는 주먹 관절(knuckle)은 딱딱하므로 권투 경기를 탄생시켰다.	

Golgotha

골고다

어근 변화 Cal▷Carl▷Charl▷gol

어원 의미 성서를 번역한 그리스인들은 Hebrew어를 가능한 그리스어 발음과 뜻에 맞추려고 노력했다(ch→c=g).

기본 단어	어원 스토리	고급 단어
Golgotha (히브리) 골고다 언덕 Calvary 갈보리 언덕 Carl 칼 Calvin 칼빈 Charlmagne (프랑스) 샤를마뉴 대제	골고다(Golgotha)는 아람어 해골(gulgutha)을 그리스어로 번역한 것이다. 영어로는 Calvary로 정착됐다. 이미 인도-유럽어에 둥근(c) 해골을 뜻하는 (cal)이 있었으므로 그 발음과 뜻에 일치시킨 것이다/ 영어 이름 칼(Carl)과 칼빈(Calvin)은 모두 대머리(calvities)를 뜻한다. 프랑크 왕국의 황제 샤를마뉴(Charlmagne)는 위대한(magn-great) 대머리 왕이라는 뜻이다.	calvities 대머리

beetle

딱정벌레

어근 변화 fut▷beat▷beet▷but
어원 의미 나무를 강하게(f=b) 내리치면(t) 끝이 뭉툭한 토막으로 남는다.

기본 단어	어원 스토리	고급 단어
beetle 풍뎅이 beat 때리다 butt 들이받다/토막/뿔 button 단추	풍뎅이(beetle)는 옆으로 달린 턱으로 나뭇잎을 갉아 토막 내고 수액을 먹는다/ 나무의 줄기를 쳐서(beat) 떼어내면 끝이 뾰족하거나 뭉툭한 토막(butt)이 생긴다. 손잡이 끝, 담배 꽁초, 뿔은 모두 작은 토막에 해당한다/ 소는 나무토막 같은 뿔로 들이받는다(butt)/ 엉덩이(buttock)도 뭉툭하다/ 벽을 지지하려면 튼튼한 버팀목(buttress)이 필요하다/ 짧긴 하지만 단추(button)도 뭉툭하게 자른 토막이다.	buttock 엉덩이 buttress 버팀목
debut 초연	처음으로 연기하는 데뷔(debut)는 지금까지 전체에 속했던 연습생이 따로(de) 떨어져 독립적으로 활동한다는 의미다/ 잘라진 부분은 원래 붙어 있었던 곳과 가장 가까운(abut) 사이다/ 들어오는 말을 되(re)받아 치며 반론하는(rebut) 토론은 민주주의의 토대다.	abut 인접한 rebut 반론하다
confute 타파하다	상대 의견을 타파하기(confute) 위해서는 강력하게(con) 밀어붙여야 한다/ 반론(refutation)은 상대의 논리에 대해(re) 반대의 논리로 때리는 것이다.	refutation 반론

nude

벌거벗은

어근 변화 nas▷nak▷nud
어원 의미 나체는 옷을 벗고 물(n)속에 들어간다(k-d=g)는 뜻이었다. 그리스인은 건강한 신체를 이상으로 삼았으므로 나체로 운동했다.

기본 단어	어원 스토리	고급 단어

기본 단어

nude
나체
naked
벌거벗은
gymnasium
체육관

어원 스토리

그리스는 균형 잡힌 남자의 몸을 이상으로 삼았으므로 벌거벗은
(nude) 남자를 조각상의 대상으로 삼았다/ 또 남자들은 벌거벗은
(naked) 채로 운동했으므로 체육관(gymnasium)은 벌거벗고 가
는(gy-go) 곳(um)이었다/ 체육관은 이상적인 남자를 만드는 교육
의 장소였으므로 독일에서는 대학을 진학하기 위한 고등학교를 김
나지움(gymnasium)이라고 불렀다/ 체조 선수(gymnast)는 남자
의 균형잡힌 모습을 가장 잘 보여 준다/ 겉씨 식물(gymnosperm)
은 화분(sperm)을 받아들이는 암술이 꽃 밖으로 노출된 식물을
말한다. 겉씨 식물은 고대 식물로 대부분 목질이 단단한 소나무같
은 식물이다. 속씨 식물의 암술은 꽃 아래에 숨겨져 있다. 대부분
의 초본 식물은 속씨 식물로 겉씨 식물보다 늦게 나타났다.

고급 단어

gymnast
체조 선수
gymnosperm
겉씨 식물

aquarium
수족관

어근 변화 aqua▷wa▷we▷whisk▷eau
어원 의미 원시 우주는 거대한 물로 둥글게(q=u=w=wh=k) 둘러싸여 있었다고 믿어졌다. 이 물로부터 생명이 탄생했다.

기본 단어	어원 스토리	고급 단어
aquarium 수족관	수족관(aquarium)은 고기가 사는 물이 있는 공간(um)이다/ 로마는 제국 내 곳곳에 물을 끌어 가기(duc-lead) 위해 고가 수로(aqueduct)를 건설했다/ 인공적으로 물고기를 기르는(culture) 어류 양식(aquiculture)은 옛날에도 있었다. 우주 공간(ud)을 둥글게(aka) 둘러싼 물(udaka-산스크리트어)에서 로마인들은 끝 부분(aka)만 따다 물(aqua)을 만들었다. 그리스인들은 udaka에서 앞 부분(ud)만 따다 물(hydra)을 만들었다.	aqueduct 수로 aquiculture 어류 양식
whisky (스코틀랜드/술) 위스키	게일어로 <생명(baugh-bia)의 물(usqu-aqu-water)>인 usquebaugh가 축약되어 위스키(whisky)가 됐다/ 생명의 물은 연금술사들의 관심 대상이었으므로 라틴어로는 (aqua vitae), 프랑스어로는 (eau de vie)로 남았다.	
water 물 hydra 물뱀 hydrogen (화학) 수소	물(water)은 hydra의 게르만어 형태다. 그리스어 물은 물뱀(hydra)이 됐다/ 수소(hydrogen)는 물을 낳는(gen) 원소다.	
	물로부터(se-ex) 나온 찌꺼기는 오물(sewage)이다/ 하수구(sewerage)는 오물이 나가는 길이다.	sewage 찌꺼기 sewerage 하수구

calorie

열량

어근 변화 cal▷caul▷caudl▷chauf
어원 의미 불꽃은 둥근(ch=c) 공간으로 이어져(l=l) 퍼져 나간다.

기본 단어	어원 스토리	고급 단어
calorie 칼로리	열량(calorie)은 1그램의 물을 1도 올리는 데 드는 열의 양이다/ 절에는 커다란 솥(cauldron)이 있다/ 일사병(calenture)은 햇볕에 데어서 발병하는 증상이다/ 프랑스어에서 온 개인 고용 운전사(chauffer)는 원래 증기기관차의 화부였다.	cauldron 큰 솥 calenture 일사병 chauffer (프랑스) 개인 운전사

annual

1년의

어근 변화 an▷en
어원 의미 끝없이 길게 걸어가는(an=en=y) 시간은 태양과 달이 순환하는 기간을 기준으로 잘라서 기억한다.

기본 단어	어원 스토리	고급 단어
annual 1년의 anniversary 기념일 millenium 천년 왕국/천년	태양이 걸어서 제자리로 온 시간을 1년의(annual) 기간으로 삼았으므로 기념일(annversary)은 1년 만에 돌아온(ver-come) 날을 뜻한다. 생일도 1년에 한 번 돌아오는 중요한 기념일이다/ 연보(annals)는 국가가 1년간 일어난 일을 기록한 것으로 동양에서는 사초로 불린다. 연보를 모으면 역사가 된다/ 격년(biennial-biennale)은 2(bi)년에 한 번씩 돌아온다/ 천년 왕국(millenium)은 원래 그리스도가 부활한 후 천(mil)년 동안 계속될 나라를 의미했다.	annals 연보/사초 biennial/biennale 격년의/비엔날레

bacteria

세균

어근 변화 peg▷bac▷bec
어원 의미 현미경으로 본 박테리아는 딱딱하고(p=b) 긴(c=g) 막대기 같았다.

기본 단어	어원 스토리	고급 단어
bacteria 박테리아 baguette (프랑스/제과) 바게트 peg 쐐기	세균(bacteria)은 막대기 균이라는 뜻이다/ 바실러스(bacillus)도 작은 막대기 같은 간상균이다/ 프랑스의 긴 빵은 바게트(baguette) 빵이다/ 대패주(debacle)는 말뚝에 묶여 있던 군대가 풀려(de) 허물어지는 것이다/ 쐐기(peg)는 빠지지 않게 빈틈에 박는 못이나 말뚝이다.	bacillus 간상균 debacle 대패주

host

주인

어근 변화 chaos▷gas▷gues▷hos

어원 의미 방랑자는 하룻밤 쉴 곳을 찾아 아무것도 없는 텅 빈(ch→h=g) 광야를 헤매는 자다. 집시는 영원한 방랑자다.

기본 단어	어원 스토리	고급 단어
hotel 호텔 host 주인 guest 손님 hospitable 친절한 hostile 적대적인 hostage 인질	방랑하는 여행자를 위한 숙소 hospitale가 축소된 것이 호텔(hotel)이고, 여행자를 맞이하는 사람은 주인(host)이다/ 주인은 방랑하는 손님(guest)을 친절하게(hospitable) 맞이할 수도 있고, 적대적으로(hostile) 내쫓을 수도 있다/ 또 인질(hostage)로 가두어 놓고 몸값을 받을 수도 있었다.	
hospital 병원	중세에는 방랑객과 가난한 환자들이 요양소(hospital)로 몰려 들었으므로 요양소는 불만과 불안이 가득 찬 시설이었다. 왕은 이들의 불만을 잠재우기 위해 의사들을 상주시켜 치료케 함으로써 점점 의료 시설로 변했고 마침내 종합병원(hospital)으로 정착됐다. 중세의 의사는 자신의 집에서 치료하거나 귀족에게는 왕진을 가서 진료했다.	
gas 기체 gap 틈 chaos 혼란	가스(gas)는 빈 공간을 맘대로 돌아다니는 기체다/ 아무런 제재도 없이 맘대로 돌아다니면 혼란(chaos)이 온다/ 극지방의 만년설에는 폭이 작지만 깊은 틈(chasm)이 있다/ 영국 지하철에서는 <mind the gap(문틈을 조심하세요)>라는 경고 방송을 계속 내보낸다.	chasm 깊은 틈

position
위치

어근 변화 po▷apo▷ap▷ep▷oup▷pou▷af▷ev▷a▷ab▷eb

어원 의미 출발과 도착은 시간과 공간의 변화(v−b=p)를 의미한다. 인간은 신(p)에게 더 빨리 더 가깝게 다가가기를 소망했다.

기본 단어	어원 스토리	고급 단어
position 위치 post 장소/우편/후에	위치(position)는 도착해서 앉은(sit) 장소를 말한다/ 파발마들을 세워(st) 놓은 장소(post)는 현대의 우편(post)으로 정착됐다/ 지위(post)는 조직에서 각자가 서 있는 위치다/ 목적지는 출발한 후에(post) 많은 시간이 지나야 도착하는 곳이다.	
oppose 적대하다 opponent 적대자 compose 작문하다/작곡하다 pose 자세	마주(op-ob) 보고 앉아 적대하는(oppose) 사람들은 적수(opponent)다/ 앉는 모양으로 취하는 자세(pose)를 알 수 있다/ 부속을 모두(com) 모아 조립하고(compose), 모든 글자를 모아 작문하고(compose), 필요한 모든 음을 모아 작곡하는(compose) 것은 모두 마지막 위치를 잡는다는 같은 개념이다	
purpose 목적 propose 제안하다 couple 짝	복합(compound)약은 여러(com) 허브들을 혼합해 놓은 약이다/ 목적(purpose)은 길고 긴 길을 끝까지(pur-per) 가서 도착해야 할 곳이다/ 제안하려면(propose) 내용을 공개적으로(pro) 내놔야 한다/ 상상하는(suppose) 마음은 아직 결정하지 못해 마음속에(sup) 남겨 놓은 생각이다/ 짝(couple)은 함께(co) 앉아 있는 사람들이다.	compound 복합적인/수용소 suppose 추측하다
appology 사과	성서의 요한계시록(Apocalypse)은 죄악으로 가득 찬 세상의 뚜껑(calyp-cover)을 떼어내는 최후의 심판을 의미한다/ 성서에 못 올라 따로 모은 글(cryp-script)인 성서외전(Apocrypha)은 고대로부터 호기심의 대상이었다/ 달의 지구 공전궤도는 타원형이므로 지구(ge)로부터 가장 멀리 떨어진 달의 지점을 원지점(apogee)이라고 한다/ 변명(apology)도 시간이 흐른 뒤 설명하는 말(log)이다.	Apocalypse (성서) 요한계시록/ 파멸 Apocrypa 성서외전 apogee 원지점
attitude 태도 adapt	도착한 곳에 적절하게(apt) 잘 정착하면 그곳에 맞는 성질(aptitude)로 굳어진다/ 특별한 성질이 밖으로 나타나면 일정한 태도(attitude)가 된다/ 순응하는(adapt) 태도는 도착한 장소에(ad)	aptitude 성질 adept

기본 단어	어원 스토리	고급 단어
순응하다 apt 적절한	잘 적응하려는 태도다/ 숙련된(adept) 기술은 특정한 기능에(ad) 잘 적응한다/ 잘못(in) 적응하면 서툰(inept) 기술이다/ 납치하는 (abduct) 사람은 엄마로부터 아기를 떼어내 다른 곳으로 데리고 (duc-lead) 사라진다.	숙련된 inept 서툰 abduct 납치하다
abortion 낙태 abuse 악용/학대	중요한 장기를 외부의 위험으로부터 떼어(ab-off) 놓는(do-put) 부분(men)이 복부(abdomen)다/ 낙태(abortion)는 자라나는 (ori-rise) 태아를 탯줄에서 떼어내는 수술이다/ 호주 원주민 아보리진(Aborigine)은 태어날(origin) 때부터(ab) 그곳에서 사는 원주민이다/ 권리를 용도(use)에 벗어나서 사용하면 권력남용 (abuse)이고, 악의적으로 사용하면 악용(abuse)이다/ 어린이를 잘못된 용도로 이용하면 학대(abuse)다.	abdomen 복부/배 Aborigine (호주) 아보리진
after 후에 off 떨어져 있는 of 의 evening 저녁 ebb 썰물	도착한 시점에서 보면 출발한 시점은 긴 시간이 흐른 후(after)다/ 도착 지점과 출발 지점은 떨어져(off) 있다/ 도착은 출발로부디 시작됐으므로 출발의(of) 자식이다/ 저녁(evening)은 출발한 해가 마침내 목적지에 도착한 시간이다/ 썰물(ebb)도 육지로부터 멀어져 가는 물이다.	

merchant

상인

어근 변화 mart▷mark▷merc▷merch

어원 의미 장사는 주변(m)을 돌아다니며(r) 물건을 파는 것이다. 성서는 영리를 부정했으나, 상인들은 이익을 신이 준 은총이라고 우겼다.

기본 단어	어원 스토리	고급 단어
merchant 상인 market 시장 mart 가게 commerce 상업	상인(merchant)은 상품(merchandise)을 교환해 영리를 노리는(mercantile) 장사꾼이다/ 상인은 물건을 교환하기 위해 시장(market)으로 모인다/ 시장에는 가게(mart)와 현대적인 형태의 대형 가게(supermarket)들이 모여 있다/ 상업(commerce)은 물건을 서로(com) 교환하는 약삭빠른 직업으로 여겨졌다/ 돈을 받고 무력을 파는 병사는 용병(mercenary)이다.	merchandise 상품 merchantile 영리를 노리는 mercenary 용병
mercy 은총	▶영리(marx-물건값)를 부도덕으로 알았던 중세 상인들은 영리를 신이 인간에게 주는 은총(mercy)이라고 미화했다/ 프랑스어 고맙소!(gramercy)는 영어로는 great thanks다. 독일의 명차 벤츠(Benz)는 Mercedes Benz가 축약된 것이다. 미국인들은 Mercedes라고 부른다. Mercedes는 원래 스페인어 <Maria de la Mercedes(은총의 마리아)>에서 온 말이다.	gramercy (프랑스) 고맙소! Mercedes (독일) 머서더스 벤츠
Mercury 수성/수은	머큐리(Mercury)는 장사와 도둑의 신으로 태양과 가장 가깝고 가장 빠르게 공전하는 수성(Mercury)이 됐다/ 금속 중 유일하게 액체 상태인 수은(mercury)도 유동성이 높다.	

bolt

빗장

어근 변화 bolt▷volt
어원 의미 순간적으로 힘(v=b)을 가하면 빛(t=d)처럼 빠르게 튕겨 나간다.

기본 단어	어원 스토리	고급 단어
bolt 화살촉/번개/빗장 volt 달아나다	화살촉(bolt)은 순식간에 날아간나/ 번개(bolt)는 화살촉보다 더 빨리 날아간다/ 채찍을 맞은 말은 튀어 나가듯 달아난다(volt)/ 빗장이나 수나사(bolt)는 힘을 가해 구멍 속에 밀어 넣는다.	

mix

섞다

어근 변화 mix▷mes▷misc▷med
어원 의미 빛(x=s=sc=d)은 어떤 장애물도 관통하므로 어떤 경계(m)도 허물어 버린다.

기본 단어	어원 스토리	고급 단어
mix 혼합하다 mixture 혼합물 mestizo (남미) 메스티조	여러 종류가 섞인(mix) 혼합물(mixture)은 복잡하다/ 한 종류에 (ad) 다른 종류를 혼합하고 뒤섞은(admix) 품종은 때때로 우수한 품종이 된다/ 기름과 물은 섞이지 않는(immiscible) 성질을 갖고 있다/ 잡다한(miscellaneous) 생각을 쓴 글은 수필이다/ 다른 종족과 결합해 낳은(gen) 인종 간 출산(miscegenation)은 식민지 시대의 산물이다/ 대표적으로 남미 원주민과 백인 간에 태어난 혼혈은 메스티조(mestizo)라고 부른다.	admix 뒤섞다 immiscible 섞이지 않는 miscegenation 인종 간 출산 miscellaneous 잡다한
medley 혼성곡	제국주의 시대에 남의 나라 일에 섞여 들어가 참견하는(meddle) 국가 간섭이 예사였다/ 이 곡 저 곡을 마구 섞어서 부르는 노래는 혼성곡(medley)이다/ 스페인어 mostrenco(아무 데나 뛰어다니는 야생마)가 영어에서 무스탕(mustang)으로 확정됐다.	meddle 참견하다 mustang 야생마

mystery

신비

어근 변화 mot▷mut▷mys▷myo
어원 의미 경계(m)를 좁히고(t─o═s) 축소하면 작아지고, 너무 압축된 말과 글은 그 내용을 알 수 없다.

기본 단어	어원 스토리	고급 단어
mystery 신비 mute 침묵의 motto 모토/좌우명	신비(mystery)는 고대 그리스 비밀 단체에서 신입회원을 받아들일 때 귓속말로 작게 전해 주던 비기를 의미했다/ 근시(myopia)는 가까운 것이 오히려 잘 보이지(pi-spec) 않는(mi) 증세(ia)다/ 말을 하지 않는(mute) 사람은 신중한 사람이거나 벙어리다/ 모토(motto)는 긴 내용을 짧게 만든 말이라는 의미다.	myopia 근시안

hurry

서두르다

어근 변화 hur▷hurl▷hower
어원 의미 인도—유럽인들이 살던 북극에서 부는 북풍은 집을 흔들었고(h), 결국 땅에서 떼어(r=l) 날려 버렸다.

기본 단어	어원 스토리	고급 단어
hurry 서두르다 hurricane 허리케인 hurl 세차게 던지다 shower 샤워	바람이 몰아치면 서둘러(hurry) 피해야 한다/ 서인도 제도의 열대성 저기압은 허리케인(hurricane)이다/ 경쟁자들은 상대를 끌어내기 위해 험한 말을 내던져(hurl) 헐뜯기도 한다/ 샤워(shower) 꼭지를 틀면 세찬(s-severe) 물줄기가 터져 나온다.	

navigate

항해하다

어근 변화 nav▷nau▷ne▷ni▷noi▷nu
어원 의미 물(n)의 분자들은 서로 당기는 점착성이 강하므로 배를 위로 밀어 올리는(v) 부력을 만들어 준다.

기본 단어	어원 스토리	고급 단어
navigate 항해하다 navy 해군	물 위에 배를 몰고(iga-ager-drive) 항해하는(navigate) 배는 큰 바다를 돌아(circ-circle) 세계를 일주할(circumnavigte) 수도 있다/ 바다를 항해하는 군부대는 해군(navy)이다/ 로마 시대 모의 해전(naumachy)은 콜로세움에 물을 채우고 작은 배를 띄워 벌이는 가상 전쟁(mach-war)이었다/ 발목뼈(navicular) 모양은 배를 닮았다.	circumnavigate 일주 항해하다 naumachy 모의 해전 navicular 발목뼈의/배 모양의
	잠수부(aquanaut)는 물(aqua)속 깊이 헤엄쳐 미지의 세계를 탐험한다/ 공중(aer)을 날아가는 비행선의 조종사는 경기구 조종사(aeronaut)다/ 미국의 우주비행사(astronaut)는 별(astr-star)이 떠 있는 우주를 나는 사람이라는 뜻이다/ 미국과 경쟁하던 구소련의 우주비행사는 우주(cosm)를 나는 우주비행사(cosmonaut)라고 명명됐다. 비행은 항해를 확대한 개념이었다.	aquanaut 해저 탐험가/잠수부 aeronaut 경기구 조종사 astronaut (미국) 우주비행사 cosmonaut (구소련) 우주비행사
noise 잡음	바다의(nautical) 거리를 재는 해리(nautical mile)는 1,852미터다/ 배를 타면 나타나는 멀미(nausea)에서 소음(noise)이 파생됐다.배의 흔들림이 소음으로 확대됐다.	nautical 바다의 nausea 메스꺼움
Micronesia 미크로네시아 Indonesia 인도네시아	작은(micr) 섬들이 점점이 흩어져 있는 바다는 태평양의 미크로네시아(Micronesia)다/ 바다에 떠 있는 인도(Indo)는 인도네시아(Indonesia)다/ 인도(Indo)는 강을 뜻하는 인더스(Indus)에서 왔다.	
sniff 훌쩍거리다 nurse 간호사	콧물이 흘러 나오면 훌쩍거린다(sniff)/ 간호사(nurse)는 어린이나 환자에게 필요한 영양(nutrition)을 흘려 넣어 주는 사람이라는 뜻이다.	nutrition 영양물

mouth

입

어근 변화 mand▷mang▷mouth▷moust
어원 의미 입은 원래 빛(g—th—st=d)의 에너지를 먹는 신체의 일부(m)라는 뜻이다.

기본 단어	어원 스토리	고급 단어
mouth 입 moustache 콧수염	입(mouth)은 턱을 왕복해 음식을 먹는 기관이다/ 콧수염 (moustache)은 입 위에 나는 털이다/ 아래턱(mandible)은 입을 움직이게 하는 하악골이다/ 프랑스어 식당(salle a manger)은 음 식을 먹는 방(salle)이다.	mandible 아래턱

narrow

좁은

어근 변화 nar

어원 의미 물(n)길이 좁은 곳에서는 물이 세차게 흐른다(r).

기본 단어	어원 스토리	고급 단어
narrow 좁은 Narcissus (그리스) 나르시서스 narcissism 자기도취	좁아진(narrow) 물길에서 물은 세차게 흐른다/ 좁은 함정에 빠뜨리면(ensnare) 갇힌다/ 갑자기 잡아(lep-take) 잠에 빠뜨리는 발작성 수면 장애(narcolepsy)도 있다/ 그리스 신화에 등장하는 나르시서스(Narcissus)는 수면에 비친 자신의 미모에 홀려 물에 빠져 죽었다/ 이로부터 자아도취(narcissism)가 나왔다/ 마약(narcotics)은 정신을 쥐어짜 아픔을 줄이는 마취약이라는 뜻이다. 잠과 실성은 물속에 빠져 잠기는 것이다.	ensnare 함정에 빠뜨리다 narcolepsy 발작성 수면 장애 narcotics 마약/마취제

oil

기름

어근 변화 ole▷oil▷oli
어원 의미 오래전부터 중동에서는 올리브에서 식용유를 얻었다. 기름은 이어지는(l) 점성 물질이다.

기본 단어	어원 스토리	고급 단어
oil 기름 olive 올리브 petroleum 석유	중동과 유럽에서 식용 기름(oil)의 원천은 올리브(olive)였다. 그리스에서 올리브 나무는 승리를 상징했다/ 바위(petr-rock)에서 나오는 기름은 석유(petroleum)다.	

oyster
굴

어근 변화 ost▷oyst▷oss
어원 의미 뼈는 신체를 연결하는(st─ss=s) 골격이다.

기본 단어	어원 스토리	고급 단어
oyster 굴	껍테기가 뼈와 같은 굴(oyster)을 인공적으로 기르는 굴 양식(ostreiculture)으로 인해 일반인들도 굴을 저렴하게 먹을 수 있다.	ostreiculture 굴 양식
ostracism 도편 추방/따돌림	고대 그리스에서는 배척하고(ostracize) 싶은 지도자의 이름을 쓴 조개 껍데기를 관공서에 제출했으므로 도편 추방(ostracism)이라고 불렀다. 일정한 수의 조개 껍데기를 받은 지도자는 10년간 추방됐다.	ostracize 추방하다
	골화된(ossify) 뼈는 잘 썩지 않으므로 오래된 지층에서는 화석이 풍부하다(ossiferous).	ossify 골화하다 ossiferous 화석이 풍부한

person
사람

어근 변화 pers▷hades
어원 의미 그리스 연극 배우들은 두 개의 구멍을 통해(pers) 바라보는(on=oc) 가면을 썼다. 가면을 통해 정화(p)된 세상을 봤다.

기본 단어	어원 스토리	고급 단어
person 사람 personality 성격 personnel 직원/인사부 Hades (그리스) 하데스	사람(person)은 그리스의 연극 배우들이 쓰는 가면(persona)에서 왔다/ 배우가 쓴 가면은 표정이 바뀌지 않으므로 한 인간이 가지는 성격(personality)이 됐다/ 회사의 인적 구성원(personnel)은 회사의 얼굴을 형성한다/ 사제(parson)는 종교적 얼굴이다/ 지하의 신(Hades)도 얼굴에 가면을 쓰고 죽은 자를 명계로 인도했다.	parson 사제/목사
	칼 융은 남자가 갖는 내적 여성성(anima)과 여성이 갖는 내적 남성성(animus)이 인간의 외적 인격(persona)과 각각 조화를 이루어야 완전한 인간이 된다고 주장했다.	persona (심리) 외적 인격

paradise
낙원

어근 변화 faint(n 첨가)▷feig▷fix▷fig▷dik▷dig▷dit▷dis▷dough▷dy
어원 의미 빛(f=d)은 에너지를 던져 주는(x-k-t-s-gh-y=g) 존재였다.

기본 단어	어원 스토리	고급 단어
paradise 천국 figure 형태/숫자	진흙을 옆으로(para) 길게 던져 담을 싼 정원이 천국(paradise)으로 확대됐다/ 진흙을 던지면 어떤 형태(figure)도 만들 수 있다/ 숫자(figure)는 알파벳과는 형태가 다른 모양을 가진다/ 형태를 망가뜨리면(dis) 원래의 모양이 훼손된다(disfigure)/ 모든(con) 요소가 제자리를 잡아야 올바른 배치(configuration)가 된다/ 별자리(configuration)도 별들이 제자리를 잡은 하늘의 모습이다.	disfigure 훼손하다 configuration 배치/별자리
faint 흐릿한	속임수(feint)는 속이기 위해 가짜로 만드는 행동이다/ 가짜는 실제로는 아무런 힘이 없으므로 허약하다(faint)/ 대부분의 독재자는 민주주의자를 가장한다(feign)/ 허구(figment)는 실재하지 않는 상상의 모양이다.	feint 속임수 feign 가장하다 figment 허구/상상
dig 파다 ditch 개울 dough 반죽 lady 숙녀	진흙이 파여서(dig) 깊어지면 개울(ditch)이 된다/ 제방(dike)은 진흙을 던져 쌓은 둑이다/ 밀가루 반죽(dough)도 진흙처럼 잘 이겨진다/ 여인(lady)는 반죽 덩어리(la-loaf)로 빵을 만드는 여자라는 뜻이다.	
fix 고정하다/고치다 fixture 고정물	부서진 물건도 진흙처럼 굳혀 고칠(fix) 수 있다/ 붙박이(fixture) 가구는 집을 지을 때 미리 넣는 고정된 집기다.	

illusion

착각

어근 변화 lud▷lus
어원 의미 빛(s=d)이 자유롭게 풀려 나가(l)듯, 인간도 자유롭게 유희하는 존재(homo ludens)다.

기본 단어	어원 스토리	고급 단어
illusion 착각 illusionist 환상가/마술가	착각과 환영(illusion)은 가상의 형체가 마음속에서 노는 것이다/ 마술사(illusionist)는 관객의 마음에 자유로운 상상력이 놀게 한다/ 마음이 제멋대로(de) 놀면 망상(delusion)이다/ 남의 마음을 맘대로 가지고 놀면 기만적인(delusive) 행동이다. 함께(co) 놀면서 결탁(collusion)하면 공범이 된다/ 암시(allusion)는 상대방의 마음속에(a) 그럴 수 있을 것 같은 상상력이 놀게 만든다. 책의 앞(pre) 서문(prelude)에는 작가의 의도가 암시되어 있다/ 책의 중간에는(inter) 재미있는 삽화(interlude)가 놀고, 일하는 중간에 잠시 노는 시간은 여흥(interlude)이다.	delusion 미망/망상 delusive 기만적인 collusion 결탁/공모 allusion 암시 prelude 서문 interlude 삽화/여흥

mall

상가

어근 변화 mac▷marc▷march▷mash▷mas▷mal
어원 의미 망치로 내리치는(c→ch→sh→r→=s) 힘은 망치가 무거울수록 더 강력하다(m).

기본 단어	어원 스토리	고급 단어
mall 상가	런던에는 공(pall-ball)을 치는(mall-beat) 팔말(pall-mall) 구기 경기장이 있었다. 후에 이 경기장은 상점들로 가득 차서 상가(mall)가 됐다/ 납은 때리면 잘 펴지는(malleable) 금속이다/ 발로 밟아 포도즙를 짜내고 남은 찌꺼기(marc)는 브랜디의 원료가 된다.	malleable 잘 늘어나는 marc 포도 찌꺼기
march 행진하다 massacre 대량 학살	행진(march)은 발을 쿵쿵 굴리며 걷는 것이다/ 대량 학살(massacre)은 다른 민족을 밟아 죽이는 고대의 전쟁이다/ 골프의 5번 클럽(mashie)은 골프공을 길게 치는 채다/ 당구채를 세워 직각으로 치는 방법은 마세(masse)라고 부른다/ 중남미의 숲을 치고 나가는 넙적한 칼은 메체트(machete)라고 부른다/ 어려움에 처하면 힘차게 뚫고(de) 나아갈 대책(demarche)이 필요하다.	mashie (골프) 5번 클럽 masse (게임/당구) 마세 machete (남미) 날이 넓적한 칼 demarche 대책
hammer 해머	손잡이가 달린 철퇴(mace)는 고대의 무기였다/ 망치(hammer)는 때리는 연장이다.	mace 철퇴/둔기

milk

우유

어근 변화 milk▷mulg▷muls
어원 의미 젖은 가슴의 일부(m)를 눌러(l) 짜면(k→g=s) 나오는 영양물이다.

기본 단어	어원 스토리	고급 단어
milk 우유	포유류의 가슴을 짜면 젖(milk)이 나온다/ 혼합되지 않는 액체에 유화제(emulgens)를 넣으면 우유 모양으로 변하고(fy) 유상화되어(emulsify) 유탁액(emulsion)으로 변한다.	emulgens 유화제 emulsify 유화하다 emulsion 유탁액
	비밀은 우유가 퍼져 가듯이(promulgate) 소리 없이 입에서 입으로 퍼져 간다.	promulgate 공포하다/퍼지다

omen

징조

어근 변화 omen▷omin
어원 의미 신이 가진 아주 작은(m) 힘으로도 인간을 크게 징벌할 수 있다. 징벌의 기미만 보여도 불길하다.

기본 단어	어원 스토리	고급 단어
omen 징조 ominous 불길한	인간을 징빌하는 신은 불길한(ominous) 징조(omen)를 미리 보여 준다/ 죄를 짓는 혐오스러운(abominable) 인간을 증오하고 (abominate) 징벌하는 존재는 신이다.	abominable 혐오스러운 abominate 증오하다

liberty
자유

어근 변화 lat▷lib▷liv
어원 의미 묶였던 것이 풀어지면(l) 자유롭게 퍼진다(t→b=v).

기본 단어	어원 스토리	고급 단어
liberty 자유 liberalism 자유주의 liberation 해방	자유(liberty)는 누구의 간섭도 없이 잘 자라는 상태를 말한다/ 역사적으로 정복된 노예가 찾던 자유의 개념이 현대에는 정부의 간섭을 줄이고 살자는 자유주의(liberalism)로 진화했다/ 자유를 가졌던 그리스나 로마의 시민이 가져야 하는 교양(liberal arts)은 대학에서 전공 과목을 듣기 전 먼저 배워야 하는 교양 과목이 됐다/ 식민지 민족들은 주로 2차 대전 후에 해방(liberation)되어 자유를 찾았다.	
	난봉꾼(libertine)은 자유를 지나치게 누려 남에게 피해를 주는 자다/ 로마는 노예에게 음식과 제복(livery)을 무료로 제공했다.	librtine 난봉꾼 livery 제복
delivery 배달 deliverance 구출/분만 Latvia (북유럽) 라트비아	보관한 물건을 풀어서(de) 보내는 배달(delivery)은 출발지와 도착지가 명확해야 한다/ 구출(deliverance)된 인질은 묶은 줄에서 풀리고(de) 자유를 얻는다/ 북유럽 라트비아(Latvia)는 자유의 나라라는 의미다. 러시아와 게르만으로부터 자유를 찾았다.	

firm

단단한

어근 변화 thr▷ther▷far▷fir▷fr▷dhar
어원 의미 하늘에서 오는(r) 빛(th→f=dh)은 신을 의미하므로 완전하게 견고한 진리다.

기본 단어	어원 스토리	고급 단어
firm 단단한/회사 confirm 확인하다 affirm 단언하다 refrain 삼가하다 farmer 농부	회사(firm)는 조직이 단단하게(firm) 뭉쳐 이익을 추구하는 집단이다/ 예약은 완전히(con) 잡혀 있는지 확인해(confirm) 봐야 한다/ 단언하려면(affirm) 말에(a) 확실성을 부여해야 한다/ 단단하지 못해(in) 허약한(infirm) 체질을 가진 사람도 꾸준히 운동하면 건강해진다/ 방종한 생각은 단단히(re) 잡아 삼가야(refrain) 하는 경우도 있다/ 농부(farmer)는 땅을 생명처럼 잡고 있는 자다.	infirm 허약한
therapy 치료법 throne 왕좌	치료법(therapy)은 환자의 병을 정확히 잡아내는 방법이다/ 나라와 백성을 단단히 잡고 있는 왕의 자리는 왕좌(thorne)다/ 산스크리트어에서 불교로 들어온 달마(dharma)는 견고한 진리나 견고한 통치를 의미한다/ 인도에서 세금(tahs-tax)을 거두는 세리는 타시다르(tahsidar)고, 지방(sub)을 다스리는 군수는 수브다르(subhdar)다. 관료는 법으로 강압하는 자다.	dharma (산스크리트) 달마/진리

lion

사자

어근 변화 leo▷le▷lea▷lio▷loo
어원 의미 백수의 왕 사자는 어디든지 풀어져서(l) 돌아다닌다.

기본 단어	어원 스토리	고급 단어
lion 사자	사자(lion)는 백수의 왕으로 라틴어에서는 leo다/ 신하는 왕을 사자로 치켜세운다(lionize)/ 용감무쌍한(lionhearted) 사람은 사자의 심장을 가진 사람이다.	lionize 명사의 반열에 올리다 lionhearted 용감무쌍한
leopard 표범 cameleon 카멜레온	민들레(dandelion)의 잎(dand-wood)은 사자의 이빨처럼 생겼다/ 표범(leopard)은 군데 군데(pard-part) 점이 있는 사자라는 뜻이다/ 카멜레온(cameleon)은 땅(cam-black)에 붙어 있는 작은 사자라는 뜻이다.	dandelion 민들레
pantaloon 판탈론 Leonard 레오날드	<거의(pan-almost) 사자같다>는 뜻을 가진 어릿광대 판탈레온(Pantaleone)은 특이한 바지를 입어 관심을 끌었으므로 바지(pantaloon)라는 단어를 남겼다/ 바지(pants)는 pantaloon의 축약이다/ 이름 레오날드(Leonard)는 사자처럼 용감한(ard) 사람이라는 의미다.	

invest

투자하다

어근 변화 vest▷vet▷wear
어원 의미 저고리는 몸에 펼쳐(w=v) 입는 옷을 의미했다.

기본 단어	어원 스토리	고급 단어
vest 저고리 invest 투자하다 wear 옷을 입다	저고리(vest)는 입는(wear) 옷이라는 뜻이다/ 돈을 덧입혀(in) 많은 수입을 얻도록 하는 투자(invest)는 손해를 볼 수도 있다/ 충격적인(devesting) 사건은 옷을 벗길(devest) 때 오는 갑작스러운 추위와 같다/ 돌로 쌓은 제방은 다시 흙이나 콘크리트로 단단히 (re) 덮는 다지기(revet) 공사를 해야 한다.	devest 옷을 벗기다 revet 덮다/다지다 devesting 충격적인

lullaby

자장가

어근 변화 lal▷lol▷lul▷lam
어원 의미 혀를 길게(l) 굴리는 소리는 아기를 안정시키므로 자장가가 됐다.

기본 단어	어원 스토리	고급 단어
lullaby 자장가 lull 달래다	자장가(lullaby)는 작은 소리로 아기(baby)를 달래서(lull) 재우는 노래다/ 학교 앞 건널목에는 어린이를 달래는 막대(pop)사탕(lollipop)같은 교통 표지판(lollipop)을 든 학부모들이 서 있다.	lollipop 사탕과자/교통 표지판
	예수의 죽음에 통곡하는(lament) <그리스도의 죽음에 대한 애도(lamentation)>는 유럽 미술의 중요한 주제다.	lament 통곡하다 lamentation 비통/애도
	일본인들은 (r)과 (l)의 발음을 정확히 구분하지 못한다(lallation)/ 혀가 미끄러져(gloss) 알아들을 수 없는 말을 종교적으로 방언(glossolalia)이라고 한다.	lallation (r), (l)을 구분 못하다 glossolalia (종교) 방언

pick
찍다

어근 변화 piqu▷peck▷pick▷pik▷pie
어원 의미 뾰족한(p) 막대기나 침으로는 찌를(q=ck=k=e=g) 수 있다.

기본 단어	어원 스토리	고급 단어
pick 찌다/고르다 picket 피켓/구호 pike 미늘	뾰족한 막대기로는 찍을(pick) 수도 있고, 찍은 것을 골라(pick) 따로 선택할 수도 있다/ 피켓(picket)은 작은(et) 막대 끝에 매단 집회 구호를 말한다/ 뾰족한 미늘(pike)이 달린 창에 찔리면 잘 빠지지 않는다.	
	남의 마음을 찌르면 화가 난다(pique)/ 소스 가운데 톡 쏘는(piquant) 피컨트 소스도 있다.	pique 짜증나게 하다 piquant 톡 쏘는
magpie 까치 pie 파이 woodpeker 딱따구리	까치(magpie)는 쪼아대는(pie-peck) 진주(margaret), margaret the pecker의 준말이다. 까치는 진주같은 흰색 얼룩 무늬 날개를 가지고 온갖 물건을 쪼아 모으는 새라는 뜻이다/ 이로부터 파이(pie)가 나왔다. 파이 위에는 온갖 양념들이 올라가기 때문이다/ 영어의 동물 이름은 특징을 나타내는 단어를 붙이는 경우가 있다. 암염소(nanny goat)는 숫염소보다 작은 아주머니(nanny)라는 말을 앞에 붙였다/ 딱따구리(woodpecker)는 나무를 쪼아 구멍을 낸다.	

life

삶

어근 변화 lip▷lif▷liv

어원 의미 육식을 주로 했던 인도–유럽인들은 가장 큰 에너지(p→f=v)와 연결된(l) 것을 지방으로 봤으므로 생명의 근원으로 생각했다.

기본 단어	어원 스토리	고급 단어
life 삶 liver 간 live 살다	삶(life)은 고기로부터 얻는 기름이 있어야 유지된다고 여겨졌다/ 지방(lipid)은 탄수화물보다 많은 열량을 발생시킨다/ 간(liver)은 생명(live)의 근원으로 여겨졌으므로 이같이 명명됐다.	lipid 지방질

light

빛

어근 변화 lung(n 첨가)▷lev▷leav▷liev▷lief▷ligh▷val
어원 의미 무게가 가벼운 것들은 쉽게 들어(l) 올릴(f–g–gh=v) 수 있다. 빛은 가장 가벼운 에너지의 파동이다.

기본 단어	어원 스토리	고급 단어
light 빛 lung 허파 elevator 엘리베이터	빛(light)은 모든 물질 가운데 가장 가볍다(light)/ 허파(lung)는 공기를 빨아들이는 가벼운 기관이다/ 엘리베이터(elevator)는 위로 (e-up) 들어 올리는 기계다/ 효모(leaven)는 숨을 쉬며 빵의 반죽을 들어 올려 부풀게 한다/ 서로(re) 같이 들고 있으면 연관된 (relevant) 관련성을 갖는다.	relevant 연관된 leaven 효모
relieve 덜어 주다 relief 구제 Levant (중동) 레반트 지역	부담을 줄이기(relieve) 위해서 무게를 덜어(re) 주어야 한다/ 빈민 구제(relief)도 가난의 무게를 덜어 주는 것이다/ 징세(levy)는 사람으로부터 세금을 걷어 올리는 것이다/ 쉽게 들어 올려지는 사람은 경망(levity)스러운 사람이다/ 가벼운 물건은 공중으로 부양하고(levitate) 무거운 것은 아래로 내려앉는다(gravitate)/ 시리아와 레바논, 이스라엘이 있는 지역을 묶어서 해가 떠오르는 레반트 (Levant) 지역이라고 부른다. 인류의 문명이 시작된 복잡한 지역이다.	levy 징세 levity 경망 levitate 공중 부양하다
carnival 카니발/축제	사육제(carnival)은 원래 칼로 잘라(car-cut) 먹는 고기를 먹지 않는(val-leav) 사순절 단식을 뜻했다. 그러나 사순절 직전까지는 고기를 맘대로 먹었으므로 고기를 먹는 사육제가 됐다. 이날 고기여 안녕!(carne vale)이라고 외친 다음 본격적인 사순절 단식에 들어갔기 때문에 이같이 불렀다.	

like

좋아하다

어근 변화 lik▷ilk▷lich▷ly
어원 의미 인간은 자신의 몸체와 닮아 연결된(i) 다른 인간의 몸체를 좋아했다. 다른 동물들도 같은 종끼리 좋아한다.

기본 단어	어원 스토리	고급 단어
like 닮은/좋아하다 likable 호감이 가는 likewise 마찬가지로	자신의 몸과 형태가 같으면(like) 호감이 가고(likable) 좋아할 (like) 수 있다/ 그럴 것 같지 않은(unlikely) 것은 같은 모습이 아 니라(un)는 뜻이다/ 같은(like) 방향을 보면(wise-vid-see) 결국 마찬가지로(likewise) 보인다.	
childlike 순진한 quickly 빠르게	어린이와 같으면(like) 순진하다(childlike)는 의미다/ 빠르게 (quickly)는 빠른 것 같다는 의미다/ 죽은 몸체인 시신(lich)은 스 코틀랜드어에서 왔다.	lich (스코틀랜드) 시신

mill

방앗간

어근 변화 meal▷mil▷mol▷moul
어원 의미 방앗간은 밀의 알갱이를 더 작게(m) 부수는(l) 곳이다. 밀가루는 유럽인들의 주식인 빵의 재료다.

기본 단어	어원 스토리	고급 단어
mill 방앗간 miller 제분업자 meal 식사	방앗간(mill)은 곡식을 깨뜨려 빻는 곳이다/ 방앗간 주인은 제분업자(miller)다/ 식사(meal)는 가루로 갈아 만든 음식이었다/ 원래 방앗간 주인에게 주는 요금이 높은 소득(emolument)이 됐다.	emolument 높은 소득
molar 어금니 mole 그램분자/몰	어금니(molar)는 음식을 짓이겨 빻는 역할을 한다/ 그램 분자(mole)는 물질을 이루는 가장 작은 알갱이의 원자들을 합한 무게다/ 신에게는 불에 태운(immolate) 음식을 갈아서 제물로 바쳤다.	immolate 불에 태우다
malt 엿기름 Moulin Rouge (프랑스) 물랭루즈	싹이 튼 보리를 갈은 엿기름(malt)은 술을 만드는 기본 재료다/ 파리의 몽마르트에는 빨간(rouge) 풍차(moulin-mill)를 지붕에 올려 놓은 물랭루즈(Moulin Rouge) 댄스홀이 있다.	

moron

바보

어근 변화 moro▷more▷mul
어원 의미 전체에서 떨어져 나온 일부(m)는 깨져(r=ㄹ) 있으므로 불완전하다.

기본 단어	어원 스토리	고급 단어
moron 바보 sophomore 대학 2년생	전체의 일부는 불완전한 바보(moron)다/ 대학 2년생(sophomore)은 지혜(soph)는 있지만 바보다.	
	예리한(oxy-acute) 것 같지만 한편으로는 논리에 맞지 않는 것이 모순(oxymoron)이다. 공공연한 비밀(open secret)이나 정중한 무례(polite discourtesy)는 모순된 말이다.	oxymoron 모순
	플라타너스 나무(sycamore)와 뽕나무(mulberry)에는 동그란 열매가 맺는다. 열매는 나무의 일부다.	sycamore 플라타너스 나무 mulberry 뽕나무

close

닫다

어근 변화 clau▷cla▷clo▷clu▷cloi▷lo
어원 의미 문을 둥글게(c) 돌리고 걸쇠를 걸면(l) 닫힌다.

기본 단어	어원 스토리	고급 단어
close 닫다 closet 수납장 enclosure 담으로 둘러싼 곳 clause 문장/조항	문은 막대나 갈고리를 걸어서 닫는다(close)/ 수납장(closet)은 잠글 수 있는 작은(et) 공간이다/ 수도꼭지(water closet)는 흐르는 물을 막는 수도관의 맨 마지막 부분이거나 화장실이다/ 울타리로 둘러싼 장소(enclosure)는 주인의 허락을 받고 들어가야 하는 폐쇄된(en) 공간이다/ 문장(clause)도 끝나면 닫는다/ 법률 조항(clause)도 하나의 규정을 넣어 닫은 문장이다.	
include 포함하다 exclude 배제하다	포함시키려는(include) 물건은 안에(in) 넣고 닫아야 한다/ 문이 닫혀 밖에서(ex) 들어오지 못한 것은 제외된(exclude) 것이다/ 앞(pre)을 닫아 버리면 방해하는(preclude) 것이다.	preclude 방해하다
conclude 결론짓다	격리시키려면(seclude) 따로(se) 떼어서 가둬야 한다/ 막아서(o) 가두면 폐쇄된다(occlude)/ 진행되는 모든(con) 일의 끝을 닫아야 결말이 난다(conclude).	seclude 격리하다 occlude 폐쇄하다
	교황은 모든(con) 문을 닫고 여는 비밀 회의(conclave)에서 뽑는다/ 타국 영토에(en) 갇혀 있는 자국 영토(enclave)나 큰 집단 속의 고립 집단(enclave)은 자유롭지 못하다.	conclave (로마) 비밀 회의 enclave 고립 집단
cloister 수도원/회랑	폐쇄공포증(claustrophobia)는 닫힌 공간에서 느끼는 극도의 불안(phob-도망가다)감이다/ 수도원(cloister)은 높은 담으로 둘러싸인 조용한 수도 공간이다/ 담보권 행사(foreclose)는 담보 물건에 대한 소유자 권리를 먼저(fore) 막아 버리는 것이다.	claustrophobia (의학) 폐쇄공포증 foreclose 담보권 행사
lot 제비뽑기 lotto	제비뽑기(lot)는 여러 개의 고리 중 한 개를 손가락에 걸어서 뽑았다/ 복권(lotto)은 제비뽑기다/ 제비뽑기의 결과 각각에게(a) 몫이 할당된다(allot).	

복권
allot
할당하다

matador

투우사

어근 변화 taur▷dor
어원 의미 힘(t=d)이 센 황소를 죽이는 게임은 유럽 남부 지중해의 전통이다.

기본 단어	어원 스토리	고급 단어
matador (스페인) 투우사/ 흑색선전	소를 죽이는(mat-kill) 투우사(matador)는 피카도르(picador)가 약올려(pic-pick) 흥분 상태에 이른 소를 죽인다/ 소를 기만한 뒤 죽이므로 마타도어(matador)는 흑색선전으로 확장됐다/ 인간과 소가 싸우는(mach-war)는 투우(tauromachy)는 스페인 전통으로 정착됐다.	picador (스페인) 기마 투우사 tauromachy 투우술
Minotaur (그리스) 미노타우루스	미노스(minos) 궁전의 미로에서 살았던 사람 몸에 황소 머리의 괴수 미노타우루스(Minotaur)는 사람 고기만 먹었다고 한다.	

machine

기계

소근 변화 mat▷mag▷mach▷may▷mai▷migh▷mech▷maz

어원 의미 우주로부터 쪼개져 나온 만물의 조각(m)들은 크거나 작거나 나름대로 밀고 가는(t—ch—z—y—gh=g) 힘을 가졌다.

기본 단어	어원 스토리	고급 단어
machine 기계 machinist 기계공 mechanism 기계 구조 mechanic 수리공	기계(machine)는 힘을 내어 일을 하도록 인간이 만든 인공 구조다/ 기계공(machinist)은 기계를 다루는 사람이다 ▶공학자 (engineer)도 기계에 힘을 주는(gin-bear) 사람이다. 원래는 군대에서 대포나 장갑차를 다루는 군인이었다/ 스스로 힘을 내어 일하는 기계 장치(mechanism)는 과학적 구조를 갖고 있다/ 기계를 고치는 수리공(mechanic)은 기계가 다시 작동하도록 한다.	
magic 마술	마술(magic)은 이해하기 힘든 마력을 보여 주는 기술이다/ 예수 탄생을 축하하기 위해 찾아 왔던 동방의 3박사(Magi)도 사실은 마법사들이었다.	Magi (성서) 동방 3박사
might 힘 may 할 수도 있다 main 주요한 great 거대한	힘(might)은 일을 하게 하는 에너지다/ 조동사 할 수 있다(may)는 그럴 힘이 있으면 하라는 뜻으로 미약한 가능성을 나타낸다/ 힘을 잃으면(dis) 당황하게(dismay) 된다/ 힘이 모여 있는 곳은 주요 (main) 부분이다/ <거대한(great)>은 힘(mag)이 게르만화한 것이다.	dismay 당황하다
Amazon (그리스) 아마존 여전사 Matilda (북유럽) 마틸다	활을 잘 쏘기 위해 여성 힘의 원천인 젖가슴을 잘라낸(a-away) 여인국은 아마존(Amazon)이다. 원래 흑해 근처에 살았다고 알려진 아마존족은 브라질의 아마존 강에 그 이름을 남겼다/ 언쟁(logomachy)은 말(log)로 싸우는 전쟁이고, 신들의 전쟁 (gigantomachy)은 그리스 신화 속 거인들의 싸움이었다/ 사람 이름 마틸다(Matilda)는 전쟁(mat)에서 용감한(ild-hild-딱딱한 나무) 사람이라는 의미다.	logomachy 언쟁 gigantomachy 신들의 전쟁

margarine
마가린

어근 변화 margar▷morg▷mag▷moth
어원 의미 조개에서 나오는 작은 뼛조각(m)인 진주는 오래전부터 알려진 보석이었다.

기본 단어	어원 스토리	고급 단어
margarine 마가린	비싼 버터를 대체하기 위해 식물성 기름으로 만든 마가린 (margarine)은 제조 과정에서 하얀색 진주 색깔의 진주산 (margaric acid)이 나오므로 이같이 명명됐다.	
Margaret 마가렛 Morgan 모건	여자 이름 마가렛(Margaret)는 작은(et) 진주라는 뜻이고, 남자 이름 모건(Morgan)도 진주를 의미한다. 구더기(maggot)도 하얀 진주 모양이고, 나방(moth)는 구더기에서 나온다.	maggot 구더기 moth 나방

meat

고기

어근 변화 mat▷meat
어원 의미 유럽인들의 주식은 씹어 먹는(m) 고기였다. 고기는 빛(t=d)의 조각(m)이므로 에너지원이었다.

기본 단어	어원 스토리	고급 단어
meat 고기 mate 동료	고기(meat)는 씹어서 먹는 음식으로 마시는 것과 대응되므로 식음료(meat and drink)라고 붙여 부른다/ 동료(mate)는 고기를 나눠 먹는 사이라는 의미다. ▶동무(comrade)는 방(com-room)을 같이 쓰는 관계고, 친구(company)는 빵(pan)을 같이(com) 먹는 사이다/ 빵(pan)은 몸을 정화하는(p) 신성한 음식이라는 의미다.	

robot

로봇

어근 변화 orph▷rob
어원 의미 부모로부터 강한(ph=b) 힘으로 빼앗은(r) 아기가 고아다.

기본 단어	어원 스토리	고급 단어
robot (체코) 로봇 orphan 고아 orphanage 고아원	로봇(robot)은 자유를 빼앗기고 시키는 대로만 움직인다. 체코어에서 왔다/ 부모를 빼앗긴 고아(orphan)들은 고아원(orphanage)에서 자란다.	

image

영상

어근 변화 im▷em
어원 의미 영상은 실제 몸의 모습을 닮은 몸의 일부(m)이므로 실제로 존재하는 것은 아니다.

기본 단어	어원 스토리	고급 단어
image 영상/이미지 imagination 상상력 imaginary 가공의/상상의	영상(image)은 원본을 흉내낸 가상 형상이다/ 상상(imagination)은 마음이 만드는 허상이다/ 실제의 숫자가 아닌 가공의(imaginary) 숫자(number)인 허수(imaginary number)는 수학적 계산을 위한 가상 숫자다. 실제로 존재하는 실수(real number)를 반사시킨 이미지 수다. 전혀 존재하지 않는 수는 0이다. 0은 인도인들이 발견했다.	
imitate 흉내내다 Emil 에밀	알로 시작해 번데기를 거친 곤충은 맨 마지막에 성충(imago)의 모양을 흉내낸다(imitate)/ 경쟁심이 강한(emulous) 사람은 앞선 사람을 흉내내 금세 따라잡는다(emluate)/ 사람 이름 에밀(Emil)은 경쟁심이 강한, 억센 사람을 의미한다.	imago (곤충) 성체 emulous 경쟁심 많은/필적하는 emulate 모방하다/따라잡다.

knee

무릎

어근 변화 gen▷gon▷kn▷han
어원 의미 방향을 둥글게(g-h=k) 바꾼 직선은 각도를 이룬다. 늙은 노인은 허리가 굽는다.

기본 단어	어원 스토리	고급 단어
knee 무릎 kneel 무릎을 굽히다	무릎(knee)은 잘 굽혀지므로(kneel) 걸을 수도 있고, 앉을 수도있다/ 한쪽 무릎을 구부려(flec) 청혼하거나 인사를 한다(genuflect).	genuflect 청혼하다/인사하다
pentagon 미 국방성	미 국방성(pentagon)은 오(pen-five)각을 이루므로 이같이 명명됐다/ 다각형(polygon)은 여러(poly) 각을 이룬다는 뜻이고, 마주 보는(dia) 각을 연결하면 대각(diagonal)선이 된다.	polygon 다각형의 diagonal 대각선의
	아래턱의(genial) 관절은 부드럽게 끼워 있어 일정한 각도로 벌일 수 있다. 뱀의 턱은 180도로 벌어질 수 있어 큰 동물도 한꺼번에 삼킬 수 있다/ 인도 원숭이 하누만(hanuman)은 부드러운 턱으로 종일 떠들므로 재잘대는 사람을 의미한다.	genial 아래턱의/잘 굽는 hanuman 재잘대는 사람

omphalos

배꼽

어근 변화 omph▷umbi▷nav
어원 의미 배꼽은 엄마로부터 생명의 원천(ph=v=b)인 영양물(m=n)을 공급받던 탯줄이 있었던 곳이다.

기본 단어	어원 스토리	고급 단어
omphalos 배꼽	배꼽(omphalos)은 방패 한가운데에 있는 볼록한 점을 말했다. 그리스 델포이(Delphoi)에 있는 아폴로(Appolo) 신전에는 신탁을 올리는 여성 사제가 살고 있었다. 델포이에는 배꼽을 상징하는 둥근 돌이 있어 지구의 중앙을 상징했으므로 자궁(delph)과 델포이, 배꼽, 여사제는 모두 만물이 태어나는 생명의 원천을 상징하고 있다.	
navel 배꼽	배꼽(navel)은 어머니와 태아를 연결하는 탯줄(umblical cord)의 흔적이다.	umblical 탯줄의

fusion

융합

어근 변화 ge▷go▷gu▷che▷pou▷fou▷fu
어원 의미 새로 부어(f−ch−p=g) 넣은 액체는 기존의 액체와 합해지고, 화학적 변화를 일으킨다.

기본 단어	어원 스토리	고급 단어
fusion 융합 pour 붓다 fuse 퓨즈/기폭 장치 confuse 혼합히디	융합(fusion)은 여러 가지 액체를 부어(pour) 섞은 것이다/ 기폭 장치(fuse)는 열을 부어 폭발을 유도하는 장치다/ 이것저것(con) 부어 넣으면 뒤죽박죽 뒤섞인다(confuse)/ 널리(di) 펼쳐서 부어 내면 사방으로 퍼져 나간다(diffuse).	diffuse 퍼져 나가다
refuse 거절하다 futile 소용없는	계속(pro) 부어서 풍부(profusion)해진 물은 그릇에서 흘러 넘친다/ 담겨 있던 물을 되(re)부으면 거절하는(refuse) 것이다/ 모두 부어 버리면 아무런 소용이 없다(futile).	profusion 풍부
confound 당황하게 하다	깔때기(funnel)는 액체를 새지 않게 붓는 기구다/ 주물공장(foundry)에서는 쇳물을 붓는다/ 모든(con) 것을 다 부어 놓으면 혼란스럽다(confound).	funnel 깔때기
gut 소화기관 nugget 너겟	소화기관(gut)에는 온갖 음식을 부어 넣는다/ 액체는 울컥 흘러 나올 수 있다(gush)/ 주괴(ingot)는 주형 속에(in) 부은 금속을 식힌 덩어리다/ 하나의 주괴(an ingot)가 착오로 (a nigget)로 변했다가 결국 덩어리 음식 너겟(nugget)으로 확정됐다.	gush 울컥 나오다 ingot (금속) 주괴
chemistry 화학	액체를 붓는 기술(chymistry)가 화학(chemistry)으로 변했다.	

hybrid

잡종

어근 변화 hybr▷hubr▷hyster▷out▷ut
어원 의미 저 멀리 밖(out)에서 온 빛(b-st-ᵗ=d)은 우주의 근원적 에너지를 싣고(hyst) 인간 세상에 왔다.

기본 단어	어원 스토리	고급 단어
hybrid 잡종	순수한 범위 밖으로 나온 것이 잡종(hybrid)이다/ hybrid car는 휘발유와 전기를 함께 쓰는 혼용차다/ 인간이 지켜야 하는 겸손의 범위를 벗어나면 오만(hubris)이다.	hubris 오만불손
hysterical 신경질적인/우스운	여성의 자궁(hyster)은 어린 아기를 싣고 오는 특별히 예민한 기관으로 여겨졌으므로 신경질적인(hysterical) 성격은 예민한 자궁에서 온다고 봤다/ 자궁을 연구하는 자궁학(hysterology)도 있다.	hysterology 자궁학
outlaw 무법자	무법자(outlaw)는 법(law)을 벗어나 맘대로 행동하는 자다/ 격노(outrage)는 화(rage)를 밖으로 분출하는 것이다.	outrage 격노
out 밖에 utter 진술하다 utmost 최고의 about ~에 관하여	말은 입 밖으로(out) 나와 진술해야(utter) 그 사람의 생각을 알 수 있다/ 입으로부터 가장(most) 멀리 벗어난 말이 <극도의 (utmost)>가 됐다/ 범위에서(ab) 약간 벗어나면 <~에 관하여 (about)>다.	

landmark

명소

어근 변화 land▷lawn
어원 의미 바닷물(n)이 빠져 나가 마른 땅이 계속 이어지면(l) 황무지가 됐다.

기본 단어	어원 스토리	고급 단어
landmark 지표/명소	배들은 밤에 등대(lighthouse)를 보고 자기의 위치를 알지만, 낮에는 해안 지표(landmark)에 쓰여진 경고문을 보고 항해했다. 위험한 항로를 설명해줬던 지표는 명소(landmark)로 변했다 ▶ (mark)는 자기 땅의 가장자리(margin-edge)에 세운 경계를 말한다. 행진(march)은 땅을 힘차게(march-mag-힘) 구르며 걷는다는 의미다.	
landscape 풍경 landlord 지주/집주인 land 땅/착륙하다 lawn 잔디밭	유라시아는 유럽과 아시아가 붙은 가장 큰 육지(land)의 덩어리(mass) 육괴(landmass)다/ 한눈에 보여지는(scape-oc-see) 넓은 땅은 볼 만한 풍경이나 풍경화(landscape)가 됐다/ 부랑자(landloper)는 이곳저곳을 빈둥대며(lope-leap) 돌아다니는 자다/ 땅을 소유하는 주인(lord)은 지주(landlord)다/ 나는 비행기나 새도 땅에 내려와 착륙(land)한다/ 프랑스어 황무지가 잔디밭(lawn)으로 변했다.	landmass 육괴 landloper 부랑자
Lancelot 랜슬롯 Orland 올란도 Roland (프랑스) 롤랑	사람 이름 랜슬롯(Lancelot)은 아더왕의 원탁기사 중 하나로 대토지를 소유한 자다/ 미국 올란도(Orlando)는 <영광의(glory)의 땅(land)>을 의미하는 Roland의 축약이다/ 사람 이름 롤랑(Roland)은 프랑크 왕국의 샤를마뉴(Charlmagne) 대왕의 조카이자 12용사 중 하나다. 근세 이전 부자는 땅을 가진 자였으므로 땅을 확보하기 위한 전쟁은 끊일 날이 없었다.	

malaria

말라리아

어근 변화 mal
어원 의미 완전한 우주에서 떨어져 나온 작은 부스러기(m)는 허약하므로 쉽게 깨지고(l), 병에 걸리기 쉬웠다.

기본 단어	어원 스토리	고급 단어
malaria 말라리아	늪지대의 나쁜 공기(ari-air)가 원인이라고 여겨진 질병이 말라리아(malaria)다. 늪지대에 사는 모기가 원인이었다는 사실은 근세에 확인됐다.	
small 작은 malefactor 죄인	험담(malediction)은 나쁜 말(dic-word)이다/ 악한(malefactor)은 악행을 만드는(fac-make) 자다/ 나쁜 마음을 던지는(vol) 악의적인(malevolent) 사람은 남을 중상모략한다(malign)/ 컴컴한 날(dis-dies-day)에는 음울한(dismal) 기분이 든다/ <작은(small)>은 잘 자라지 않아 못난 가축을 의미했다/ 나쁜 짓을 만드는(fac)자는 죄인(malefactor)이 된다.	malediction 험담 malevolent 악의적인 malign 모략하다/해로운 dismal 음울한

bull

황소

어근 변화 but▷bous▷bov▷bul▷vul
어원 의미 사나운(v=b) 짐승들은 고기나 풀을 거칠게 물어 뜯어(t=s=l=v) 먹는 동물이다.

기본 단어	어원 스토리	고급 단어
bull 황소 butter 버터	황소(bull)는 거세하지 않은 사나운 짐승을 말했다/ 황소는 주식 시장에서 적극적인 투자자(bull)를 말한다. 소극적인 투자자는 곰 (bear)이라고 부른다/ 버터(butter)는 야생 소의 젖을 효모로 부풀 린(tur-swell) 것을 말한다.	
beef 소고기 vulture 맹금류	알렉산더는 머리(cep-cap-head)가 황소같은 거친 말 (Bucephalus)은 탔다고 알려져 있다/ 소고기(beef)는 가장 좋은 육류였다/ 맹금류(vulture)는 단단한 부리로 고기를 뜯어 먹는 새 다/ 미친 소의 고기를 먹으면 걸리는 광우병은 소의(bovine) 머리 (cephal) 안에(en) 스펀지(sponge) 모양(form)이 생기는 질병 (path)이라는 뜻으로 bovine spongeform encephalopathy라 는 긴 이름을 가졌다. 줄여서 BSE라고 부른다.	Bucephalus 알렉산더의 말
butane 부탄	고대의 글쓰기는 왼쪽에서 오른쪽으로 혹은 오른쪽에서 왼쪽으로 맘대로였다. 후에 왼쪽에서 오른쪽으로, 그 자리에서 왼쪽으로 쓰 는 방식이었으므로 소가 방향을 바꿔 가며(trop-turn) 밭을 가는 지그재그식 글쓰기(boustrophedon)가 됐다/ 낙산(butyric acid) 은 우유가 발효해 생기는 산이다/ 부탄(butane)도 우유와 같은 유 기물인 석유에서 나오는 탄화 물질이다.	boustrophedon 지그재그식 글쓰기

formalin

포르말린

어근 변화 form
어원 의미 개미는 작지만(m) 강력한(f=b) 개미산을 내놓는다.

기본 단어	어원 스토리	고급 단어
formalin 포르말린 form 개미산 chloroform (화학) 클로로포름	포르말린(formalin)은 포름알데히드(formaldehyde)를 성분으로 하는 살균, 방충용 물질(in)이다/ 포름알데히드는 메틸 알코올(alcohol)이 첨가되어 개미(form)산 냄새가 나는 수소(hydr) 두 개(de)의 물질(form-alcohol-dehydrogen)을 축약한 것으로 강력한 살균력이 있다/ 개미산에 염소(chlor)를 첨가한 클로로포름(chloroform)은 강력한 마취제다.	formaldehyde (화학) 포름알데히드

marine

바다의

어근 변화 mar▷mor▷moor
어원 의미 우주의 일부(m)인 바다는 물이 마르면 갯벌이 되고, 갯벌은 황무지가 됐다.

기본 단어	어원 스토리	고급 단어
marine 바다의 mariner 선원 submarine 잠수함	선원(mariner)은 큰 물 덩어리인 바다(marine)에서 활동하는 사람이다/ 큰 파도(time)가 이는 바다에 사는 해양(maritime) 민족은 진취적이다 ▶파도(tide)는 잘라진(tim-tom) 물결이다/ 잠수함(submarine)은 바다 아래를(sub) 항해한다/ 바다의 반대쪽에 (ultr-other) 있는 땅은 해외(ultramarine)다.	maritime 해사의/해양의 utramarine 해외의/감청색
moor 황무지 rosemary 로즈마리	늪지대(morass)는 물이 덜 빠진 바닷가다/ 황무지(moor)는 늪지대와 같이 키가 작은 나무만 자라는 곳이다/ 허브 로즈마리(rosemary)는 바다의 이슬(rose)이라는 뜻으로 살균과 방충 기능이 있다.	morass 늪지대

knock

치다

어근 변화 kn

어원 의미 둥글게(k=c) 쥔 주먹은 강한 힘을 발휘한다.

기본 단어	어원 스토리	고급 단어
knock 치다 knuckle 손가락 마디	단단히 쥔 주먹으로 치는(knock) 권투는 가장 오래된 투기 경기다. KO는 주먹(knock)으로 맞은 측이 더 이상 싸울 의사가 없는(out) 것을 말한다/ 손가락의 가장 단단한 곳이 손가락 마디(knuckle)다.	
knob 손잡이 knot 매듭	반죽(knead)은 이기고 쳐서 조직을 조밀하게 만든 밀가루다/ 털실을 조밀하게 짜면(knit) 따뜻한 옷이 된다/ 손잡이(knob)는 손으로 꼭 잡는 곳이다/ 잡아 묶은 곳이 매듭(knot)이다.	knit 털옷을 짜다 knead 반죽
knight 기사	기사(knight)는 원래 체격이 단단한 건달(knave)에서 파생됐다.	knave 건달

innocent

무죄의

어근 변화 nox▷noc▷nec▷nuis
어원 의미 깊은 물(n)속에 들어(x—c≡s)가서 오래 머물면 죽음에 이른다. 독약은 치명적인 물이다.

기본 단어	어원 스토리	고급 단어
Innocent 결백한 nocent 손상을 입히는	남에게 손상을 입히는(nocent) 사람은 죄를 짓는 사람이다/ 남에게 손상을 입히지 않은(in) 사람은 결백한(innocent) 사람이다.	
nectar 넥타	신이 마시면 죽음(nec)도 뛰어넘는(tar-trans) 감미로운 (nectarous) 음료가 넥타(nectar)다.	nectarous 감미로운
noxious 해로운 nuisance 골칫거리	해로운(noxious) 독약은 몸을 파괴하는 약이다/ 몸에(ob) 해로운 약은 역겹다(obnoxious)/ 골칫거리(nuisance)는 잘 해결되지 않고 해만 끼치는 장애물이다.	obnoxious 역거운
	큰 묘지나 폐허(necropolis)는 이미 모두 죽어 잔해만 남은 도시(polis)다/ 살아 있는(bio) 세포도 죽어가는 사멸 과정 (necrobiosis)을 거친 뒤 새로운 세포로 태어난다.	necropolis 공동묘지/폐허 necrobiosis (의학) 변성 괴저

level

평평한

어근변화 lit▷lib▷lev▷lir
어원의미 물건을 매단(l) 천칭저울이 위로 떠오르는(t→b→r=v) 정도로 무게를 잰다.

기본 단어	어원 스토리	고급 단어
level 평평한/정도	천칭저울대가 평평하면(level) 물건의 무게를 알 수 있다 ▶유사 단어 평평한(flat)은 땅이 넓고(plane) 편편하다는 의미다/ 평지는 계속(ever) 표면이 고르다(even)/ 표면이 부드럽다(smooth)는 것은 표면에 굵은 알갱이가 없어 걸리는 것이 없다는 의미다.	
Libra (별자리) 천칭자리	천체 12궁에는 천칭자리(Libra)가 있다/ 천칭의 대가 평형 상태 (equilibrium)를 이루면 천칭의 추와 물건의 무게가 같다(equi)는 뜻이다. 균형을 이룬 천칭은 법의 정의를 의미한다.	equilibrium 균형
liter 리터 Lira (이탈리아/화폐) 리라	무게를 재려면 물건을 천칭저울 접시에 신중하게(deliberately) 내려(de) 놓아야 한다/ 무게를 측정하는 것으로부터 부피를 측 정하는 리터(liter)도 파생됐다. 물은 무게와 부피가 같다/ 이탈리 아 화폐 리라(Lira)는 저울로 무게를 단다는 뜻이다/ 천칭에 무게 를 달려면 천칭의 저울대 한쪽에 물건을 매달아야(pen) 하므로 천 칭저울을 라틴어로 pound 혹은 libra라고 불렀다. 그래서 영국 인들은 자신의 돈을 파운드(pound)라고 부르고 약자로 쓸 때는 £(libra)라고 쓴다.	deliberately 신중하게

politics
정치

어근 변화 pol▷pl▷por▷pur▷bul▷bor
어원 의미 고대 그리스 도시국가는 높은 곳에 돌들을 단단하게(p=b) 이어(l) 쌓은 성채였다.

기본 단어	어원 스토리	고급 단어
politics 정치 polis 도시국가 policy 정책/방침 police 경찰 polity 정치체	고대 국가는 인구 수십만 명의 부족국가 연합으로 높은 성채에 도시국가(polis)를 건설했다. 도시국가를 다스리는 기술은 정치(politics)다/ 정치는 정책(policy)을 통해 실현됐다/ 시민들의 다툼은 경찰(police)이 다스렸다/ 한 개의 도시는 하나의 통치 단위(polity)였다 ▶도시국가는 계속 후손을 낳았으므로(gen) 후에 민족 국가(nation-g 탈락)가 됐다. 민족 국가는 계속 전진해(pir-pro) 다른 나라를 자신의 영역 안에(em) 넣어 제국(empire)이 됐다.	empire 제국
Singapor (인도) 싱가포르 Istanbul (터키) 이스탄불 Naples (이탈리아) 나폴리 Constantinople (로마) 콘스탄티노플 Hamburg (독일) 함부르크	고대 도시국가는 현대의 도시 이름에 흔적을 남겼다. 싱가포르(Singapore)는 사자(sing)의 도시다/ 이스탄불(Istanbul)은 <도시로 들어간다>는 뜻이었다/ 나폴리(Naples)는 새로운(na-new) 도시다/ 터키로 넘어가기 전 이스탄불은 콘스탄티노플(Constantinople)이었다/ 독일의 함부르크(Hamburg)는 작은 동네(ham)의 도시라는 뜻이다.	
acropolis 아크로폴리스 neighbor 이웃	고대 도시의 성채는 가운데 언덕(acr-peak) 위에 건설됐으므로 아크로폴리스(acropolis)라고 불렸다/ 이웃(neighbor)은 가까운(neigh-near) 동네라는 뜻이다.	

melody

가락

어근 변화 aud▷ed▷od
어원 의미 빛(d)이 퍼지듯이(au–e–o=v) 노래도 공중으로 퍼져 나간다.

기본 단어	어원 스토리	고급 단어

기본 단어

melody
멜로디/가락
comedy
코메디
tragedy
비극

episode
삽화/사건
audio
오디오/음향

어원 스토리

달콤한(mel) 가락은 멜로디(melody)다/ 옆으로(para) 빠진 우스꽝스러운 노래는 풍자(parody)다/ 원래 그리스 시골에서(com-country) 부르던 즐거운 노래가 코미디(comedy)였다/ 정통극인 비극(tragedy)은 희생제물로 바치던 염소(trago-goat)의 노래라는 뜻이다. 비극은 영웅과 신들의 이야기였다/ 광상곡(rhapsody)은 한 민족의 흥망성쇠를 바느질하듯(rhaps) 꿰맨 곡이라는 뜻이다.

그리스 비극에서 각 장 첫 부분에(epi-upon) 들어가는 짧은 소개말이 에피소드(episode)였다. 지금은 소개말이나 삽입하는 말을 가리킨다/ 음향(audio)은 노래를 재생시키는 기계다.

고급 단어

parody
풍자
rhapsody
(음악) 광상곡

monk

승려

어근 변화 mon

어원 의미 가족을 떠나 홀로(m) 사는 기독교의 수도사 제도는 불교의 영향을 받았다.

기본 단어	어원 스토리	고급 단어
monk 승려 monastery 수도원	승려(monk)는 징신직 수련을 위해 홀로 지내는 수도사나/ 수노원 (monastery)은 결혼하지 않는 승려들이 모여 사는 곳이다.	
monarchy 군주제 monogamy 일부일처제	군주제(monachy)는 왕을 유일한 주권자로 삼는 정치체제 다/ 한 남자와 한 여자가 결혼하는 (gam) 제도는 일부일처제 (monogamy)디 ▶ 결혼을 뜻하는 (gam)은 남녀가 작고(m) 으슥 한 곳으로 간다(ga-go)는 뜻이었다.	

hunter

사냥개

어근 변화 ken▷quin▷can▷cyn▷hun▷houn
어원 의미 원래 둥근(q–k–h=c) 변두리 숲속에서 살던 늑대를 길들인 것이 사냥개였다.

기본 단어	어원 스토리	고급 단어
hunter 사냥꾼 hound 사냥개 Dachshund (독일) 닥스훈트	고대로부터 사냥꾼(hunter)은 개와 함께 사냥을 해 왔으므로 다양한 사냥개(hound)를 육종했다/ 닥스훈트(Dachshund)는 오소리(dachs)를 사냥하는 독일산 개다 ▶영국 요크에서는 땅(ter)을 파고 들어가 여우를 잡는 요크셔테리어(Yorkshireterrier)가 육종됐다/ 영국에는 전국 애견 클럽(kennel club)이 잘 조직되어 있다/ 송곳니(canine tooth)는 개의 송곳니를 뜻한다.	canine 개의
	고대 그리스에서는 관습을 무시하고 개처럼 자연에 가까운 생활을 하는 견유철학(cynicism)이 유행했다. 길거리 나무통에서 살았지만 유명했던 견유학자 디오게네스에게 알렉산더 대왕이 찾아와 무엇을 원하느냐고 묻자 디오게네스는 <해빛을 가리지 말라>고 해서 유명해졌다.	cynicism 견유학파
	편도선이 부으면 개가 짖지 못했으므로 편도선 농양(quinsy)이 파생됐다.	quinsy 편도선 농양

shame

수치

어근 변화 esqu▷cu▷cy▷sha▷shi▷sho▷hea▷ho▷hou▷hu
어원 의미 나무를 둥글게(sq→sh→h=c) 잘라 만든 뚜껑을 덮으면 안에 들어 있는 것은 보호를 받는다.

기본 단어	어원 스토리	고급 단어
shame 수치 shoe 신발	수치심(shame)은 벌거벗은 몸을 덮어야 하는 마음이다/ 신발 (shoe)은 발을 덮어 보호한다/ 방패(shield)는 병사를 적의 칼과 활로부터 보호하는 방어 무기다.	shield 방패
hose 타이즈/호스(관) house 집 hut 오두막 heaven 천국	다리를 덮는 타이즈(hose)도 있고, 액체를 덮어 한 곳으로 통과시 키는 호스(hose)도 있다/ 집(house)은 자연으로부터 오는 모든 위험으로부터 보호하는 구조물이다/ 간난하게 지은 집은 오두막 (hut)이다/ 천국이나 천당(heaven)은 땅을 덮는 거대한 뚜껑이다.	
esquire (미국) ~님	아직 자라지 않은 어린들의 보호나 양육권(custody)는 우선적으 로 부모에게 있다/ 관리인이나 후견인(custodian)은 보호대상을 확실하게 관리해야 할 권리와 의무를 가진다/ 방패를 들고 기사를 따라다니는 호위무사가 미국에서는 ~님(esquire)이라는 존칭으 로 변했다. 서신에 등장하는 변호사의 존칭으로 쓰인다.	custody 보호권 custodian 후견인
cell 세포	작은 덮개처럼 생긴 세포(cell)는 세포 발생(cytogenesis)과 세포 사멸 과정을 거쳐 우리 몸의 형체를 일정하게 유지한다. 태어날 때 가졌던 세포는 현재의 몸 속에는 존재하지 않는다.	cytogenesis 세포 발생

listen

듣다

어근 변화 cle▷cul▷sla▷li▷lau▷lou
어원 의미 부르는 소리는 공중으로 둥글게(s=c) 이어져(l) 다른 사람의 귀에 들린다.

기본 단어	어원 스토리	고급 단어
listen 듣다 loud 소리가 큰	소리는 어느 정도 커야(loud) 들을(listen) 수 있다 ▶듣다(hear)는 가만히 있어도 들린다는 뜻이다/ 보다(watch)는 주의를 기울여 보는 것이고, 보다(see)는 가만히 있어도 보이는 것이다.	
	움라우트(umlaut)는 주변(um-about)에 있는 <이> 모음소리의 영향으로 변하는 음운법칙이다. 아기가 애기로 변하는 경우다/ 아블라우트(ablaut)는 모음만 따로(ab-off) 변화시켜 시제를 변화시키는 음운법칙이다. sing-sang-sung같은 경우다.	umlaut 움라우트 ablaut (독일) 아블라우트
Hercules (그리스) 헤라클라스 Sophocles (그리스) 소포클라스 Louis 루이스 Slave 슬라브	헤라클라스(Hercules-Heracles)는 제우스의 부인 헤라(Hera)의 영광(소리)이라는 의미다. 제우스가 바람을 피워 낳은 아들이지만 아내 이름이 붙었다/ 소포클라스(Sophocles)는 지혜(soph)가 많기로 소문난 사람이라는 의미다. 루이스(Louis)는 유명한 사람이라는 뜻이다. 슬라브(Slavic)는 영광의 민족이라는 의미. 영어 노예(slave)와는 상관이 없다.	

mountain

산

어근 변화 min▷mon▷moun
어원 의미 산은 아무리 높고 커도 우주의 조각(m)에 불과하다.

기본 단어	어원 스토리	고급 단어
mountain 산 mount 오르다/시작하다 mound 언덕 surmount 극복하다 paramount 최고의	산(mountain)은 우뚝 솟아 있다/ 계단이나 말, 자전거에는 올라탄다(mount)/ 언덕(mound)은 그리 높지 않은 산이다/ 난관을 극복하기(surmount) 위해서는 높은 산을 넘어(sur) 가야 한다/ 더 오를 곳이 없으면(para-beyond) 최고의(paramount) 지위에 오른 것이다/ 사기꾼(mountebank)은 공원의 벤치(bank-bench)에 올라 아무 말이나 떠드는 약장수였다.	mountebank 엉터리 약장수
prominent 탁월한	몽타주(montage)는 영화에서 여러 화면들을 쌓아서 영상 효과를 노리는 영화 편집을 말한다/ 튀어 나온(prominent) 것은 앞으로(pro) 길게 돌출한 것을 뜻한다/ 탁월한(eminent) 능력을 가진 사람은 다른 사람보다(e-ex) 높은 능력을 가진 자다/ 일촉즉발의(imminent) 상황에서는 터져 나오려는(im-in-begin) 임박한 순간이다.	montage (영화 편집) 몽타주 eminent 탁월한 imminent 일촉즉발의

man

사람

어근 변화 man
어원 의미 숨을 쉬는(an) 우주의 작은 조각(m)이 인간이다. 인간은 우주의 물(n)로부터 생명을 얻고 숨을 쉬었다.

기본 단어	어원 스토리	고급 단어
man 사람 manhole 맨홀 mankind 인류 mannequin 마네킹 ombudsman (스웨덴) 민원 감찰관	사람(man)은 생각하는 존재다/ 남성(manhood)은 남자의 자격 (hood-head)을 갖춘 사람이다/ 사람이 지하로 들어가는 구멍 (hole)이 맨홀(manhole)이다/ 인류(mankind)는 계속 낳아서 (kind-gen) 만들어진 인간 집단이다/ 마네킹(mannequin)은 사 람의 축소형(quin-little)이다/ 당국과 일반 시민 사이에서 양쪽을 모두(omb-all) 지켜보는(ud-vid) 사람을 옴부즈맨, 민원 처리 감 찰관(ombudsman)이라고 한다. 스웨덴어에서 왔다.	manhood 성인 남성/인간성
Norman 노르만 Alemanni (독일) 알레마니 Herman (독일) 헤르만	노르만(Norman)은 북(north)유럽에서 사는 사람들이다/ 로 마인들은 산 너머(al-other) 독일에서 사는 사람들을 알레마니 (Alemanni)라고 불렀다/ 사람 이름 헤르만(Herman)은 전쟁 (her-war)을 하는 사람, 전사를 의미한다.	

hydrophobia

공수병

어근 변화 phob
어원 의미 강력한 빛(b)은 무엇이든 태우므로 인간은 불로부터 도망쳐 숨었다.

기본 단어	어원 스토리	고급 단어

미친 개에게 물리면 물(hydr)을 심하게 거부하는 공수병 (hydrophobia)에 걸릴 수 있다/ 높은 곳(acr)에서 과도하게 느끼는 공포증은 고공공포증(acrophobia)이다/ 광장(agora)과 같은 공개 장소에서 공포를 느끼는 광장공포증(agoraphobia)은 혼자 있다는 분리불안의 일종이다/ 사람(andr) 대하기를 과도하게 두려워하는 증세는 대인공포증(anthrophobia)이다/ 어떤 여성은 남성(andr) 앞에서 남자공포증(androphobia)을 느낀다.

과도하게 심취하는(mania) 병적 증상도 있다/ 남의 물건을 몰래 (klept-close) 훔치는 데 심취한 마음은 도벽(kleptomania)이고, 여성(nymph)에 심취하는 마음은 음란증(nymphomania)이다.

고급 단어

hydrophobia
(의학) 공수병
acrophobia
고공공포증
agoraphobia
광장공포증
androphobia
남자공포증
anthrophobia
대인공포증

kleptomania
도벽
nymphomania
성욕항진증

Macedonia

마케도니아

어근 변화 mac▷mec▷meag▷mic▷mal
어원 의미 우주에서 떨어져 나온 조각(m)들은 나름대로 크고 작은 힘을 가지고 움직였다(c-ㅓ=g).

기본 단어	어원 스토리	고급 단어
Macedonia (그리스) 마케도니아	그리스의 도시국가 마케도니아(Macedonia)는 몸집 큰 사람들이 사는 나라라는 뜻이다. 유명한 알렉산더(Alexander)는 마케도니아의 왕이었다/ 대우주(macrocosm)는 태양과 별들이 질서 있게 (cosm) 돌고 있는 거대 세계를 말한다/ 미시 세계(microcosm)는 거시 세계를 축소한 작은 세계를 말한다. 가정은 국가의 축소판이다.	macrocosm 거대 세계 microcosm 미시 세계
	장수식품(macrobiotics)는 원래 생긴(bio) 그대로 큰 모양의 식품을 먹는 기술(tic-tech)이다/ 고분자(macromolecule)는 구성하는 분자가 크다는 뜻이다. 물방울이나 달걀은 하나의 분자로 이루어져 있다. 인공적으로 만든 거대 분자도 있다/ 신생아 측정기 (mecometer)도 있다.	macrobiotics 장수식품 macromolecule 고분자 mecometer 신생아 측정기
malady 질병	어휘가 빈약한(meager) 학생은 대체로 학습 효과가 낮다/ 질병 (malady)도 체력이 빈약하다는 뜻이다. 크거나 작은 것은 연결된 개념의 양면이다.	meager 빈약한

net

그물

어근 변화 nex▷net▷nec▷nod
어원 의미 물(n)은 빛(x─t─c═d)처럼 쉽게 합해져서 이어진다.

기본 단어	어원 스토리	고급 단어
net 그물/순수량 network 그물망	그불(net)은 긴 실을 엮어서 만든다/ 그물망(network)은 꼬은 실을 엮어 만들었다(work)는 뜻이다.	
connection 연결	옛날에는 자국에(a) 약한 나라를 강제로 묶어 합병하는(annex) 경우도 많았다/ 같이(con) 묶은 것이 연결(connection)이고, 연쇄(nexus) 관계는 연결된 행동이다/ 두 개의 줄이 묶인 지점이 매듭(node)이다.	annex 합병하다 nexus 연쇄 node 매듭

nest

둥지

어근 변화 nid▷nich▷neath▷ned▷und
어원 의미 물(n)속은 깊어서 빛(st–ch–th=d)이 들어가지 못한다.

기본 단어	어원 스토리	고급 단어
nest 둥지	새 둥지(nest)는 움푹 패여 있어 새가 안전하게 알을 낳는 곳이다/ 어린 새(nestling)는 다 자라지 못해 둥지를 떠나지 못하는 새끼(ling)다/ 어린 아이는 엄마의 가슴에 꼭 안긴다(nestle)/ 곤충들도 가장 안전한 곳을 산란 장소(nidus)로 삼는다/ 옛날 건물 벽에는 벽감(niche)을 파고 그곳에 등불을 놓았다. 의외의 빈 공간이므로 틈새시장(niche market)도 있다.	nestling 어린 새 nestle 꼭 껴안다 nidus 산란 장소 niche 벽감
beneath 밑에 underneath 아래에	<밑에(beneath)>는 완전히(be-ambi-all) 아래에 있다는 뜻이고, <밑에(underneath)>는 빛(d)이 들어오지 않는(un) 물의 아래(under)라는 뜻이다.	

Phillip

필립

어근 변화 hippo▷eques
어원 의미 말은 엄청나게 빨리 달리는(hip=equs, 음운도치, p/q 호환) 동물이다.

기본 단어	어원 스토리	고급 단어
Phillip 필립	사람 이름 필립(Phillip)은 말을 사랑하는(phil) 사람이다. 역사적으로 전쟁의 수단인 말을 관리하는 사람은 고위 관리였다/ 원형 경기장(hippodrome)은 고대의 전차 경기장(drome)이었다.	hippodrome 원형 경기장
hippopotamus 하마 Xanthippe (그리스) 크산티페	하마(hippopotamus)는 강(pot-river)에 사는 말이라는 뜻이다. 약자로 hippo라고 한다/ 소크라테스의 악처로 알려진 크산티페(Xanthippe)는 노란(xant-yellow)색 말이라는 뜻이다. 노란색은 경계색으로 신경질적인 성격을 나타냈으므로 크산티페는 악처로 유명했다.	
equus (분류) 말속	달리는 말(equus)을 타는 기수(equestrian)의 대응어는 발(ped)로 걷는 보행자(pedestrian)다. (p)와 (q)는 정반대 음운의 호환이다.	equestrian 기수/승마

nano

나노

어근 변화 nan
어원 의미 엄마처럼 젖(n-물)을 줄 수 있는 사람은 엄마를 대리하는 유모다.

기본 단어	어원 스토리	고급 단어
nanny 아주머니/유모	엄마처럼 젖을 주는 유모(nanny)는 작은 엄마라는 뜻이다/ 이로부터 암염소(nany goat)는 숫염소보다 작다는 뜻이 되었다 ▶이처럼 특징을 앞에 붙여 조어된 동물로 까치(magpie)가 있다. 까치는 진주(margaret)같이 희고 먹이를 쪼아 먹는 새(pecker)라는 margaret the pecker의 축약이다/ 먹는 파이(pie)는 magpie에서 왔다. 까치가 갖가지 물건을 쪼아다 모아 놓듯이 파이 위에도 갖가지 재료를 올리기 때문이다.	
nano 나노	나노(nano)는 1억 분의 1을 나타내는 극소량이다.	

ceiling

천장

어근 변화 cel▷ceil▷sel
어원 의미 하늘은 둥글게(s=c) 이어진(l) 거대한 천장이다.

기본 단어	어원 스토리	고급 단어
ceiling 천장 Selene (그리스) 달의 여신	천장(ceiling)은 하늘처럼 방을 위에서 덮는 부분이다/ 인간은 지구를 덮고 별들이 떠 있는 천상의(celestial) 공간에 대해 무한한 궁금증을 갖고 있었다/ 달의 여신(Selene)도 천상에서 빛을 내는 천체라는 뜻이다 ▶로마인들은 밤하늘에 빛나는(lux) 달(Luna)이라고 바꿔 불렀다.	celestial 천상의

no

아니다

어근 변화 na▷nau▷neg▷ni▷non▷no▷nu▷ana▷anni▷a▷in▷i▷n▷ny
어원 의미 태초의 우주는 어두운 물(a–i=n)로 덮여 있어 아무것도 볼 수 없었으므로 부정 의미가 됐다.

기본 단어	어원 스토리	고급 단어
no 아니야 not 아닌	아니다(no)는 아무것도 보이지 않는다는 의미의 감탄사고, 아닌(not)은 동사에 붙는 부정 부사다/ 아무것도 아닌 물체(ught-thing)는 무나 영(naught)이다/ 아무 짝에도 쓸모없는(naughty) 아이는 말썽꾸러기(naughty boy)라고 부른다.	naught 무/영 naughty 쓸모없는
neglect 무시하다	마음으로 선택하지(lec-leg-choose) 않으면 무시하는(neglect) 태도다/ 세상사 아무것도 마음에 두지 않는 태도는 무관심이나 태만(negligence)이다/ 여성 속옷 네글리제(negligee)는 아무도 신경 쓰지 않고 입는 실내복을 말한다. 부부 사이에서만 입는 옷이다.	negligence 무관심 negligee (프랑스) 여성 속옷
deny 부정하다 negative 부정적인 negotiate 협상하다 necessary 필수적인	부정하는(deny) 태도는 공식적으로(de) 거부하는 태도를 말한다/ 부정하는(negate) 말은 하지 않거나 아니라고 말하는 것이다/ 부정적인(negative) 태도를 가지는 사람은 소극적인 사람일 수도 있다/ 자기 편을 완전히(re) 부정하고 반대편으로 가면 변절자(renegade)라고 부른다/ 협상하는(negotiate) 것은 쉴 새(ot-leasure) 없는 타협을 하는 로마인들의 습관을 말했다/ 필수적인(necessary) 것은 내다 버릴(ces-ced-walk away) 수 없는 것을 말한다.	negate 부정하다 renegade 변절자
	실오라기(hil)조차 남기지 않고 전멸시키면(annihilate) 아무것도 남지 않는다/ 허무주의(nihilism)은 실오라기만 한 가치도 없다는 사상으로 제정 러시아의 절망적인 지식인들 사이에서 유행했다/ 러시아 혁명은 그 이전의 사유재산을 모두 무효화했다(annul)/ 폐기된(nullify) 지주들의 땅은 모두 공동 협동농장으로 흡수됐다.	annihilate 전멸시키다 nihilism 허무주의 annul 무효화하다 nullify 폐기하다
	불균형(asymmetry)은 서로 같지(sym-same) 않은 비대칭을 말한다/ 통치 기능(arch)이 없는 무정부 상태(anarchy)는 무질서를 의미한다/ 신체를 더 작은 부분으로 자르는(tom-cut) 해부학	asymmetry 불균형 anarchy

기본 단어	어원 스토리	고급 단어
	(anatomy)은 서양 의학의 전통이다/ 시대(chron)를 반대로 거스르면 시대 착오(anachronism)다.	무정부 상태 anatomy 해부학 anachronism 시대 착오
illegal 불법의 immediate 즉각적인 ignorance 무식 unlikely 그럴것 같지 않은	무신론자(infidel)는 믿는(fid) 신앙이 없는 자다/ 법(leg)을 어기는 불법(illegal) 행위는 처벌의 대상이 된다/ 중간 지대(med)가 없으면 곧바로(immediate) 부딪힌다/ 알지(gn-know) 못하면 무식(ignorance)할 수밖에 없다/ 그럴 것 같지(likely) 않은(unlikely) 일들이 일어나면 고대인들은 신의 조화라고 여겼다/ 중립(neuter)은 둘 중(uter-one of two) 어느 것에도 속하지 않는다는 뜻이다.	infidel 무신론자 neuter 중립의

learn

배우다

어근 변화 lir▷lear▷las
어원 의미 배우는 것은 지혜로운 사람을 따라(l) 가서 잇는(r=s) 것이었다.

기본 단어	어원 스토리	고급 단어
learn 배우다 learned 박식한 last 구두골/지속하다	배우는(learn) 것은 선생의 발자국을 따라가는 것이다/ 앞서 간 사람의 지혜를 습득한 사람은 박식한(learned) 사람이다/ 구두골(last)은 실제 발의 치수를 따른다/ 계속한다(last)는 말은 사냥개가 짐승의 발자국을 계속 쫓아간다는 의미였다/ 헛소리하는(delirious) 증상은 의학적으로 갈 길을 벗어(de) 난 상태를 의미한다.	delirious 무아지경의

center

중앙

어근 변화 cent
어원 의미 중앙은 원(c-k)의 한가운데에 뚫린 구멍을 의미했다. 구멍에 고정시킨 긴 줄을 돌리면 원이 된다.

기본 단어	어원 스토리	고급 단어
center 중앙 centeralization 권력 집중 concentration 정신 집중	중앙(center)은 원의 한가운데에 뚫은 구멍이다. 콤파스 바늘로 구멍을 뚫고 돌리면 원이 생긴다. 원은 가운뎃점으로부터 같은 거리에 있는 무수한 점의 집합이다/ 권력을 한 점으로 모으는 권력 집중(centralization)은 부패에 이르는 경우가 많다/ 모든(con) 정신을 한 점으로 모으는 집중(concentration)력은 학습의 효과를 좌우한다.	
	지구는 중심인 태양으로부터 도망가려는(fug-flee) 원심력(centrifugal)과 태양의 인력으로 태양을 향해 가려는(ped-foot) 구심력(centripetal)이 균형을 이루면서 같은 궤도를 돌고 있다/ 중세까지만 해도 우주가 지구(ge)를 중심으로 회전한다는 지구 중심의 천동(geocentric)설이 공공연히 믿어졌다/ 그러나 지구가 태양(hel)을 중심으로 돈다는 태양 중심(heliocentric)설이 옳다는 것이 증명됐다.	centrifugal 원심력의 centripetal 구심력의 geocentric 천동설/지구 중심설 heliocentric 지동설/태양 중심설
	자기(ego)가 중심이라는 이기적인(egocentric) 생각은 배척받기 쉽다/ 사회의 중심적 분위기를 벗어나면(ec-ex) 이상한(eccentric) 사람으로 취급받는다/ 좌도 우도 아닌 가운데에 위치한 정파는 중도파(centrist)다 ▶자신(ego)은 자기가 가고(go) 싶은 곳으로 계속(e-i) 가는 것이다.	egocentric 이기적인 eccentric 이상한 centrist 중도파

number

번호

어근 변화 nim▷nom▷num▷nam
어원 의미 유목민들은 숫자로 분배된 땅의 조각(m)인 초지에 자신의 이름(n)을 붙였다.

기본 단어	어원 스토리	고급 단어
number 숫자 name 이름	고대 방목지를 분배하는 방법이 숫자(number)였다/ 정확한 숫자로(numeral) 분배된 초지를 지키며 목축하는 사람들은 유목민(nomad)이었다/ 유목민들은 좋은 초지로 민첩하게(nimble) 양을 몰고 다녔다/ 유목민은 양과 방목지를 단단히 잡아(numb) 확보하기 위해 고달픈 생활을 했다/ 유목민들은 자신의 초지에 자신의 이름(name)을 붙였다.	numeral 숫자의/숫자 nomad 유랑자/유목민 nimble 민첩한 numb 마비된/단단히 잡은
economy 경제 astronomy 천문학	초지를 분배하는 방법은 집(eco-house)의 생계를 유지하는 규범인 경제(economy)나 별(aster-star)들의 운동을 연구하는 천문학(astronomy)으로 확장됐다. 이름(name)은 사물의 성질을 규정하므로 규범(nom)이나 숫자(num)와 연관됐다.	

millionaire

백만장자

어근 변화 kil▷mil

어원 의미 밤하늘(k)에 끝없이 흘러가는 수많은 별들의 조각(k=m)이 숫자 천이 됐다.

기본 단어	어원 스토리	고급 단어
millionaire 백만장자 millenium 천년제/천년 왕국	백만장자(millionaire)는 천(mill)의 천 배(mill) 재산을 가진 존재 (ion-be)다/ 노래기(millipede)는 과장법으로 천 개의 발(ped-foot)을 가진 곤충이다/ 천년 왕국(millenium)은 그리스도가 재림 해서 세울, 천 년간 지속될(en-go) 왕국을 말한다. 지금은 천년제 를 말한다.	millipede 노래기/지네
kilogramme 킬로그램	킬로그램(kilogramme)은 천 그램이다 ▶천(thousand)은 백 (and-hundred)이 부풀어(thous-swell) 오른 숫자다.	

pity
연민

어근 변화 piat▷piet▷pit▷pious▷peas
어원 의미 신에 다가가기 위해 몸을 정화하는(p) 인간은 다른 인간에게도 측은하고, 성실한 태도를 보였다.

기본 단어	어원 스토리	고급 단어

기본 단어

pity
동정
pitiful
측은한
pitiless
잔악한

어원 스토리

동정(pity)은 남의 고통에 대해 우러나는 측은한(pitiful) 연민이다/ 남의 고통에 아무런 아픔도 없으면 잔혹한(pitiless) 태도다/ 성실성(piety)은 마음을 다해 빈틈 없이 임하는 자세다/ 무례(impiety)는 성실성이 없는(im) 태도다/ 신앙심이 두터운(pious) 사람은 신에게 성실한 사람이다.

속죄하려면(expiate) 뉘우치는 마음을 밖으로(ex) 내놓아야 한다/ 마음이 아픈 사람에게는(ap) 측은한 마음을 주어 달래야 (appease) 한다.

고급 단어

piety
성실
impiety
불성실/무례
pious
신앙심 깊은

expiate
속죄하다
appease
달래다

plunge
가라앉다

어근 변화 plumb▷plump▷plunk▷plung▷molyb(p/m 음운도치)
어원 의미 물(m=n)속으로 가라앉는(pl) 무거운 금속은 납이다.

기본 단어	어원 스토리	고급 단어
plumb (금속) 납 plunge 물에 빠져들다 molybdenum (화학/원소) 몰리브덴	납(plumb)의 추는 매우 무거으므로 물에 넣으면 수직으로 깊이 가라앉는다(plunge)/ 현악기를 뜯으면 물이 텀벙거리듯 똥땅거리는(plunk) 소리가 난다/ 무거운 물건을 아래로 던지면 급락하고 (plummet) 땅에 닿으면 털썩하고 주저앉는다(plump)/ 몰리브덴 (molybdenum)도 무거운 금속이다. (molyb)는 (plum)의 음운도치다.	plunk 현을 튕기다 plummet 급락하다 plump 털썩 주저하다

quarter

4분의 1

어근 변화 tetra▷tesser▷tessel▷quatr▷quart▷quar▷quadr
어원 의미 숫자 4는 동서남북이나 위, 아래, 좌우 사방으로(t–q–c=k) 빛(t–s=d)이 퍼진다는 뜻이다.

기본 단어	어원 스토리	고급 단어
quarter 4분의 1 square 네모난/제곱/맞서는	4분의 1(quarter)은 1달러의 4분의 1인 쿼터 동전이고, 고대의 사각형 도시 구역을 말한다. 라틴 쿼터(Latin Quarter)는 파리 센 강 왼쪽 대학 밀집 지역이다. 소르본 등 유명 대학이 몰려 있는 곳으로 중세부터 라틴어로 강의했으므로 이같이 불린다/ 제곱하면(square) 면적이 나오는 도형은 정(s)사각형(square)이다/ 정사각형의 모든 변은 같고 각도 같으므로 동점이나 공정하다(square)는 의미다/ 정사각형은 각이 변해 마름모가 되는 것보다 넓으므로 딱 벌어진(square) 체격을 나타낸다/ 정사각형의 두 개 변은 길이도 같고 같은 방향으로 나란히(square) 놓이므로 두 사람이 맞선다(square)는 뜻으로 확장됐다.	
quartet 4중주	4중주나 4중창(quartet)은 4명이 노래하거나 연주한다/ 사변형(quadrilateral)은 4개의 변(lat)을 가진 모양이다.	quadrilateral 사변형
quarrel 싸움	군대의 중대(squadron)나 분대(squad)도 모두 사각형 군대 대형을 의미한다/ 종족 간 싸움이나 반목(quarrel)은 사각형 화살촉을 석궁으로 쏘는 격렬한 전쟁을 의미했다.	squadron 중대 squad 분대
	검역이나 격리(quarantine)은 4의 10(tin)으로 40을 의미한다. 검역을 통과하지 못한 선박을 40일 동안 공해상에 격리하던 관습에서 비롯됐다/ 돌을 네모나게 잘라내는 곳을 채석장(quarry)이라고 했다.	quarantine 격리/검역 quarry 채석장
	4문자 글자(Tetragrammaton)는 4개의 알파벳(gram)으로 구성된 성스러운 글자를 말한다. 하나님(JAVH-야훼)은 쓰여 있어도 읽어서는 안 되는 가장 성스러운 4문자 글자였다. 제우스(Zeus)도 4문자 글자다.	Tetragrammaton (신화/성서) 4문자 글자
	고대 건축물에는 사각형으로 된 모자이크 세공(tesseral) 그림들이 쪽매 붙이기(tessellate)로 그려져 있다.	tesseral 모자이크 세공의 tessellate

쪽매 붙이다

master

주인

어근 변화 max▷mag▷maj▷maes▷mast▷may▷mai▷meg▷mist▷much
어원 의미 고대에 전쟁 포로는 모두 노예였고, 전승자는 힘(m)으로 밀어(x─ch─s─st─y─g)붙이는 주인이었다.

기본 단어	어원 스토리	고급 단어
master 주인 mister 남성 경칭 masterpiece 걸작 Maximus (로마) 막시무스	주인(master)은 크고 힘이 센 사람으로 노예의 반대 개념이었다/ 미스터(mister)는 시민혁명 결과 모든 남자에게 붙여진 master의 변형 존칭이다/ 걸작(masterpiece)는 연습생이 장인으로부터 최종적으로 인정받는 작품(piece)을 말했다/ 막시무스(Maximus)는 라틴어 힘 센(max)의 최상급으로 사람 이름으로 많이 쓰였다.	
minister 장관	로마 시대 대행정관(magistrate)은 큰 지역의 행정과 사법을 총괄하는 대지방관을 의미했다. 행정장관은 지방의 모든 권한을 가졌으므로 위엄 있는(magisterial) 큰 인물이었다. 후에 행정장관이나 치안판사로 정착됐다 ▶이에 대응하는 minister는 궁정에서 작은(mini) 일들을 시중 드는 궁정 관료였으나 후에 집권자의 장관(minister)으로 확대됐다.	magistrate (로마) 대행정관 magisterial 위엄 있는
omega 오메가 maestro 거장	관대한(magnanimous) 사람은 큰 숨(an-breath)을 쉬는 사람이다/ 그리스 알파벳 문자 오메가(omega)는 큰 o라는 뜻으로 Ω라고 쓰고 알파벳 맨 마지막에 왔다. 예수는 제자에게 <나는 알파(Alpha)요, 오메가(omega)다>라고 말함으로써 자신은 처음과 끝을 의미한다고 했다. 그리스 알파벳에는 작은(micr) o도 따로 있다. 오미크론(omicron)이다/ 거장(maestro)은 대작곡가나 명 지휘자를 의미한다.	magnanimous 마음이 넓은
magnify 확대하다	망원경이나 현미경은 작은 물체를 크게 만들어(fy) 확대하는(magnify) 볼록렌즈를 이용한다/ 당당한(magnificent) 사람은 크고 힘 있는 태도를 보이는 사람이다/ 크기(magnitude)는 얼마나 큰지를 보여 주는 상태(tude)를 말한다.	magnificent 당당한 magnitude 크기
Magna Carta (영국) 대헌장 magnet	대헌장(Magna Carta)은 왕의 면허장(cart-charter-card-골판지)이다. 왕권시대에 모든 것은 왕이 허락해야 한다. 왕 자신의 권한을 축소하는 내용이 들어 있었던 대헌장조차 왕의 허락을 받았	magnum opus (라틴) 걸작

기본 단어	어원 스토리	고급 단어
자석/매력	던 것은 아이러니다/ 걸작(magnum opus)은 위대하게 만든(op-operate) 예술품을 말한다/ 자석(magnet)은 금속을 잡아 당기는 묘한 힘을 갖고 있다.	
majesty 위엄/폐하 major 중요한 mayor 시장 much 많은	왕은 스스로 아주 큰 힘을 나타내는 위엄(majesty)을 가져야 하므로 신하들은 왕을 부를 때 (his, her, your)같은 첨가어를 붙여 폐하(your majesty)라고 부른다. 만약 my majesty라고 부르면 나의 전하라는 의미이므로 처형될 수 있다/ 크다(mag)의 비교급(major)은 중요하다는 뜻이 됐다/ 시장(mayor)도 일반 시민과 비교해 더 큰 권한을 가진 인물이라는 뜻이다/ 많은(much) 것은 크고 힘이 있다는 의미다.	
Max 맥스 maximum 최대치 maxim 격언	사람 이름 맥스(Max)나 맥시밀리언(Maximilian)은 모두 위대한 사람이라는 의미다/ 최대량(maximum)은 가장 큰 양(um)을 말한다/ 격언(maxim)은 분명히 따라야 할 가장 크고 중요한 말이라는 의미다.	

people
사람

어근 변화 peopl▷popul▷pupl▷puebl
어원 의미 로마는 몸을 정화하고(p) 신에게 다가갈(l) 존재인 평범한 시민을 국가의 주인으로 봤다.

기본 단어	어원 스토리	고급 단어
people 사람 republic 공화제	로마는 초기 왕을 퇴위시키고 평민(people)을 주인으로 하는 공화제 국가가 됐다/ 로마의 동전과 군기에 쓰여진 <S P Q R(Senate Populesque Romanus-원로원과 시민)>은 로마의 모든 제도와 재산이 시민의 것(re-real)이라는 뜻이었다/ 로마가 만든 공화정(republic)과 그리스가 만든 민주주의(democracy)는 오늘날 거의 모든 국가가 이어 받고 있다 ▶그리스인들의 인간(demo)은 <운명을 나누어(di) 주는 다이몬(Daimon) 신>에서 파생됐으므로 그리스의 인간은 로마의 시민(people)과는 달리 아직도 신의 영향을 약간 받는 존재였다.	
popular 유행하는 population 인구	유행하는(popular) 물건은 모든 사람들이 좋아하는 물건이다/ 유럽의 지중해 지역은 초기부터 많은 인구(population)가 거주하는(populate) 온화한 기후였으므로 지중식 생활 양식을 낳았다/ 지질적으로 중동지역은 원래 살기 좋은 지역이었으나 사막화됨으로써 사람이 살지 않아(de) 인구가 줄었다(depopulate).	populate 거주하다 depopulate 사람이 빠져 나가다
public 공공의 publish 출간하다 Pueblo (남미) 푸에블로족	서민 대중(populace)은 특별한 권한이나 지위를 갖지 않는 평민을 말한다/ 공공적인(public) 일은 평민 사이에서 공개적으로 논의되는 일을 말한다/ 출판(publish)은 쓰여진 글을 대중들에게 보여주는 것이다/ 미국 서남부 인디언들에게는 푸에블로(Pueblo)라는 스페인 이름을 붙였다. 미국 군함에도 이 이름을 붙였다. 군함 푸에블로호는 북한이 납치했으므로 지금은 대동강에 있다.	populace 민중/대중

razor

면도칼

어근 변화 rad▷rod▷rash▷ras▷ros▷raz
어원 의미 강력한 빛(sh−z−s=d)은 무엇이든 태워 없앤다.

기본 단어	어원 스토리	고급 단어
razor 면도칼 eraser 지우개	면도칼(razor)은 수염을 밀어서 깎는 얇은 칼이다/ 지우개 (eraser)는 글씨를 문질러 없애는(e) 고무다/ 금속도 산에 의 해서 부식(erosion)된다/ 부패는 정치를 완전히(co) 좀먹는다 (corrode)/ 토끼나 쥐같은 설치(rodent) 동물은 이빨로 갉아 먹는 동물이다.	erosion 부식 corrode 좀먹다 rodent 설치류
	발진(rash)은 피부를 긁어 생기는 증상이다/ 성급한(rash) 행동은 갑자기 밀어붙이는 행동이다/ 피부로부터(ab) 껍질을 문질러 벗기 면(abrade) 찰과상(abrasion)을 입는다.	rash 발진/성급한 abrade 벗기다 abrasion 찰과상

porcelain
도자기

어근 변화 pork▷porc▷far▷vark
어원 의미 돼지같은 더러운 동물들은 장차 몸을 정화하고(f-v=p) 신에게 다가갈 불쌍한 존재로 봤다.

기본 단어	어원 스토리	고급 단어
porcelain 도자기 pork 돼지고기	도자기(pocelain)는 뚜껍고 매끄러운 암퇘지 음부를 닮았다는 뜻이다 ▶중국은 도자기의 원조로 알려져 있으므로 도자기(china)라고도 불린다. 도자기(ceramic)는 불로 구웠다(cer-car)는 뜻이다/ 돼지고기(pork)는 영국을 지배한 노르만 귀족이 쓰던 라틴어에서 왔지만 돼지(pig)는 영국인들이 길렀으므로 영어에서 왔다 ▶소고기(Beef)도 노르만 귀족이 쓰던 라틴어에서 왔고, 소(cow)는 영국인들이 길렀으므로 영어에서 왔다. 먹는 사람과 기르는 사람에 따른 단어다. 돼지는 긴 코로 땅을 파헤졌으므로 밭고랑(farrow)으로 확대됐다/ 개미핥기(aardvark)는 돼지처럼 땅(aard-earth)을 파서 개미를 먹는다. 북유럽어에서 왔다	 farrow 밭고랑/한 배 새끼돼지 aardvark (스웨덴) 개미핥기

luna

달의

어근 변화 lux▷luc▷lus▷lum▷lynx▷lun▷ligh
어원 의미 빛은 하늘에서 떨어져 나와(x-c-n-m-gh=s) 땅에 닿는(l) 강력한 에너지다.

기본 단어	어원 스토리	고급 단어
lunar 달의 lunatic 정신착란의 Luna (로마) 달의 여신	밤을 밝히는 빛은 달(lunar)빛이다/ 밝은 보름달이 뜨는 밤에 정신 착란적(lunatic) 증상이 많이 나타난다는 믿음이 있어 왔다 ▶그래 서 악령이 드는(moonstruck) 것을 달의 악령에 맞은 것으로 믿어 졌다/ 루나(Luna)는 달의 여신이다/ 태음력(lunation)은 달의 모 양에 따른 월력이다/ 스라소니(lynx)의 눈은 밤에 특히 밝다.	lunation 태음력 lynx 스라소니
light 빛 luxurious 화려한	권위자(luminary)는 한 분야에서 빛(light)을 화려하게(luxurious) 발산하는 전문가를 말한다/ 조명(illumination)은 빛을 내서(i-ex) 모든 물체를 분명하게 보이게 한다/ 삽화(illustration)는 단조로운 글을 시각적으로 보여준다.	luminary 권위자 illumination 조명 illustration 삽화
illustrious 걸출한/화려한	빛을 잘 흡수한 물체는 명료하게(lucid) 보인다/ 빛을 잘 반사시키 는 물체는 번쩍인다(lucent)/ 빛을 반만 투과시키는(trans) 물체 는 반투명(translucent) 물체다/ 빛을 환하게 발산하는 사람은 걸 출한(illustrious) 사람이다/ 투명한(pellucid) 물체는 빛을 완전히 (pel-per) 통과하는 물체다.	lucid 명료한 lucent 번쩍이는 translucent 반투명의 pellucent 투명한
	샛별(Lucifer)는 새벽에 밝은 별로 타락한 악마를 의미했다/ 반딧 불은 빛을 가져오는(fer-por) 효소(ase)인 발광 효소(luciferase) 를 갖고 있어 밤에 꼬리에서 빛을 낸다.	Lucifer (로마/신화) 샛별/악마 luciferase 발광 효소

red

붉은

어근 변화 rub▷red▷rob▷rud▷roug
어원 의미 붉은 빛(b—g=d)은 강렬하게 흐르는(r) 색깔이라는 뜻이다.

기본 단어	어원 스토리	고급 단어
red 빨간색 ruby 홍옥 rouge (프랑스) 빨간색 robot (체코) 로봇	빨간색(red)을 띤 오크나무는 단단한(robust) 목질 때문에 대표적인 가구 재료로 쓰인다/ 홍옥(ruby)도 붉은색을 띠는 보석이다/ 실수한 사람의 얼굴은 점점(scent) 붉어진다(rubescent)/ 지시문(rubric)은 주의를 끌기 위해 붉은(ruddy)색으로 쓰여진다/ 로봇(robot)은 체코어로 얼굴이 벌개지도록 일하는 노예를 의미한다/ 붉은색(rouge)은 프랑스어다. 입술 연지다.	robust 단단한 rubescent 붉어지는 rubric 지시문 ruddy 붉은

cottage

초가집

어근 변화 co▷cu▷chu▷go▷ge
어원 의미 손가락을 굽혀(ch→c=g) 꽉 잡으면 잡힌 것은 작아지므로 난쟁이가 됐다.

기본 단어	어원 스토리	고급 단어
cottage 오두막	초가집(cottage)은 작은 공간만 있는 집이다/ 영세 가내 공업 (cottage industry)은 작은 집에서 가동되는 공업이다/ 대구 (codfish)는 배가 볼록한 생선이다/ 샅주머니(codpiece)는 남자 의 성기를 집어 넣을 수 있는 바지 안 작은 주머니다.	codfish (생선) 대구 codpiece (의상) 샅주머니
cobalt 코발트 pigeon 비둘기/속이다	요정(goblin)은 아름답고 귀엽다/ 코발트(cobalt)는 광산의 작 은 구멍에서 살며 다른 광물에 붙어 푸른색을 띠게 하므로 암청색 (cobalt blue)이 나왔다. 고발드가 섞인 광물은 제련하기 어렵다/ 조그만 주머니(pi)에서 구구 소리를 내는 새가 비들기(pigeon)다/ 인디언들은 뭉툭하고 잘록한 곤봉(cudgel)으로 머스킷 총을 찬 스페인 정복자에 대항하다 전멸했다.	goblin 요정 cudgel 곤봉
	살 찐(chubby) 사람은 몸이 볼록하다/ 여성의 치부(cunt)도 약간 볼록한 모습이다.	chubby 살찐 cunt 여성기

vanilla

바닐라

어근 변화 vag▷van

어원 의미 속이 부풀어(v) 비어 있는 칼집과 콩의 꼬투리에는 칼과 콩이 들어 있다.

기본 단어	어원 스토리	고급 단어
vanilla 바닐라 vagina 여성의 질	넝쿨 난의 꼬투리에서 추출한 바닐라(vanilla) 향은 대부분의 디저트에 향료로 쓰인다/ 여성의 질(vagina)은 칼집(vaginal) 모양이라는 뜻이다.	vaginal 칼집의

wheel

바퀴

어근 변화 cl▷fal▷fel▷wheel
어원 의미 동그란(f=wh=c) 바퀴는 돌아가므로 바퀴가 달린 차는 계속 앞으로 나아간다.

기본 단어	어원 스토리	고급 단어
wheel 바퀴 clown 어릿광대	나무 바퀴(wheel)의 겉을 두르는 테두리(felly)는 쇠로 되어 있나/ 휴경지(fallow)는 갈아 엎어 놓고 묵혀 놓는다/ 어릿광대(clown) 는 몸을 둥그렇게 보이는 옷을 입고 있다..	felly 바퀴 테두리 fallow 휴경지

arctic

북극의

어근 변화 arc▷urs▷ors▷arth
어원 의미 모든 색이 퍼져(c-th=s) 한꺼번에 나오면(r) 흰색이 나오므로 북극과 북극곰은 희다는 뜻이었다.

기본 단어	어원 스토리	고급 단어
arctic 북극의 antarctic 남극의 Orson 올슨 Arthur 아서	북극의(arctic) 넓고 흰 눈 벌판에는 흰 곰이 살고 있다/ 북극곰의 (ursine) 몸은 하얀 털로 덮여 있고 엄청난 덩치를 갖고 있다/ 북극의 반대에(ant) 있는 남극(antarctic)도 만년설로 덮여 있다/ 사람 이름 올손(Orson)은 곰의 아들(son)이라는 뜻이고, 아서(Arthur)도 곰이다.	ursine 곰의

pagoda
파고다

어근 변화 phag▷pag▷bhar▷baksh▷vor
어원 의미 인간은 빛이 주는 에너지(ph-bh-v=b)를 받아 먹는 존재였다.

기본 단어	어원 스토리	고급 단어

기본 단어

pagoda
파고다/탑

어원 스토리

인간에게 먹을 것을 나눠 주는 신의 집이 파고다(pagoda)였다/ 인도와 이집트의 거지들은 먹을 것을 주는 사람에게 박쉬쉬(baksheesh)하면서 구걸한다. 한자로는 보시가 됐다.

박테리아를 먹는 살균 박테리아(bacteriophage)를 phage 라고 줄여서 부른다/ 아무거나(poly) 먹는 병적 증상(ia) 은 다식증(polyphagia)이다/ 포유류는 젖(galac)을 먹는 (galactophagous) 동물이다/ 일본인은 물고기(ichthy)를 특히 즐겨 먹는(ichthyophagous) 민족이다/ 얼마 전까지 인간(andr) 고기를 먹는 식인(androphagous)종이 존재했다/ 아프리카에 사 는 몽구스는 뱀(ophi)을 먹는(ophiophagous) 동물이다/ 유럽인 은 해산물 중 굴(ostr)만 생으로 먹는(ostreophagous) 사람들 이다/ 돌맹이(lith-stone)를 먹는(lithophagous) 세균도 있다/ 인 간은 버섯(mys)을 먹는(mysophagous) 습성이 있다/ 대부분 의 벌레들은 나무(dendr)즙을 먹는(dendrophagous) 본능이 있 다/ 동물(zoo)을 잡아 먹는(zoophagous) 자가 먹이사슬의 가 장 높은 곳을 차지한다/ 프랑스와 제주도 사람은 말(hippo)고기 를 먹는(hippophagous) 사람이다/ 새는 곤충(entom)을 먹는 (entomophagous) 습성이 있다.

인간은 아무거나(omni-all) 먹는 잡식성(omnivorous)이다/ 열매

고급 단어

baksheesh
(인도) 박쉬쉬/보시

bacteriophage
살균 박테리아
polyphagia
다식증
galactophagous
젖을 먹는
ichthyophagous
물고기를 먹는
androphagous
식인의
ophiophagous
뱀을 먹는
ostreophagous
굴을 먹는
lithophagous
돌을 먹는
mysophagous
버섯을 먹는
dendrophagous
나무를 먹는
zoophagous
동물을 잡아 먹는
hippophagous
말고기를 먹는
entomophagous
곤충을 먹는

omnivorous

(bac)를 먹는(baccivorous) 인간과 새는 열매에서 영양분을 얻는다/ 벌은 주로 꿀(mel)만 먹는(mellovorous) 곤충이다/ 인간과 동물들은 곡식(gran)을 먹는(granivorous) 존재다/ 유럽인들은 주로 고기(carn)를 먹는(carnivorous) 육식 인종이다/ 동양인은 주로 식물(herb)을 먹는 초식(herbivorous) 인종이다. 염소와 소, 토끼는 풀만 먹는다/ 개는 뼈(oss)를 먹는(ossivorous) 동물이다/ 모기와 거머리는 피(sanguin)을 빨아 먹는(saguinivorous) 곤충이다.

잡식성의
baccivorous
열매를 먹는
mellovorous
꿀을 먹는
granivorous
곡식을 먹는
carnivorous
육식성의
herbivorous
풀을 먹는
ossovorous
뼈를 먹는
sanguinivorous
피를 먹는

salicin

살리신

어근 변화 sal▷wil▷spir
어원 의미 긴(r=l) 가지가 잘 굽혀지는(sp−s−w=v) 버드나무 액이 진통 효과가 있다는 사실은 고대로부터 알려졌다.

기본 단어	어원 스토리	고급 단어
willow 버드나무 Aspirin (제약/상표) 아스피린	버드나무(willow)에서 나오는 물질(cin) 살리신(salicin)이 진통 효과가 있다는 사실은 고대부터 알려졌다/ 독일의 한 제약사는 버드나무(spiraea) 성분을 아세틸(acetyl)화시킨 제약(in)을 만들어 아스피린(Aspirin)이라는 상표를 붙였다. 진통 해열제로 가장 많이 팔린 제약이다.	salicin (화학) 살리신

vegetable

채소

어근 변화 veg▷vig▷vouac▷vel▷veil▷wait▷watch▷wak
어원 의미 식물은 줄기가 서서히 굵어지면서(w=v) 성장하고, 인간은 다 자란 채소를 먹고 활력(v)을 얻었다.

기본 단어	어원 스토리	고급 단어
vegetable 채소	채소(vegetable)를 먹으면 활력을 얻는다/ 여름에 자라나는 (vegetate) 초본 식물(vegetation)들은 가을이 오면 시들고 뿌리만 살아남는다/ 조용한 식물처럼 무위도식(vegetate)할 수도 있다.	vegetate 식물이 자라다 vegetation 초본 식물
vigor 정력/활기 vigorous 활력이 넘치는 watch 관찰하다 waiter 웨이터 wake 깨우다	에너지를 가하면 속도(velocity)는 더욱 빨라진다/ 보초병은 잠을 자지 않고(vigil) 불침번을 서서 동료의 안전을 지킨다/ 국가는 힘 (vigor)이 넘치는(vigorous) 젊은이들을 국방을 위해 징집한다/ 감독(surveilance)은 위에서(sur) 아래로 엄격히 내려다보고 감시하는 자다/ 웨이터(waiter)는 바라보며 할 일을 기다리는(wait) 사람이다/ 부모는 잠자는 자식을 깨워(wake) 정신 차리고 공부하라고 독촉한다/ 야영(bivouac-비박)은 사방(bi-ambi-around)을 바라보며(vouac-watch) 감시한다는 스위스 말이다. 스위스는 산악 지형이 많아 등산이나 야영이 발달했다.	velocity 속도 surveilence 감독 vigil 잠자지 않는 bivouac (스위스) 노숙/야영

tale

이야기

어근 변화 tal▷dol▷dul
어원 의미 빛(t=d)은 에너지를 주고, 말은 생각을 건넨다.

기본 단어	어원 스토리	고급 단어
tale 얘기 talk 말하다 tell 이야기하다/진술하다	인간은 말(tale)을 통해 생각을 건넨다/ 인간은 말하면서(talk) 생각을 알려 준다(tell)/ 현무암(dolerite)은 여러 가지 성분을 보여 주어 잘 알기 어려운 돌(rite)이라는 뜻이다.	dolerite 현무암

skeleton

뼈

어근 변화 skel▷shal▷sal
어원 의미 뼈는 살을 단단하게(sk→sh=s) 묶어(l) 준다.

기본 단어	어원 스토리	고급 단어
skeleton 해골/뼈	살은 썩어 없어져도 유골(skeleton)은 오랫동안 남는다/ 희브리어 <안녕하세요!(Shalom)>는 허물어지지 않는 평화를 뜻한다/ 미국 오레곤 주의 주도는 평화를 의미하는 세일럼(Salem)이다. 세일럼 은 가나안의 고대 도시로 알려져 있다. 예루살렘이라고도 한다.	Shalom 안녕하세요! Salem (미국/주도) 세일럼

philharmonic
교향악

어근 변화 phil
어원 의미 인간에게 빛의 에너지(ph→bh=b)를 주는 것이 사랑이 됐다.

기본 단어	어원 스토리	고급 단어
philharmonic 교향악의 philosophy 철학	교향악단(philharmonic orchestra)은 음의 조화(harmon-join)를 좋아하는 음악 집단이다/ 철학(philosophy)은 지혜(soph)를 사랑한다는 뜻이다 ▶고대에 횡격막(phren)으로부터 정신이 나온다는 믿음이 있었으므로 지혜(soph)는 날카로운(so-acute) 횡격막이었다/ 박사(Ph. D)는 철학을 배운 자(philosophiae doctor)의 약칭으로 독일 대학들이 처음 수여했던 학문 계급이었다.	
Philadelphia (미국) 필라델피아 Phillip 필립	필라델피아(Philadelphia)는 같은(a) 자궁(delph-womb)에서 나온 형제(adelph)애(phil)를 뜻한다 ▶돌고래(dolphin)는 자궁(dolph)에서 자란 새끼를 낳는다/ 프랑스에 심취한 프랑스 문화 애호가(Francophile)도 있다/ 사람 이름 필립(Phillip)은 말(p-hippo)을 사랑하는 사람이다. 말이 중요했던 고대에 말을 관리하는 자는 고위 공직자였다.	Francophile 프랑스 애호가
pamphlet 팸플릿	중세 대학생들은 짧은(et) 연애시를 모두(pam-pan-all) 좋아해 들고 다녔으므로 팸플릿(pamphlet)으로 정착했다/ 돼지(sy-swine)를 사랑하다 걸린 병이 매독(syphilis)으로 여겨졌다.	syphilis (의학) 매독

speak
말하다

어근 변화 spit▷spars▷spers▷spark▷speak▷spring(n 첨가)
어원 의미 입을 떠난 말은 사방으로(sp) 퍼져 나간다(t→r→k=g).

기본 단어	어원 스토리	고급 단어
speak 말하다 spit 침 뱉다 spring 봄 spark 불꽃	말하는(speak) 것은 말소리를 내뱉는(spit) 것이다/ 봄(spring)에는 꽃잎들이 이곳저곳으로(dis) 흩어지는(disperse) 계절이다/ 불꽃(spark)도 주위로 퍼져 나간다/ 퍼지면 밀집도가 떨어지면서 희박해진다(sparse).	disperse 흩어지다 sparse 드물다/희박하다

miliitary

군사의

어근 변화 mil
어원 의미 군대는 나라의 경계(m)선(l)을 지키는 병사를 말한다.

기본 단어	어원 스토리	고급 단어
military 군대의 militia 의용군	군사적(military) 힘은 국가를 방어하는 힘이다/ 병사처럼 거칠게 행동한다(militate)는 말은 방해가 될 수도 있고(militate), 도움이 될 수도 있는(militate) 말로 나뉘었다/ 의용군(militia)은 비정규 군인을 말한다/ 교전 상태(militancy)는 양쪽의 군대가 전쟁 상태를 갖추는 것이다.	militiate 방해하다/도움이 되다 militancy 교전 상태

sister

자매

어근 변화 soror▷sister▷s
어원 의미 자매는 피로 연결됐으므로(s) 진정으로 가까운 사이라는 뜻이다.

기본 단어	어원 스토리	고급 단어
sister 자매 cousin 사촌/친척	자매(sister)는 한 어머니로부터 태어난 한 혈육의 여자들이다/ 사촌(cousin)은 같은(con) 여자 자매(sobr)들로부터 태어났다는 라틴어 consobronus의 축약이다. 자매들이 낳은 자녀들은 의심할 바 없는 혈연이었으며 진정한 사촌이었으므로 고대 사회는 모계 사회였다. 고대에 형제들이 낳은 사촌들은 믿을 수 없었다. 형제들의 부인들은 다른 남자로부터 아이를 낳을 수 있었기 때문이다. 유럽인의 촌수는 사촌(first cousin), 6촌(second cousin)과 같이 전개된다. 미국 대학에는 여학생 클럽(sorority)과 남학생 클럽(fraternity \<frater-brother>)이 따로 있다.	sorority (미국/대학) 여학생 클럽

foul

반칙

어근 변화 pu▷fi▷fu▷fou
어원 의미 아직 몸을 정화하지(f=p) 못해 신에게로 나가지 못하는 상태는 어리거나 불결한 상태다.

기본 단어	어원 스토리	고급 단어
foul 반칙	운동 경기의 반칙(foul)은 규칙을 위반하는 불결한 행위디/ 반달족은 로마의 신전을 파괴해(de) 로마를 모독했다(defile)/ 도시 건물 벽에는 불결하거나 외설스러운(filthy) 낙서들이 그려진다. 세균은 상처를 곪게(putrefy) 만들고(fy) 고름(pyorrhea)을 흐르게(rrh) 한다.	defile 모독하다 filthy 외설스러운 putrefy 곪게 하다 pyorrhea 고름

virus

바이러스

어근 변화 bis▷vir▷vis▷ooz
어원 의미 생물들은 자신을 방어하가 위해 강력한(v→o=b) 독소를 내놓는 경우도 있다.

기본 단어	어원 스토리	고급 단어

기본 단어

virus
(의학) 바이러스

어원 스토리

바이러스(virus)는 강한 독으로 병을 일으키는 가장 작은 병원체로 인식됐다/ 어떤 뱀들은 맹독(virulent)액을 인체에 주입해 사람을 죽일 수 있다/ 소나무의 가지를 자르면 끈적이는(viscous) 액이 나와 상처를 아물게 한다/ 폐광에서 흘러 나온(ooze) 붉은 액체는 금속성이 짙은 해로운 액체일 수 있다.

고급 단어

virulent
맹독의

viscous
끈적이는

ooze
액체가 새어 나오다

cage

새장

어근 변화 quay▷key▷cab▷cag▷caj▷hedg
어원 의미 사방이 막혀 있는 공간은 둥글게(k=q=h=c) 둘러싸여(dg=b=j=y=g) 빠져 나갈 곳이 없다.

기본 단어	어원 스토리	고급 단어
cage 우리/새장 cabinet 캐비넷 key 열쇠	우리(cage)에 갇힌 새나 짐승은 도망가지 못한다/ 어치(cajole)는 갇혀 있어도 잘 지저귀므로 잘 지껄이는 사람이라는 뜻이 됐다/ 캐비넷(cabinet)는 물건을 넣어 두는 작은(et) 가구다/ 부두(quay)는 배들을 잡아 가두는 해변이다/ 열쇠(key)는 물건을 넣어 둔 곳을 잠글 때 쓰는 자물쇠를 연다/ 울타리(hedge)는 집을 둘러싸는 테두리다.	cajole 수다쟁이/유혹하다 quay 부두 hedge 울타리

dragon

용

어근 변화 drag▷drac
어원 의미 용은 동양에서는 신비로운 존재였으나, 서양에서는 사악한 눈빛(d)을 발하는(r) 존재로 여겨졌다.

기본 단어	어원 스토리	고급 단어
dragon 용	유럽에서 용(dragon)은 부릅뜬 눈의 사악한 존재로 고대 그리스의 입법가 드라코(Draco)는 사소한 죄에도 중벌을 가하는 엄격한 (draconian) 법을 만든 자로 유명했다.	Draco (그리스/입법가) 드라코 draconian 엄격한
dragonfly 잠자리 Dracula (루마니아) 드라큘라	잠자리(dragonfly)는 큰 눈을 가진 곤충이며 분쟁의 원인(dragon teeth)은 용의 이빨(teeth)이 가져 올 위험성을 말한다/ 드라큘라 (Dracula)는 용이라는 뜻의 실존했던 루마니아 백작이었다. 드라큘라 백작은 터키의 침략에 맞선 용감한 귀족이었지만 수많은 자국민의 몸통에 꼬챙이를 관통시켰으므로 찌르기 대공(impaler)으로 불렸다. 이 백작의 잔인성과 루마니아가 속해 있는 트란실바니아(Transilvania) 지방의 흡혈귀 전설을 혼합한 소설과 영화로 유명해졌다.	dragonteeth 분쟁의 원인

Alexander

알렉산더

어근 변화 andr
어원 의미 신은 흙으로 만든 인간에게 숨(an)을 불어 넣어 정신을 줬다. 숨은 생명의 근원인 물(n)에서 왔다.

기본 단어	어원 스토리	고급 단어
Alexander (그리스) 알렉산더 Andrew 앤드류 Andy 앤디 Andre 앙드레 Sandy 센디 Sandor 산도르 Andromeda (별자리) 안드로메다	알렉산더(Alexander)는 중동과 이집트, 인도 북부까지 점령한 정복자다. 그 이름은 인간 수호자(alex)라는 뜻이다/ 영어 앤드류(Andrew)와 앤디(Andy), 프랑스어 앙드레(Andre), 스코틀랜드어 센디(Sandy), 헝가리어 산도르(Sandor)는 모두 Alexander의 변형이다/ 성좌 안드로메다(Andromeda)는 인간을 생각하며 (med-측정하다)라는 뜻이다.	
Pithecanthropus 피테칸트로푸스	인류학(anthropology)은 인류를 연구하는(log) 학문이다/ 염세가(misanthrope)는 인간 세상을 싫어하는(mis) 사람이다/ 자선행위(philanthropy)는 인간을 사랑해(phil) 재물을 주는 행위다/ 피테칸트로푸스(Pithecanthropus)는 자바에서 발견된 직립원인이다/ 인간의 모습(oid-be)을 한 인조인간이나 인간 로봇은 안드로이드(android)다.	anthropology 인류학 misanthrope 염세가 philanthropy 자선 android 인조인간/인간 로봇
	고대 인간은 남자를 의미했으므로 남성 호르몬(androgen)은 남성성을 낳는(gen-bear) 신체 분비액이다/ 해부학적으로 남성과 여성(gyn)을 동시에 갖는 중성(androgyne)도 존재한다.	androgen 남성 호르몬 androgyne 남녀 양성자

angle
각도

어근 변화 ank▷anc▷ang▷anch
어원 의미 굽은(g−ch−k=c) 선은 각도를 갖는다.

기본 단어	어원 스토리	고급 단어
angle 각도 anchor 닻/앵커 ankle 발목뼈	각도(angle)는 직선이 꺾여서 생긴 굽힘의 정도다/ 낚시꾼 (angler)은 꼬부라진 철사로 고기를 낚는 사람이다/ 닻(anchor) 은 배를 고정시키는 굽은 쇳덩이다/ 본부에 앉아 밖에 나가 있는 기자들을 한 곳으로 묶는 앵커(anchor)는 방송이 생기고 난 뒤 나 타난 신종 직업이다/ 복사뼈(ankle)는 발목을 구부리는 기능을 하 는 신체 부위다/ 가마(palanquin)는 가마꾼이 허리를 구부정하게 굽히고 들고 간다.	angler 낚시꾼 palanquin 가마
Anglo-Saxon 영국인	영국인(Anglo-Saxon)은 독일의 서북부와 덴마크의 굽은 경계 지 역(angul)에서 온 앵글족과 독일의 삭소니아(saxon) 지역에서 온 색슨족이라는 의미다/ 알파벳 언셜체(uncial)는 또박또박 각지게 쓴 대문자체를 말한다. 반대로 소문자는 펜을 종이에서 떼지 않고 한 번에 둥글게 쓴 초서체(cursive)다. 로마 시대에는 소문자가 없 었다.	uncial (활자) 언셜체

arch

아치

어근 변화 arc▷arch▷arrow
어원 의미 선이 둥글게(ch=w=c) 정렬된(r) 아치 기술은 로마인들이 좋아했던 고난도 건축 기술이었다.

기본 단어	어원 스토리	고급 단어
arch 아치 arc (기하학) 호/아크불 arcade 회랑식 상가 arrow 화살촉	활과 홍예문은 아치(arch)형이다/ 기하학에서 호(arc)는 반원형이고, 아크불(arc)은 두 전극에서 활 모양으로 일어나는 전광이다/ 회랑(arcade)는 둥근 천장이 계속 이어진(ade) 복도를 말한다. 상점들이 들어서서 상가가 됐다/ 화살(arrow)는 둥글게 만든 활로 쏘는 침이다.	
	▶아치와 모양이 유사하지만 어원이 다른 단어들도 있다. 건축(architecture)은 최고(arch)의 기술이라는 뜻이다 ▶북극(arctic)과 곰(urs)은 하얗게 빛난다는 뜻이다 ▶노아(Noah)의 방주(Ark)는 노아의 가족과 동물을 붙잡아(ark-hold) 실은 배다.	

archaeology

고고학

어근 변화 arch
어원 의미 앞장 서서 흘러(r)가는(ch=g) 물은 뒷물을 이끈다.

기본 단어	어원 스토리	고급 단어
archaeology 고고학	고고학(archaeology)은 앞선 시기를 연구(log)하는 학문이다/ 아테네와 로마에는 수천 년 된 고풍의(archaic) 건물이나 그 잔해들이 여전히 남아 있다/ 원형(archetype)은 최초의 모양(type)을 말한다 ▶납을 때려(typ) 만든 활자(type)는 변하지 않는 모양(type)을 유지한다.	archaic 고풍의 archetype 원형
architect 건축가	대주교(archbishop)는 일정 지역을 이끄는 높은 사제다 ▶사제(bishop)는 위에서(epi-upon) 보는(skop-scop) 교회 감독자(episcopos)의 축약어다/ 건축가(architect)는 고대 사회에서 최고의 기술(tect)을 가진 자라는 의미였다/ 대천사(archangel)는 천사들을 이끄는 천사장이다.	archbishop 대주교 archangel 대천사
archive 공공기록보관소 archipelago 군도 Archimedes (그리스) 아르키메데스	왕이나 신과 같은 지도자의 기록물을 저장하던 아카이브(archive)가 공공기록보관소로 변했다/ 중동의 선진 문화를 그리스로 들여오던 에게 해(Aegean Sea)를 최고의 군도(Archipelago)라고 부르던 것이 일반적으로 섬들이 퍼져 있는(pel-넓은) 군도로 정착됐다/ 고대 그리스의 수학자 아르키메데스(Archimedes)는 최고 수호자(medes)라는 뜻이다. <나에게 충분히 긴 장대가 있다면 지구를 들어 올릴 수 있다>라고 말한 것으로 유명하다.	
monarch 군주	군주(monarch)는 왕 혼자(mon-mono)만 모든 권리를 갖는다는 뜻이다/ 지도자가 없는(an) 것은 무정부 상태(anarchy)다/ 과두정치(oligarchy)는 몇몇(olig-few) 소수가 통치하는 체제로 구 소련은 몇몇 공산당 지도자들이 돌아가며 계속 통치했다.	anarchy 무정부 상태 oligarchy 과두정치

audacious

담대한

어근 변화 av▷au
어원 의미 강력한(v) 욕망은 두려움을 없앤다.

기본 단어	어원 스토리	고급 단어
	왕이나 대통령이 되려는 사람은 대담한(audacious) 시도를 하는 사람이다/ 누구나 나름대로 열렬한(avid) 관심을 갖는 분야가 있다.	audacious 대담한 avid 열렬한

Bacchus

바커스

어근 변화 bac▷ber

어원 의미 과일은 빛(b)이 흐른다(c=r)는 뜻이다. 과일은 덩굴 속에서 밝게 빛난다. 그리스 올림픽 승리자에겐 과일 덩굴을 씌웠다.

기본 단어	어원 스토리	고급 단어
Bacchus (로마) 술의 신 berry 열매	바커스(Bacchus)는 로마 과일(berry)술의 신으로 그리스의 아프로디테(Aphrodite)다/ 과일(berry)은 나뭇잎 사이로 밝게 빛나는 (ber-bright) 열매라는 뜻이다.	
bachelor 총각/학사	미국 고교 졸업 시험(baccalaureate)은 월계수(laurel) 열매를 머리에 썼다는 뜻이다. 승리자에게 월계관을 씌우던 그리스 전통이다/ 프랑스에서도 바칼로레아(baccalaureat)는 대학 입학을 위한 자격 시험이다/ 총각(bachelor)은 인생의 승리자로 곧 결혼할 남자다/ 대학 졸업자(bachelor)는 학문의 승리자다.	baccalaureate(t) (미국/프랑스) 고교 졸업 시험

band

무리

어근 변화 band▷bend▷bind▷bond▷bund▷bin
어원 의미 줄을 굽히면 단단하게(b) 묶을 수 있다.

기본 단어	어원 스토리	고급 단어
band 악단 bandage 붕대 Band-Aid (상표) 반창고 bundle 꾸러미 bind 묶다	악단(band)은 한 무리로 묶은(hind) 연주단이다/ 붕대(bandage)는 상처를 감는다/ 상표 반창고(Band-Aid)는 붕대에 붙는 기능을 더한(aid) 것이다/ 묶인 사람들은 유대(bond)감을 갖는다/ 묶으려면 줄을 굽혀야(bend) 한다/ 꾸러미(bundle)는 하나의 단위로 묶인 덩어리다.	bond 유대 bend 구부리다
ribbon 리본/머리띠/훈장 bin 쓰레기통/빈 통	리본(ribbon)은 반듯한(ri-straight) 줄로 묶는다는 뜻이므로 장식용 머리띠(ribbon), 메달을 다는 훈장(ribbon)이 됐다/ 쓰레기통이나 저장통(bin)은 끈으로 묶은 포도주 통이었다.	

beard

턱수염

어근 변화 bar▷bear
어원 의미 뻣뻣한(b) 수염은 남성성이나 연장자를 상징하므로 고대인은 수염을 길렀다.

기본 단어	어원 스토리	고급 단어

기본 단어

beard
콧수염
barber
이발사
Lombard
(이탈리아) 롬바르드

어원 스토리

턱수염(beard)은 입(mouth) 위에 난 콧수염(moustache)과 구분한다/ 이발사(barber)는 시람의 머리털을 다듬는 기술을 가진 사람이다/ 이탈리아 북부 롬바르드(Lombard)는 긴(long) 수염을 가진 사람들인 longobardus들이 사는 지역이라는 뜻이다.

17세기 수염은 다양한 패션으로 자리를 잡았다. 반 다이크(Van Dyke)형은 화가 반 다이크가 턱 밑에 뾰족하게 길렀던 수염이다/ 황제(Imperial)형은 프랑스 나폴레옹 3세가 양 뺨으로부터 턱, 코까지 길렀던 수염이다/ 염소형(goatee)은 염소처럼 턱에 기른 뾰족한 수염이다/ 바불라(barbula)형은 아래 입술 밑에 기르는 수염이다/ 남북전쟁의 북군 장군 번사이드(Burnside)가 길렀던 번사이드(Burnside)형은 귀 밑으로부터 턱, 코에 무성하게 기른 수염이다.

bomb

폭발

어근 변화 bomb▷bound▷bounc

어원 의미 강력한(b) 폭발은 많은 파편(n=m)이 튀어 오르게 한다.

기본 단어	어원 스토리	고급 단어
bomb 폭탄 bound 공이 튀어 오르다	폭탄(bomb)은 "붐!"하고 터지며 많은 파편이 사방으로 튀긴다(bounce)/ 한 번 튀어 오른(bound) 공은 공중으로 작용하는 공의 탄성력이 중력으로 상쇄될 때까지 계속 튀어 오른다/ 공중 전력이 우위였던 미국은 베트남에서 수많은 폭탄을 퍼부었다(bombard).	bombard 폭탄을 퍼붓다 bounce 사방으로 튀다

breakfast

아침식사

어근 변화 fast▷vast
어원 의미 단식은 신에게로 다가가기 위해 몸을 정화하는(f-v=p) 행위였으므로 종교상 중요한 절차가 됐다.

기본 단어	어원 스토리	고급 단어
breakfast 아침식사 fast 빠른	밤새 쪼그라들었던(fast) 창자를 음식으로 풀어(break) 주는 것이 아침(breakfast)이다. 종교적으로 창자를 쪼그라들게 만드는 것은 단식이다 ▶해부할 때 언제나 비어 있던 빈 창자를 라틴어로는 jejunum이라고 불렀다. 프랑스인들은 이 말에 부정 접두어 dis를 붙여 disjejunare(음식을 채워 넣다)로 만들었다. 영국인들은 이 말을 줄여 정찬(dinner)으로 불렀다. 정찬은 하루 중 가장 잘 먹는 식사를 뜻하다 저녁이 됐다/ 원래 저녁(supper)은 수프(soup) 정도를 먹는 작은 식사였고, 점심(lunch)도 빵 한 조각(loaf)을 먹는 소식이었다.	
fasten 조이다	비행기나 차를 탈 때 안전밸트를 단단히 매어야(fasten) 불시의 사고에서 부상을 최소화한다/ 빠른(fast) 행동은 움직임을 단단하게 조이는 것이다/ 확고부동한(steadfast) 것은 단단히 묶여 서 있다(stead)는 뜻이다/ 서라!(avast)는 움직임을 꽉(a) 잡아서 더 이상 걷지 말라는 의미다.	avast 멈춰라!! steadfast 확고부동한

brother

형제

어근 변화 frater▷fratr▷friar▷brother
어원 의미 형제는 서로 힘껏(fr=br) 돕는 존재라는 뜻이었다.

기본 단어	어원 스토리	고급 단어
brother 남자 형제	형제(brother)는 시로 돕지만 곧 경쟁 관계에 접어들므로 성서에서 최초의 살인(cid-cut)은 형제 살해(fratricide)였다. 형 카인은 신의 축복을 받은 동생 아벨을 시기심 때문에 죽였다/ 미국 남자 대학생 동아리(fraternity)는 매우 견고한 관계를 유지하므로 졸업 후에도 끈끈한 유대를 가진다. 특히 정치계에는 같은 동아리의 정치인들이 뭉치는 경우가 많다. 백인들만의 배타적 그룹인 경우가 많다.	fratricid 형제 살해 fraternity (미국/대학) 남학생 동아리
	수도사(friar)들은 남자들끼리 모여 산다 ▶3대 수도회 중 프란체스코(Franciscan) 수도회는 회색, 도미니크(Dominican) 수도회는 흑색, 카르멜(carmelite) 수도회는 흰색 망토를 입었으므로 각각 구별됐다.	friar 수도사

caution

조심

어근 변화 cav▷cau▷cou▷scav▷show▷hear
어원 의미 나약한 인간은 사방(sh—sc—h=c)을 돌아보고(v), 위험한 소리를 미리 들어서 맹수들의 공격을 피해 왔다.

기본 단어	어원 스토리	고급 단어
caution 경계/주의 cautious 조심하는	경계(caution)는 눈으로 보고 귀로 들어서 조심하는 것이다/ 위험을 피하기 위해서는 신중해야(cautious) 하고, 미리(pre) 예방 조치(precaution)를 취해야 한다/ 라틴어의 경고(caveat)는 <물건을 산(emptor-buyer) 사람의 책임(Caveat Emptor)>에 남아 있다. 살 때 주의하라는 뜻이다.	precaution 예방 조치
show 보이다 hear 들리다/듣다	음향학(acoustics)은 귀로(a) 듣는(hear) 소리에 대한 연구다/ 보이도록(show) 하려면 시각에 자극을 줘야 한다/ 원래 시장에서 무질서한 장사꾼들을 관찰하며 감시하던 사람들이 장사꾼이 다 떠난 시장을 청소했으므로 청소 동물(scavenger)로 진화했다. 하늘을 맴도는 독수리는 지상에 남아 있는 먹을 것을 찾는 청소 동물이다.	acoustics 음향학 scavenger 청소 동물

Christ

그리스도

어근 변화 cr▷cut▷char▷chr▷gr
어원 의미 표면을 긁어내면 동그란(ch→g=c) 알갱이가 나오고, 표면은 매끈해진다.

기본 단어	어원 스토리	고급 단어
Christ (성서) 그리스도 christien 기독교도	히브리(Hebrew)어 기름 바른 자를 뜻하는 메시아(Messiah)를 그리스인들은 기름 부음 받은 자(Christ)로 번역했다. 유대인들은 고귀한 자의 얼굴에 기름을 발라 밝게 하는 관습이 있었다. 예수(Jesus)는 가장 고귀한 존재로 여겼으므로 기름 부음을 받았다/ 기독교도(christian)는 그 예수를 따르는 사람이다.	
cream 크림 character 성격	얼굴을 매끄럽게 만드는 크림(cream)은 그리스어 기름(chrisma)이 터키어 khorozma로 변했다가 영어로 들어온 말이다/ 극형에 처할 사람의 얼굴에 인두로 죄명을 새겨 넣던 것이 불변의 성격(character)이 됐다/ 반음(chromatic)은 원래 검게 칠한 음표라는 뜻이었다.	chromatic 반음계의
grain 알곡식	알곡(grain)은 표면을 긁어 나온 알갱이라는 의미였다/ 작은(ule) 알갱이는 입자(granule)다/ 죽(gruel)은 알곡을 갈아 만든 음식이다/ 피부를 거칠게 갈면 으스스하다(gruesome).	granule 입자 gruel 죽 gruesome 으스스한
great 큰/굵은 gross 총계의	입자가 굵다는 개념에서 크다(great)가 나왔다/ 잘 다듬지 않은 채소를 팔던 런던 도매상이 식료품점(grocery)이 됐다/ GDP는 총생산(gross domestic product)으로 국내에서(domestic) 생산된(product) 총량을 말한다. 거친 비용까지 포함됐으므로 총생산액이다/ 모든 알갱이를 다 몰아 넣으면(en) 독점한다(engross)/	engross 독점하다 grocery 식료품점
Calcutta (인도) 캘커타	인도 캘커타(Calcutta)는 모든 죄를 불태워(cal-car-burn) 버리는 불의 신이 사는 신전을 뜻하는 kalighat를 영어로 음역한 것이다. 신전은 죄를 불태우고 긁어 없애는 곳이다.	

complain

불평하다

어근 변화 plag▷plain▷plank▷plex▷flaw▷fling(n 첨가)
어원 의미 병의 원인을 몰랐던 고대인들은 질병을 별이 인간을 때려서(fl=pl) 오는(x→k→n=g) 벌로 알았다.

기본 단어	어원 스토리	고급 단어
complain 불평하다	가슴을 세게(com) 치며 불평하고(complain), 하소연하던 (plaintive) 고대 사람들의 호소가 현대의 민사소송(plaintiff)이 됐다.	plaintive 하소연하는 plaintiff 민사소송
plankton 플랑크톤 plague 전염병	플랑크톤(plankton)은 큰 덩어리를 때려서 튀어 나온 작은 조각 같은 부유 생물을 말한다/ 별이 위에서(apo-upon) 인간을 후려 치면 생기는 병을 졸증이나 중풍(apoplexy)이라고 했다/ 전염병 (plague)도 별이 인간을 때리는 재앙이라고 생각했다.	apoplexy 중풍/마비
fling 내동댕이치다	돌풍(flaw)은 갑자기 불어닥쳐 모든 물건들을 내동댕이친다 (fling).	flaw 돌풍/결함

democracy
민주주의

어근 변화 tim▷dam▷dem

어원 의미 그리스인은 운명(m)을 나누어(t=d) 주던 다이몬에 의해서 인간의 운명이 결정된다고 생각했으므로, 다이몬은 결국 인간이 됐다.

기본 단어	어원 스토리	고급 단어
Daimon (그리스) 다이몬 신 democracy 민주주의	그리스인은 인간 하나 하나에게 운명을 나누어 주는 신을 다이몬(Daimon)이라고 불렀으므로 후에 다이몬을 인간 자체로 보았다. 소크라테스는 다이몬을 인간 각각의 양심이라고 철학화했다/ 민주주의(democracy)는 인간으로 변한 다이몬이 다스리는 (cra-hard) 정치체제를 말한다. 인류 최초로 신도 아니고 왕도 아닌 인간이 다스리는 정치체제가 민주주의였다 ▶후에 로마는 신이 내린 운명과 무관한 사람(people) 스스로가 주인인 공화국(republic)을 만들어 냈다/ 민주주의(democracy)는 신이 만든 인간들이 다스리는 정치라는 뜻이고, 공화제(republic)는 평범한 사람들이 진짜 주인인 국가를 뜻하므로 오늘날 대부분의 민주공화국은 고대 그리스와 로마인들의 정치 철학을 따르고 있다 ▶인간(people)은 몸을 정화하고(p) 신에게 나아갈 존재다.	
demagogue 선동가 demon 악마 goddam 제기랄! condamn 저주하다 demomstration 시위 damage 손해/손상	사람들을 이끌고(agog-lead) 가는 민중의 지도자(demagogue)가 후에는 민중을 오도하는 선동가로 바뀌었다/ 다이몬은 인간에게 불행도 줬으므로 악한 다이몬은 악마(demon)로 남았다/ 악마는 인간을 저주하고(damn), 인간도 서로에게 비난(condemnation)과 욕(goddam)을 퍼부었다/ 극렬하게(con) 저주하는(condemn) 인간의 태도는 악마로부터 배운 것이다/ 평범한 인간들은 사악한 권력자에게 앞서서(st) 항의하는 시위(demonstration)를 벌이기도 한다/ 신이 내린 참혹한 처벌의 결과가 손해나 손상(damage)으로 확장됐다.	
time 시간 tide 파도	계속 흐르는 영속성을 나눈 것이 시간(time)이다/ 하나로 뭉친 물덩어리가 잘라진 것은 파도(tide)다. <시간과 파도는 사람을 기다려 주지 않는다(time and tide wait for no man)>는 같은 어원을 가진 단어를 이용한 격언(maxim)이다.	

dentist

치과 의사

어근 변화 tang▷tong▷tooth▷tusk▷dan▷dent▷don▷zin(n 첨가)
어원 의미 인간은 아침에 해(t−z=d)가 뜨면 에너지(d)를 얻기 위해 음식을 이빨(t−z=d)로 씹어서 먹었다.

기본 단어	어원 스토리	고급 단어
dentist 치과 의사	씹는 이빨을 고치는 의사는 치과 의사(dentist)다/ 이빨이 모두 빠지면 틀니(denture)를 끼운다/ 개미핥기는 앞이빨이 없어(e) 혀로 곤충을 핥아 먹는 빈치목(Edentata) 동물이다/ 이빨(dent)은 해가 떠서 아침을 먹는다(ed-eat)는 뜻의 라틴어 피동태 <먹는(edente)>에서 나왔다.	denture 의치 Edentata (동물 분류) 빈치목
	바닷물은 육지를 계속 때려서 이빨 모양으로 만든다(indent)/ 문장의 첫 글자는 한 단 들여서 써야 한다(indent)/ 계약서(indenture)는 이빨처럼 생긴 절취선(indenture)을 만들어 계약 쌍방이 나누어 보관하도록 한다.	indent 이빨 모양을 만들다 indenture 계약서/절취선
dandelion 민들레	민들레(dandelion)는 잎사귀가 사자(lion) 이빨을 닮아서 그같이 불렸다/ 이빨을 둘러싸는(per-around) 근육은 이빨의 토대가 되는 치주(periodontal) 근육이다/ 중생대에 살았던 마스토돈(mastodon)은 엄청나게 큰(mas) 이빨을 가진 거대 동물이었다.	periodontal 치주 mastodon 마스토돈
tooth 이빨 tusk 엄니 tongs 부젓가락	이빨(tooth)는 dent의 게르만어다/ 코끼리는 긴 엄니(tusk)를 가지고 있다/ 부젓가락(tongs)도 불을 잡는 이빨이다/ 톡 쏘는 맛(tang)은 혀를 깨무는 듯한 맛이다/ 아연(zinc)에 열을 가하면 표면에 이빨 모양이 나타난다.	tang 톡 쏘는 맛 zinc 아연

element

요소

어근 변화 el
어원 의미 알파벳도 원래는 상형문자였으므로 실제로 존재하는 물체의 모양이었다. L은 길게(l) 뻗은 상아였다.

기본 단어	어원 스토리	고급 단어
element 원소 elephant 코끼리	알파벳 L은 원래 코끼리(elephant)의 상아를 의미했디/ 그리스로부터 알파벳을 도입했던 에트루리아인들은 장신구를 만드는 재료인 코끼리의 상아로부터 원소(element)를 파생시켰다. 명사형을 만드는 어미 (ment)도 element로부터 나왔다.	
	물질의 본질을 이루는 원소(element)는 연금술(alchemy)로부터 시작된 화학(chemistry)의 발전으로 근세에 들어 그 실체가 발견됐다 ▶주기율표의 원소는 모두 라틴어지만 이미 알려진 원소는 속명으로 남아 있다. 현대 화학의 주기율표(period)는 러시아의 멘델레프가 완성했다/ 가장 간단한 원소 수소(hydrogen)는 산소와 만나면 물(hydr-water)을 만드는(gen) 물질이다/ 헬륨(helium)은 수소를 태워서 거대한 에너지를 내는 태양(hel)의 이름을 따서 명명됐다/ 탄소(carbon)는 불에 타고(car-burn) 남는 숯의 주성분이라는 의미다/ 질소(nitrogen)는 새 똥이 굳어 만들어진 초석(nitr)에 들어 있는 물질로 비료의 원료였다/ 혀를 날카롭게(oxy-acid-acute) 찌르는 맛을 내는(gen) 원소는 산소(oxygen)다/ 네온(neon)은 새로운(ne) 원소라는 의미다.	hydrogen (화학/원소) 수소 helium 헬륨 carbon 탄소 nitrogen 질소 oxygen 산소
	아랍어로 두통(sod-soda)을 낫게 하는 물질을 속명 소다(sodium)라고 부른다 화학명으로 나트륨(natrium)으로 바뀌었다/ 아르곤(argon)은 다른 물질들과는 잘 일하지(rg-work) 않는 (a) 불활성 원소라는 뜻이다/ 화로(pot)의 재(ash)를 뜻하는 포타슘(potassium)은 아무리 태워도(cal) 남는 물질이라는 칼슘(calcium)으로 학명화됐다/ 속명으로 철(iron)은 신성한(ir-hier-신의) 물질이라는 뜻이다. 그 이전에 쓰였던 구리보다 훨씬 강력했기 때문에 붙여진 이름이다/ 속명 구리(copper)는 그리스 앞바다 사이프러스(Cyprus)에서 나는 금속이라는 의미다/ 은(silver)의 화학명은 빛(ar)을 내는(gen) 금속이라는 뜻의 argent. 아르헨티나(Argentina)는 스페인 정복자들 사이에 은이 많은 지역으로 알려졌지만 실제로 은은 없었다/ 속명 금(gold)은 번쩍번쩍(gol-glow) 빛나는 귀금속이라는 뜻이다. 학명으로는 빛나는(aur) 금속 aurum이다/ 유일한 액체 금속 수은(mercury)은 속명으로 날쌘	sodium (속명) 소다/나트륨 natrium 나트륨 argon 아르곤 potassium (속명) 칼슘 calcium 칼슘 iron (속명) 쇠/철 copper (속명) 구리

도둑과 장사의 신 머큐리(Mercury)에서 따온 이름이다.

silver

(속명) 은

argent

은

gold

(속명) 금

aurum

금

mercury

(속명) 수은

emergency

비상사태

어근 변화 merg▷mers
어원 의미 물과 물이 합해지면(g=s) 경계(m)가 없어지고 더 큰 물이 된다.

기본 단어	어원 스토리	고급 단어
emergency 위기/비상사태	물에 잠겨 있다 갑자기 밖으로(e) 튀어 나오는 상태가 비상사태(emergency)다/ 일식으로 달에 가려 있던 해는 서서히 출현(emersion)해서 밖으로(e) 나온다/ 달군 쇠는 물에(im) 서서히 넣어 담금(immersion)질을 거듭하면 강도가 높아진다/ 동물은 속에(sub) 생각을 감추고(submerge) 주위 상황을 보는 꾀를 가지고 있다. 두 개의 물줄기가 합해지면(merge) 더 큰 강물이 된다/ 현대의 기업들은 서로 합병(merger)을 통해 이합집산의 효과를 극대화한다.	emersion 출현 immersion 담금질 submerge 은폐하다 merge 통합하다 merger 기업 합병

fascism

파시즘

어근 변화 fasc▷bast
어원 의미 잘 휘어지는 나뭇가지도 여러 개를 함께 묶으면 강력해진다(f=b).

기본 단어	어원 스토리	고급 단어
fascism 파시즘	로마의 대행정관(magistrate)은 부임지로 떠날 때 자신의 권위를 상징하기 위해 나뭇가지를 묶고 속에 도끼를 세운 막대기 묶음(fasces)를 앞세웠으므로 이탈리아 무솔리니의 국수적 정치 이념을 파시즘(fascism)이라고 불렀다 ▶대행정관과 대응해 왕의 잔일(min)들을 돌보는 궁정 신하는 minister라고 불렀다. 이들은 왕명을 구현하는 장관(minister)이나 신의 말씀을 전하는 사제(minister)로 확장됐다.	fasces 권위
fascinate 매료시키다 Bastille (프랑스/성) 바스티유	여러 개의 나뭇가지를 묶은 나뭇단은 강한 남근을 상징하므로 여성을 매료시켰다(fascinate)/ 돌로 단단히 에워 싼 프랑스의 방어탑 바스티유(Bastille) 성에는 수많은 정치범들이 수용됐었다. 프랑스 혁명은 바스티유 감옥을 습격하면서 시작됐다.